112000
PUF

ETHIQUE
DE
L'ETRANGER

OUVRAGES DE FRANÇOIS LARUELLE

PHILOSOPHIE I

Phénomène et différence. Essai sur Ravaisson, Paris, Klincksieck, 1971.
Machines textuelles. Déconstruction et libido-d'écriture, Paris, Le Seuil, 1976.
Nietzsche contre Heidegger, Paris, Payot, 1977.
Le déclin de l'écriture, Paris, Aubier-Flammarion, 1977.
Au-delà du principe de pouvoir, Paris, Payot, 1978.

PHILOSOPHIE II

Le principe de minorité, Paris, Aubier, 1981.
Une biographie de l'homme ordinaire. Des autorités et des minorités, Paris, Aubier, 1985.
Les philosophies de la différence. Introduction critique, Paris, PUF, 1987.
Philosophie et non-philosophie, Liège-Bruxelles, Mardaga, 1989.
En tant qu'Un, Paris, Aubier, 1991.
Théorie des identités, Paris, PUF, 1992.

PHILOSOPHIE III

Théorie des Etrangers, Paris, Editions Kimé, 1995.
Principes de la non-philosophie, Paris, PUF, 1996.
Dictionnaire de la non-philosophie, François Laruelle et collaborateurs, Paris, Editions Kimé, 1998.

FRANÇOIS LARUELLE

ETHIQUE
DE
L'ETRANGER

DU CRIME CONTRE L'HUMANITE

ÉDITIONS KIMÉ
2, Impasse des Peintres
PARIS IIème

ISBN 2-84174-159-1

© Éditions Kimé, Paris, 2000.
http://perso.wanadoo.fr/kime

INTRODUCTION

LA QUESTION DE LA VICTIME

ET SA REPONSE ETHIQUE

Les conjonctures du mal

L'humanité ayant toujours pensé sa conduite sous le principe du Bien, au mieux de la corrélation du Bien et du Mal, et n'ayant cessé de témoigner de l'échec de cette décision dans ses actes et jusque dans ses philosophies, nous avons pensé que l'hypothèse inverse, autrement encore qu'inverse, devait être essayée, qu'une sorte de révolution de point de vue devait être tentée dans la morale. Est-il possible de penser l'humanité sous le principe du Mal, mais d'un Mal qui soit autre chose que l'inverse et le corrélat du Bien, qu'un nouveau «principe» philosophique ? qui soit, ainsi transformé, plutôt identique *à l'absence positive d'essence, à l'être-sans-consistance de l'homme?*

Encore faut-il que la conjoncture, l'histoire concrète banalement dit, nous induise à cette hypothèse nouvelle et s'en fasse l'occasion. De ce point de vue le 20ème siècle nous aura cédé en héritage trois concepts éthiques, mi-politiques mi-juridiques, à vrai dire des affects inintelligibles plutôt que des concepts. Il aura fallu la théorie de millions de morts, en quelque sorte le crime perpétuel, pour qu'il produise ces concepts enfin nouveaux et peut-être destinés à transformer le champ de l'éthique. Celui de «crime contre l'humanité», produit par une conjoncture de crime éthnique maintenant bien établie et généralisée; celui des «droits de l'homme», apparemment plus ancien mais aussi neuf et inintelligible que le précédent au moment de sa résurgence sous l'effet d'une autre conjoncture, les millions de morts du totalitarisme ; enfin celui de «clonage humain», produit par une conjoncture techno-scientifique récente mais au bel avenir. Encore sont-ils arrivés dans la conscience des hommes comme dans un pays devenu ancien autant qu'étranger, comme dans un cimetière de vieilles valeurs et de concepts plus dépareillés encore. Comme à l'accoutumée la pensée philosophique s'est sentie en retard et s'est contentée de réagir avec angoisse et précipitation, s'adonnant au travail de simple ajustement, de rapiéçage éthique et de ravaudage juridique qui fait son ordinaire «post-moderne». Cet affairement avait une cause unique que nos philosophes attitrés auraient découverte s'ila avaient eu les moyens de cette découverte : *que ces trois notions déplacent l'éthique, le droit et la politique hors d'eux-mêmes, c'est-à-dire vers l'homme ; mais qu'à la question de l'homme nous n'avons pas encore de réponse rigoureuse et n'en avons peut-être jamais eue, mais seulement un tourniquet de questions ; enfin qu'il faut absolument commencer par la réponse, qui est que l'homme, étant sans-consistance ou sans-essence, est la réponse qui précède la question,* et en tirer cette conséquence : *l'«essence» de l'homme n'est pas éthique, pas plus éthique que juridique ou politique et peut seule ainsi changer la face de la pensée.*

Aussi ne s'agit-il pas d'enterrer une fois de plus ou d'embaumer ces nouveaux concepts, de les ajuster de manière forcée à des problématiques ou des valeurs existantes, mais de les rendre capables de transformer le champ théorique existant de l'éthique afin de le rendre adéquat à leur émergence. Renouveler l'«éthique», c'est la rendre adéquate à l'homme toujours neuf plutôt qu'à des philosophies déjà vielles à leur naissance. De là la sorte d'inversion dont nous nuançons notre hypothèse, non pas de penser spéculairement l'essence de l'homme en fonction directe de cette triple conjoncture, selon le Mal plutôt que selon le Bien, mais de *penser le Mal du Monde, Bien compris, selon l'homme tel que capable, par son essence inouîe, de cette explication.* Comment user alors du concept extrême qui s'impose ici de «mal radical» (Kant) ? Comment peut-il en être fait usage afin qu'il cesse d'être anonyme pour constituer le cœur du cœur de l'homme, le Réel même en tant que distinct de l'effectivité du Monde et capable de transformer l'éthique-monde sinon en elle-même, du moins pour l'homme ? Sous ces conditions et dans ce but, il changerait de statut et de désignation : non plus «mal radical» mais «malheur radical». Posons donc que le Réel ou l'«essence» ultime de l'homme — pour user encore de ces termes — est le malheur radical, que celui-ci est *identique à une solitude de principe, solitude-sans-essence, de l'être humain avant la Création* même, «inconsistance» qui le libère de la philosophie et du Monde réunis, à plus forte raison de toute éthique, mais qui rend enfin possible, sous le nom de «non-éthique», le jugement même de l'éthique.

Qu'il soit «posé» au point de départ comme un *terme premier*, le principal mais non le seul, d'une «non-éthique», engage une manière particulière de penser qui doit être étrangère à la philosophie, mais non sans rapport à celle-ci, dans l'usage des principes et la forme d'ordre des raisons. Nous n'entendons pas que l'homme soit un être malheureux, comme il est dit méchant ou vindicatif dans un jugement de prédication, mais qu'il soit un *être (de) malheur* ou un *être-en-malheur*. Plutôt qu'un attribut à l'égal de l'esprit de vengeance, de la bonne volonté ou de la bienveillance, le malheur est l'essence-sans-essence, non l'attribut, de l'homme tel que *radicalement inconsistant*. L'homme (est) malheureux par le malheur plutôt que par l'*être*. Il est «en-malheur» comme il est «en vie» et, plus encore, déterminé à vivre et à mourir, à décider dans le Monde et plus encore du Monde depuis le malheur qui l'a de toujours transi. Plutôt qu'un événement de l'existence qui l'affecterait globalement comme l'angoisse ou l'ennui, plutôt qu'un sentiment ou un affect ontologique, le malheur coïncide exactement avec la *solitude (d') Un* qui fait le cœur le plus humain de l'homme et son seul cœur humain. De manière non anthropologique en général et le plus souvent, nous posons sa teneur en humanité radicale comme «Un-en-Un» ou «vision-en-Un». Or cet Un est sans Etre, esseulé de l'Etre avant tout esseulement dans l'Etre. être *solitaire-de...* l'essence fait toute son essence, ce que nous appelons son être-forclos au Monde, son indifférence ou sa non-consistance, qui n'est pas sa fermeture-au-Monde. La plus radicale des ouvertures est celle de la non-consistance, mais cette ouverture est celle d'un *terme premier* et détermine une pensée «première» et d'avant l'éthique. C'est sur cette base nouvelle d'un homme défini par le malheur, d'un malheur défini par l'être-indifférent à toute éthique et philosophie, d'une pensée qui devra sans doute se dire par axiomes et théorèmes de style transcendantal plutôt que par thèses, dogmes et décisiopns philosophiques, que pouvait être fondée et élaborée une nouvelle posture *de type* éthique, mais que nous appelons plus exactement «non-éthique».

Qui est la victime ? Sa justice immanente. L'in-crimination de la philosophie

L'éthique et la philosophie ont-elles jamais pu réellement, de manière cohérente, sans se contredire, interdire de tuer un homme ? Si la question paraît désespérément naïve de s'adresser à la philosophie plutôt qu'aux assassins reconnus, précisons-là, puisqu'elle n'a pas de sens philosophique, du point de vue d'abord de l'interdiction puis de l'homme.

Sous quelles conditions est-il légitime d'interdire, sans démentir son énoncé par son énonciation, par exemple de torturer un homme ? Ce n'est pas le spectacle permanent du crime qui fait poser cette question de légitimité adressée à l'éthique, il ne prouve rien sauf à vérifier factuellement l'impuissance des interdictions prononcées par l'éthique et le droit. Il s'agit des raisons de cette impuissance et qui leur sont propres, de la cause de ce compagnonnage fatal de la philosophie et du crime contre l'humanité. La question est moins naïve que la naïveté de la philosophie spontanée. Elle devient plausible dès que la peine est prise d'examiner à fond les présuppositions les plus inapparentes de celle-ci plutôt que de se fier à ses déclarations d'intention éthique. Rien alors dans la philosophie et l'éthique comme telles, n'interdit véritablement, sans mensonge ni contradiction, le crime contre l'humain. Et tout montre que c'est d'en être soi-même le fauteur supposé exceptionnel qui autorise cette interdiction sans peut-être la légitimer...

Ici la foule des philosophes, sa dignité froissée, s'émeut d'une houle de cris et de rires, redoublés de découvrir que la question vient d'un membre de son assemblée, qu'aucun tribunal ni procureur ne semble avoir ordonné cette enquête qui prétend dénier d'un coup toute légitimité au tribunal de la Raison. S'étant étonnée de presque tout, la philosophie n'a plus les moyens de s'étonner d'elle-même et se contente de «résister». C'est que l'enquête réclamée semble à peine diligentée et encore moins ordonnée par un philosophe. Par qui alors ? Par la victime peut-être ? Mais la victime est par définition «absente» puisque tuée, ou du moins n'est pas en état d'opérer elle-même l'enquête. Pourtant, celle-ci doit être menée, sinon par la victime, du moins «en son nom». Mais que veut dire «au nom de la victime» et d'abord qu'est-ce qu'une victime, pourquoi ne peut-elle être défendue qu'en son nom, c'est-à-dire peut-être, qu'en son «nom-de-victime» ?

Une victime est régulièrement deux fois victime. Offensée crûment une première fois, elle l'est une seconde fois par la logique spéciale du droit et de la philosophie qui en manipulent le concept. La thèse de la double offense n'est donc ni juridique ni philosophique et ne peut être soutenue, sans offenser à son tour le bon sens, que sous des conditions autres que juridiques et philosophiques. Qui fait la théorie de la victime, qui en prend la défense et en pose le droit ? Les forts, les victorieux, les puissants qui la défendent. Ils ne l'offensent pas directement, ils attendent le crime pour la victimiser à leur tour. De même que les philosophes ont fait la théorie du peuple, de l'homme quotidien, vulgaire, ordinaire, théorie *ad hoc* pour le préparer à la distribution des biens de la pensée, les juristes et les moralistes font celle de la victime et la préparent à recevoir son statut de victime. Si elle proteste, elle se met en état d'infériorité et en situation d'être accusée, de ne pas jouer le jeu, et pas seulement par son appel à la vengeance immédiate. L'un des choix possibles de la victime est le silence, mais elle peut se taire pour deux raisons souvent confondues et qu'il faut démêler : par une impuissance fatale, envers de la vengeance en effet ; plus profondément parce qu'elle «sait», sans le savoir explicitement ou expressément, parce qu'elle «fait» de telle sorte que la justice est immanente. Comment est-il possible qu'une justice soit immanente ? La victime, c'est ce qui l'oppose aux forts et aux habiles qui instruisent son procès de défense en son nom mais de manière ultime au nom de leur force et de leur pouvoir, se présuppose alors elle-même ou *se performe* comme victime *dans et par son silence radical ou son impossibilité positive de parler.* Elle peut de cette manière faire valoir une justice qui prend les voies de l'immanence. Se présupposer soi-même comme victime, ce n'est pas passivité par impuissance, faiblesse par mauvaise conscience, vengeance par ressentiment. Ce n'est même pas *se recevoir* ou *s'éprouver comme* victime — nous devons abandonner le sentiment, les affects et les avatars de la conscience à la philosophie, au droit et à l'éthique. *C'est être-donné ou être-performé telle une victime, c'est faire hypothèse et présupposition radicale, sans relève possible, de son être (de) victime.* Beaucoup de nuances sont nécessaires pour rendre acceptable ou simplement plausible cette manière de penser si peu juridique et philosophique. Mais seule la victime, non plus celle que supposent les forts, mais celle présupposée parce que performée, peut déterminer elle-même sa défense, cette fois *a priori*, en s'aidant seulement des forts et des puissants mais sans leur laisser *ce soin* ou ce *souci*.

Certains philosophes et peut-être tous, en leur triomphalisme infantile, dressent une image caricaturale, agressive et hautaine de la victime. Ils confondent la nécessité de la prendre comme point de vue, d'agir au nom de son silence ou de ses cris avec une revendication «victimaire» et lui attribuent une idéologie du «tout-victime». Ils font comme si la victime devait mener elle-même l'enquête, par cercle vicieux et esprit de vengeance. C'est la philosophie elle-même qui pose, avec cette image falsificatrice, la convertibilité — l'essence ou la loi de la «loi du talion»! — de la victime et de la vengeance, en mettant entre parenthèses, à quelques nuances près, l'enquête c'est-à-dire l'élucidation des opérations du crime, la connaissance et l'évaluation du criminel. De là parfois son agacement secret contre les victimes, sa défense des forts contre la force des faibles, plus gravement — on y reviendra — *son révisionnisme et son négationnisme théoriques* impliqués nécessairement par cette image. La philosophie et l'éthique mènent une entreprise révisionniste à travers autrefois la théodicée et maintenant le refus de la prétendue «idéologie victimaire».

Qu'est-ce qu'une victime ? Et la victime peut-elle être encore l'objet d'une *question*, d'une image philosophique intimement révisionniste ? Y a-t-il quelque chose comme un «jugement victimaire», voire une identification possible de qui est la victime ? Posons que le «crime contre l'*humanité* » est encore une idéalisation, que le contenu phénoménal ultime de cette formule est mieux préservé par «le crime contre l'humain» et que le *phénomène* de la victime est lui aussi l'humain, qu'il reste évidemment à définir. Comment sortir du cercle vicieux de la philosophie ? Il faut poser identiquement qu'il n'y a de victime que l'«humain», que seul l'humain en ce sens non idéalisé — mais quel sens ? — définit la victime, et qu'il est plus que la condition de possibilité, le présupposé réel pour qu'il y ait une victime. «De» la victime plutôt que rien ? Non, *une* victime plutôt que seulement le mensonge de la philosophie, héroïque et consolatrice.

Répétons. Qui est une victime ? Quelle est son identité de victime ? Ces questions sont maintenant déjà plus adéquates. C'est un être qui n'a *a priori* et peut-être plus qu'*a priori*, par son «essence» toute d'impouvoir et de non-consistance, aucun moyen «naturel» de défense. On comprend que, sous ces conditions, la victime ne puisse mener elle-même l'enquête. Non par une absence absolue ou bien une absence relative (une présence idéalisée du signifiant), mais par un impouvoir qui précède toute défense et n'est pas un impouvoir-à-se-défendre, *faiblesse* qui précède la faiblesse à argumenter devant l'assurance philosophique et pas seulement devant le meurtrier. Cet impouvoir est moins encore qu'une «manière d'être», c'est *une non-consistance qui refuse de faire face à l'être et au pouvoir philosophique.* Etant démunie de toute essence ou consistance, la victime n'est pas vengeance mais force de cette faiblesse à rendre nécessaire et universelle une enquête sur les conditions ontologiques du crime et à laquelle la philosophie n'est plus en état de se soustraire. Elle est condamnée à inventer une défense précisément *a priori*. L'identification de la victime est en réalité celle de cette défense. Etre une victime, c'est ne pas exister suffisamment ou absolument pour être annihilé absolument par un meurtre ou réduit «à néant». Et c'est exister suffisamment pour mettre encore le meurtrier et avec lui la philosophie, l'ontologie et l'éthique en dette irrémissible.

Cet état de victime n'est donc ni d'être ni de néant, il exclut le meurtre absolu et la survie absolue au sens où l'absolu, saisi dans son plein sens du moins, est l'auto-position philosophique — décidément impliquée plutôt dans le forfait. Nous disons que la victime, tout assassinée, meurtrie ou torturée qu'elle soit, n'est victime que pour autant que, par sa non-consistance forclose au crime, cet être-forclos la désigne phénoménalement comme victime. Ce n'est plus la philosophie qui la désigne ainsi comme on le croyait, puisque la philosophie fait elle-même partie des conditions d'existence et d'effectuation du crime. Forclose au meurtre, interdite *en-dernière-instance,* comme on dira, *au* meurtre et *de* meurtre, elle est précisément cause en tant que telle et seulement en-dernière-instance, de l'enquête sur le crime. Mais sur le crime en revanche dans son concept complet, *comme crime philosophique qui trouve sa cause dans cette non-consistance insupportable de «victime» et qui tente de lui redonner une consistance assassine, la tuant ainsi une seconde fois.*

Mais on l'a dit, parce que la victime est *a priori* sans défense ou n'est victime que de n'être pas entrée en guerre, elle doit et peut du même coup inventer le moyen d'une défense *a priori*. Ces deux traits, l'extrême impouvoir et le pouvoir qu'il lui permet, doivent être posées dans l'identité d'un unique geste pour expliquer que l'enquête soit nécessaire et universelle telle une justice immanente, sans pourtant relever d'une vengeance exercée par la victime ; défense *a priori,* sans la technologie de la vindicte. Parce que le meurtre pris dans son effectivité ne peut anéantir *absolument* l'homme mais *témoigne* de sa non-consistance de victime, celle-ci détermine ou *intente* un procès *pour* la philosophie ; elle rend nécessaire et universelle l'incrimination de la philosophie elle-même, c'est-à-dire son élucidation comme être-au-crime. Le traité qui suit est l'identification de la victime comme dernière-instance et de sa défense *a priori* comme «non-éthique». C'est en ce sens précis — non exempt d'une apparence dont peut toujours abuser la défense du criminel — que la victime est le point de vue sur le droit, l'éthique et la philosophie que nous substituons à ceux-ci comme point de vue sur la victime.

Du crime contre l'humanité, une aporie éthique et philosophique

Une enquête «approfondie», mais plus encore *déterminée en-dernière-instance* par la victime, non conduite ou opérée directement par celle-ci, met alors à jour la contradiction de la philosophie c'est-à-dire ce qui va être son statut d'exception et son crime par exception. Si l'interdiction du crime contre l'humain est comprise comme interdiction *première et absolue* du crime contre l'*humanité*, comme le veut l'appareil conceptuel et idéalisant de l'éthique philosophique, elle se dément alors elle-même, l'autorise et s'y autorise par exception. Il n'est pas évident d'apercevoir cette ruse de la philosophie — qui se masque petitement dans la « ruse de la raison » —, la foule et la houle s'y opposent. C'est pourtant une loi-d'essence de la philosophie elle-même que tout ce qui se veut ontologiquement «absolu» et «universel», le crime comme la victime, l'interdiction du crime comme la vengeance, se contredit et se dédit, passe par la convertibilité du criminel et de la victime — tout tueur rencontre le destin sous la forme d'un autre tueur — et finalement s'achève dans le «pieux mensonge», le «mensonge supérieur» ou dans l'exception dont la philosophie se fait une règle tacite.

Cette contradiction, que révèle l'*in-crimination* de la philosophie, apparaît concrètement dans l'antinomie de deux thèses qui appartiennent toutes deux aux possibilités extrêmes de la structure de la Décision philosophique. Chacune de ces thèses est antithétique avec elle-même. Par sa dimension supérieure ou proprement éthique, celle de l'homme et de Dieu comme «audelà de l'essence» (Platon, Kant, Lévinas), elle exige apparemment, sauf justement exception, l'interdiction du crime contre l'humanité. Par sa dimension inférieure ou proprement empirique, naturaliste et matérialiste, celle de l'homme comme *animal* (rationnel, etc.) et *nature* humaine, elle pose cette thèse radicale que l'homme est un loup pour l'homme et qu'il peut *et doit* toujours être tué par n'importe qui à l'exception implicite ici encore du philosophe. Dans les deux cas, le philosophe se contredit en faisant exception et acception de soi et tombe donc dans le crime.

De la première thèse, nous avons déjà suggéré, à propos de la victime, que son énonciation démentait son énoncé, pour peu que ces deux dimensions ne soient plus comprises seulement comme celles du discours ordinaire mais comme celles de ce discours à prétention universelle, le *logos*. Quant à la seconde thèse, tirée et transformée de Hobbes, on ne jugera pas qu'il s'agit d'une idée locale et curieuse, d'une doctrine exceptionnelle. C'est plutôt la conséquence cohérente du fonds *naturaliste et matérialiste* de *la* philosophie, de sa strate «inférieure» par laquelle la méta-physique touche directement à la nature et à la physique. Rien en effet, aucune loi, n'interdit éthiquement à n'importe quel animal de tuer n'importe quel autre animal fût-il de son espèce. Si l'homme est un animal, un être naturel (rationnel par ailleurs, mais la Raison est déjà elle-même «naturelle»...), il n'y a pas de raison pour qu'il échappe à cette loi qui pose qu'il est possible, que rien n'interdit de le tuer. Mais la thèse de Hobbes doit recevoir son sens phénoménal et être déployée dans toutes ses dimensions, en particulier éthique à force d'être non éthique, et réciproquement. Thèse empiriste (l'homme *est* un loup pour l'homme) aussi bien qu'énoncé ontologique (*est*), il faut la généraliser dans son plein emploi en l'épinglant sur la structure de la Décision philosophique. Elle signifie alors qu' être tué est la règle, pas seulement la régularité de fait mais ce qui est *prescrit* par la «nature». Si dans la nature rien n'interdit une action, c'est que la «nature» la permet et tout ce qui est permis est impératif *par un côté ou un aspect de son sens philosophique*. C'est une *exigence* de renonciation à l'éthique par éthique naturaliste, une apparence de «non-éthique».

Ainsi dés-empiricisée, universalisée aux limites de la Décision, elle contient son antithèse : tuer est une obligation mais qui, comme prescription, s'excepte de ce qu'elle prescrit, et qui refuse donc de tuer. Pour dire que l'homme est un loup pour l'homme et donner à cette formule un sens philosophique, l'énonciateur doit renoncer à être un loup. Mais l'antithétique s'inverse ou se renverse encore : si le philosophe n'est pas un loup et ne tue pas, il se contredit et tue donc la pensée à sa manière. N'étant pas un loup pour l'homme en sa nature, il est quand même un loup pour la pensée, pour l'homme en sa raison, etc. c'est-à-dire encore en sa nature. L'interdiction et l'autorisation de tuer, si inégales soient-elles, apparemment si irréversibles selon telle ou telle doctrine, se convertissent l'une dans l'autre à l'horizon ultime de l'englobant philosophique.

Deux thèses s'affrontent donc aux extrêmes : la thèse proprement éthique, supra- ou hyper-ontologique, de l'interdiction universelle de tuer (dont Lévinas a accentué le sens sans le créer) ; la thèse infra-ontologique, thèse «éthique» mais dérivée et transformée de la thèse cynique de Hobbes, de l'obligation universelle de tuer. Mais ces deux thèses (ou la thèse *plutôt* rationaliste mais pas seulement, et l'antithèse *plutôt* empiriste mais pas seulement), lorsqu'elles sont généralisées dans leur structure philosophique implicite et arrachées à leur caractère doctrinal apparemment local, lorsqu'elles sont prises comme universelles ou absolues, montrent qu'elles abritent leur opposée, tantôt leur contradictoire, tantôt leur différence — c'est selon le type de philosophie choisi comme modèle de la Décision philosophique. Au mieux, dans les deux cas, l'exception reste l'invariant de l'antithétique. Dans la thèse, la philosophie *s'autorise par exception* à tuer. Dans l'antithèse, la philosophie *s'autorise également par exception* à ne pas tuer et donc se contredit tout autant. L'autorisation et l'interdiction se réfléchissent de l'acte de tuer dans la philosophie, des choses dans le sujet-philosophe comme autorisé ou non autorisé à tuer. La philosophie commande et *se* commande de tuer et de ne pas tuer, etc.

Toute tentative de justifier philosophiquement l'énoncé de «crime contre l'humanité», de dépasser son noyau neutre vers une interprétation éthique, d'en faire l'objet d'un jugement d'interdiction ou bien d'autorisation, sera conduite aux hésitations et aux indécisions de l'antithétique, sans s'en apercevoir si elle reste le fait du philosophe, ou en s'en apercevant si elle est le fait de la victime.qui l'identifie et s'en détache. Comme philosophe, nous avons la possibilité de choisir entre le philosophe et la victime, mais comme victime nous n'avons plus ce choix devenu inutile, mais le *choix forcé-en-dernière-instance* d'in-criminer la philosophie.

Toutefois, la solution à l'antithétique par la victime risque toujours de revenir à une décision éthique si la victime n'est pas identifiée à son tour par le «dernier» nom premier, celui de l'«humain» dont le crime contre l'humanité, les droits de l'homme et le clonage sont les symptômes conjoncturels.

Si c'est un homme ? Puisque c'est un homme...

L'enquête sur le crime contre l'humanité renvoyait à la victime comme à sa cause et permettait de mettre à jour le crime supérieur de la philosophie, son antithétique culminant dans l'affirmation de l'exception, du droit exceptionnel de la philosophie à (s')autoriser et (s')interdire le crime contre l'humain, à faire exception-et-acception (de) soi. La victime est le dernier mot, la «dernière instance» pour juger l'éthique mais elle n'épuise pas tout l'homme, juste son «essence» de Sans-essence. Comment se présente le problème de l'homme le plus concret, comme sujet, à l'autre extrémité de l'enquête, du côté non plus de sa solitude de victime mais de l'enquête elle-même comme défense *a priori* ?

Reprenons notre question. *Comment peut-on interdire, pour quelle raison ou absence de raison, sans mensonge comme on l'a exigé, de tuer Cet-homme-que-voici* ? Qu'est-ce que — ou *qui* — dans cet être qui a pourtant toutes les apparences animales, divines, monstrueuses, humaines-trop humaines de l'anthropoïde, j'estime être en droit et en devoir d'appeler simplement «humain», universellement mon «Prochain», sans verser davantage dans les mythes humanistes ou le capitalisme humanitaire ? Qu'est-ce qui — ou qui — excède l'instabilité et la confusion de ces apparences non spécialement humaines que l'homme partage avec le reste de la Création, et qui puisse m'interdire d'y attenter ? Mais cette question est peut-être encore bien philosophique et susceptible d'être à son tour in-criminée. Qu'est-ce qui, me contraignant, et comment, de définir ces apparences comme «humaines», comme celles *en-dernière-instance* de «Cet-homme-que-voici», peut faire en même temps de cette interdiction partout prononcée mais contredite un moyen de défense *a priori*, enfin sans contradiction, de cet homme ?

La question : qu'est-ce que l'homme ? est trop générale et unitaire. Elle n'a guère d'usage sauf «idéologique» et contient autant de contradiction, de non performativité ou d'exception que de solution. La question en «qu'est-ce que», comme le *jugement d'humanité* qu'elle appelle, suppose nécessairement un énonciateur non humain, démon ou quasi-dieu, un être anonyme et noyé dans le décor ontologique. D'où savons-nous d'abord que cet être-ci est un homme et pas seulement un animal rationnel ou religieux, langagier, etc. avec lesquels il pourrait être et il a été confondu ? *Nous ne savons pas en réalité de manière certaine (par* certitudo)*que ce chaos d'apparences est un homme, mais nous le posons et le décidons, avec de «bonnes raisons» qui ne tiennent pas à ces apparences mais à une cause caractéristique de l'homme, que seul l'homme peut être et qu'il peut assumer par une décision spéciale* contre toutes les forces liguées du Monde. Notre décision est «sans raison» — même la Raison et le principe de Raison sont des apparences humainement indécidables —, elle n'est pas «bien fondée» dans une «nature humaine», une «essence de l'homme», une consistance humaine supposée. Elle ne s'autorise que d'être une hypothèse inaliénable dans ses «raisons», une décision déterminée en-dernière-instance par son objet, c'est-à-dire par l' «homme», mais justement pas par l'anthropoïde que l'on nous propose en général. Il ne s'agit donc ni de l' «homme» en général ni de l'home comme «simple hypothèse de travail scientifique» mais, on l'a dit précédemment, comme solitude de la victime-de-dernière-instance ou encore comme non-consistance.

D'une part cette hypothèse n'est plus celle *de* la victime — elle serait absurde — mais *selon* la victime et déterminée par elle, mais en-dernière-instance, étant donnée sa non-consistance. Une telle hypothèse radicale signifie une hypo-thèse, une «thèse» sans-consistance théorique, scientifique ou philosophique, et qui, comme dernière-instance, ouvre un espace théorique et éthique illimité, sans la clôture de la métaphysique et de la philosophie.

D'autre part la victime ne doit plus être elle-même une apparence du Monde mais une dernière-instance pour l'enquête sur le crime et capable d'in-criminer la philosophie, ce qui motive notre recherche actuelle. D'où décidons-nous, sans le savoir, qu'il n'y a de victime-de-dernière-instance qu'humaine ? Une question aussi naïve appelle une réponse encore plus naïve : c'est de *l'homme tel que cet homme-ci* que nous le savons, ou plutôt que nous nous autorisons pour dire que c'(est)»un-homme». Nous n'en appelons ni à l'homme-essence ou nature universelle ni à cet homme particulier — tous les deux ont déjà une consistance philosophique, ne sont pas la victime dont ils prétendent diviser l'identité et peuvent *donc* être in-criminés pour cet acte. Cet-homme-que-voici n'est pas l'objet d'une recognition, d'une reconnaissance des consciences, tel un Autre ou un mode de l'Intersubjectivité. Où trouverons-nous l'homme sinon *en* l'homme lui-même, sinon tel qu'*en-homme* plutôt que dans le Monde et dans la Cité, dans la philosophie pour tout dire ? Encore s'agit-il de se donner les moyens d'exposer cette apparente tautologie dans une argumentation qui ne peut plus évidemment être celle de la philosophie.

Cette réponse première («en-homme») peut se dire en

termes de solitude radicale, au sens où l'homme est, selon un usage populaire à propos de tel individu, «solitaire de»... du Monde lui-même, la victime solitaire de...du criminel, et donc nullement «solidaire» comme le veut la convertibilité philosophique. On dira plus tard qu'ils sont «en-malheur» ou encore «en non-consistance». Solitude est plus que destin, c'est malheur et la victime est en-malheur comme on est «en-vie». Même le mort n'est pas absolument, ontologiquement annihilé, ou ne l'est qu'en tant qu'il est ou *était*. — il est «en-mort». De là l'exposé du malheur radical comme cause de-dernière-instance de l'incrimination, de l'enquête non-éthique sur le crime. C'est la condition d'un usage humain, sans le mensonge de l'exception éthique ou, c'est la même chose, d'un usage humain sans vengeance du criminel par la victime. L'interdiction du crime n'est plus absolue sous peine d'auto-contradiction, elle est radicale ou déterminée-en-dernière-instance par la victime elle-même. *Si c'est un homme...* ? Nous posons que seul un homme peut poser cette question et en faire donc réponse : *puisque c'(est) un homme*, qu'est-on en droit et en devoir de faire ? *Si* c'est un homme — telle est notre hypothèse inaliénable dans quelque vérification en falsification que ce soit —, que faire *alors* d'humain avec l'éthique (et le droit) plutôt que quoi faire d'éthique avec l'humain ? Question qui témoigne d'une non-consistance de l'homme, d'une ouverture radicale pour une vérification et une falsification relatives, celles des apparences criminelles que partage la victime.

Réponse encore incomplète, qui apporte une identité mais rien de concret ou de plus proche du crime. Elle nous laisse sur un point d'exclamation, une affirmation pure *que l'on se donne comme le vrai plutôt que comme vraie, en quelque sorte sans vérité ou expression*. L'homme titulaire de la vérité et non plus seulement du vrai, est en revanche le «sujet». C'est maintenant à la subjectivité comme «rapport» vérace au crime-monde à répondre plutôt qu'à la radicalité de la solitude. Un sujet vérace dit ce qu'il fait, fait ce qu'il dit, il est performatif du moins en-dernière-instance. Etant donné son non-rapport au Monde «dont» il est solitaire et dont il a pourtant besoin pour se constituer comme sujet, on le nommera «Etranger» d'une manière universelle pour tout homme.

Ainsi défini il n'épuise pas encore la dimension éthique qui appartient au crime et qui le définit comme crime contre Cet-homme-que-voici. Lorsqu'il excède ainsi l'Etranger, lorsqu'il détermine l'éthique elle-même, c'est-à-dire *qu'il interdit a priori et sans se contredire le crime perpétré contre Cet-homme-que-voici*, il est désigné comme «autre-Etranger» ou «Prochain».

Quelques précisions :

1. La victime exige que l'on puisse et doive pouvoir poser du même geste, dans l'immanence d'une unique opération, Cet-homme-ci comme partageant les apparences criminelles du Monde avec le Monde, et comme solitaire ou séparé de ce Monde. La victime détermine sans l'opérer l'in-crimination du Monde ou, c'est la même chose, se détermine comme l'interdit d'être tuée qu'elle est *a priori*. Identifier simultanément le crime et le Prochain, Cet-homme-ci dans son identité, c'est-à-dire dans l'interdit d'être tué qui fait son être ultime, c'est le sens de ce traité de «non-éthique».

2. Il n'est apparemment pas paradoxal que seule la victime puisse déterminer l'enquête comme sa propre défense. Mais le paradoxe philosophique est plus clair lorsqu'elle est posée «avant» le crime, si l'on peut dire, ou comme le Réel même que forclôt la philosophie de son crime propre qui s'appelle «le-Monde». Toutefois c'est d'être elle-même de manière radicalement «originaire» forclose au crime qu'elle peut être «cause» de l'enquête.

3. Peut-être n'y a-t-il pas d'autre définition de la victime que d'être forclose au crime, interdite au meurtre par exemple mais aussi, sans exception, interdite *de* meurtre. On cesserait ainsi de la définir d'un cercle vicieux, comme objet ou corrélat du criminel. Cette dernière définition est la vengeance ou la vindicte de la philosophie contre l'humain. La victime, telle quelle ne peut pas tuer ou asservir — c'est sa faiblesse ou sa non-consistance.

4. «Cet-homme-ci» est une formule ambiguë. Elle ne définit pas l'homme par ses apparences de singularité et de particularité, mais ne les exclut pas non plus au profit d'une «essen-

ce» pure. Avec l'anthropo-logie est exclue la différence empirico-rationnelle supposée constitutive. Mais les apparences que l'homme puise dans le Monde sont incluses dans son équation comme ce qui appartient à son statut de sujet existant-pour-le-Monde. La victime est forclose au crime mais, comme sujet-Prochain, elle est ouverte de droit, sans aliénation, *pour* le crime, qui ne la sature jamais. Ce qui ne signifie pas une finalité, une identification au crime mais une assistance *pour*... le criminel.

A la question ontologique et unitaire de l'homme dans la perspective de l'éthique, une réponse s'est substituée qui traite cette question comme son symptôme, la réponse déterminant elle-même la question comme ce symptôme. Elle articule trois aspects 1. puisque c'est un homme et seulement un-homme (le malheur radical), 2. alors c'est un sujet vérace, performé en-dernière-instance comme dire (et) faire, énoncé (et) énonciation, mais existant-Etranger *pour* la vérité qui serait à dire et / ou à faire (la philosophie, le Monde, le crime), 3. et ce sujet-Etranger, vérace dans son «rapport» à l'éthique comme dimension ultime de la philosophie, est le Prochain performant en-dernière-instance l'interdiction *a priori* d'être tué.

Plutôt que de postuler par métaphysique que l'homme est un loup pour l'homme, que je puis toujours être tué, torturé, etc., plutôt que de faire de cet énoncé une hypothèse philosophique, sur l'essence de l'homme, une auto-position absolue et finalement «auto-exceptionnelle (de) soi», d'universaliser ainsi le crime-par-exception, nous en ferons une hypothèse d'un autre type, révélée par l'homme comme victime de-dernière-instance, se disant maintenant de l'éthique et de la philosophie. Nous admettons cette hypothèse mais en la transformant philosophiquement (le philosophe est un loup qui philosophe, un loup rationnel) et d'abord de manière non philosophique (par le point de vue de la victime). Elle vaut sous cette forme pour le Monde comme règne des philosophes-loups, de l'auto-exception (du) loup. Seul un loup qui fait exception peut dire que «les loups se mangent entre eux», c'est-à-dire, si l'on a bien compris, que «les philosophes se mangent entre eux». C'est la loi du Monde, la Loi-monde : l'homme peut toujours, il en est même plus que passible, c'est sa définition mondaine, être tué, asservi, purifié, torturé, concentré, exterminé, il peut toujours se contredire, se démentir et toujours mentir pour de bonnes raisons, par exemple éthiques et philosophiques, être sujet ou objet d'une exception— *il peut toujours être philosophé et lui-même philosophe.* Mais cette uni-versalisation de la thèse de Hobbes n'a de sens que pour une victime qui refuse de «faire deux» avec son assassin ou son tortionnaire, qui fait dualité mais uni-latérale avec le crime (du) Monde.

L'identification non-éthique de l'homme comme Etranger puis autre-Etranger ou Prochain se substitue à son identification éthique et métaphysique qui ne pourra jamais fonder autre chose qu'un usage de vengeance de l'éthique. La vieille conception gréco-unitaire de l'homme, plus que jamais en vigueur dans les mésaventures de l'éthique, est irrecevable et inutilisable pour les conjonctures criminelles du 20è siècle sans une profonde transformation de son sens puisqu'elle fait partie active des conditions du crime contre l'humain. C'est en effet à cette position du problème, telle qu'elle se rapporte à l'éthique sans être encore elle-même éthique, que nous contraignent à leur manière, dont on dira qu'elle est celle d'une «occasion», ces conjonctures, qui furent en excès aux définitions juridiques, éthiques et philosophiques de l'homme. Pour répondre à leur urgence tout humaine, il nous a paru urgent paradoxalement de suspendre l'éthique et d'examiner ses ultimes présuppositions, quitte à ne l'admettre que «par provision» et sans illusion sur son efficace supposée ou réelle.

Premières définitions indicatives

Sur les rapports de la morale, de l'éthique et de la non-éthique, nous présentons quelques définitions indicatives et plusieurs théories dont les principales, non les seules, sont les suivantes :

1.1 Toute morale est d'une part moralité des *mœurs,* co-déterminée partiellement dans son essence par leur contenu empirique et socio-historique.

1.2. Toute morale est d'autre part «différence de la moralité et des mœurs» ou ne se confond pas entièrement avec celles-ci, sans être nécessairement moralité «en soi». Elle est philosophable comme *Différence de l'être-moral général ou commun et des mœurs* qu'il circonscrit. Cette «Différence étho-logique» est l'invariant des mixtes de moralité et de philosophie qui forment la «métaphysique des mœurs».

1.3. Toute éthique est structurée pour partie *comme* une métaphysique des mœurs.

2.1. Toute morale en tant qu'éthique ou qu'inséparable de fait ou de droit d'une philosophie, structurée en dernier ressort comme une métaphysique des mœurs, entretient au Mal un double rapport. Au Mal comme opposé et corrélat du Bien et qui, lorsqu'il affecte son fondement métaphysique, s'appelle «mal radical» au sens de Kant. Mais aussi à un autre Mal plus profond dont elle participe précisément en tant qu'elle n'est qu'une éthique et souffre de «suffisance philosophique» inhumaine. Du point de vue du malheur radical, la corrélation du Bien et du Mal, leur convertibilité à une différence près, est en effet à son tour un «mal radical» en un second sens, sens non-éthique qui affecte la métaphysique des mœurs et toute éthique philosophique.

2.2. La participation de l'éthique à ce second mal prend la forme symptômale d'une hallucination réelle et *donc* d'un mensonge transcendantal par où elle «contredit» le malheur radical, le Sans-essence de l'homme, et se ment à elle-même.

2.3. L'éthique ment du mensonge-de-l'exception, elle ne dit pas ce qu'elle fait et ne fait pas ce qu'elle dit. D'origine grecque ou directement structurée comme une métaphysique des mœurs, elle pose le primat de la donation sur le donné (le malheur) ou fait de la donation une exception au donné, c'est le mensonge-par-donation. L'éthique d'origine judaïque ou indirectement structurée comme une métaphysique des mœurs, ment du mensonge-de-l'élection, elle met entre l'homme et l'éthique une distance infinie qui le réifie et qui contredit tout autant l'en-malheur ou la non-consistance qui fait le cœur de l'homme.

2.4. Si l'éthique philosophique est affectée d'un mensonge transcendantal et même d'une hallucination réelle, elle a besoin d'être elle-même soumise à une «éthique» excluant l'exception par donation et par élection, à une norme de véracité qui ne peut faire l'objet que d'une non-éthique. Plutôt que de re-donner une philosophie à la morale, le problème est de donner une «morale» à la philosophie mais indépendante de celle-ci dans sa cause et son sujet. Des fondements éthiques de la morale à la connaissance et la pratique véraces de l'éthique.

3.1. La non-éthique trouve sa cause-de-dernière-instance dans l'homme comme malheur radical ; son sujet dans l'homme comme «Etranger» et son mode d'«autre-Etranger» ou de «Prochain» (le malheur ou la solitude condamne l'homme à exister-comme-Etranger) ; son objet empirique dans les mixtes éthico-philosophiques.

3.2. La non-éthique est la véritable éthique première, celle qui n'est que première sans avoir aussi la primauté à quoi prétend la «suffisance» de l'éthique philosophique par son auto-position (par le «mal radical» au second sens du terme).

3.3. La non-éthique est l'éthique première parce qu'elle est *a priori* et radicalement uni-versellle en un nouveau sens ou *pour* les éthiques philosophiques elles-mêmes.

3.4. La non-éthique est l'éthique première : 1. pour laquelle d'une part le malheur radical est *l'essence (de) sans-essence* de l'homme ou son être-forclos à toute philosophie et éthique ; 2. pour laquelle d'autre part, comme «nom premier», «malheur» est aussi un symbole non-conceptuel déterminé *en-dernière-instance* par cette essence (de) l'homme ; 3. pour laquelle son sujet, tel qu'un autre-Etranger ou un Prochain, représente l'«homme» en son identité-de-dernière-instance, c'est-à-dire en sa dualité, au regard de l'instance éthico-philosophique qui est unitaire.

«Éthique» désigne une généralité unitaire que nous devons spécifier et en particulier «dualyser» selon le type de distinction «uni-latérale» propre à la non-philosophie. De là une titulature différenciée de l'objet de ce traité, mais où les titres doivent être considérés comme équivalents ou comme les faces d'une unique structure :

— «non-éthique» désigne en général le projet d'une pensée *pour* l'éthique en fonction de sa cause réelle, le malheur radical comme être-forclos de l'homme à toute éthique mais capable d'en déterminer une d'un nouveau style ; de manière plus spécifique : les structures aprioriques extraites de l'éthique philosophique sous cette condition.

— «éthique première» désigne la position et la place de la non-éthique par rapport à l'éthique philosophique : comme a priori, transcendantale et uni-verselle ou valant même *pour* celle-ci.

— «éthico-philosophique» ou «Différence étho-logique» désignent la forme-mixte, inséparablement philosophique ou philosophable, des phénomènes dits ordinairement «moraux», qui sont donc aussi éthiques et dont sont extraits les *a priori* non-éthiques.

— «étho-techno-logie» désigne la forme contemporaine intensifiée de la «Différence étho-logique» et dont relèvent par exemple les décisions techno-éthiques produites par le corps social et sa réflexion sur ses conduites réglées.

— «théorie unifiée de l'éthique» désigne la non-éthique en tant qu'elle vaut identiquement de la morale empirique et des éthiques gréco-philosophique et judaïque, qu'elle est leur «unification» par identité-sans-synthèse ou en-dernière-instance, plutôt que leur synthèse unitaire.

— «éthique de l'Etranger» désigne la non-éthique en tant qu'elle est la seule éthique possible dont le sujet soit l'homme défini comme sans-consistance ou existant-Étranger (et Prochain). L'homme n'existe-tel-qu'un-Étranger ou n'est sujet-tel-qu'un-Prochain que par le malheur radical.

—«Etranger» désigne le sujet le plus général, celui de la théorie unifiée de la science et de la philosophie, la non-philosophie ; l'«autre-Etranger» ou encore le «Prochain» désignent le mode éthique ou plutôt non-éthique de ce sujet.

Tel est le contenu le plus apparent de l'appareil théorique nécessaire pour suspendre l'antinomie de la philosophie du crime et penser de manière plus rigoureuse c'est à dire *selon l'homme,* le crime contre l'humanité, les droits humains, enfin le clonage de l'homme, dans ce qui doit être pour nous leur universalité et leur pouvoir non-éthiques de transformer l'éthique, incapable de penser ces nouvelles conjonctures.

Chacune des trois parties de ce traité parcourt le cycle entier des problèmes mais chaque fois sous un angle différent. Elles sont donc relativemrnt indépendantes, la troisième étant la plus décisive. La première partie examine la non-éthique (de manière sans doute très «escarpée» et qui demandera de la patience au lecteur) plutôt sous l'angle de sa cause ou du Réel, le malheur radical comme essence (de) sans-essence de l'homme. La seconde plutôt sous l'angle de son champ d'objets ou de son matériau, l'éthique-monde philosophique et son devenir-technologique, exposés simultanément dans leur structure et leurs insuffisances. La troisième, la principale, la retraverse systématiquement d'une manière plus ramassée et synthétique mais sous l'angle approfondi de son sujet, l'Etranger ou, mieux encore, l'autre-Étranger ou le Prochain. Ainsi sont posées dans l'unité du même geste l'identité «éthique» du sujet comme Prochain, l'interdiction radicale enfin fondée du crime contre l'humanité, et la critique réelle ou humaine du crime éthique et philosophique.

PREMIÈRE PARTIE

LE MALHEUR RADICAL

CHAPITRE PREMIER

LE MAL DANS LES LIMITES DE L'ETHIQUE

Le mal radical, le malheur radical, et le mal radical en un sens plus profond

Les morales que se sont données les hommes en société ou qu'ils ont reçues, et les éthiques dans lesquelles les philosophes les ont commentées et répétées n'ont jamais excédé l'espace défini par la relation du Bien et du Mal. Quelle est la raison de l'éthique comme forme supérieure c'est-à-dire philosophique de la morale, sinon la convertibilité à quelques variations ou différences près, de ces deux pôles d'évaluation qui l'enferment ? Si cette convertibilité est l'axiome fondateur universellement reconnu mais aussi la limitation interne de toute éthique, si la plupart des rapports possibles du Bien et du Mal ont été déjà explorés et si l'éthique est destinée à tourner définitivement avec plus ou moins de débordements ou de heurts dans l'espace clos de cette dyade, un seul problème peut encore intéresser la pensée par la radicalité de son émergence : que faire de l'éthique elle-même ? Comment cesser de considérer la convertibilité du Bien et du Mal comme vérité ultime et la traiter comme un simple axiome qui en contient d'autres ? Comment traiter l'éthique entière comme un simple matériau pour une pensée qui, cessant de se soumettre à la suffisance de la philosophie sans nier pour cela sa validité dans son ordre, entreprendrait de l'expliquer enfin, mais sans cette suffisance philosophique qui lui est attachée ? Le traitement de l'éthique par l'éthique, lorsqu'il n'est plus son auto-légitimation philosophique avec sa prétention à la validité absolue, ne peut être qu'une *non-éthique*. Sans nier l'existence et l'efficace de l'axiome du Bien et du Mal, ni ses innombrables variations et modalités historico-philosophiques, une non-éthique suspend leur prétention à s'auto-légitimer, qui interdit leur explication, et permet une explication qui doit rester évidemment adéquate à cet objet ou être encore elle-même «éthique» mais désormais par un autre tour.

Toutefois ce suspens de l'axiome majeur n'est lui-même possible que par une condition supplémentaire. La non-éthique ne peut être une *exception* à l'éthique, sous peine de contradiction mensongère, mais doit dépendre pour son autonomie à l'égard de l'éthique d'une condition d'entrée étrangère ou indifférente à celle-ci. Ou bien l'éthique restera sous sa propre législation, celle de la philosophie et de son service final, service de cette convertibilité suffisante ; ou bien une instance est donnée non seulement *avant* toute éthique et plus universelle qu'elle, mais elle l'est sur un mode d'être-donné radicalement hétérogène à la donation éthique, instance si radicalement «non»-éthique qu'elle doit être déclarée *indifférente à l'éthique sans être une exception à l'éthique*. À la convertibilité du Bien et du Mal, axiome sur-éthique et qui se soumet ensemble l'éthique et l'homme comme son agent et son sujet, nous «opposons» l'axiome de l'homme comme être radicalement étranger, dans son essence du moins, à cette convertibilité, à l'éthique et à sa législation. L'homme peut se dire selon de multiples significations métaphysiques et éthiques. Mais précisément l'axiome de l'homme comme le seul être hors-éthique, comme n'étant ni auteur ni sujet de la Loi, indifférent au Bien comme au Mal, suspend ces attributions qui le transforment en sujet moral mais qui sont étrangères à son essence originale. *L'homme est donné-sans-donation éthique, donné-comme-forclos à l'éthique, sans-consistance éthique*: voilà le seul axiome d'une science humaine de l'éthique, humaine parce quelle arrache l'homme à la suffisance de toute autorité et cesse d'en faire un «animal moral». Le projet non-éthique est premier par rapport à l'éthique, et forme le contenu d'une véritable *éthique première*, au sens radical de ce mot. Mais elle n'est première que parce que l'homme, lui, n'est même pas un «premier éthique». Il est, dans son essence d'être-sans-essence, sans aucun rapport constitutif à l'autorité. On dira qu'il a la primauté du Réel et qu'il peut donc, et peut lui seul, déterminer enfin un rapport non-éthique à l'éthique, l'arracher à sa suffisance autoritaire et rendre possible sa critique et son usage réels.

Si, comme Réel ou dans son essence, l'homme est forclos à l'éthique, une non-éthique doit bien, elle, entretenir quelque rapport à l'éthique constituée. Aussi doit-on décrire l'essence hors-éthique de l'homme en termes cependant pris de l'éthique. Cette contradiction se résout en usant en quelque sorte de termes pris de celle-ci mais traités comme des «termes premiers» indéfinissables et indémontrables dans ce champ, privés explicitement de leurs déterminations et qui serviront à former des axiomes sur l'homme comme forclos à l'éthique mais capable de la déterminer au moins comme la seule chose qui soit en son pouvoir.

Comment procéder dans ces conditions ? D'une part, entre le Bien et le Mal comme modes de régulation possibles de la vie humaine, nous choisissons plutôt le côté du Mal parce que la philosophie spontanément tend plutôt à le refouler et à expliquer la vie humaine par la fin du Bien plutôt que par la réalité du Mal, et qu'une critique *réelle* de l'éthique philosophique et de son idéalisme, comme Kant en a eu le pressentiment, devait procéder plutôt du Mal. Ce n'est pas exclure le Bien, c'est limiter l'idéalisme rationnel et se donner la chance de dégager du Bien son noyau de réalité. D'autre part, il ne peut être question d'expliquer la vie éthique de l'homme de manière quasi-philosophique par le Mal tel que la philosophie le livre dans l'axiome de sa convertibilité et que l'éthique l'abstrait de celle-ci pour en faire, par exemple, c'est le cas de Kant, un «mal radical» au bord du Bien ou à la périphérie de la Raison. Nous cherchons le «principe» d'une explication véritable, pas d'une interprétation supplémentaire, de l'éthique philosophique. Cette explication ne peut être précisément que «radicale» par rapport à l'éthique et ne peut donc être simplement fondée sur le concept philosophique du «mal radical». Telle est la première distinction : du mal radical comme concept-limite de la philosophie, nous extrayons le terme premier de «malheur radical», qui symbolise, plutôt qu'il ne conceptualise, *l'identité humaine du mal* — soit le malheur. L'homme n'est pas le Mal au sens éthico-philosophique — thèse absurde —, et pourtant nous posons l'équation première : mal = essence de l'homme, qui se résout par le «malheur radical» à la fois comme humanité du mal, son concept le plus radicalement humain, et comme essence (de) mal de l'humanité. Le «malheur radical» est *l'inconnue* qui doit pouvoir *expliquer*, avec plus ou moins de délai ou de médiations, l'affection réciproque du mal et de l'homme, qui ne se contente pas de faire l'objet de considérations éthiques mais qui *est* l'éthique elle-même.

Que le mal en son identité la plus radicale ne soit plus une limite de la Raison, mais l'essence même de l'homme, ne peut se comprendre que si nous le convertissons en «malheur radical», lui ôtant son anonymat, l'humanisant radicalement, l'identifiant au «réduit» le plus secret de l'homme; que si nous comprenons surtout la radicalité humaine comme être-forclos à toute éthique et pensée. Le malheur humain, celui qui est alors sans cause dans le Monde et l'Histoire, se confond précisément avec ce trait de l'homme d'être sans raison dans le Monde ou dans la philosophie qui en donne la forme. Le malheur n'est rien d'autre que l'être-forclos de l'homme au Monde, sa solitude et son indifférence. Etre-sans-monde : non parce qu'il serait privé de Monde (Heidegger) mais parce qu'il n'en a aucun besoin et qu'il lui est, par son essence, non par son existence, indifférent. Cette solitude réelle, plus-que-transcendantale, exclut la confusion philosophique de l'essence sans-essence de l'homme avec son trait transcendantal d'être-au-monde.

Ce passage du concept de mal radical au terme premier de malheur radical n'implique pas seulement un changement dans la réalité du mal — il sera examiné et ce passage précisément étudié —, ni seulement un changement de statut théorique par rapport à la pensée, au «concept» ou au symbole qui le désigne, mais une nouvelle évaluation de l'éthique, de ses présuppositions et de ses limites. Le malheur, lorsqu'il est transformé dans sa réalité et son statut, oblige la pensée à prendre pour objet d'explication et de critique l'éthique elle-même. Dans cette nouvelle optique, celle-ci conserve sa matérialité et ses contenus, mais elle change elle aussi de statut théorique ou, plus exactement, son statut théorique se manifeste autrement. L'éthique se tient de part en part sous l'autorité philosophique et sa «suffisance» — elle est structurée *comme* une métaphysique des mœurs — mais elle ne le sait pas, ou pas plus que la philosophie elle-même. Or il suffit d'assumer dans la pensée le malheur radical comme essence de l'homme et ses conséquences pour que l'éthique manifeste sa suffisance et avoue sa prétention illusoire à pouvoir définir et légiférer l'essence de l'homme comme être dont elle décide de la nature «éthique». Elle aussi, comme la philosophie en général sous ses aspects de métaphysique, participe de l'illusion réelle-transcendantale de pouvoir accéder au Réel le plus radical, à l'immanence de l'Un comme vision-en-Un c'est-à-dire à l'homme lui-même comme étant le Réel. Ce faisant elle méconnaît simplement l'essence d'être-forclos de l'homme-comme-Un. Lorsque cette illusion est assumée par la «métaphysique des mœurs» et l'éthique en général, cette suffisance doit s'appeler le mal radical *en un nouveau sens,* qui fait face au malheur. Il n'est évidemment pas, en effet, le malheur, qui permet au contraire de découvrir ce mal radical qui investit l'éthique elle-même. Il n'est pas davantage le «mal radical» que la philosophie la plus profonde est capable de poser à sa limite, mais le mal qui transit la philosophie elle-même confrontée au malheur humain et le déniant en prétendant le connaître et l'apaiser. Le malheur nous contraint ainsi à distinguer deux concepts ou deux usages du mal radical ; de mettre à côté de son concept intra-philosophique, un mal dit radical en un sens plus profond puisque manifesté ou découvert par le malheur. Il ne s'agit pas d'une analyse ou d'un dédoublement du concept kantien de «mal radical» puisque son second usage, qui enveloppe le premier, ne se distingue pas de celui-ci par une opération philosophique d'analyse, de synthèse ou de différenciation, qui ne changerait pas le statut «dissimulé» de la suffisance philosophique et ne le porterait pas au jour. Il s'en distingue par une opération purement transcendantale (ni critico-empirique ni ontologico-philosophique) qui se borne à révéler à l'homme l'appartenance de l'éthique au mal mais à la révéler comme appartenance à une essence dont elle est inséparable plutôt qu'à un objet.

Que le «mal radical», malgré ou à cause de sa profondeur, soit lui-même une expression d'un mal encore plus, et autrement radical parce qu'il contribue à refouler et à nier l'être-forclos ou le malheur (de) l'homme, cela ne peut apparaître aux philosophes qu'un jeu de mots ou une surenchère bien inutile. Toutefois c'est le seul moyen, conclu de la position du malheur comme identité humaine, pour instaurer une critique réelle (réelle, pas empirico-historique ni ontologico-historiale) de la Raison pratique et invalider le tribunal de la Raison en lui refusant le droit de se juger lui-même et à l'éthique la prétention de s'évaluer elle-même. Le malheur, qui est le radical du mal plutôt que sa radicalisation philosophique, tombe réellement hors de toute éthique et rend même possible une détermination et une critique non-éthiques de celle-ci.

Deux modèles philosophiques du mal. 1. Le «mal radical»

Pour expliquer l'appartenance traditionnelle du mal à l'éthique et réciproquement, nous disposons de deux modèles classiques que nous allons transformer pour les rendre explicitement co-extensifs à la philosophie elle-même, transformation par exemple *méta-kantienne*, donc encore philosophique.

Le «mal radical» (l'impuissance de la Raison, selon Kant, à élever ses maximes à l'état de lois universelles) a pu recevoir plusieurs interprétations en fonction des lectures faites de Kant. Mais c'est encore autrement que nous allons en user. Kant a procédé à une extension de la Raison, de la théorie à la pratique, comme Raison essentiellement pratique, et à une tout autre extension vers l'homme concret comme être empirico-religieux. C'est le concept de «limites de la simple raison», celle qui, au-delà de sa forme pratique, est capable de donner un ultime sens rationnel mais «négatif», sinon une raison du moins une rationalité-sans-raison, a des données positives et extra-rationnelles. Le mal radical élargit ainsi les limites de la Raison. Il reste à les élargir une dernière fois aux limites invariantes de la Décision philosophique. D'origine religieuse, ce thème est étroitement imbriqué de fait par Kant à la structure de la décision éthico-philosophique. En le rapportant explicitement à celle-ci, nous universalisons sa signification éthico-philosophique au-delà de ses origines luthériennes et kantiennes, et procédons à une conceptualisation du mal dans les limites non plus de la «simple raison» mais bien de la simple philosophie saisie dans l'universalité de sa structure. Elle donne lieu à un concept élargi de la «Raison pratique» que nous entendrons maintenant avec cette généralité non- et ultra-kantienne. La Raison pratique était trop pure et spéculative mais pour nous la «simple raison» est encore trop étroite. Elle exige une tout autre solution qui fera de la Raison éthico-philosophique le «simple» matériau d'une pensée issue cette fois-ci du «malheur radical». Pour l'instant, procédons à cet élargissement philosophique maximal.

Une décision éthico-philosophique est structurée d'abord par une dyade. La plus universelle est celle des mœurs (les étants moraux) et de la moralité (l'être-moral commun des mœurs), mais elle peut être particularisée comme couplage

Le malheur radical 37

intelligible/sensible, volonté rationnelle/sensibilité «pathologique» (Kant), etc. Cette dualité est accompagnée par une unité de synthèse qui l'unifie au profit du terme supérieur du rationnel qui devient «principe» ou «cause» et parfois auto-position rationnelle, le terme empirique étant intériorisé et relevé dans celle-ci. Il l'est tantôt sans reste, tantôt en laissant un «résidu naturel» nécessaire à la pratique morale, tantôt encore un résidu plus étranger si c'est possible, qui l'affecte plutôt comme une limitation et un facteur de finitude. Cette limitation peut donc prendre plusieurs formes. La première est dite «logique», telle une négation ou un simple manque de réalité — le mal comme manque de perfection ou de bien. La seconde est dite «réelle», tel un opposé enlevant de sa réalité au pouvoir de la Raison — le mal, positif, privant de réalité le pouvoir du Bien, s'opposant réellement à lui plutôt que le contredisant logiquement, et même pouvant passer pour la «chose en soi» propre à la Raison pratique. L'auto-position inconditionnée de la Raison supposée intelligible et infinie, sans cesser d'être de toute façon postulation de l'absolu, perd alors son aspect immédiatement c'est-à-dire théoriquement inconditionné et use de cette limitation, en général sensible et de signification éthique, pour se poser comme auto-limitation. Le mal radical sert ici à limiter la raison pratique infinie et transforme son idéalisme en idéalisme seulement transcendantal. Une troisième forme de limitation est possible, où ce qui limite est de droit étranger au pouvoir de la Raison pratique dans laquelle il ne se présente pas — deux fois «autre» que celle-ci, comme une altérité ni «logique» ni «réelle» ou «opposée», comme un non-encore-éthique peut l'être, affectant la Raison de l'extérieur mais aussi de l'intérieur où cette altérité est alors recouverte par la Raison. Cette solution pourrait être celle d'une déconstruction de l'éthique même si celle-ci représente déjà une esquisse de déconstruction possible de la métaphysique comme métaphysique des mœurs. Enfin une interprétation supplémentaire, ultra-kantienne, serait de type judaïque et poserait que le mal radical est la Raison éthique elle-même, comme pouvoir inconditionné sur soi et sur le réel, comme «être» et «mêmeté». La radicalité du mal prendrait alors sa dimension de la radicalité (non-)platonicienne d'un Bien au-delà de l'essence ou de la Raison, par exemple de l'Autrui affectant sans retour ce mal et désarmant le pouvoir auto-positionnel de la Raison. Cette inversion radicale de la Raison pratique excède encore un peu plus sa simple déconstruction mais reste inintelligible par définition ou résiste du moins à toute tentative d'être pensée de manière consistante et adéquate.

En fonction de ces modalités du schème éthico-philosophique porté à ses limites, le mal radical pourrait être interprété de manières diversement kantiennes et non-kantiennes. 1) Comme une auto-position de la Raison mais aliénée dans sa condition sensible, s'autoréalisant comme perte de soi dans ses conditions effectives ou se niant elle-même. Cette absolutisation dialectique du mal n'est qu'une hypothèse kantiennement improbable et trop forte puisqu'elle refait du mal un jugement synthétique a priori et l'antithèse exacte de la moralité, en quelque sorte la Raison diabolique en personne, mais dialectiquement diabolique. 2) Comme une logique, hypothèse trop faible, qui ne va pas jusqu'à la dialectique et reste prise dans une ontologie de la perfection. 3) Comme une limitation réelle de la Raison: la limitation réelle ne peut pas être *absolue* au sens où l'absolu est auto-position de la Raison et équivaudrait ici à un esprit diabolique. Il y a une réalité positive du mal qui n'est pas sa réalité substantiellement absolue. Précisément la limitation *réelle* peut être *seulement radicale* et rester rationnelle en un sens synthétique et non plus analytique, donc admettre encore l'auto-position rationnelle mais sous la forme d'une *auto-limitation de la Raison pratique affectée du mal radical*. Le «penchant au mal» (Kant) est le moyen terme entre la Raison et son opposé réel ; «radical» signifie «seulement» que le mal est incontournable et ne peut être totalement relevé. 4) Comme limitation hétéronome de la Raison pratique, comme finitude radicale réduisant même la simple auto-limitation, lui arrachant son résidu de postulation infinie, la vidant de toute réalité. Cette solution, plutôt déconstructrice que dialectique, excède à sa manière la compréhension kantienne du mal radical. Elle implique que la Raison pratique s'exerce sur le fond d'un *penchant* au mal qui la transit de part en part, qui limite précisément son effectuation empirique plutôt qu'il n'est le milieu de son auto-réalisation. Tension irrésolue plutôt que dialectiquement résolue par recouvrement de la Raison et du mal. L'Autre de la Raison ne s'épuise pas dans l'auto-négation de celle-ci, mais excède encore cette dialectique, la faiblesse de la Raison étant plus forte que son absolue impuissance ou que son absolue puissance. Toute action

Le malheur radical 39

en vue du Bien est alors douteuse, exécutée sous la condition de ce penchant au mal qui n'est pas un a priori d'un nouveau genre, réel plutôt qu'idéel, mais ce que l'a priori moral doit *recevoir* et ce qui doit l'affecter. Dans cette hypothèse non kantienne, le mal radical ne fonde pas l'éthique ou ne la fonde qu'à limiter sa refondation rationnelle. C'est plutôt une défondation ou une «effondation» de la métaphysique des mœurs qui gagne ainsi un sol plus réel c'est-à-dire plus in-certain. Le mal radical lie plus étroitement la Raison pratique et le Monde ou l'homme comme être sensiblement fini, mais en déplaçant cette finitude au-delà même du sensible.

Ce dont souffre le concept de «mal radical», son insuffisance, qui est celle de la philosophie et que son altérité ne rattrape pas, qui fait plutôt système avec elle, c'est qu'il n'a pas plus d'identité que la structure de la Décision éthico-philosophique. Il n'a qu'une simple identité postulée et non élucidée, et une multiplicité de figures sans théorie possible. Dans cette multiplicité de formes, la philosophie reconnaît son altérité irréductible et son manque d'unité alors qu'il lui faudrait reconnaître au moins autant son manque d'identité. Sur le premier point, Kant analyse le mal radical par une triade : la dyade de la fragilité ou de la faiblesse humaine à se conformer aux maximes adoptées, et de l'impureté (mélange des motifs moraux et immoraux) ; et l'unité supérieure ou absolue de la méchanceté diabolique. Mais précisément il pose celle-ci sans la reconnaître, la rejetant comme exceptionnelle, anti-rationnelle et simplement psychopathologique. Il tronque ainsi la structure de la Décision philosophique, et prive la dyade de méchanceté et de raison mauvaise afin d'éviter un salut rationnel et philosophique du mal diabolique, un malin génie maître d'anti-philosophie. Corrélativement il la réduit une seconde fois, dans son opération, à la dyade esseulée du renversement des mobiles, de l'inversion de leur hiérarchie (l'amour de soi se substituant à la loi comme règle de la volonté). Ainsi le mal est en déficit d'identité rationnelle et donc de philosophie, qu'il ne sert qu'à limiter, et suppose un supplément d'altérité expliquant l'inversion mais sur lequel Kant fait silence, n'ayant pas le moyen de penser celle-ci au-delà de l'«opposition réelle».

On sait toutefois que l'identité perdue du mal ne cesse de

hanter celui-ci. C'est une identité divisée, comme l'implique toute Décision philosophique, entre une forme basse, celle du criminel diabolique qui reste une exception non rationnelle et impensable, nullement «banale», et une forme haute et transcendante qui veut que l'*être* de l'homme soit «tout entier mauvais par nature», mais dont le sens religieux tombe également à ses limites hors de la Raison. Même si la Raison a divisé de ses «simples limites» l'identité du mal et l'a renvoyée à l' impensable, *il n'en reste pas moins que c'est bien la structure complète de la Décision philosophique qui règle en droit l'économie du mal, lui donne son type d'universalité et décide de l'insuffisance de celle-ci.*

Ce que Kant voit encore moins en effet, c'est que l'identité rationnelle est elle-même en déficit d'identité réelle. L'émiettement du mal en facultés, espèces, catégories, formes historiques et anthropologiques, sa dispersion empirique et sensible, pourrait sans doute être radicalisée comme «dissémination» ou même comme «différence», son altérité affirmée et réaffirmée. Mais ce passage du mal sur le terrain de l'Autre le plus extra-territorial et le plus radical le laisserait exsangue, méconnaissable, voué aux cercles et aux ébauches d'une pensée sans consistance voire d'un interdit de le penser, comme si le mal était livré au mal et traité par le mal lui-même, comme si la simple interruption de sa maîtrise rationnelle équivalait à la fois au suspens réel de celle-ci et au recouvrement de son identité et de son autonomie. Rien de ces deux objectifs ne peut être atteint avec une expérience du mal comme simple limitation ou comme altération et dé-limitation de la volonté re-fondationnelle de la Raison pratique. Tant par conséquent que l'on n'a pas acquis les moyens de penser l'identité (du) mal en fonction de cette identité elle-même. En dehors de cette hypothèse, le mal radical reste une entité méta-physique, un mixte de transcendance et d'immanence mal élucidé.

Quel est par ailleurs le statut théorique du mal radical dans une philosophie ? L'exemple de Kant montre que ce ne peut être qu'une *hypothèse* de type philosophique. Elle est induite des formes multiples, communément répandues du mal, induite de sa particularité mais supposée d'une généralité empirique qu'il s'agit d'élever à l'état en quelque sorte de *jugement moral com-*

mun symétrique de celui de la *bonne volonté*. Mais elle est ensuite projetée sous la forme du mal comme quasi-cause ou quasi-principe expliquant «rationnellement» malgré tout mais formellement l'étendue et la variété du mal. Hypothèse ou *comme si* — comme s'il y avait un penchant radical au mal —, ce qui ne veut pas dire vide et feinte comme une fiction mais dépourvue de toute pertinence explicative. Le mal est incompréhensible par l'entendement, l'ordre de la nature physique, qui ne peut expliquer son origine, c'est seulement un quasi-transcendantal, pas davantage, de la Raison pratique. Symétriquement le passage au Bien, la bonne inversion des mobiles et le rétablissement de leur bonne hiérarchie, est tout aussi incompréhensible que la chute. Ces mouvements sont ceux que permet la dyade philosophique tronquée. Par définition ils sont rationnellement incompréhensibles et portent en eux une violence qui témoigne de la limitation insoupçonnable de toute Raison pratique et théorique. Cette violence ne peut aller jusqu'à supprimer le mirage philosophique d'une identité divisée dans le doublet empirico-religieux sur lequel Kant prélève son concept d'homme en nouant rationnellement ces deux bords extrêmes de l'identité. Mais plus profondément cette opacité ultime de la Raison sur ses deux faces n'est-elle pas un symptôme de l'opacité de toute philosophie, de son obscurité et de son mystère lorsqu'il s'agit de l'identité, qu'elle postule pour pouvoir seulement la diviser et y mettre une faille insondable ?

Le mal radical, quelles que soient ses interprétations et sa profondeur métaphysique, reste une solution intra-philosophique et ne permet pas de donner un sens autre que vicieux à notre axiome directeur : *l'essence de l'éthique n'est pas elle-même éthique ou est non-éthique*, qui n'a alors dans ce contexte de sens et d'être-vrai qu'en fonction de la validité supposée de l'éthique comme ensemble de règles empiriquement prélevées et hypothétiquement validées. Le mal donne à l'éthique effective, concrète (qui n'est pas celle du «jugement moral commun») une dimension transcendantale trop faible et marquée de ressentiment. Sa radicalité reste un attribut et n'est pas encore l'essence, c'est-à-dire maintenant l'identité (du) mal. Si «radical» doit se dire d'une détermination non-éthique de l'éthique, nous devons modifier notre concept du mal et son statut théorique, le penser ou le poser comme immanent (à) soi, comme «subjectif» ou plus exactement «humain» de part en part, comme immanence-en-homme (du) malheur. L'auto- et même l'hétéro-critique de la Raison pratique doivent céder la place à sa critique ou à sa détermination réelles. Pour cela leurs axiomes encore intuitifs et naïfs doivent être remplacés par de vrais axiomes vides d'intuition mais transcendantaux et le mal radical suffisamment transformé pour cesser d'être un principe métaphysique ou un anti-principe, et pour être traité comme un «terme premier» symbolisant une cause réelle. Dans son traitement kantien, le mal radical reste malgré tout encore au voisinage du Bien, convertible presque sans reste avec lui. Il annonce une déconstruction possible, tout proche qu'il est d'être un quasi-principe transcendantal. Mais précisément la non-éthique a besoin d'un Réel plutôt que d'un transcendantal : si elle a celui-là, elle aura aussi celui-ci. Seul le malheur radical comme terme premier peut briser l'axiome fondateur de l'éthique philosophique, la convertibilité, à leur différence près, du Bien et du Mal, différence qui, lorsqu'elle est voulue comme telle, exige même leur réversibilité.

Quoi qu'il en soit des différences dans la position philosophique et limitrophique du mal, elles n'ont plus de pertinence décisive pour une non-éthique. Ce sont tout au plus des symptômes ou des objets de savoir naïfs et intuitifs qu'il s'agit plutôt d'*expliquer*. Une critique réelle c'est-à-dire une détermination de la Raison pratique dans la totalité de ses formes philosophiques, doit chercher dans le mal radical non pas une première approximation du malheur radical et qu'il suffirait de rectifier, mais au mieux le symptôme et le modèle particulier d'un problème dont le malheur radical est la solution ou la cause réelle. Des basses motivations marchandes et technologiques de l'éthique qui ont relayé chez les contemporains ses motivations religieuses, de ce fonds opportuniste, il est nécessaire de faire table rase et de poser la Raison pratique ou la métaphysique des mœurs, leur fondement précisément, comme un problème qui appelle une solution «non-éthique» mais nullement pour cette raison opposée à l'éthique.

Le malheur radical 43

Deux modèles philosophiques du mal. 2. La «banalité du mal»

On sait qu'à côté du mal radical et pour rendre compte de la conjoncture de l'expérience concentrationnaire, un second modèle philosophique d'interprétation du mal a été donné sous le nom de «banalité du mal» (Arendt). Lui aussi peut subir une mutation ou une généralisation *méta-arendtienne* «aux limites de la philosophie». Mais si le mal radical se savait comme un concept-limite d'un impouvoir de la Raison, la banalité du mal désigne une description qui n'a pas encore reçu son concept. La raison n'en est pas qu'elle tenterait de décrire un état de chose indescriptible (la triade déportation, extermination, concentration, un système quasi-philosophique), mais qu'elle est de droit — nous en faisons l'hypothèse — une notion philosophiquement tronquée, arrachée à sa logique philosophique. Comme si son auteur avait cru pouvoir utiliser le thème heideggerien de la «banalité quotidienne» pour une telle description dont l'objet n'est pas trouvable dans *Etre et Temps*. C'est donc, une fois rétabli son horizon philosophique, un mode de l'existential majeur de l' «être-au-monde», mais un mode de la déchéance, de la déficience et de l'absence de pensée. L'oubli de cette origine explique le caractère insatisfaisant de la notion, sa définition surtout négative du mal. Sa mise à jour peut lui redonner une véritable portée philosophique universelle. Nous tentons cette hypothèse et la développons selon notre logique. Seule la «quotidienneté» permet de comprendre le refus d'un mal démoniaque pour une certaine «douceur» ou un certain «adoucissement» du mal que d'autres (Nietzsche, Foucault) ont aussi appréhendée et qui n'est plus caractérisable seulement par l'absence de pensée critique et par la domination des stéréotypes. Si le mal radical touchait la nature entière de l'homme par la racine ou l'acte originaire unique de la liberté, sa banalité le touche en extension ou en étendue. C'est même le mal précisément qui manifeste l'ordinaire ou porte à l'état de phénomène le quotidien, ce qui déchoit auprès de la surface et de la spatialité en tant que modes de l'être-au-monde. Apparemment sans profondeur métaphysique, sans altérité démoniaque — pas plus d'ailleurs que le mal radical — mais «extrême» par son universalité supra-sociologique et supra-psychologique, c'est une sorte de nouvel *a priori* de l'existence concentrationnaire, voire un transcendantal pour le monde-comme-concentration et qui transcende par delà tous les clivages historico-politiques donnés.

Le mal radical, si l'on peut dire, était une expérience du sujet rationnel, une découverte du rationalisme moderne, tandis que la banalité du mal est l'expérience d'un sujet plus retiré — sinon plus «profond»— que le sujet moderne, la découverte phénoménologique du pouvoir-être-terrible qui est en l'homme sans l'homme et qui, relevant encore de la *physis* et de la *polis*, est déjà méta-physique et méta-politique. Dans le prolongement de ce type de pensée inauguré par Heidegger et devant les conséquences duquel Arendt hésite, on posera que la phénoménologie concentrationnaire, en tant qu'elle est capable de décrire une essence sur un cas singulier, abouti à poser un *être-au-mal* ou une *bêtise transcendantale*. Concepts paradoxaux pour la Raison classique, celle du «sujet rationnel», mais qui le sont moins pour la sérénité tragique de la pensée de l'être-au-monde, sans pourtant s'insérer facilement en elle. Ainsi comprise, arrachée aux mécanismes sociologiques et politiques, juridiques, éthiques, la banalité du mal est susceptible d'être surdéterminée par la logique de la domination totale, de la planification et de l'organisation et d'affecter tout homme, voire de le «rendre ordinaire». Les mécanismes qui transforment un homme quelconque en tueur légitime, les mécanismes de légitimation concentrationnaire, n'ont d'efficace et ne sont intelligibles que sur la base de cet être-au-mal qu'ils servent à actualiser et pour ainsi dire à schématiser.

Le fameux axiome «tout est possible», ne résume ainsi l'essence concentrationnaire que si l'on remarque sa formulation philosophique spontanée et l'accentue. «Prends en souci le possible en son entier», voilà la maxime du législateur originaire du mal et l'éclair qui unit le fond grec le plus obscur à la nuit contemporaine. Ainsi l'axiome ne suspendrait les raisons locales ou génériques du mal (économiques, politiques, juridiques, psychologiques, etc) qu'au nom d'une maxime encore métaphysique que l'on peut dénier sans que cela change quoi que ce soit à l'état de chose décrit, sauf à augmenter le mal de sous-estimer son universalité, le sens qu'il est capable de tolérer pour lui-même. Le suspens du sens par le mal n'est pas le suspens du sens du mal et de toute façon le mal le plus banal philosophe déjà par lui-même spontanément. Il ne peut donc être déclaré vraiment impunissable autant qu'impardonnable que lorsqu'il est expérimenté dans un autre affect, non grec, de la pensée et de l'homme, pour lequel même l'axiome «tout est possible» n'est plus lui-même possible et devrait être remplacé par cette injonction: «Tue ton frère dans l'autre homme». Maxime tout aussi monstrueuse éthiquement — mais l'éthique a des ressources de monstruosité insoupçonnées — que nécessaire pour expliquer cette seconde expérience du mal qui serait plus «juive» que «grecque». De toute façon le mal n'est pas ici simplement un fait brut mais une pensée et une épreuve et suppose une idée ultime de l'homme. C'est ce que ces deux affects émergents ont en commun comme présupposition minimale. Et c'est par celle-ci qu'ils entrent — pour le premier — dans la philosophie et sa suffisance ou — pour le second — encore dans la limitrophie de la philosophie. L'être-au-mal et même l'être-comme-mal ne sont, pas plus que le mal radical, une critique vraiment radicale de la philosophie-comme-mal.

La littérature dite «des camps» insiste sur l'émergence d'un projet inouï, d'une invention sans passé: l'homme-sans-humanité, l'homme qui s'arrache ou arrache aux autres — indifféremment — son humanité, qui se dépouille ou qui dépouille les autres de ses attributs juridiques, sociaux, politiques et même, d'une certaine manière, ethniques (au nom d'un concept non «éthnique» mais idéologique de «race»). Bourreaux ou victimes, tous indifféremment «ennemis», soit par défaut soit par excès, du «genre humain». Mais l'interprétation de ce nouvel objet, de cet homme-sans-qualités, est tout aussi problématique que celle du mal, puisqu'il est le corrélat humain du mal, son agent (apparemment) et son sujet (sa victime réellement et de toute façon). Selon le type d'interprétation gréco-philosophique, on dira que cette expérience nouvelle du mal a suspendu l'être-avec-autrui comme essence ultime de l'homme, comme communauté ou co-présence, quelle que soit la manière dont on accentue l'écart de l'homme et de son «semblable» ou la complexité dialectique de la reconnaissance d'autrui comme moi et de moi comme autrui. C'est supposer, conformément aux présuppositions grecques les plus originaires, que l'essence de l'homme est d'être un animal politique. Quel avantage alors qui ne soit un désastre théorique, à soutenir que l'annihilation des attributs humains soit une réduction à l'animalité si c'est pour continuer à faire de l'homme un *animal*, par exemple politique plutôt que juridique ? La barbarie est insondable jusque dans la philosophie et nos tortionnaires, de leur côté, ne sont pas si étrangers à l'«animal métaphysique» qu'ils pourraient le paraître — à la métaphysique qui n'a jamais conçu l'homme autrement que comme un animal, certes transcendantal ou onto-logique, mais quelle différence qui soit autre chose qu'une «différence» ? Il n'y a aucune explication à attendre — mais une pétition de principe — d'un prétendu «animal humain» concentrationnaire auquel on opposerait un «animal politique». Le concept du mal et son interprétation ou sa thérapeutique éthique ont en commun (comme présupposition directe pour certaines interprétations, ou indirecte pour une pensée de la métaphysique comme celle de Heidegger ou pour toute tentative de déconstruction du logos concentrationnaire) la même présupposition de l'homme comme animal. Or personne ne nous fera croire que l'animal, *comme concept bien entendu*, ne soit pas un nom approché du mal pour la métaphysique elle-même et évidemment pour une expérience plus radicale encore de l'homme. L'interprétation redouble en positif le négatif du mal et aboutit à un gain nul. Il se pourrait plutôt que l'essence de l'homme le fasse positivement sans-qualités, qu'elle soit inaliénable dans les prédicats d'«essence«, d'«animal», de «bourreau» et de «victime», et que ce soit pour cette raison — l'être (de) malheur de l'homme — et elle seule qu'*il y a du mal plutôt que seulement du bien* et qu'il est identifiable et connaissable *tel quel*.

Ainsi la restitution de son horizon philosophique montre que l'hypothèse de la «banalité du mal» continue à faire crédit aux pires présuppositions gréco-métaphysiques et se laisse compromettre par son objet sans pouvoir réellement l'élucider c'est-à-dire l'expliquer, acceptant finalement une simple éthique quasi-technologique de «lutte» contre le mal plutôt que de le penser en toute rigueur et réalité.

Le mal comme donation et comme élection

Sur le plan philosophique, le 20e siècle n'a évidemment pas découvert le mal et ses multiples formes d'existence. Il a découvert le *mal comme tel*. Ce concept n'est pas celui d'un génie diabolique mais d'une force qui témoigne quand même de son invasion totale de la pensée. Le rassemblement philosophique du mal est une histoire au moins double ou déchirée, mais elle couvre de toute façon ce que nous sommes capables de penser encore comme histoire, à partir de ces conjonctures, à l'aide de la métaphysique. Le mal trouve son site traditionnel dans la philosophie elle-même comme «métaphysique des mœurs» et dans les éthiques en tant qu'elles sont toujours structurées *comme* une telle métaphysique. Classiquement elle décrit le mal du point de vue de l'agent ou de l'acteur rationnel mais elle atteint une première fois son concept le plus profond et le plus irréversible avec Kant et le «mal radical» tel qu'il limite de l'intérieur et de l'extérieur la Raison pratique. Mais la métaphysique des mœurs comme la métaphysique en général a son propre accomplissement, le repli sur soi ou le resserrement de la convertibilité du Bien et du Mal en même temps que son intensification. Les éthiques sont a priori traversées d'une tendance-limite à la coïncidence, à l'identification tendue du Bien et du Mal. On appelle ce phénomène l'auto-donation du mal. *Son auto-donation, c'est-à-dire sa bonté métaphysique.*

Mais le mal s'est rassemblé et montré le plus crûment une seconde fois du côté moins ambigu de la victime, sur le corps et la vie persécutés du judaïsme. Il n'y est plus manifesté sur le mode idéal, voilé et dévoilé, de la Raison philosophique limitée par le mal mais se ressaisissant et le reconstituant ainsi en elle-même. C'est un mal montré et visible de manière quasi-matérielle, un mal de feu et de cendres, indicible, pour lequel le discours et la Raison arrivent trop tard. Plutôt qu'une donation du mal, c'est alors une élection de la victime par le mal. Un certain épuisement de ses possibilités fait ainsi conjoncture dans la pensée dès qu'avec la philosophie-comme-métaphysique est révélée cette convertibilité — à quelque nuance près où l'éthique fait pli ; et qu'avec le judaïsme la donation du mal s'inverse absolument et sans retour en sa non-donation, le mal faisant plus-que-limite — extra-territorialité — à la Raison. Comme une inversion statique, celle du bien grec — le même ou le système de la pensée — en mal judaïque, et du mal grec — l'altérité — en bien judaïque.

La donation du mal, où la victime est réceptrice, nécessairement consentante et active par quelque décision secrète d'elle-même, et le mal comme élection victimaire où le sujet revendique après-coup sa passivité de victime, sont des expériences profondément hétérogènes et qui ne peuvent être confondues dans l'histoire et encore moins dans la pensée. Le problème a trop souvent été jusqu'à présent celui de leur unité philosophique impossible, de leur intrication hautement problématique quoique effective, même si elle témoigne d'un certain forçage caractéristique de la pensée du 20e siècle. Si Kant en effet a découvert la première forme, la forme moderne de l'altérité du mal à la Raison, encore maîtrisable ultimement par celle-ci mais contaminant déjà l'intimité de l'homme, si le judaïsme nous a révélé, à son corps défendant, une seconde forme, plus radicale encore, de l'extériorité et donc de l'intimité du mal à l'homme, il faudra, au-delà de Nietzsche, les déconstructions qui coupent le grec par le juif, pour donner les conditions de la découverte d'une combinaison «post-moderne» de l'altérité et de l'intimité du mal, de sa donation et de son élection. Jusqu'à présent, une telle combinaison n'est décelable que dans ce type de pensée «mixte», un mal excédant absolument, infiniment la limite qu'il imposait à la Raison, mais d'autant plus intérieur à la pensée.

La métaphysique des mœurs est donc trop impliquée dans son objet, dans le mal lui-même avec lequel elle fait cercle et s'auto-limite, pour nous être d'un autre secours que celui d'un miroir du mal. Quant au judaïsme, sa situation victimaire ne lui permet pas de penser l'*unité* de ces deux expériences et encore moins une éventuelle identité (du) mal puisqu'il le pense sous la modalité du Même-comme-Autre, après que la métaphysique l'ait pensé sous celle de l'Autre-comme-Même. Le chiasme de ces deux expériences originales ne résoudrait pas d'un pouce le problème mais se contenterait de multiplier leur antinomie et déchaîner un certain «révisionnisme» philsophique. Pour penser pleinement c'est-à-dire *expliquer autant qu'élucider* cette conjoncture ainsi que l'exige l'identité de la pensée elle-même, d'autres moyens théoriques sont nécessaires et d'abord *une autre découverte* touchant l'essence singulière de l'homme. Ces modèles d'interprétation du mal ont manifesté malgré eux combien *il y va* de la pensée dans le mal et du mal dans la pensée. Ils n'ont pas permis de déterminer rigoureusement, hors de toute circularité philosophique, le pouvoir humain de décider radicalement, c'est-à-dire *unilatéralement*, de l'éthique et se sont encore laissés gagner par l'inhumanité de l'éthique elle-même, qui signe la présence du mal dans la pensée dont l'homme est encore ensorcelé. Ce sont des indications, au mieux des symptômes pour une tout autre position du problème de l'éthique.

Si ces demi-solutions restent à l'intérieur, ou à l'extérieur immédiat de la métaphysique des mœurs, il est possible, plutôt que de chercher une unité dépareillée de ces deux expériences du mal, de renoncer à cette pulsion unitaire propre à la philosophie et d'élaborer une théorie seulement *unifiée* du mal, sans réduction identificatrice, et réellement universelle *pour* le mal donné et *pour* le mal électif. Autrement dit seul un autre point de vue, celui d'une «non-éthique», peut constituer, sans réduction voire sans «révision» cette dualité du mal en conjoncture et problème unique.

CHAPITRE II

PASSAGE AU MALHEUR RADICAL

Changer de terrain. Du mal radical au malheur radical

Nous résumons ce qui précède d'un axiome : *le mal n'a pas que des formes «inférieures», Il a sa forme supérieure d*ans *l'éthique*. On peut refuser cet axiome : par idéalisme et dénégation du Réel, par ignorance des ruses retorses de la philosophie, par mépris des explications un peu rigoureuses. *Le mal n'habite pas le Réel, il habite la pensée-monde.*

Tant qu'il reste interprété dans et avec la seule philosophie, aucune explication non certes du mal mais de la pensée-du-mal qu'est l'éthique, n'est possible. «Explication» ne signifie en aucun cas «genèse réelle» (méta-physique, méta-politique ou méta-psychologique) par procession, déficience, impuissance, négation ou privation du bien, etc., mais pas davantage impossibilité réelle à opérer une telle genèse (impuissance théorique de la Raison à expliquer l'acte intelligible de la liberté, échec devant le fonds inhumain de l'humanité, échec à penser qu'il faudrait lui-même penser dans l'acte de re-penser cet impensé qu'est le mal, etc.). L'explication ne se motive pas ici de la faiblesse de la Raison à faire le bien ou à expliquer son échec. Elle ne se motive pas en général de la philosophie mais en priorité de la seule réalité de l'homme et occasionnellement de ce qui en découle, l'inadéquation de l'éthique à cette essence.

Aussi pose-t-elle moins une nouvelle présupposition de l'éthique, encore inaperçue, oubliée de celle-ci, que la condition-de-réalité phénoménale à quoi elle la mesure sans prétendre vainement la réformer en elle-même. Si l'éthique n'offre aucun rempart sérieux contre le mal mais se laisse compromettre par lui, nous devons poser son problème sur un terrain autre que celui de l'éthique, sur le terrain du seul réel humain comme non-éthique ou, plus profondément, comme sans-éthique. Puisqu'elle est mise en jeu par son objet et qu'il y va du mal en elle, qu'elle se dissout en lui comme elle le dissout en elle (dans le «sens», le «concept», l'«interprétation», le «fondement», l'«être-au-mal», etc.), il est nécessaire de lui ajouter une non-éthique en fonction de cette autre essence plus réelle. Elle devrait lui conserver son autonomie propre et sa consistance sans disparaître dans son objet, mais laisser à son tour sa consistance à celui-ci, évitant que la réalité du mal ne soit philosophiquement relevée. Il s'agit d'explique a priori mais par des causes réelles plutôt que par des raisons le mal étranger à la Raison en tant qu'il est aussi un «intime» de la Raison. Une non-éthique, dès qu'elle dépend de l'homme comme forclos à l'éthique, cesse d'«interpréter» et de «comprendre» seulement, de rationaliser et de relever le mal qu'elle noue au contraire plus étroitement à l'éthique elle-même, transformant ces mélanges en un nouveau champ de phénomènes, découvrant ainsi cette inévitable association comme le continent le plus noir de la pensée. Si la pratique concentrationnaire ou génocidaire est réellement, ou est perçue (peu importe), comme une invention sans commune mesure avec le passé criminel de l'histoire, nous devons lui répondre par une autre invention et opposer à l'homme sans attributs parce qu'il en a été dépouillé, un autre homme sans attributs parce qu'il n'en aura jamais eu besoin et par conséquent sans-essence. A l'émergence du mal ordinaire, nous devons répondre par une autre, celle d'un homme «ordinaire», au sens où son «essence» proprement humaine peut être posée comme absolument universelle, plus universelle encore que la radicalité ou la banalité du mal parce qu'elle n'aura aucun besoin d'être politiquement, juridiquement, éthiquement — en général philosophiquement — qualifiée.

Comment donner une idée — toute provisoire — de ce Réel qui *est* l'homme et le prive d'éthique ? Par quelle indication ou suggestion ? Il faut s'aider, par une hypothèse quasi diabolique, des expérimentations concentrationnaire et tortionnaire de l'homme privé d'humanité, en les comprenant de manière *phénoménale* : comme l'indifférenciation des vieilles et toujours neuves dyades, elles-mêmes très diverses, de la victime et du bourreau, du torturé et du tortionnaire, de l'esclave et du maître, du dominé et du dominant, indifférenciation obtenue par leur écrasement sur elles-mêmes. Dyades brisées, dépourvues de lien, d'action réciproque, de *différence*, où les termes sont dépouillés de leur appartenance au même genre humain ; où ils risquent toujours *à la limite* d'être échangés, échappant aux critères qui permettraient leur détermination et leur spécification. Cet écrasement suscite nécessairement la question : qu'est-ce que l'homme ? par le retrait ou l'évanouissement de son humanité. Toutefois le suspens concentrationnaire ou tortionnaire n'indifférencie pas la dualité de la victime et du bourreau sans conserver entre ses termes un dernier trait d'humanité, précisément d'humanité universelle mais abstraite, une dernière différence vide et sans contenu. Il n'est pas nécessaire que la torture philosophe explicitement — c'est plutôt le problème de la victime, la «question» qu'il pose en réponse à la question à laquelle on le met — pour postuler un dernier horizon universel, le plus pauvre mais le plus résistant à mesure de sa dénudation. Victime et bourreau sont *comme* poussés vers une limite transcendantale d'identification et d'auto-affection réciproque. Dans ce désir unitaire forcé qui conduit les prédicats prétendument humains à leur perte, se découvre le vrai mal, celui qui existe sous la forme de la perte et du désir de l'identité. La torture ou la concentration sont des *donations d'une identité humaine universelle mais abstraite, et qui précisément ne font que (prétendre) la donner sous une forme transcendante où l'identité est en réalité perdue dans l'abstraction de la transcendance. Comme donations de l'identité, elles ne font qu'indiquer de manière symptômale l'identité humaine donnée-sans-donation, comme Réel humain inconstituable et indestructible par la torture ou la concentration.* On appellera *malheur radical*, plutôt que mal radical, cette identité qui n'est qu' humaine ou «subjective», sans donation, forclose à l'éthique et qui, pour cette raison, peut la déterminer sans réciprocité.

Le malheur radical pourrait ainsi se lire en transparence dans l'expérimentation tortionnaire ou concentrationnaire. Toutefois on ne peut acquérir l'innocence du malheur radical en forçant l'homme par le mal. Du moins cette expérimentation est-t-elle le symptôme d'une dernière condition de réalité qui donne sa consistance à la pleine intelligence de l'expérience toujours possible de la torture et de la concentration et au *vinculum transcendentale* dont elle lie la victime à son bourreau. Le malheur radical n'est pas une présupposition supplémentaire, un peu plus profonde que les autres, qui viendrait fonder c'est-à-dire légitimer dans une certaine mesure en l'inscrivant dans le Réel même, la *possibilité* de ce type d'expérience. C'est une hypothèse *radicale ou réelle-en-dernière-instance*, qui doit pouvoir *expliquer* cette expérience du mal, sans la justifier philosophiquement puisqu'elle doit expliquer a priori le complexe du mal et de l'éthique, la puissance et l'impuissance relatives de celle-ci sur celui-là.

Toujours dans le style de la simple indication symptômale, nous pouvons également identifier le malheur radical en nous aidant du «mal radical», sous réserve d'un traitement théorique spécial. Plusieurs principes éthiques de départ étaient possibles (la Pitié, la Bonne Volonté, la Loi, la Tolérance, le Visage, etc.), mais nous choisissons le mal radical pour sa capacité à rassembler la conjoncture et pour sa position marginale et refoulée par la philosophie, sans reconstituer avec ce choix une *éthique du mal radical* par opposition à une éthique de la Pitié, du Devoir ou du Visage et concurrente de celles-ci. Elle serait probablement impossible ou contradictoire et de toute façon étrangère à notre projet. La non-éthique a tout intérêt à partir de la pointe extrême de l'éthique, du mal comme fonction de limitation interne du fondement. Quelles que soient les interprétations données du 20e siècle, de son cortège ininterrompu de mensonges, de totalitarismes, de génocides, de «purifications», de populations déplacées, de destructions de toute nature, de crimes contre l'humanité, ce siècle aura renouvelé de fond en comble par ces conjonctures le sentiment du «malheur des temps» et plus encore fatigué nos catégories et nos moyens rationnels eux-mêmes compromis par le mal. S'il subsiste apparemment une dernière possibilité qui n'a pas encore été exploitée, c'est d'expliquer pratiquement — d'expliquer et de comprendre identiquement, pas de commenter moralement ou historiquement, le malheur du Monde, et pratiquement, par une posture non-éthique mais en rapport à l'éthique — cette donation du Mal jusque dans le Bien. Une telle hypothèse consiste à admettre que l'identité (du) mal est donnée-sans-donation comme malheur, et qu'ainsi elle peut expliquer et critiquer l'éthique et l'histoire. S'agit-il d'un nouveau «principe» si tout principe participe malgré lui du mal, contribue à le répandre ou à le «donner» ? C'est bien le manichéisme qu'il faut abandonner, n'étant pas assez fort pour la tâche exigée et transformant le mal en principe plutôt qu'en ce qui permet la critique réelle des principes. Le concept et la fonction du mal comme malheur ne peuvent être que reformulés dans un contexte enfin non-philosophique, son statut théorique de *concept* métaphysico-religieux doit être résolument abandonné afin de ne pas ajouter une éthique supplémentaire aux existantes (c'est la signification radicale de la maxime: «ne plus prescrire»). Une doctrine morale nouvelle tomberait immédiatement sous l'axiome : «une éthique philosophique est structurée comme une métaphysique des mœurs», et n'ajouterait qu'au simple matériau de la non-éthique. Il s'agit plutôt d'opérer une critique *réelle* de la Raison pratique de manière identiquement théorique-et-pratique. Si le mal radical est l'Autre de la moralité des mœurs, nous pouvons le choisir au moins comme symptôme d'une cause réelle inouïe et en transformer le contenu pour le rendre capable de cette théorie-pratique des éthiques.

Cette décision implique une mutation du style de la pensée. Le malheur radical n'est pas un mal hyperbolique, le passage au diabolique que ne réaliserait pas le «mal radical» lui-même. Y a-t-il d'ailleurs un malin génie éthique ou politique ? C'est là une hypothèse-limite de la seule philosophie à partir de laquelle celle-ci revient sur elle-même comme salut c'est-à-dire impossibilité ou auto-contradiction d'un tel malin génie. «Ce génie du mal peut me détruire tant qu'il voudra, me torturer ou m'exterminer, il ne saurait faire que tant que je le penserai, cette pensée ne soit mon salut»... Plutôt penser un mal illimité mais passible de salut, que de ne plus penser du tout... La philosophie ne pense pas l'altérité du mal sans se proposer elle-même comme ce salut. Elle ne décrit pas le tort fait à l'homme sans l'inclure dans une torsion qui le prolonge et le transmute en bien ou mieux, sans supposer celui-ci comme son bord externe et inintelligible, infiniment distant. Le mal radical est alors compris comme un fait spécial : ni empirique ni rationnel, il n'est *donné* ni comme un phénomène intuitionné, ni comme un noumène de la conscience de la loi morale, mais comme délimitation de la Raison pratique dont celle-ci, dans son auto-fondation, est contrainte de tenir compte, mais comme un renversement premier de la moralité commune pure auquel correspondra, au-delà de celle-ci, l'autre renversement de la conversion. Mais l'être-donné radical, sans-donation, du malheur, exclut que lui renverse quoi que ce soit ou qu'il soit l'objet d'une conversion ou d'un «tournant». L'hypothèse du génie du mal se défait ici totalement, sans renversement, de sa forme philosophique auto-contradictoire lorsque la pensée en use de manière non-éthique, comme symptôme du malheur radical qui, lui, n'est ni le Mal ni le Bien, ni le point de leur coïncidence et du tournant qu'il contient, mais une identité en toute rigueur sans-essence plutôt que la coïncidence de deux limites. Lorsque l'excès du mal n'est plus susceptible d'un *point de transmutation* ou même d'un «simple» *tournant*, voire d'un bord externe de salut, lorsqu'il ne s'échange pas avec cet excès et qu'il a cessé d'être objet de contemplation par le tortionnaire et sa victime, donc par le philosophe qui en eux regarde ce qui se passe, c'est qu'il est déjà fait usage de lui comme du symptôme du malheur radical.

Le statut théorique du malheur radical : comme terme premier

Les éthiques prennent pour objet les intentions et les actes, les fins et les valeurs, les devoirs et les droits. On appellera ce champ d'objets «primaires» les «mœurs» en un sens large, la sphère des étants circonscrite par la moralité. Elles formulent des hypothèses et des théories au sujet de leur essence «en soi», de leur fondement et des principes premiers d'une conduite éthique : ce sont des «métaphysiques des mœurs», elles déterminent celles-ci en fonction de leur être-moral. Certaines d'entre elles, une ou deux, pas davantage, s'interrogent sur la possibilité même de cette fondation et la délimitent: tel est le sens du «mal radical» que Kant introduit dans l'essence du fondement lui-même ou de la moralité. La non-éthique procède tout autrement. Elle prend pour objet ces éthiques elles-mêmes, globalement comme métaphysiques des mœurs (explicites ou inélucidées comme telles) plutôt que leurs objets «primaires». Elle ne formule aucune hypothèse métaphysique nouvelle sur l'être-moral de l'intention, l'acte, la fin, le devoir, la valeur, la responsabilité, etc.— aucune nouvelle décision éthique. En revanche elle prend pour thème le plus lointain le type de rapport de ces éthiques à leurs objets, c'est-à-dire leur essence métaphysique. Métaphysiques gréco-chrétienne et judaïque ne sont évidemment pas les seuls lieux de révélation du mal — nous n'en faisons pas thèse sur son effectivité ni ne prétendons décrire l'indescriptible — mais elles sont les *data* inévitables pour une évaluation et une explication d'un nouveau type de ce qui s'est voulu explicitement «éthique». C'est évidemment *à cause* du malheur que nous *décidons* de poser que les éthiques philosophiques sont structurées *comme* une métaphysique (des mœurs) et que le judaïsme, victime révélatrice d'une autre expérience du mal, peut indirectement se comprendre lui aussi, sans s'y résorber, *avec* cette métaphysique, par son inversion absolue. Nous décidons de traiter ces faits éthiques comme simple «cause occasionnelle» («occasionnale«) d'une autre pensée qui s'élucide en fonction d'eux mais surtout en fonction du malheur radical, encore inconnu de nous et de toute évidence introuvable dans l'expérience historico-philosophique. Il permet de formuler des hypothèses d'un type non-éthique, non-philosophique, puisqu'elles doivent en un sens considérer ces éthiques comme de simples phénomènes qu'il s'agit d'*expliquer* en toute rigueur, mais *identiquement* de manière transcendantale et non positiviste.

La cause déterminant ce type d'hypothèse est apparemment un nouveau «principe», mais nous savons que ce ne peut plus être un fondement puisqu'elle doit expliquer la fondation métaphysique des mœurs elle-même. Quel statut théorique lui attribuer alors ? On sait que le mal est brisé plusieurs fois au point d'apparaître précisément comme la dispersion par excellence : entre faute et souffrance ; entre métaphysique des mœurs et judaïsme ; entre histoire, anthropologie, pédagogie, etc. A cette dispersion la philosophie ne peut opposer que des hypothèses unitaires qui exigent d'ailleurs ce style antinomique et qui sont à la fois des inductions opérées sur ce donné et des thèses sur son essence «en soi». De telles causes, comme le «mal radical» lui-même, reproduisent donc la division propre au style philosophique et interdisent à la cause d'accéder à son identité. Cette unification par antinomies, apories, hiérarchies, primats et exceptions ajoute au chaos du mal. On leur opposera l'identité (du) mal comme cause réelle d'une pensée (non-éthique) *pour* ces phénomènes multiples. Une identité qui ne soit pas *du* mal, qui soit *le* mal en chair et en os, mais qui, si hétérogène au mal soit cette hypothèse pour pouvoir expliquer le discours du mal, doit être «prise» de lui ou *posée* dans les termes et les symboles qui font ce discours. L'identité (du) mal est seule capable d'inaugurer une explication des formes éthico-philosophiques à la fois parce qu'elle se rapporte à cet objet principal de l'éthique et parce qu'elle est radicalement hétérogène à ses formes unitaires qu'elle permet de traiter comme de simples phénomènes sans être une hypothèse supplémentaire sur leur «essence». Ainsi plutôt que de diviser le mal en ses «facultés» (par exemple Kant : la fragilité, l'impureté du cœur, la méchanceté) ou ses espèces innombrables par définition, plutôt que de l'atténuer philosophiquement et de se l'approprier rationnellement sous le prétexte ambigu de le maîtriser et de le limiter, nous décidons de le *poser comme terme premier* et comme ce qui détermine toute théorie de l'éthique, dont celle qui contribue à faire conjoncture. Au lieu d'exploiter les mécanismes philosophiques de défense contre lui et de le faire tourner autour d'éthiques idéalistes et dénégatrices, changeons d'hypothèse et faisons tourner, et sans doute autre chose que tourner, les éthiques autour du mal en son identité c'est-à-dire du malheur.

Une raison supplémentaire de choisir le mal radical comme *occasion* d'une non-éthique tient à son caractère quasi axiomatique. Son recul en deçà de toute détermination objectivante, son indéterminabilité objective, son être de retrait et d'opacité, sont une indication en vue du malheur. Mais le mal radical n'est qu'empiriquement et rationnellement indéterminable, pas encore philosophiquement indéterminable et indéfinissable comme doit l'être le malheur. C'est un terme métaphysiquement premier et dernier, ce n'est pas encore un terme axiomatiquement premier. Il possède à la fois la primauté et la priorité, tandis que le malheur possède seulement la primauté (sans la priorité, qui n'a plus de sens pour lui), et le symbole sous lequel il est désigné seulement la priorité. Celui-là ne remet pas en cause l'ontologie en la limitant (au mieux), celui-ci n'est plus dans son essence défini ontologiquement au bord extrême de la Raison, mais il n'est que *posé* dans une ontologie non-philosophique. L'indétermination négative ou par défaillance du mal est transformée en indétermination ou *non-consistance* positive du malheur et la métaphysique du mal est ainsi soumise à une axiomatique selon-le-malheur. Kant évidemment avait sinon clarifié du moins différé ou distendu l'axiome fondateur de l'ontologie propre à la métaphysique des mœurs en interrompant *la convertibilité du Bien et du Mal* (le paradoxe de cette convertibilité n'est qu'une apparence vulgaire de la *doxa*), reculant le mal au bord externe/interne de la Raison, donc de la *bonne* volonté. Mais ce n'était justement qu'une brisure qui a eu des effets dans la philosophie et l'éthique mais qui n'a pas imposé leur réévaluation gobale. Seule une association intime du malheur radical et d'une nouvelle pensée dite «non-éthique» peut produire autre chose que des effets dans l'éthique, la problématiser sans appel dans sa pertinence même.

Transformer le mal, sous le nom de malheur radical, en terme premier d'une non-éthique, suppose des conditions théoriques précises. Que signifie cette *décision* ? Pour rendre le choix du mal-comme-malheur authentiquement libre malgré la référence à la conjoncture, il faut et il suffit de le traiter comme décision de type axiomatique et de transformer le mal radical de concept en *terme premier*. Toutefois ce terme ne sera premier de manière axiomatiquement transcendantale (ou réelle-en-dernière-instance) et non formelle que s'il désigne précisément la cause réelle susceptible de déterminer une telle non-éthique, capable d'exiger un traitement axiomatique de ses notions et de la contraindre à être identiquement une pensée et une pratique se développant dans cette forme particulière. Le mal radical est sans doute pris du registre de l'éthique — comme il est nécessaire pour qu'il ait quelque efficace dans l'explication de celle-ci. Mais pour devenir le terme premier qui désigne ou symbolise cette cause réelle capable d'expliquer l'éthique, il doit à la fois être transformé dans son contenu de réalité et dans sa nature quasi-conceptuelle. C'est ainsi qu'il sera posé comme le Réel humain radicalement forclos à toute éthique et pas seulement refoulé par celle-ci à sa limite. Ces conditions font système. S'il est posé comme forclos à la métaphysique des mœurs, il ne peut l'être que dans une position axiomatique ou un terme dont l'objet exige aussi cette forme axiomatique. Il s'agit d'arracher le mal à son statut de quasi-noumène de la Raison pratique, à sa fonction de quasi-déconstruction de celle-ci et de le poser avec une «définition» telle qu'il soit éthiquement indéfinissable et indémontrable et pour cela capable de déterminer positivement une explication *pour* l'éthique. Le mal radical est encore chez Kant un philosophème religieux, trop réappropriable fût-ce par la «simple Raison». Si l'essence de l'éthique n'est pas elle-même éthique, sans doute, cet axiome — si contemporain et déconstructeur soit-il — n'est pas encore suffisant pour obliger la pensée à découvrir une non-éthique consistante et pour faire autre chose que porter l'éthique à sa limite d'altérité, la laissant côtoyer le cercle vicieux de la suffisante métaphysique des mœurs. Encore faut-il que le Réel du malheur détermine de manière uni-latérale ce qu'il y a de *non*-éthique dans la non-éthique.

Etant donné sa radicalité d'immanence plutôt que de transcendance, et son statut axiomatisé, le malheur ne peut plus être une décision philosophique et plus vulgairement encore le choix d'une valeur ou d'un slogan comme principe de «nos» maximes et de «nos» actions, sans compter que sous cette forme ce ne serait qu'une position philosophique supplémentaire et quelque peu dérisoire. Sa radicalité ne peut — ici moins encore que dans la philosophie — signifier un génie du malheur l'instituant comme mobile ultime de la volonté («faire le malheur»). Il suppose plutôt un génie de l'immanence, pur génie de la solitude essentielle de l'homme. Pas davantage et de manière encore négative, il ne relève d'une perversion de l'essence humaine supposée destinée initialement au bonheur. C'est le mal qui est cette perversion et l'on peut évidemment fabriquer un *principe de malheur* symétrique du *principe de bonheur* qui domine la Raison. Mais le malheur n'est radical que si, par excellence, il est dénué de toute auto-position principielle et de toute volonté-de-soi et si sa radicalité ne signifie pas davantage qu'il se tient *à la racine* de l'homme et le fonde. Radical n'est plus ici une métaphore tirée de la racine, seul le Réel est radical au sens où, sans avoir sa raison en lui-même, sans être *causa sui*, il ne «tient» que par sa non-essence et sa non-consistance qui «font» identité, et n'habite et n'est trouvable qu'en cette inhérence (à) soi du Sans-essence. En revanche s'il y a une décision, mais «seconde» ou dépendante du malheur, quoique première dans son ordre de pensée pratique, c'est la décision (de) position du malheur comme cause uni-verselle *pour* l'éthico-philosophique et *de* la non-éthique. La décision (de) malheur est une *ultimation première* et n'est pas elle-même malheureuse, contrairement à ce que postulerait la philosophie, mais elle pose transcendantalement le malheur comme cause réelle tout en étant déterminée par lui, et inaugure ainsi l'ordre non-éthique. N'étant pas une déficience, une dépravation et une perversion de la volonté-de-bonheur qui est la Raison éthico-philosophique elle-même, ni un malheur abyssal s'autogénérant éternellement comme *causa sui* ou comme auto-affection, le malheur n'est pas une description de notre existence ordinaire ou bien d'une vie secrète et cachée. Il ne décrit rien de lui-même — sauf à le confondre avec la pensée du malheur — mais il est l'instance *selon* laquelle il devient possible d'expliquer et de manifester identiquement la sphère éthico-philosophique elle-même transie par le mal. La Raison pratique, si complexifiée et élargie soit-elle, ne peut rien découvrir de tel, c'est-à-dire d'une non-éthique.

Ainsi le malheur radical n'est pas une révélation : c'est un révélé immanent ou sans-révélation et il ne révèle rien au sens où il n'enseigne rien, aucune nouvelle moralité encore inconnue, aucune expérience morale muette qu'il faudrait enfin «formuler» (Kant) ou un texte qu'il faudrait déchiffrer ou interpréter. Il n'y a plus ici de sol d'expérience anté-éthique ou de compréhension pré-éthique de l'existence. En revanche, *si* de l'éthique existe plutôt que rien, ce qui semble être le cas, alors il est inévitable qu'une non-éthique se dégage ou fasse l'objet d'une révélation pratique sur la base du malheur comme Révélé. Aussi n'est-il pas davantage une innocence morale essentielle qu'il faudrait savoir garder contre sa corruption métaphysique et à laquelle la non-éthique servirait de rempart. Comme intégralement donné, il ne peut rien révéler d'autre que lui-même ni se faire oublier réellement de l'éthique qui cependant le forclot. Il est plutôt, à cause même de son être-donné, inaccessible de toute façon et dans tous les cas à toute éthique — qui l'hallucine — mais il rend possible de manifester l'identité de l'éthique. La pensée est réellement libérée de toute morale lorsqu'elle peut se présenter comme l'identité (de) la morale. Autrement dit nous n'examinons pas critiquement si l'éthique est conforme ou non au malheur, substance supposée de l'homme, elle lui est de droit inadéquate dès qu'elle croit pouvoir et même devoir lui être conforme, elle verse ainsi dans une mythologie et une superstition transcendantale. Seule une non-éthique plutôt qu'une éthique limitée, corrigée ou amendée, peut être adéquate à l'être-forclos du malheur.

Occasions symptômales du malheur, une préparation philosophique

Au sein de la philosophie déjà, il est possible de donner en guise de «préparation psychologique» à la non-éthique, un concept ontologico-métaphysique du malheur, qui pourrait être «radical» (au sens philosophique), symétrique du bonheur rationnel et limitant celui-ci. Le malheur est l'une des faces, subjective, du mal et est «appelé» par le bonheur rationnel. Une science critique de l'éthique ne peut en effet se contenter d'entités morales abstraites mais doit les ressaisir dans leur contenu phénoménal, celui de la Décision philosophique qui les structure, soit la dualité éthique la plus vaste et la plus vague, celle du Bien et du Mal. L'une de ses premières spécifications est celle de leur subjectivation comme malheur et bonheur à condition d'entendre ces notions dans leur déploiement phénomènal ou métaphysique plutôt qu'en leur sens vulgaire et ratiocinant. Le malheur est phénoménalement immanent au Mal, il n'est pas seulement celui de la souffrance, il est aussi celui de la faute. Le bonheur est phénoménalement immanent au Bien, il n'est pas seulement celui du plaisir empirique, il est aussi celui de la vertu et prend sa profondeur propre de celle de la souffrance et de la faute. Mal et malheur, Bien et bonheur sont des phénomènes connexes de toute façon, des corrélations invariantes qui structurent la métaphysique des mœurs et qui entre elles et en chacune d'elles se développent comme des dyades. Bien d'autres spécifications de ces dyades sont possibles dans l'histoire de l'éthique, mais une seule, décisive, nous importe, celle que Kant inaugure en introduisant la «Raison humaine finie» entre les termes de chacune d'elles. Le Mal devient alors mal radical, le malheur ce qui le réalise subjectivement, «pathologie» ou affection sensible de la volonté. Le Bien devient devoir et forme de la loi, le bonheur ce qui l'effectue subjectivement et dans le sensible. Plus encore, si le bonheur n'est qu'un postulat de la Raison pratique déterminant le devoir, le malheur pourrait être un quasi-postulat de la Raison limitée de manière sensible, etc. Ce déploiement de possibilités appartient à la structure complète, méta-kantienne de la Raison pratique.

Les *Fondements de la métaphysique des mœurs* représentent le côté de l'auto-fondation de la Raison pratique, tout en

Le malheur radical 63

dessinant déjà l'exigence de son effectuation empirique et ses conditions. Avec le mal radical, qui n'est pas le fondement mais sa limitation, le problème devient thématiquement celui de l'effectivité de la Raison pratique, de la légitimation de sa finitude et du déplacement du bonheur au-delà de la vertu. Le bonheur cesse d'être auto-position absolue de la Raison, auto-suffisance et satisfaction, pour ne plus être qu'une auto-position elle-même finie ou déterminée par le devoir et la vertu. Il reste de l'ordre de l'auto-position mais différée en simple auto-postulation. De ce point de vue, la Raison pratique est susceptible de déterminer par elle seule le bonheur ou la satisfaction de la volonté. Mais symétriquement au mal radical, la Raison devrait trouver une seconde limite, celle d'un bonheur «radical» (non absolu) qui se déploie au-delà de la «coupure» qu'est la finitude du devoir ou de la vertu et plus profondément celle du mal radical. Sont éliminés le mal absolu mais aussi le bonheur absolu. Il aura suffi de «vider» la Raison de sa substantialité et de toute intuition intellectuelle, de la réduire à la forme de la Loi pour devoir compenser celle-ci non pas par son accomplissement empirique, mais par le *réel* du mal radical, c'est-à-dire par le réel de l'humain-entier ou de sa mauvaiseté (non de sa méchanceté diabolique qui supposerait une auto-position anti-rationnelle du mal comme absolu). La corrélation de la Raison avec le bonheur, qu'elle prenne la forme théorique d'une postulation ou la forme historique d'un progrès et d'un optimisme, signifie que, loin d'être une faculté abstraite, elle est au moins un organon et le telos d'un accomplissement du Bien comme bon-heur. Au-delà de Kant cette histoire se continue et retourne à ses origines. De même que la «force morale», dont Kant dit qu'elle est affaiblie par le mal radical, est devenue aux mains de Nietzsche la maîtrise de soi et sa béatitude comme destination finale de la Raison, le mal qui l'affecte s'est révélé dans cette histoire de la métaphysique comme «errance tragique» telle qu'elle relaie les concepts psycho-moraux de la fragilité et de l'impureté (Kant) encore trop liés à une théorie des facultés et pas encore déployés dans leur contenu phénoménal, l'errance définissant une «faute» non encore marquée du péché chrétien, et philosophiquement plus originaire.

Le mal radical pourrait nous conduire ainsi directement au malheur comme la Raison pratique au bonheur. Il pourrait un instant servir de modèle simplement empirique. On aurait pu ainsi poser un malheur radical comme simple limite de droit mais affective et sensible, de la Raison ; ou comme un opposé réel, mais toujours vécu, de la Raison. Le bonheur resterait même comme postulat la *destination finale* de la Raison, comme le malheur sa *situation initiale*. Ces thèses définiraient une *philosophie du malheur radical*, une nouvelle éthique tout à fait en deçà de son axiomatique et dépourvue de l'uni-versalité de celle-ci.

Le caractère du mal radical d'être un acte intelligible ou de la liberté, intelligible mais incompréhensible ou invisible, ne signifie pas de toute façon une transcendance absolue mais une forme de lien ou de synthèse entre la pureté de la loi morale et le sensible où elle doit s'effectuer. A propos de Kant, il ne faut jamais céder à un idéalisme transcendant. Le mal radical serait plutôt la condition transcendantale non pas évidemment de la loi morale mais de son effectuation humaine ou de l'expérience morale effective. Même ainsi et symétriquement, ce n'est pas réaliser le mal et le faire exister comme une chose du monde ou un objet : il reste un «englobant» (Jaspers), une dimension transcendantale qui unit la liberté intelligible au monde sensible. De ce point de vue, il anticipe un certain *être-au-mal* affectant d'impuissance le pouvoir rationnel pratiquement déterminant de la volonté. La Raison pure suffit à déterminer la volonté ou est pratique, mais au mal près. Or ce pouvoir transcendantal de lien entre deux mondes, ici encore, peut nous servir d'occasion symptômale pour la découverte d'un tout autre pouvoir transcendantal, celui que tolérerait le malheur radical qui, étant d'emblée le Réel même, pourrait le déterminer malgré tout sans être le sujet de ce pouvoir. Pouvoir non plus d'unité de deux mondes, à la manière philosophique, mais d'*identité-de-dernière-instance* valant identiquement *pour* le monde intelligible et *pour* le monde sensible, instaurant ainsi dans la pensée leur égalité et mettant entre parenthèses les apories proprement éthiques de l'action morale «dans» le monde (sensible).

Ces deux points typiques du mal, une fois transférés en régime non-éthique, s'unissent dans le problème de l'*essence* de la pensée non-éthique, dont on dira que c'est une *véracité transcendantale* et qu'elle est l'organon de la non-éthique dans son rapport à l'éthico-philosophique.

L'uni-versalité «négative» du malheur

Que peut le malheur que l'éthique à jamais ne puisse connaître ?

Pour identifier le rapport nécessaire du malheur à une non-éthique, nous n'avons pas fait une analyse de la conscience commune ou du jugement moral commun, qui ne sont que des artefacts philosophiques. La non-éthique n'a pas de faits même rationnels, elle n'a comme objet que la Raison pratique ou éthico-philosophique, qu'elle traite comme la cause occasionnelle, le symptôme, le matériau et finalement l'objet empirique de la position du malheur radical comme sa cause. Nous avons changé de méthode et plus que de méthode — de terrain. Dans l'éthique, dans la philosophie et surtout hors d'elles, une seule chose est susceptible de déterminer réellement la Raison pratique et de la limiter; c'est le malheur radical. Dans l'éthique et aux limites philosophiques de l'éthique, aucune chose ne peut être déclarée uni-versellement cause *pour* l'éthique si ce n'est, hors d'elle et indépendamment d'elle, le malheur radical. Dans le Devoir, la Loi, Autrui, la Communication universelle, etc., on ne peut la trouver puisqu'ils font cercle avec la structure philosophique de l'éthique et s'interdisent toute détermination et critique réelles de celle-ci. Nous n'identifions pas un nouveau jugement moral, qu'il soit philosophique ou commun c'est-à-dire encore un artefact philosophique. Nous traitons plutôt ces jugements éthiques comme un simple champ de propriétés et de phénomènes dont nous cherchons *identiquement*, de manière absolument inséparable, une compréhension de type philosophique et une explication de type scientifique, identiquement aussi une connaissance et une pratique du phénomène de la moralité (des mœurs). Nous n'introduisons donc pas le malheur radical dans la pensée de manière extérieure et forcée. Nous décidons axiomatiquement en faveur du malheur sur la base de son symptôme dans la philosophie.

Apparemment le mal comme concept de la philosophie doit donc subir maintenant une radicalisation axiomatique.

S'agit-il d'une radicalisation supplémentaire à celle de Kant, et homogène à elle, d'une sorte d'absolutisation que Kant aurait refusée ? Déjà dans la philosophie le mal radical n'est pas le mal absolu. Philosophiquement ou rationnellement contradictoire, une telle notion ne peut franchir le seuil de la logique et par conséquent de la réalité encore moins, c'est-à-dire de la philosophie, celle-ci posant son exercice comme limite du réel ou ne tolérant un tel au-delà que sous des formes quasi-religieuses et gnostiques (le mal «principe») ou sous les formes d'une altérité déconstructrice du logos, dans tous les cas en rapport ultime encore avec les «limites de la simple raison». La philosophie préfère le mal radical, celui qui affecte les racines de la Raison sans la détruire comme ferait la méchanceté principielle ou démoniaque. Telles sont les limites dont notre projet doit s'échapper ou l'antinomie qu'il doit résoudre : le mal radical de la philosophie n'explique pas l'éthique mais se contente de la limiter, et le mal absolu la détruit et risque donc encore moins de l'expliquer. Pour sortir de cette antinomie, nous devons modifier le sens de la radicalité qui, loin de multiplier celle de la philosophie ou de la prolonger, ne peut plus signifier un attribut du mal mais son essence (d') immanence, la seule qui puisse l'arracher à son statut de quasi-principe. Seul ce qui est posé comme un mal immanent (à) soi plutôt qu'à telle forme transcendante et par exemple à la forme du principe, toujours et relative et absolue ensemble, peut expliquer l'éthique, tolérer une dernière relation à celle-ci tout en cessant d'être l'un de ses moments ou une partie de son «corpus». Si le mal est posé comme immanent (à) soi et comme identité de cette immanence, il cesse d'être une simple limite quasi-factuelle de l'éthique mais aussi une entité anonyme comme le serait un principe. Il est radicalement «subjectivé» et devient un mal intrinsèquement performé-comme-vécu. Le malheur est le vécu (du) mal immanent, le mal comme le vécu immanent lui-même. Le vrai concept phénoménal de la subjectivité du mal est le malheur et non pas la souffrance, celle-ci n'ayant occulté celui-là que pour des raisons liées au christianisme et à son type d'intériorisation de la subjectivité.

Du mal radical au mal radicalisé puis au malheur radical, nous avons acquis ainsi un terme premier susceptible d'expliquer humainement l'éthique métaphysique. Le mal était privé de raison éthique— la Raison lui était retirée ou absente—, mais le

Le malheur radical

malheur radical est tel qu'il est forclos de manière positive à tout sens éthique parce qu'il est l'être-forclos de l'homme. Si bien qu'il doit être posé dans des symboles qui inscrivent en eux-mêmes ce suspens du sens éthique. Précisément il faut distinguer entre l' être-forclos à l'éthique et l' être-privé d'éthique. Ce dernier ne concerne plus directement le malheur comme il concernait le mal compris comme tragédie, impureté et fragilité ou faillibilité ; et même comme méchanceté «absolue» ou mal logiquement contradictoire. Seule sa position peut être dite »sans-éthique« comme elle l'est ici, c'est-à-dire encore plus positivement hétérogène à l'éthique que toute négation ou privation de celle-ci. La non-éthique, en posant le mal le plus humain comme malheur, renonce à en faire un «contradictoire logique» ou même un «opposé réel» de la Raison pratique— c'est le sens de l'être-forclos de ce qui est simplement donné-sans-position ou injonction éthique préalable. Quelques points:

1. L'uni-versalité du malheur radical est d'une autre nature que celle du mal, et plus puissante. Le mal radical en tant qu'il affecte la nature humaine entière, ou la banalité du mal en tant qu'elle s'étend indistinctement au corps social et psychique en son entier, étaient deux manières philosophiques d'*universaliser* le mal et de lui donner la portée d'un quasi a priori. Ce procédé tient *à la fois* d'une induction à partir de l'expérience et d'un apriorisme qui pose cette universalité comme étant de droit. La pensée philosophique est condamnée à ce double procédé mais sous la forme d'une circulation ultime de ces deux opérations. L'expérience anthropologique et historique du mal est alors constituante de l'essence même de l'a priori ou de l'universalité, celle-ci n'étant pas dégagée à partir d'une instance *purement* transcendantale, si bien que l'a priori du mal, dans les deux cas, reste imprégné d'une facticité psychologique et d'une contingence historique qui signe le caractère d'abstraction métaphysique de ces deux concepts.Le malheur radical, en revanche, est librement posé par prélèvement de concepts sur ceux du mal mais de telle sorte qu'il soit indéfinissable et indémontrable en termes d'expérience (le malheur du monde et de l'histoire est sans commune mesure avec le malheur radical) et d'abord de philosophie. Mais c'est aussi la raison pour laquelle il donnera sa réalité et son autonomie à un pouvoir transcendantal uni-versel d'explication a priori de l'expérience. Comme malheur réel

et non-transcendantal, il jouit d'une uni-versalité spéciale, qui ne prend plus la forme d'une continuité apriorique avec l'expérience, mais qui vaut pourtant pour l'expérience. Non pour l'expérience singulière à laquelle prétendent s'adresser la philosophie et l'éthique par leur a priori, mais de l'expérience déjà universelle qu'est le mixte éthico-philosophique. Pour valoir ainsi des a priori éthiques qui représentent maintenant l'«expérience», il est nécessaire que le malheur jouisse d'une uni-versalité-par-immanence plutôt que de l'habituelle ou par-transcendance. Nous pouvons énoncer l'axiome suivant : «plus» le malheur a la substance d'une identité immanente (à) soi, sans reste de transcendance, «plus» c'est une condition incontournable pour toute pensée possible, ou «plus» sûrement il y va de lui dans toute pensée comme non-éthique. Cette universalité sans processus idéal continu est l'uni-versalité du Réel lui-même, non de l'Idée; elle est neutre ou «négative», strictement conditionnelle, soumise à la condition d'une cause occasionnelle ou «déclenchante» qui, elle, est nécessairement affectée par le malheur dès que et si elle se manifeste. Ainsi a-t-on conquis l'uni-versalité de la cause en son identité réelle contre l'universalité métaphysique et idéaliste par abstraction. Elle est restée impensée de la philosophie, qui a confondu toute universalité avec celle de l'abstraction du concept ou même de l'a priori. Cette dualyse de l'universalité est impliquée par le malheur radical. Si la philosophie contemporaine de la Différence a posé la réconciliation de l'universel et du singulier, de l'Un et du Multiple dans les «multiplicités», la non-philosophie en général pose l'identité de l'identité et de l'uni-versalité, elle dé-singularise et dé-généralise le Réel de ses mixtes philosophiques et trouve l'uni-versalité, non la totalité, dans l'identité du sans-essence, la moins unitaire.

2. Vie, Pitié, Loi, Devoir, Nature et même Visage donnent lieu à des énoncés auto-éthiques ou s'auto-affectant comme énonciation, à des tautologies transcendantales qui disent la suffisance éthique. Le malheur radical, parce qu'il est forclos aux amphibologies du Bien et du Mal, détermine des énoncés qui posent l'identité non pas de ceux-ci mais de ces amphibologies, c'est-à-dire l'identité (de) l'éthique.

3. Le mal radical aurait pu être entendu, à la rigueur, *comme* une première tentative pour axiomatiser en mode méta-

physico-religieux la Raison pratique, pour la fonder en la limitant, peut-être pour retrouver un «jugement synthétique a priori» en identifiant l'a priori purement intelligible de la Raison pratique au sensible comme mal. Mais seul le malheur peut déterminer une pensée comme axiomatique transcendantale de l'éthique, donc comme non-éthique, précisément parce qu'il ne contient ni n'exerce aucune négation, fût-elle immédiate, aucune unilatéralisation prétendant dissoudre directement les amphibologies éthiques, mais qu'il oblige la pensée pratique à le poser dans des termes premiers qui supposent une réduction transcendantale radicale de leur signification éthique. On prendra donc garde à ne pas en appeler au malheur radical comme à une nouvelle entité métaphysique abstraite, un nouveau principe concurrent du Devoir, de la Bonne Volonté, de la Pitié, de l'Elan vital et même du Visage. C'est un simple terme premier mais qui symbolise la cause qui explique qu'il y ait des termes ou des noms, c'est-à-dire ici des actes ou des décisions, premiers d'ordre pratique et constituant un ordre non-éthique *pour* l'éthique. Précisément le malheur radical, philosophiquement indéfinissable et indémontrable, doit permettre de penser — et de penser «pratiquement» par des *actes premiers* non-éthiques — ces mélanges éthico-philosophiques que sont la Vie, la Loi, le Consentement, l'Obéissance et le Projet, etc.

4. Si le mal interdit la réalisation ou l'effectuation de la Raison pratique et la limite de manière plus-que-sensible, c'est encore une finitude extrinsèque qu'il lui impose. Le malheur lui impose une finitude intrinsèque (l'être-forclos) et représente la possibilité d'une critique réelle, non simplement effective, de la Raison pratique. Le mal radical est une hétéro- et finalement une auto-limitation de la Raison se posant comme cette limitation elle-même. Il évite sans doute une contradictoire ou une impossible auto-position du mal comme méchanceté absolue mais il renforce l'aspect lui-même impensé, c'est-à-dire inexpliqué, de la Raison pratique et en général de la «morale». En revanche le malheur, sur la base de son être éthiquement forclos, de son immanence de donné-sans-donation éthique, rend possible une limitation hétéronome mais réelle de la Raison pratique.

Nous avons donc transformé l'éthique en un problème et nous lui avons apporté le principe d'une solution par les opérations suivantes:

1. Une triple mutation du mal radical : de son contenu devenu malheur radical ; de son statut de concept-limite devenu symbole axiomatique; de sa fonction de limitation du fondement de l'éthique devenue cause par immanence, donc hétéronome, d'une pensée *pour* l'éthique ;

2. Un traitement de l'éthique comme champ d'objets quelconques formés de savoirs naïfs et intuitifs, qui sont les symptôme d'une hallucination (éthique) du malheur, et les phénomènes à expliquer par l'être-forclos, lui originaire, de l'homme.

CHAPITRE III

AXIOMES ET THÉORÈMES TRANSCENDANTAUX POUR LA DESCRIPTION DU MALHEUR RADICAL

Tel qu'un nom premier dans des axiomes transcendantaux

Le malheur radical est tel qu'il exige d'être posé dans des noms premiers qui ne sont ni des principes ni des valeurs ni des concepts. Il ne peut être que nommé plutôt que connu, symbolisé plutôt que pensé. Il est éthiquement non-définissable et non-représentable.

Définir le malheur comme (identique à) l'être-forclos, sans-Monde ou sans-philosophie, comme être-sans-éthique de l'homme, c'est évidemment se situer déjà dans l'ordre de la pensée et même de la représentation philosophique. Mais si un usage en est fait qui le distingue, sur un mode à la fois radical et uni-latéral, de l'éthique et qui en tire les conséquences, cet usage sera d'un style théorique nouveau. «Radical» n'est surtout pas «absolu» : il se dit du réel-Un et par suite d'un rapport, sans-rapport réciproque, à l'expérience, au langage et à l'éthique, d'un rapport uni-latéral qui témoigne de l'indifférence du malheur au Monde. L'indifférence à l'éthique peut et doit se dire par le moyen de la «matérialité» des symboles pris de l'éthique. Si le malheur radical est le Réel, il est donc dans l'ordre de la pensée un symbole transcendantal *non-conceptuel* et par conséquent non-éthique. Il reste indéfinissable et inconnaissable éthiquement, mais peut toujours être symbolisé par des termes éthiques ou bien «phénoménologiques». De l'Un (du malheur), l'unité numérique ou la multiplicité, l'ensemble des jeux philosophiques de l'un et du multiple, ne peuvent évidemment se prédiquer, sa simplicité non-autopositionnelle l'interdit. En revanche il peut toujours être de manière originaire posé-en-pensée par le moyen de ces termes et de leurs symboles. Il est *pensable mais non connaissable éthiquement,* et pensable comme cause réelle *pour* l'éthique ou comme terme premier d'une non-éthique, sans être pour cela «inconnaissable» ou «inconnu» à la manière d'une entité méta-éthique.

A la différence du mal radical qui, sans être un concept, garde l'anonymat du concept et de l'Etre, et même le supplément d'anonymat de l'Autre *au-delà* encore du concept, il perd l'anonymat du concept «commun», «abstrait» par une opération métaphysique, et qui est celui du mixte de nom commun et de nom propre. Il est posé dans un symbole maintenant adéquat («selon») à son identité. Le symbole axiomatique-transcendantal use évidemment des concepts et des noms communs de l'éthique mais en suspendant leur fonction conceptuelle de noms par définition mixtes. Le «malheur radical», comme terme support, est éviemment un tel mixte, mais il est invalidé et fonctionne comme le symbole non-conceptuel d'un nom propre radical, précisément pas un nom propre supposé absolu comme l'«Etre» ou l'«Un» de la métaphysique et qui, lui, est toujours par exemple déconstructible. Ce nom propre est identiquement un terme premier, étant donné sa formation axiomatique et l'identité du Réel à nommer qui le détermine à ce statut. Un nom premier n'est pas seulement posé-comme-premier dans l'ordre de la pensée en général, il est — ici du moins — l'objet d'un acte-de-position mais déterminé-en-dernière-instance par son «objet», adéquat de cette manière au malheur comme donné-sans-donation ou posé-sans-position. De tels noms premiers ne sont pas d'anciens noms propres traités philosophiquement comme étant *aussi* premiers (dans le style de l'«axiomatique» philosophique). Ils sont identiquement et intrinsèquement propres et premiers, dépourvus de toute primauté ontico-métaphysique. Le nom n'est ici propre qu'(à) soi mais à la manière d'une identité qui lui est donnée-en-dernière-instance seulement et qui ne tombe pas, en cet usage, sous les conditions d'une déconstruction. On évitera en général d'en parler comme d'un «concept». Un concept rationnel suppose une dualité quasi-platonisante ou métaphysique. A la différence du mal radical, il n'est pas établi universellement par généralisation historico-anthropologique à l'espèce, ou même a priori comme horizon universel de toutes les actions humaines. Ni concept ni limite du concept, du type «disposition» ou «penchant», il est symbolisé par un nom premier avec lequel, comme Réel, il est sans commune mesure, défaisant ces amphibologies du réel et du rationnel que sont le «penchant» ou la «disposition».

Ainsi hors de toute volonté métaphysique ou décision philosophique, nous nommons-en-premier le malheur, nous «décidons» du malheur-comme-radical. La décision axiomatique est ici découvrante, elle nomme pour la première fois. Sans être re-nomination ou autonomination, et pas davantage décisoire ou absolue, elle nomme en-dernière-instance, en requérant un nom-matériau ou symptôme (y compris son signifiant). Les vieux noms de la philosophie cessent de donner lieu à une culture paléonymique qui conserverait leur autorité philosophique jusque dans leur déconstruction. Ils perdent d'entrée de jeu le pouvoir de nomination suffisante ou absolue propre à la philosophie en perdant l'identité de leur signification philosophique (non pas en «totalité» précisément, la totalité étant en priorité ce qui est ici suspendu). Ils subissent une réduction axiomatique mais transcendantale. En nommant de cette manière un aussi vieux motif que le malheur, la non-éthique le fait *émerger comme cause au-devant de* l'éthique mais sans la surplomber, *pour* l'éthique à laquelle il se rapporte mais seulement en tant qu'il est nommé ou posé de cette manière. La nomination du malheur comme cause *pour* l'éthique ouvre la dimension de la non-éthique. On renonce ainsi à concurrencer les éthiques existantes, celles du Devoir ou du Visage, du Consentement ou de l'Expiation, etc. La non-éthique n'est pas une éthique supérieure ou retorse du malheur *comme tel*, mais la pratique de l'éthique telle qu'elle se déduit du malheur *tel quel*. Plusieurs conséquences vont suivre qui doivent rectifier des malentendus possibles.

Si le mal a sa source par exemple dans une décision absurde de la liberté et qui, certes, ne peut être déduite ou induite, s'il est de l'ordre de l'Autre, de la marge, de l'incompréhensible, le malheur radical est posé par une tout autre décision, par un acte de nature axiomatique qui est la seule pratique de pensée adéquate à son être-donné ou qui soit déterminée par lui. Cette liberté axiomatique ne renvoie pas à une liberté métaphysique dite «intelligible» et s'auto-contredisant, mais à la seule liberté pratique et non-éthique que tolère et que détermine le malheur lui-même. Ainsi n'est-ce pas un «objet» philosophique, il ne s'agit plus de «le penser» — autrement que le mal radical il est «inscrutable» (Kant). Loin d'être une limite de la pensée rationnelle, il est par définition forclos à toute pensée, éthique ou non.

Ainsi l'impose son essence de sans-essence ou de *donné* non-décisionnel (de) soi— ce n'est plus une décision-de-malheur — plutôt que l'impuissance de la pensée. L'éthique n'échoue pas à le penser, c'est lui qui n'est pas pensable et/ou impensable, et lorsque la pensée veut le penser ainsi *lui-même*, c'est alors qu'elle échoue de par cette volonté. Seule une éthique dépourvue de la volonté philosophique peut se laisser être-donné le *donné* comme ce qui n'a pas besoin d'être pensé *comme tel*, ou validé et reconnu, etc. Ce n'est pas davantage un principe ou une valeur; loin de prendre la place du mal radical comme nouveau fondement-limite de l'éthique concrète, amphibologiquement intelligible *et* inintelligible, il est l'identité (du) malheur, un malheur non-rationnel et non-décisionnel (de) soi.

Si donc il peut évoquer une pitié chrétienne ou bien hindoue, c'est par apparence philosophique objective — de toute façon une hallucination invincible—, mais sa position dans un symbole transcendantal d'un style théorique nouveau suspend la force de ces déterminations métaphysiques (sans les détruire dans leur matérialité-support et en les portant à l'état de symptômes). Comme nom premier entre tous, il est indéfinissable et indémontrable, inexplicable d'une manière philosophique. Ni «inductible» de l'histoire — il est *ce en-quoi en-dernière-instance* l'histoire devient enfin réellement manifestable et transformable —, ni déductible de l'homme métaphysique, de sa raison ou de sa nature — il est ce *selon*-quoi peuvent s'inférer en revanche les actes non-éthiques. Autrement dit ses preuves d'existence dans l'histoire et dans l'homme ne nous disent rien que de symptômal sur lui et sur ce qu'il peut. Qu'il soit donné signifie qu'il ne répond à aucune option, valeur ou décision philosophique. Le «malheur des temps» est bien «réel» mais il ne peut être que de l'ordre de la conjoncture et du symptôme, de ce que plus généralement nous appelons l'*occasion*, pas du Réel. Il n'est injustifiable au sens d'«impardonnable» qu'en tant que c'est lui qui détermine en-dernière-instance la justice et le jugement. Il n'est pas *à justifier* ou *à accuser*, il est forclos à l'imputation et à la justification éthiques. C'est la condition pour qu'il puisse déterminer un nouveau rapport, non-éthique, à l'éthique compromise par le mal et emportée dans son tourbillon. D'une manière générale le malheur radical, étant le Réel non-consistant, n'existe pas, au sens où il n'a pas d'être ni de non-être, où il n'est ni fait ni Idée, ni essence ni existence, etc., et pour cela exige une non-éthique élaborée à partir des prétentions de l'éthico-philosophique.

Tel que sans-déterminations plutôt que vide de déterminations

Le malheur radical est tel que, d'être sans-déterminations plutôt que d'être simplement vide de déterminations ou abstrait, il en tolère une multitude radicale qu'il détermine comme simples noms premiers.

La philosophie objectera inévitablement que le malheur est un principe ttrop peu puissant, sans doute parce que «tautologique», pour ce dont il s'agit. C'est évidemment le falsifier dans la forme d'un principe ou d'un problème de puissance ontologique. De ce point de vue il pourrait même passer pour une sorte de forme recevant une matière mondaine de joie et de douleur, de souffrance et de malheur. A force de le vider de ses déterminations, on l'aurait rendu fantomatique. Mais précisément il n'est nullement purgé de ses déterminations, qu'il ne contenait pas dans un état antérieur, ce sont plutôt ses déterminations qui changent globalement de statut théorique et cessent d'appartenir soit analytiquement soit synthétiquement ou de toute autre manière philosophique à son essence. Au lieu d'être encore des concepts prétendant le saisir et le pénétrer, elles ne sont plus que des termes premiers qui le présentent de manière multiple et adéquate à sa nature.

Le «sans-détermination» de l'abstraction axiomatique n'est pas le vide de l'abstraction métaphysique. Simplifier axiomatiquement mais non métaphysiquement le malheur, c'est lui rendre une universalité radicale et la possibilité de multiplier ses effets, de lui donner une puissance qu'il n'avait pas, certes «négative» ou non-suffisante, de supporter et de déterminer une multitude de déterminations. Autre chose encore qu'un vide métaphysique ou un néant central peut porter le dire non-éthique du malheur à l'état d'une multitude radicale de noms premiers enfin libérés de leur clôture éthico-philosophique. Si peu «vide de Monde» qu'il permet à la pensée de requérir et de mobiliser les déterminations éthiques (actes, intentions, valeurs) mais à l'état de symboles hors- ou sans-éthique. Le malheur n'est pas « tous les noms de l'histoire », tous ses événements — il n'a rien d'une totalisation ou d'une cause universelle assumant et réglant le sens de l'histoire —, en revanche il détermine chacun de ces noms ou de ces événements dans son identité radicale. Ce qu'il interdit, ce n'est certainement pas la détermination comme contenu de la pensée, c'est la détermination-du-Réel, sa fétichisation et sa réification. Il dé-factualise l'éthique, la déréalise ou la déréifie sans la jeter dans un vide « métaphysique » qui habiterait toujours le Monde. Son indifférence ne signifie pas qu'il est de l'ordre du vide ou du néant — précisément il ne peut être mesuré à l'aune de l'étant ou de l'être, donc du néant — mais qu'il est tout au plus accompagné d'une identité de (non-)Un qui, elle, mesure l'Etre et le Monde.

L'apprentissage de la radicalité est une ascèse de pensée plus encore qu'une nouvelle *position*. Et même une telle ascèse ne fait que limiter l'apparence transcendantale d'un absolu fermé sans l'extirper définitivement, au profit de l'être-forclos. L'éthique imagine un grand malheur transcendant et tragique, ou un malheur transcendantal et constitutif de la psychologie morale, mais la non-éthique pose un malheur immanent en invalidant la demande inévitable de la pensée et du sentiment, issue du désir philosophique, qui le pose comme une nouvelle instance que l'on n'aurait pas encore explorée mais qui expliquerait enfin plus adéquatement l'énorme quantité de malheur que charrie l'histoire universelle. Il s'agira bien d'une explication, en effet, et pratique, mais au sens où une science infère d'un tel malheur in-déductible des représentations et des actes rapportés à *l'histoire comme co-appartenance du mal et de l'éthique,* mais suffisamment hétérogènes pour en fournir l'explication a priori.

Tel que l'objet d'une simple apparence objective de connaissance

Le malheur radical est tel que, comme nom premier, il entre dans des axiomes qui permettent d'inférer sur lui des « connaissances » qui ne sont qu'une apparence objective.

Avant de tenter des descriptions plus précises du malheur

à partir de différents modèles pris de l'éthique et de la philosophie, il est nécessaire de donner la méthode. On formulera des axiomes qui serviront de fil conducteur à ces descriptions et qui fixeront les limites de leur validité. La non-éthique est fondée principalement sur l'axiome du malheur comme être-forclos de l'homme à toute éthique. Ces axiomes, sans être de simples fictions ou des modes du «comme si», ne sont que des hypothèses adéquates à leur objet mais équivalentes, sans primauté de toute façon de l'une sur l'autre. Elles ne sont pas constitutives de leur objet, du Réel du malheur et ne prétendent pas constituer une science du Réel mais seulement une science des symptômes éthico-métaphysiques — de là une apparence objective de connaissance et même de «science» de l'Un lui-même. Pour des raisons qui tiennent au style non-philosophique en général et qui ont été expliquées ailleurs, les énoncés d'une non-éthique sont identiquement des performations (de-dernière-instance) de la pensée (de la force (de) pensée) et des théorèmes trancendantaux sur les données-symptômes. Il va de soi que les axiomes donnés sont aussi transcendantaux ou contiennent, mais alors en-dernière-instance, la légitimation (par leur objet même) de leur connaissance de l'expérience. Ce dernier aspect domine lorsqu'il s'agit de considérer le côté «connaissance» de la non-éthique et de le rendre effectif. Mais si la nomination symbolique et la décision axiomatique précèdent de droit la constitution des connaissances, elles déterminent alors la validité de celles-ci. Ce sont bien en effet des connaissances d'un type émergent, identiquement scientifique et philosophique, mais elles ne sont constitutives que de la manifestation en-l'Un (du) malheur des phénomènes qui sont leur objet. En revanche lorsque le problème se pose d'une connaissance du Réel lui-même, leur pertinence ou leur fonction ne signifie plus qu'elles sont encore constitutives, car le Réel (du) malheur relève du manifeste-sans-manifestation plutôt que de la manifestation, du *tel quel* plutôt que du *comme tel*, et n'est pas constitué ou constituable. Mais, les axiomes posés librement, il devient possible, sans sombrer corps et biens dans l'illusion transcendantale d'une connaissance du Réel, d'en donner des descriptions axiomatiques qui exploitent des formules symboliques, qui reconstituent une continuité apparente du discours et de son objet, en quelque sorte une apparence transcendantale objective mais qui ne donnera plus lieu à l'illusion de nouvelles entités et d'une nouvelle éthique métaphysique du malheur. Si certaines éthiques contemporaines ont proscrit toute représentation au nom par exemple d'Autrui ou du «Visage» (Levinas), substituant alors une éthique non-ontologique à la philosophie première, un pas supplémentaire possible commence par proscrire ce nouveau fétiche qu'est l'éthique elle-même et par se donner les moyens de la penser non-éthiquement.

Tel que le Réel non-consistant ou qui n'existe pas

Le malheur radical est tel que, dépourvu de toute consistance, il n'«existe» pas et n'a aucun pouvoir éthique.

Il y a du malheur, et radical. Mais le malheur n'existe pas ni ne s'«essencifie», il est l'identité *pour* l'essence et *pour* l'existence, un vécu-sans-monde-et-sans-pour-soi, pas un vécu *de* malheur mais le malheur comme identité (du) vécu sur le mode de l'«en-immanence». C'est le Réel *tel qu'il* ne relève plus de l'élément ontologique et des antinomies qu'il nourrit. Même pas un mode d'être du Réel et encore moins le Réel *comme tel*.. Sa position dans l'ordre de la pensée est sa seule existence ou son être, et appartient à la sphère non-éthique, nullement à la cause de celle-ci. ou à son «objet» Plus que pauvre en essence et en existence, il peut être accompagné de celles-ci : non pas redoublé par la pensée mais agent d'un clonage qui *est* la pensée non-éthique. Que la cause *pour* l'éthique et *de* la non-éthique n'«existe» pas, libère celle-ci, lui épargne le sort d'être l'image du malheur et le redoublement de l'éthique existante. Elle détache la non-éthique des compromissions et des cercles vicieux de l'éthique-marchandise à laquelle aspire l'époque, et de l'éthique plus ancienne, somme toute assez primaire d'être animale-et-divine. Vide de sens ontologique, de métaphysique ou de «moralité des mœurs», elle met un terme à la domination unitaire et autoritaire des éthiques philosophiques qui ne poursuivent de but que d'asservissement de l'homme. Et avec l'existence éthique, c'est la vision morale du monde qui est éliminée sans résidu de pulsion morale archaïque ou de «moraline» (Nietzsche).

Le malheur radical

Tel que ce qui détermine plutôt qu'il ne précède la conscience malheureuse

Le malheur radical est tel qu'il détermine-en-dernière-instance les formes philosophiques du malheur dont la «conscience malheureuse» elle-même

Sur cette base axiomatique, il est possible de décrire le malheur radical et d'en produire une apparence transcendantale, mais apparence-sans-illusion. On le distinguera d'autant mieux de la conscience malheureuse (avec ses modes judaïque et chrétien) ou tel qu'il est inséré dans la structure de la conscience et redivisé, multiplié par celle-ci au point de s'engendrer avec elle réciproquement (le malheur engendrant la conscience, celle-ci potentialisant celui-là) dans une «mauvaise» subjectivité qui a toujours le pouvoir ultime de relever et de surmonter le malheur. En mode radicalement subjectif, il est en revanche identique à la «substance» vécue la plus intime de la vie humaine. Ce n'est pas un malheur anonyme et «subjectivé», ni une conscience intériorisée par une immanence réciproque de la conscience et du malheur qui resteraient l'une dans l'autre pour former un nouvel absolu humain. Il est au contraire délivré de la forme de la conscience où il n'a pas son lieu, n'étant pas étranger à sa structure-de-représentation mais se rendant plutôt étrangère celle-ci.

La thématique continue du tragique de l'Etre, de la douleur et de la joie tragiques, s'est nouée chez les contemporains avec le déchirement «judaïque» de la conscience (Hegel), voire le «malaise» (Freud), tandis qu'un peu au-delà de la conscience mais encore en elle, le mal par ailleurs se «banalisait», s'intensifiait superficiellement (Arendt) et renouvelait les vieux thèmes rationalistes impossibles de la «méchanceté diabolique» et du «malin génie» avec leur corrélat de chaos universel et de dérèglement total. Mais ces thèmes qui servent de bruit de fond monstrueux à l'histoire et à la pensée n'ont plus ici de validité ontologique dernière. Ils forment la vie du Monde et de la philosophie, mais servent seulement de modèles et de supports symboliques pour la description du malheur radical qui n'ajoute pas à cette litanie et n'appartient pas au corpus de ses œuvres. C'est à cette condition qu'il permet de penser autrement la théorie du mal et de la modifier autant qu'il est possible sans y ajouter.

Pour plus d'analyse, supposons par hypothèse une conception philosophique du malheur. Elle distinguera un penchant au malheur et ses types, une variété de ses formes, par opposition à un penchant inné ou rationnel au bonheur. D'abord une fragilité ou inaptitude à suivre le penchant au bonheur, elle anime la Raison pratique comme une possibilité générale et vide de malheur. Ensuite, plus profondément, une impureté du bonheur toujours mélangé, jamais motif suffisant, exigeant d'être renforcé par des contraintes ou des inclinations sensibles, par des contreforts contre les pulsions au malheur. Impuissant à vouloir le bonheur pour fin, l'homme se donne des motifs qui surdéterminent ce vouloir du bonheur par la fuite ou la crainte du malheur, crainte qui renforce donc celui-ci, mais l'action n'est pas accomplie pour le bonheur, par et pour la Raison. Il ne s'agit plus de la possibilité du malheur mais de sa réalité. Enfin un malheur supposé «radical» mais au sens de la philosophie, une sorte de perversion de la Raison voulant son malheur. Toutefois la philosophie ne peut concevoir une volonté de malheur, un malheur *absolu* comme mobile direct de la Raison. Pas plus qu'un mal absolu, elle ne conçoit une Raison intrinsèquement malheureuse par un destin incompréhensible. L'hédonisme trouve ici l'une de ses limites autant que sa force et, très rationnellement, se contente de renverser l'ordre et la hiérarchie des mobiles, la Raison heureuse par destination se soumettant aux inclinations sensibles qui l'empêchent de réaliser son bonheur.

La philosophie peut ainsi subordonner la volonté (de) bonheur au malheur comme destin ultime de la vie concrète ou effective. Le malheur ne pouvant être absolu, elle le décrit comme une «radicalité» résidant non dans une identité réelle mais dans une opération de renversement de hiérarchie plutôt que de juxtaposition des mobiles. Il faudra sortir de la sphère gréco-rationnelle de la philosophie pour commencer à concevoir une volonté de malheur, une auto-accusation et une auto-destruction (psychanalyse). La philosophie décrit la *décision-de-malheur* ou la forme-malheur structurellement déployée, comme butant sur une limite absolue qui serait son auto-position, qui répugne à la Raison. Agir contre la finalité naturelle du bonheur doit être encore une décision intelligible, une dernière volonté mais contrariée ou «malheureuse» plutôt qu'un auto-anéantissement de la volonté. Plutôt vouloir le malheur le plus étendu, le plus profond que de ne rien vouloir du tout, qui serait le malheur absolu. Le malheur seulement radical (au sens philosophique) trouve ici sa limite dans la volonté c'est-à-dire dans la Raison qui veut rendre le malheur à la fois intelligible et inintelligible, comme le mal. Un penchant corrompu, inintelligible mais qui suppose la liberté, un penchant au malheur est enraciné en l'homme. Il est donc encore dans les possibilités de la philosophie de dire que l'homme est malheureux «par nature», non de fait ou accidentellement.

Même si cette philosophie du malheur n'existe peut-être pas, elle est possible. Elle suppose une dualité de l'homme comme un être raisonnable et heureux du monde sensible. Sans être manichéenne, elle admet un résidu rationalisé de manichéisme. Il s'agit plus d'une situation que d'une nature malheureuse, d'une impuissance de la Raison à vouloir sa volonté de bonheur. Il n'y a pas de malin génie de notre malheur et le malheur lui-même ne peut être ce malin génie ou être choisi comme principe de nos actions. Le malheur philosophique serait plutôt un «englobant», un horizon insaisissable, une perversion qui corrompt le fondement de la Raison comme heureuse. On peut à la rigueur admettre un *principe de malheur* à côté d'un *principe de bonheur*, mais pas à la manière manichéenne, un principe qui soit un penchant plutôt qu'une auto-position. Cependant il restera de l'ordre de l'auto-position en tant qu'il reste soumis à la forme générale et à l'autorité de la philosophie.

Quant à la «conscience malheureuse» proprement dite, on sait qu'elle a subi plusieurs déploiements qui exploitent tous le caractère tautologique ou pléonastique de la formule. Selon le pôle gréco-moderne, le malheur, comme attribut ou essence universelle, ne peut se dire que d'un sujet, et du sujet par excellence, la con-science dont il est, à côté et en face de la joie, l'affect principal. Mais si le malheur est déchirement ou scission, il est aussi l'accompagnement nécessaire de soi de la con-science en tant qu' elle est à charge d'elle-même et bientôt se surmontant elle-même. Faute et responsabilité répondent d'abord à ces structures ontologiques classiques dans lesquelles elles sont en quelque sorte pré-tracées. Quant à la dispersion post-moderne de l'essence, elle a fait passer le malheur de l'état d'essence à l'état de multiplicité — c'est le tragique. A l'autre pôle, judaïque, ce sera encore une interprétation gréco-chrétienne qui fera passer l'affect juif — la distance de la séparation comme première, infinie et non-réfléchie dans ses termes — à l'état de «conscience malheureuse» (Hegel).

Que faire maintenant de ce matériau ? Nous ne posons pas le malheur comme radical à partir de son état mixte ou partagé, par un simple refus de cette amphibologie de la conscience et de ses affects, par isolation ou abstraction de son côté malheureux, mais nous le posons comme donné-en-personne dans son identité indépendante de tout affect malheureux. Non pas que le malheur radical soit plus profond, plus caché que tout affect toujours mondain. C'est au contraire son radical être-donné qui le fait forclos à la conscience, qui ne peut s'en faire qu'une expérience plus lointaine, plus distante. Le malheur radical se fait oublier sans doute de l'Etre et de la conscience, non parce que l'oubli serait constitutif de son essence comme il l'est de celle de l'Etre, mais plutôt à cause de sa radicale proximité intime et de son essence d'Un. La pensée n'a pas de prise sur lui (plutôt qu'il n'échappe à la pensée) et ne peut donc que le falsifier en voulant le penser, ou que le refouler en voulant le manifester. Plus exactement la conscience ne *refoule* justement pas le malheur — l'être-forclos de celui-ci le lui interdit — mais refoule cette forclusion elle-même dès qu'elle tente de l'arracher à son être-manifeste et de le projeter dans l'arrière-monde d'une manifestation malheureuse, dans une nouvelle essence ou une entité fétichisée. Le malheur radical n'est jamais, par définition, un arrière-monde éthique. Pour cette raison il peut déterminer une non-éthique par laquelle il est *pour* l'éthique.

Malheureux, le malheur ne l'est pas par participation à une essence, un malheur en soi et immobile, mais de part en part, si bien que son essence (de) malheur tient plutôt à son immanence et à son identité réelle. Il est difficile de ne pas reconstituer ultimement une essence du malheur transcendante à un sujet. Mais le malheur n'est même pas sujet — de quoi et pour quoi pourrait-il l'être? En revanche c'est de lui dont le sujet-Etranger, le sujet de la non-éthique «participera» sur un mode évidemment non-platonicien, et dont on dira que c'est celui du «clonage». Le malheur radical peut-il être imputé à l'homme alors que celui-ci le porte plutôt comme son identité la plus propre ou la plus intime ? S'il y a ici encore une dernière ou une première opération d'imputation, on devra comprendre cette imputation comme une position pratique mais axiomatique (on dira son *ultimation première*) de l'identité de l'homme. Même l'imputation, une non-éthique ne peut la refuser, à condition d'en transformer la nature et la portée théorique, si l'on ne veut pas parler des problèmes éthiques de manière inadéquate comme c'est en général le cas sous prétexte de «métissage» et de «non-éthique» compris comme simple bariolage des valeurs.

Tel qu'une cause d'une non-phénoménologie du malheur

Le malheur radical est tel qu'il détermine une non-phénoménologie du malheur à partir du matériau de la phénoménologie de la conscience malheureuse.

Comme pensée de l'immanence, la phénoménologie en général, sous ses diverses formes, rencontre le malheur. Une telle phénoménologie du malheur est possible au moins sous une quadruple forme.

1. Une forme objectiviste, le malheur comme valeur ou a priori de type matériel (Scheler), manifeste non seulement dans l'élément transcendant de la philosophie, ou du Monde dont la philosophie est la forme et la loi, mais à même l'étant mondain, psychologique et social. C'est alors un mode intentionnel de l'affectivité et qui, comme tel, reçoit son sens et son relatif non-sens de la conscience en sa modalité éthique.

2. Une forme plus essentielle mais toujours phénoménologique-objectivante, le malheur comme identité ou immanence (impossible) d'une intuition, comme réappropriation échouant de la conscience intuitive par elle-même. C'est la conscience de la phénoménologie husserlienne elle-même comme ressassement du commencement impossible, conscience qui reste dans la transcendance ou la crise. Du malheur-chose ou malheur-essence au malheur-conscience mais qui ne reconnaît pas son malheur, celui-ci est vécu comme un destin objectif sur un mode quasi-judaïque.

3. Une forme-essence, le malheur étant reconnu comme essence de la conscience. Hegel dévoile le malheur non comme une fatalité sous la loi de laquelle existe la conscience phénoménologique, mais comme l'essence intrinsèque et le phénomène de la liberté de cette conscience. Le malheur n'est plus un noème, ni l'impossibilité encore extérieure ou objective où est la conscience intentionnelle de se penser elle-même, dans son essence du moins comme non-intentionnelle, mais il est la scission première et constituante, intrinsèque et non résiduelle, de la *réalité* de la conscience.

4. Enfin la sphère phénoménologique «totale» du malheur pourrait contenir une quatrième possibilité, celle du malheur comme modalité de l'«immanence radicale» comprise comme auto-affection de la «Vie» (M. Henry). Si nouvelle soit cette conception, elle conserve une ultime distinction dans l'immanence ou une différence abstraite dans l'identité, et donc dans le malheur, simple mode contingent de cette immanence. Sans relever de la conscience, elle reste sous sa lointaine obédience qui est celle de la philosophie.

Ces versions phénoménologiques du malheur ont en commun, même la dernière et comme malgré elle, de le concevoir comme séparation d'une identité d'avec elle-même, qu'il s'agisse de la séparation la plus extérieure ou de la plus intérieure et transcendantale. Jamais le malheur ne fut conçu par la philosophie comme la solitude ou le radical même de l'homme, comme le Réel-sans-essence. En rapport à cette phénoménologie de la conscience comme malheureuse, la non-phénoménologie manifeste le malheur radical en le décrivant de la manière suivante :

1. La forme d'objectivité du malheur tient précisément à sa non-consistance, son essence réside dans son sans-essence. Ce n'est ni celle de l'*en soi*, ni celle du *pour soi* et encore moins d'un noème, d'une eidos ou d'un a priori matériel. L'*éthique-selon-le-malheur* est une matrice indivise pour tout partage philosophique. Le malheur est la «substance» non idéalisée, le Réel-non-étant qui fait le cœur de l'homme, non certes un Autre transcendant mais celui qui n'a jamais fait cercle ni même «asymétrie réciproque» (Lévinas) avec l'Etre, avec le sens intention-

nel ou le pour-soi. Il échappe ainsi à l'affectivité elle-même ou n'y participe plus que par les symboles qui se disent de lui comme terme premier. Il est dépourvu de sens autant que de non-sens et il est la cause d'un discours non-éthique *pour* la conscience éthique.

2. En rapport à l'immanence impossible, par exemple husserlienne, le malheur est plus que l'échec de la conscience. Celui-ci est généralisable comme état de toute pensée philosophique qui ne peut accéder directement à l'identité d'une solitude en chair et en os qui est l'Incommencé de tout commencement. C'est donc le malheur de l'homme-philosophe qui ne peut le reconnaître comme son essence intime, forclose à lui-même, ou qui ne peut accéder à soi que par le biais inadapté de l'éthique.

3. Au malheur comme essence-de-décision de la conscience, essence autonome et égale à son essence-d'identité (Hegel), correspondrait une forme transformée; le malheur qui sans doute «diviserait» encore l'Un-de-la-conscience mais comme l'identité maintenant transcendantale qui détermine plutôt une certaine dualité au-delà d'elle-même. Dualité précisément sans division et constituée de cette identité transcendantale de la non-éthique d'une part et du statut empirique de l'éthique d'autre part. Cette dualité transcendantale est le contenu phénoménal, déjà non-hégélien, de la scission phénoménologico-hégélienne. En général le malheur comme seulement transcendantal, essence par conséquent de cette dualité, est ce contenu phénoménal, en quelque sorte la scission de la conscience lorsqu'elle est reconduite à sa détermination en-dernière-instance et s'assurant par là une réalité, devenant constituante de la non-éthique et qui pourra recevoir plus tard les noms de «véracité» et de «solitude».

4. A la dernière possibilité phénoménologique, qui s'approche du Réel sans parvenir à l'identifier, laissant le malheur comme mode encore d'une quasi-substance plus ancienne que lui (la «Vie»), correspondrait, sous les nouvelles conditions non-phénoménologiques, un malheur transcendantal qui serait comme un «clone» du malheur radical, et qui serait en quelque sorte le vrai contenu de l'essence transcendantale mentionnée

précédemment en rapport encore avec la dualité qu'elle rendait possible. Ce malheur transcendantal n'est pas une simple modalité de la Vie, ni même de l'Un ou du Réel, du malheur radical, mais le clone de celui-ci et qui, lui aussi, est forclos, non pas cette fois-ci à toute pensée mais à l'éthique.

La simplicité du malheur identifie en elle l'identité et l'immanence, excluant du coup toute description phénoménologique en termes encore transcendants d'«auto-affection», «auto-génération», «auto-écrasement» qui referaient de lui un malheur absolu, un principe-de-malheur. D'une manière générale, il n'est pas *défini dans le prolongement continu* du mal radical simplement subjectivé ou de la solitude-dans-le-Monde simplement radicalisée, mais il est posé comme terme premier axiomatiquement indéfinissable en termes philosophiques de mal ou de solitude. L'usage fait ici des transcendantaux n'implique plus aucune conception ontologique du malheur. La pensée non-éthique est certes transcendantale mais comme clone du malheur et prise par ailleurs du discours éthique afin d'avoir un effet sur celui-ci et sur le mal, mais ce n'est pas une abstraction métaphysique ou un redoublement de ce discours.

Nous avons ainsi dégagé et parcouru, usant du cycle phénoménologique du malheur comme d'un matériau, une série de stases qui découlent du malheur radical et qui pourraient former la structure d'une «éthique dans l'esprit du malheur». Bien entendu c'est le malheur qui détermine le style non-phénoménologique de la non-éthique, aucune «nouvelle méthode» n'a la force de déterminer un tel objet, le «Réel». Le malheur est le phénomène par excellence susceptible, au lieu de commenter interminablement l'éthique, de la transformer c'est-à-dire de la phénoménaliser, en un certain sens de la «réaliser» plutôt que de l'idéaliser de ce commentaire perpétuel.

Tel qu'une identité plutôt qu'une division

Le malheur radical est tel qu'il ne peut être dissous dans la philosophie et ordonné au bonheur comme telos de la philosophie

Dans la philosophie, le malheur est une catégorie rare mais qui s'efforce de devenir un transcendantal concret. Il désigne la séparation interne d'avec soi, la division de l'unité et son opposition à soi. Une division opérée de manière externe ne conduit pas nécessairement au malheur, il y faut une conscience de l'identité et une prise de conscience de la division. Et une division en général, spécifique, générique, voire transcendantale, n'est pas encore celle qui affecte la constitution, par exemple, de l'«Esprit» c'est-à-dire du Réel (Hegel). La philosophie évoque le malheur lorsque la constitution de ce qu'il y a de plus réel dans l'homme est en cause, lorsque son essence devient problématique. C'est une catégorie de l'expérience religieuse, culturelle, et même (Hegel par exemple) un quasi-transcendantal ou une détermination objective de l'histoire de la philosophie comme essentielle au devenir du Réel. C'est la plus haute séparation, la plus profonde bifurcation (*Entzweiung*), l'affect même de la vie dialectique de la culture — même Dieu est malheureux, plus que «touché par le malheur». Pourquoi cette épaisseur du malheur, sa compréhension phénoménologique comme scission et séparation de soi ? C'est qu'ici déjà il n'a aucun sens en dehors de l'unité absolue qu'il affecte et qu'il manifeste sur le mode de la nostalgie dans l'opération de la scission. C'est un quasi-existential ou un transcendantal qui définit une sensibilité ontologique et philosophique, mais il est inséparable d'un procès de relève et d'intériorisation (*Aufhebung*), l'antinomie indiquant l'Unité concrète au-delà de la simple co-appartenance de ses termes. Avec le bonheur ou la joie, c'est le vécu transcendantal, voire spirituel, qui règle, tel un prédicable tout à fait supérieur, les rapports à soi du Réel conçu par la philosophie ; le noyau d'affect qui transit la négativité mais qui en même temps reste abstrait par rapport au bonheur. Voici l'essentiel : le malheur est un affect abstrait, livré à la séparation, par rapport à la joie où il est intériorisé et relevé. C'est une partie dépendante de la sensibilité et dont l'autonomie n'est que relative lorsque celle de la joie est absolue ou est le concret. Purifié en béatitude ou atténué en sérénité, le bonheur est le seul affect philosophique concret ou indépendant, l'*affect unitaire* par excellence ou *principal* (Nietzsche). Il jouit à la fois d'une primauté et d'une priorité et fonde une *esthétique transcendantale première* (à la manière de la *philosophia prima*) qui s'oppose à l'expérience empiriste et vulgaire du bonheur (*Aufklärung*) autant qu'à l'expérience grecque du malheur comme destin ou carte forcée de l'histoire humaine.

Si élevée soit cette expérience transcendantale voire réelle du malheur, elle souffre de limitations rédhibitoires qui sont évidemment celles de la philosophie en général :

1. Ce malheur n'est que le prolongement dans la sensibilité du principe logique de contradiction. Pas plus que l'identité et la joie, le malheur ne parvient dans la philosophie à un concept radicalement interne ou réel, aprioriquement pur, il intériorise la contradiction dans un mixte patho-logique. En transcendantalisant et réalisant la contradiction comme contradiction-de-soi, la philosophie découvre un sens nouveau à la logique, mais reste enchaînée à celle-ci et n'offre qu'une Différence patho-logique qui interdit d'accorder au malheur sa pleine réalité et son plein usage. Le malheur radical est simplement le Réel et par ailleurs, en tant que pensé, sa position transcendantale mais non différentielle par rapport à la patho-logie philosophique.

2. Il n'est, d'une autre manière encore, qu'un symptôme pour le Réel. Il n'a de réalité que celle de la pensée philosophique, toujours intuitive, et de sa transcendance, son ressort le plus déterminant. Symptôme de l'immanence rigoureuse, il indique à vide le Réel. Il n'est que le lieu ou l'occasion d'une pensée nouvelle d'où pourrait venir le salut. Bien qu'il indique le phénomène et y participe, il reste une apparence dotée d'une moindre réalité, *l'apparence de réalité du phénomène plutôt que le réel du phénomène lui-même.* Cette apparence reste en souffrance du phénomène et envahit la philosophie. Les fonctions philosophiques du malheur peuvent être rassemblées dans le concept de «malheur phénoménologique» comme mode de donation de l'identité ou de l'immanence encore transcendante. L'identité s'affecte de malheur, s'aliène et peut alors se donner, s'offrir à soi comme le phénomène. La non-philosophie le transformera donc en *réel, et non pas en être, phénoménal*, elle en fera le phénomène qui ne phénoménalise qu'indirectement ou en-dernière-instance seulement la sphère éthico-philosophique par le moyen d'un organon, le sujet-Etranger agissant *selon*-le-malheur.

3. Confondu avec le travail, la peine et le tourment (*Grimmigkeit*, Bœhme) du Réel, il est finalement de l'ordre d'une opération qui donne (dialectiquement) le bonheur ou la joie, qui donne le *donné* par excellence ou le plus concret, il n'est pas encore le donné qui n'a pas besoin d'une opération de donation. Il ne possède lui-même l'identité que potentiellement, mais vise celle qui reste hors de lui comme identité propre à la réconciliation et à la joie. Le malheur philosophique est lui-même séparé et malheureux, indéfiniment dédoublé et redoublé. S'il est voué aux tâches de la séparation, c'est donc plus qu'une inversion qu'opère la non-éthique en nommant par lui l'identité (du) Réel. Elle retrouve même une identité (de) la séparation en tant que cette dualité devenue «uni-latérale» est l'élément de la seule pensée. Une telle identité transcendantale qui se dit de la séparation ou de la transcendance pourrait faire dire à la rigueur que la pensée est ici plus radicalement malheureuse encore que la conscience, mais cet énoncé exigerait interprétation.

4. Il est l'affect de l'abstraction, sa nécessité et son sens, l'affect de toute métaphysique au sens le plus traditionnellement rigoureux du terme (métaphysique générale et spéciale). S'il est condition de la pensée, il n'est que sa condition opératoire, sa prétention hallucinatoire à la réalité, et que déracine la non-éthique. En revanche le malheur radical est la condition uni-verselle (indifférente, indirecte ou «négative») du penser non-philosophique plutôt que la condition directe, causale, du besoin de philosopher. Il rend simplement réalisable une non-éthique, tandis que celui-là tend à dissoudre l'éthique dans la philosophie. Il n'a pas *besoin* d'être pensé et encore moins d'être philosophé, une philosophie ne manque pas au malheur radical et celui-ci n'en exige pas une mais est juste prêt ou «disponible» pour qu'une pensée se réalise.

5. Un axiome philosophique implicite pose que «le plus de malheur, le plus de bonheur» («plus de péril plus de salut», etc.). Il se comprend non pas sans doute de manière quantitative, mais de manière mixte qualitative-et-quantitative, le malheur étant la division ou la quantification de l'affect de la pensée. Malheur et bonheur soit s'échangent de manière dialectique soit coïncident à force de diverger à l'infini de manière différentielle — ils s'adoucissent ainsi l'un l'autre. La non-éthique ne peut

naître que d'une expérience de pensée qui pose le malheur comme en deçà de la distinction de la quantité et de la qualité, qui l'arrache en particulier à la quantification qu'il introduit dans l'identité mais tout autant à une intensité des affects.

6. C'est l'affect qui donne la subjectivité-comme-objet et ne dévoile effectivement que l'objet subjectif qu'est devenue la conscience. Ce pauvre pouvoir de révélation patho-logique attribué au malheur et qui suppose le concours déterminant du Monde, en fait le pouvoir révélant de la perte, mais de la perte relative telle que la philosophie en limite le concept, plutôt que de la perte radicale telle que la psychanalyse a commencé à en symboliser l'expérience et que la non-éthique la posera comme essence spécifique de la véracité non-éthique.

7. A l'une de ses limites internes, la philosophie distingue (Hegel) entre le malheur grec, qui éveille la crainte et la pitié parce qu'il est enclos dans une essence belle, et le malheur juif, qui éveille l'horreur parce qu'il naît d'une séparation absolue. Mais cette distinction est ici falsifiée comme à l'accoutumée pour rendre le malheur juif intégrable au concept et à son devenir. En réalité le malheur juif dans sa positivité phénoménologique propre, n'est pas une *séparation absolue* et par conséquent susceptible d'une relève dialectique, mais un *absolu séparant ou un infini de séparation*, donc inappropriable par le concept. Après le malheur pensé sur le terrain de l'Etre puis le malheur pensé sur le terrain de l'Autre-sans-Etre, malheur autrement qu'ontologique, il reste à le penser sur le terrain de l'Un, c'est-à-dire de l'Un-en-Un, sans-Etre et sans-Autre mais déterminant une altérité radicale quoique humaine — un sujet-existant-Etranger — à l'éthique mondaine. Le malheur philosophique est la séparation de l'identité d'avec soi ou peut-être encore l'état de l'identité séparée ou abstraite par exemple de l'expérience. Mais le malheur radical, cessant d'être un attribut de l'identité pour être l'identité elle-même, signifie que celle-ci n'est pas séparée du Monde mais forclose-au-Monde, et par conséquent que le malheur ni ne pose ni ne répulse le Monde, mais est disponible *pour* celui-ci.

8. Il se conserve mais ailleurs qu'en lui-même, il s'intériorise et se localise sans doute, mais en se transcendant ou plu-

tôt, lui qui est la transcendance, il se replie et s'unifie avec soi dans la joie. Il ne se conserve que sous réserve de métamorphoses continues qui le dissolvent peu à peu dans le bonheur. La philosophie dissout le malheur, sa réalité et sa consistance, à son profit, pour sa joie et pour sa plus grande gloire à elle. La joie philosophique est le malheur continué, en état de torsion, ordonné à une topologie qui le dépasse (une «pathopologie...»). La non-éthique conserve le malheur sans le dissoudre, elle le répercute de sa forme réelle en sa forme transcendantale puis a priori jusque dans l'éthique. «Le malheur est le Réel» ne veut pas dire que le Monde n'est que malheureux mais qu'il n'y a jamais eu de «tout» ou de bonheur sauf par apparence objective ou, précisément, sauf comme «Monde» (l'hédonisme n'étant qu'un repli de cette pulsion) et que seul le malheur radical peut déterminer une explication adéquate de la pulsion philosophique au bonheur et de l'existence philosophique achevée comme heureuse.

Tel qu'un affect axiomatisé plutôt qu'un sentiment moral

Le malheur radical est tel qu'il peut être pensé comme un sensible-sans-sensibilité et déterminer un traitement axiomatique des affects et des sentiments «moraux».

Le malheur radical est tel qu'il n'est pas donné dans un sentiment ou un affect-de-malheur, dans une pathologie qui constituerait un double fond ou un arrière-monde du Réel. Il est donné dans son propre phénomène plutôt que dans le phénomène d'une sensibilité toujours quelque peu transcendante. De même que l'ontologie philosophique ne peut pas ne pas chercher un critère du donné, par exemple la donation, sous la forme soit d'une épreuve soit d'un appel qui seul témoignerait du Réel, l'éthique philosophique ne peut pas ne pas chercher un critère du mal ou du malheur, critère du sentiment puisque ce ne peut plus être le critère de la Raison pure. Si inconcevable soit cet axiome pour l'éthique, si irreprésentable, le malheur ne peut pourtant être donné en autre chose que lui et qui le destituerait de son immanence d'*en-malheur*. Plus même qu'un simple axiome, il est la condition de toute pensée axiomatique. Si bien que l'on doit cesser de penser le phénomène de l'en-malheur par un dernier reste de processus effectif ou transcendant.

Parmi toutes les opérations de symbolisation et de formalisation qui découlent du malheur radical et s'appliquent à lui-même, il y a celle de le dé-subjectiver, de suspendre sa forme-conscience, sa forme-ego-et-sujet, transcendantes et supposées données avant même le malheur. La conquête d'un point de vue non-éthique passe par l'abandon, plus radical que Kant ne l'imaginait, de la «raison», théorique mais aussi sensible, puisque toute raison ou sujet dans la forme rationnelle-pratique, doit être suspendue dans son autorité et le malheur performé comme pur vécu-sans-vie. Il est possible toutefois de conserver, pour poser le malheur, le thème phénoménologique non seulement du «vécu» mais de l'«ego», à condition d'en suspendre justement les formes philosophiques et éthiques, sans par conséquent ramener la non-éthique vers un subjectivisme. Le malheur radical se montre sans avoir jamais été caché d'abord — seulement forclos. Il est l'intimité du vécu, le sans-consistance de l'«interne». La forme-ego est une apparence objective mais le malheur radical peut se dire pourtant comme Ego.

D'autres variations ou «jeux» de symboles transcendantaux en fonction des données de la conjoncture éthique sont alors possibles. Le malheur, par exemple comme vécu-sans-douleur et sans-joie, n'est pas trouvable dans la sensibilité et son arrière-monde de culpabilité et de faute; il n'existe pas précisément sur le mode de l'affect externe ou de l'auto-affection interne, c'est au mieux un affecté-sans-affection. Ces jeux délivrent la pensée de fétiches qu'y met la (mauvaise) conscience et purgent les «sentiments» ou les «faits moraux» avec lesquels la philosophie la mélange sous l'autorité du Monde et de ses attributs. Ainsi, le malheur radical ne peut-il faire l'objet d'une pitié mais en déterminer plutôt une, celle que l'humanité radicale de l'Etranger voue à l'homme *comme tel ou dans le Monde,* en proie à l'histoire et à ses «propres» crimes. Si bien que le vécu (de) malheur, qui est le malheur lui-même, n'y ayant de vécu qu'intrinsèquement malheureux, et que les affects dans lesquels il peut être décrit, peuvent faire l'objet d'axiomes puis de théorèmes, qui sont des larmes transcendantales, plutôt que de lamentations, et d'un traitement théorique plutôt que de consolations. C'est précisément lorsque n'importe quel affect est assumé dans son immanence qu'il doit être formalisé et symbolisé. L'éthique propre à la pensée commence avec le respect scrupuleux de la forme axiomatique et des exigences d'une éthique réellement première. Lorsque le malheur est performé-comme-radical, la pensée en mode éthique peut décrire, dans des axiomes qui le symbolisent, les affects et les actes qui nous servent de symptômes et, en un sens que l'on a examiné, le décrire ainsi lui-même. Ne pas céder sur le malheur, refuser de l'aliéner.... Cette solution résout l'antinomie d'une éthique rationnelle ou d'une éthique de la sensibilité, et de leur mélange critique (Kant, le «respect» a priori). Ce n'est pas l'affect moral ou psychologique qui échappe à l'axiome, c'est le donné du malheur radical. Mais seul celui-ci oblige la pensée à axiomatiser les affects moraux.

On recherchera sans doute les liens «psychologiquement profonds» — il y en a — qui peuvent attacher ici les uns aux autres le malheur, la pitié et la forme axiomatique, l'affect et la mathesis. Mais nous prenons ce réseau qui est «notre» conjoncture, celle dans laquelle «nous» existons, comme un simple symptôme que nous transformons d'une manière évidemment non psychologique mais tancendantale quoique d'abord plus que transcendantale, puisque nous la pensons en-Réel. Il est évident que nous recueillons ici un écho du grand cri de douleur qui traverse l'humanité et résonne, dédoublé, en détresse et en pitié. Mais plutôt que de redoubler théoriquement et dans la pensée ce cri, comme font parfois et peut-être toujours les philosophes, nous décidons de le penser et de l'expliquer (non pas historiquement) sans le nier ou le répéter...

Tel que souffert-sans-souffrance et sans-faute

Le malheur radical est tel qu'il supporte les noms premiers de malheur-sans-mal, souffert-sans-souffrance, et sans-faute., etc.

Etant donné son statut théorique et d'abord son être-donné-sans-donation, son identité (de) mal, le malheur ne peut être reconstitué de l'extérieur, en quelque sorte synthétiquement composé comme unité de l'antinomie qui partage le mal, les deux côtés de la faute et de la souffrance. Il est préférable de le penser comme identité de-dernière-instance de la faute et de la souffrance plutôt que dans leur synthèse ou dans celle de l'expiation et du pardon comme résolution éthique ou que même, de manière plus grecque, dans l'errance et le malheur tragiques, qui sont pourtant des expériences philosophiques originairement plus pures en ce qu'elles sont des affects de la philosophie elle-même. Il s'agit d'expliquer cette antinomie à partir de l'identité qui vaut *pour* elle et qui n'est pas déterminée en retour par elle. Impossible de constituer le malheur radical à partir de ces antinomies, qui peuvent tout au plus servir de matériau pour la mise-en-formules de ses caractères. Quant au symptôme de l'errance tragique, on posera le malheur comme une forclusion-sans-négation, comme un être-forclos radical à toute intelligence éthique (commandement, injonction, devoir - pas de devoir du malheur radical et en général de signification éthique). Et du point de vue de ce qui deviendra plus tard la souffrance chrétienne, on le symbolisera en termes de souffrir-sans-souffrance et mieux encore de *souffert-sans-souffrance*. Ce sont des décisions axiomatiques qui excluent que le malheur soit compris comme une exacerbation ou l'une de ces intensifications post-modernes de la faute tragique et de la souffrance. Du côté de la faute, culpabilité tragique ou culpabilité infinie, dette finie ou dette infinie, peuvent éventuellement être mises au fondement de l'éthique mais instituent un cercle vicieux, la faute finie étant d'emblée qualifiée d'éthique, ou la faute infinie continuant à la présupposer pour son propre compte ou faisant inversion systématique avec elle. La description philosophique de la faute modifie la réalité de celle-ci qui corrompt en retour la philosophie et compromet l'éthique, elle-même gagnée par la faute et sa description affectée par son objet. Mais le malheur radical, malheur-sans-imputation-ni-sanction, déplace hors de lui le cercle vicieux de l'éthico-philosophique et le détermine sans effet dialectique en retour. Du côté maintenant de la souffrance et du malheur tragique plus originaire encore, le même cercle de corruption et finalement de mensonge tient ensemble l'éthico-philosophique et la souffrance. Il s'agit là d'invariances structurales à la conscience desquelles les platitudes de l'éthique chrétienne vulgaire et de leur cortège psycho-éthique, sans parler des turpitudes de l'étho-techno-logie et des hésitations de la bio-éthique, ne sont même pas parvenues. A fortiori à la pensée d'un Réel non-éthique mais décisif pour l'éthique comme l'est le malheur.

Il est donc impossible de faire de ce malheur-sans-faute

Le malheur radical

et de ce souffert-sans-souffrance l'objet d'un calcul attribuant la faute à un sujet ou posant le sujet dans l'horizon de la faute. Le malheur est le sujet-lui-même, mieux encore, le Réel dont le sujet non-éthique sera en quelque sorte un clone «transcendantal», ir-*réel* mais consistant, inaugural de l'ordre non-éthique. L'imputation éthique, équivalent de l'attribution ontologique, était déjà limitée par le mal radical qui, d'une certaine manière, la déconstruisait autant qu'il l'affirmait. Mais le malheur radical achève de déplacer la morale comme intériorisation de la mauvaise conscience et du ressentiment, comme imputation et expiation, qui sont des phénomènes primaires de l'expérience humaine mais qui n'ont aucune valeur auto-explicative et relèvent trop souvent du commentaire complaisant. Un malheur déjà donné avant tout mal, toute donation et imputation de la faute, un déjà-souffert inaliénable dans une passivité de souffrance, ce ne sont pas des abstractions métaphysiques mais des abstractions axiomatiques nécessaires pour penser l'éthico-philosophique et en dehors desquelles il n'y a que cercle vicieux et mensonge de l'éthique elle-même. Une éthique fondée sur l'imputation de la faute est elle-même une faute théorico-éthique, et son opposé, une éthique de la donation active de la douleur, comme celle de Nietzsche, l'est tout autant.

Tel qu'un en-passé non-mémorial et non-refoulé

Le malheur radical est tel que son immanence radicale de passé non-mémorial ne passe pas plus dans le temps que dans la mémoire, sans pouvoir pour cela être redonné dans une anamnèse - c'est l'«en-passé».

L'antiquité du malheur humain est un modèle possible d'accès au malheur radical. Mais les doublets positifs (la «passivité de la passivité») ou négatifs (le «passé qui ne passe pas») ne le décrivent pas adéquatement. Peut-être les formules du type «passé-hors-temps» ou «sans-donation-temporelle», ou «sans-âge» sont-elles plus efficaces. Le malheur est déjà-performé avant d'être effectué par le temps et dans la vie sur le mode du sujet-existant-Etranger. Passé-sans-passivité, il émerge dans la pensée — ni oubli ni anamnèse mais véracité — au-devant du temps éthique lui-même, mais sans le surplomber ou le dominer. La non-éthique est la dimension d'un futur qui suppose l'hétéronomie, à la faute et à la promesse, d'un passé si radicalement immanent (à) soi qu'il leur est plus qu'hétéronome. Comme Réel, le malheur est la seule cause qui ne puisse faire l'objet d'une répétition ou d'une anamnèse. Son être-forclos c'est-à-dire non refoulé, échappant même à l'opération d'un refoulement primaire ou secondaire, exclut la répétition, fût-elle la plus originaire. C'est plutôt la pensée selon le malheur, la non-éthique, qui peut faire l'objet d'un refoulement par la Raison pratique et ses formes plus ou moins élargies. La psychanalyse et l'éthique tissent des liens étroits, mais la non-éthique peut tout au plus user de la psychanalyse comme d'un modèle compliquant l'éthique et lui arrachant sa grossière ignorance première.

Un tel passé immanent et qui ne passe pas, un tel passif qui n'est pas le corrélat d'une activité, que nulle conscience ne peut relever ou nulle analyse répéter, pourrait rappeler la faute et la dette, voire le péché originel. Mais encore moins que le mal radical il n'est leur reproduction, leur intériorisation au concept et à la conscience philosophique. Une faute ou une dette, infinies ou finies, un impensé relatif ou un inconscient de l'éthique ne pourraient être requis comme cause radicale que de manière auto-contradictoire. La décision et la symbolisation axiomatiques interdisent les passages continus, supposés originaires, de l'ancien discours éthique aux objets non-éthiques, et limitent la portée ontologique de l'apparence objective de continuité. Peu importe — sous cet angle du moins — le choix entre le malheur ou le mal ou un autre affect quelconque, par exemple le respect ou l'admiration ou encore la joie. Importe d'abord le statut théorique de ces symboles dont la non-éthique fait l'usage le plus ouvert et le plus libre sans s'enfermer dans l'un d'eux à l'exclusion des autres.

Si l'homme est «condamné», c'est à être pensé *comme tel que...* malheur de part en part, et à remplir hors de lui cette fonction de cause qui se rend adéquate l'inhumanité de l'éthique. Condamné à être terme premier dès qu'il pense et à imposer un ordre transcendantal à la prime sauvagerie de la pensée. Condamné par son essence, même si la condamnation n'appartient pas à celle-ci, à «sortir» de l'anonymat universel et à être cause dès qu'il entre en rapport avec le Monde, à prendre en charge non pas la totalité des choses mais l'identité de l'éthique

que sa « présence » et elle seule transforme en problème. Loin d'être une «exception» à l'univers, l'homme est le seul être qui fasse surgir l'uni-vers comme problème que lui seul a à charge de résoudre. Il est donc en-charge non pas tant du Monde comme par un supplément de responsabilité universelle, que de son identité (d') univers.

Tel que non-responsable (de) soi

Le malheur radical est tel qu'il est non-responsable (de) soi et qu'il explique ainsi la responsabilité éthique.

Le malheur n'est pas ici posé dans le prolongement phénoménal ou l'approfondissement conceptuel de la faute, dans le voisinage de la responsabilité. Il est par essence non-responsable (de) soi, et par définition ne répond à rien ou de rien, étant la réponse-de-dernière-instance qui précède les questions, non pas la solution mais la condition réelle d'une solution du problème qu'est l'éthique elle-même. L'authenticité lui appartient mais intrinsèquement — il est plutôt l'Authentique — en tant qu'elle ne lui vient pas de l'Autre ou d'une passivité plus forte que lui. Il est l'Assumé-sans-assomption qui précède son image transcendantale, l'*Assomption*, déterminée-en-dernière-instance par l'Assumé comme la forme de sa nomination non-éthique.

Pour arracher le malheur aux divers avatars métaphysiques, par exemple de l'imputation et de l'accusation, il suffit de reconnaître en lui la seule cause qui puisse sauver l'homme du fonds de barbarie qui habite l'éthique, et le vouer à la tâche plus innocente et véritablement rédemptrice de sauver l'éthique elle-même de la suffisance qui fait corps avec ce fonds. Seule la non-éthique, non le malheur lui-même, a *à charge* de penser l'éthique et de la penser plutôt que de penser le malheur. Celui-ci ne signifie aucune condamnation de l'homme «au» malheur lui-même, en revanche il oblige l'éthique à être transformée de manière hétéronome en non-éthique. Si le malheur a déjà transi de Réel l'homme avant tout événement malheureux et toute initiative, l'homme cependant n'est pas «otage» du malheur comme d'un Autre le (dé)-saisissant. Si la responsabilité pensée de la manière la plus exigeante est un *Un-pour-l'Autre*, le malheur comme Un-en-Un détermine l'homme comme Autre-pour-le-Monde. Il exclut même l'Un-pour-l'Un, n'étant que *pour* l'éthique et le Monde. Son effet de cause immanente n'est pas d'assujettir l'homme à Autrui ou à Dieu, mais de le dévouer enfin au Monde. Cette dévolution est une responsabilité également radicale et par conséquent non absolue, elle détermine toute initiative, éthique en particulier. Mais loin d'être imposée en extériorité au sujet comme une objectivité infinie, elle constitue son essence intime d'Etranger. Le malheur est donné sans cause mais comme cause de toute assomption responsable du Monde. Seule une non-éthique peut tenir compte de l'éthique judaïque de la responsabilité comme in-authenticité mais en supprimant l'aliénation infinie de l'homme qui reste sa marque d'origine. Le malheur sans doute dépouille l'Un de son être-otage, de l'Un-pour-l'Autre, mais il ne le dépouille pas de son prédicat juif sans l'avoir dépouillé de ses prédicats grecs.

CHAPITRE IV

DU MALHEUR A LA NON-ÉTHIQUE

Le malheur, forclos à la théorie mais cause d'une théorie.

Comme tout concept philosophique utilisé par la non-philosophie, le «mal» doit nous servir deux fois, non comme doublet de lui-même mais comme «dualysé», c'est-à-dire utilisé une première fois comme matériau de type philosophique, une seconde fois comme terme premier d'une non-éthique et destiné, au premier chef, à l'identification de la cause réelle de la non-éthique. L'identité (du) mal, loin de tomber sous la théorie, est plutôt ce qui la détermine, et précisément comme non-éthique ou théorie unifiée de l'éthique. Une théorie de l'éthique est possible précisément parce qu'une théorie-du-malheur ou de l'identité (du) mal est devenue maintenant impossible. Le malheur radical est la cause et l'objet d'une découverte qui s'opère sous la forme transcendantale et axiomatique d'une non-éthique modifiant notre rapport à l'éthique. En lui-même, il n'a pas besoin d'être agi ou pratiqué, de faire l'objet d'une injonction, projet ou commandement, mais il s'accompagne d'une pratique transcendantale non-éthique qui est *selon* le malheur radical et *pour* l'éthique toujours enchaînée au mal.

La non-éthique n'a donc pas à décider de l'existence des éthiques, de leur fait et même de leur droit — précisément elles ont un simple droit et au mieux un droit «moral» sur l'expérience. Elle doute seulement de la pertinence de leur prétention à légiférer pratiquement de manière rien-qu'humaine, prétention qui est encore, comme transcendantale, «au-delà» de leur droit. Ce problème est identique à celui de la «possibilité réelle» des éthiques (non de leur simple possibilité supposée distincte du réel et opposée à lui). C'est le problème de leur légitimité, mais rapportée à l'homme comme à leur cause réelle. La non-éthique mesure cette légitimité par une question qui n'est ni du *comment* (comment est possible l'éthique?) ni du *pourquoi* (pourquoi l'éthique plutôt que rien, que pas d'éthique du tout ?) mais du *en-quoi* ou du *selon-quoi* (les éthiques sont-elles en-réel ou en-homme, selon-l'homme ?) ou encore du *tel que* (les éthiques sont-elles telles qu'elles ont l'homme pour leur cause ?).

    L'essence de sans-essence de l'homme ne peut être identifiée au mal puis au malheur que si, bien entendu, elle cesse d'être définie par la Raison, mais si également le mal cesse d'être défini de manière extérieure et transcendante pour être compris comme immanence radicale (du) mal. Mais en arrachant ainsi la cause de l'éthique à la maîtrise rationnelle ou philosophique, nous n'entendons pas passer du «Même» à l'«Autre», de la Raison à Autrui. Cette éthique judaïque — presque un pléonasme — procède selon toute apparence par une inversion absolue où le Bien gréco-métaphysique — du moins comme Etre ou Même — devient en toute rigueur le Mal, et où le Mal grec c'est-à-dire l'altérité à la Raison devient le Bien au-delà de l'essence. Il n'y a aucun sens, sauf vulgaire et empirique, à se scandaliser de cette thèse et à chercher une continuité entre ces deux éthiques autre que l'amphibologie gréco-judaïque du «Bien» platonicien, de l'*agathon* précisément *epekeina*, «au-delà de l'essence». Quoi qu'il en soit, une théorie unifiée trouvera dans le malheur radical la nomination symbolique première ou l'hypothèse qui permet d'échapper à cette antinomie gréco-judaïque et renoncera à inverser, relativement ou absolument, les hiérarchies diverses du Bien et du Mal, les déplaçant plutôt et avant toute autre opération hors du Réel qu'est le malheur. La décision en faveur du malheur n'est pas philosophique mais axiomatique et ne peut donc être constituée de l'extérieur dans une synthèse ou une analytique de faits ou de jugements à partir d'injonctions, d'impératifs, de téléologies diverses ou de phénomènes comme la faute et la souffrance, et à plus forte raison ne peut être produite comme le résultat final d'un processus de différenciation, ou de dialectique.

Expliquer l'éthique, respecter le mal. Contre la technologie éthique

Qu'est-ce qui, dans une non-éthique, est *donné* ou jouit d'une primauté sans être lui-même premier mais *selon* quoi une posture éthique peut être dite première ? La cause immanente de cette posture, évidemment, mais aussi à sa manière le champ de phénomènes éthico-philosophiques qu'il s'agit d'expliquer autant que de révéler. Le mal est toujours un donné qui n'apporte pas avec soi son intelligence et qui met en défaut celle de la philosophie. Son invention incessante de nouvelles formes apparemment sans passé est comme un trait de donné-sans-donation. Toutefois ce terme est ici ambigu. Si le mal était réellement donné-sans-donation, il serait déjà le malheur. C'est donc qu'il est donné comme lié ou connecté malgré tout à la donation d'un sens philosophique. Même réputé absurde, inintelligible, inscrutable (Kant), impensable ou irrationnel, il reste entouré d'un horizon virtuel de sens et passible de la pensée. Le propre du mal par rapport au malheur radical, c'est qu'il reste ultimement ouvert à l'interprétation et au sens. Si la pensée peut échouer sur lui, en revanche elle n'échoue pas sur le malheur car c'est celui-ci qui est forclos à la pensée. Il y a toujours des moyens pour penser le mal ou le traiter comme philosophable : sa profondeur de racine et son effet d'impuissance sur la raison (Kant), son étendue, sa superficialité, son caractère ordinaire, son «absence de pensée», etc. Mais le malheur radical n'est pas causé par une absence de pensée, il serait plutôt cause d'une nouvelle posture de pensée par son être-forclos lui-même. Il suffit alors de penser selon-le-malheur pour renoncer à toute hypothèse métaphysique et religieuse sur le mal, sur son essence, sur sa genèse ontologique, sur son rapport au néant, sur son ultime signification religieuse. Pourquoi ? Parce que ce type d'hypothèses qui prétend décrire l'*en-soi* et *le pour-soi* du mal est, du point de vue non-éthique, inclus déjà avec le mal lui-même dans un complexe tel que le mal et son interprétation sont indiscernables et séparables seulement de manière abstraite comme l'est le mixte philosophique en général. Si l'être-donné (avec ou sans donation) du mal peut être discuté ainsi indéfiniment, ce problème est résolu lorsque l'inséparabilité du mal et de son sens ou non-sens est maintenant posée comme objet identiquement à expliquer et manifester. On traitera donc le mal lui-même mais aussi ses interprétations et finalement le tout de leurs combinaisons, de manière quasi-scientifique, sans le pathos ordinaire, dans le but de l'expliquer, et pas seulement de le comprendre, comme un objet doté de propriétés. On examinera la plainte universelle sans la redoubler d'une autre plainte, plus discrète puisque philosophique mais qui ne peut dissimuler longtemps ses intentions de théodicée. En s'élargissant simultanément à l'éthique, la théorie réelle du mal acquiert un type d'objectivité moins douteux que le philosophique mais plus humain. L'homme ne pleure pas sur l'homme lui-même en sa solitude-sans-monde, encore qu'il y ait en quelque sorte deux pitiés faciles à confondre. L'homme n'a pitié de lui-même que lorsqu'il se juge depuis l'intarissable douleur du Monde et sa plainte universelle digne de l'Enfer. Mais il peut prendre cette pitié comme symptôme d'un vécu (de) compassion, d'un affect qui pose-en-solitude le Sans-essence qui le définit comme le Seul. Que l'enfer lui aussi soit venu-au-Monde, que l'homme ait été capable d'une dernière grande invention anti-éthique, apparemment la plus grande — mais a-t-on tout vu ? a-t-on vu le Tout, la puissance supérieure de l'Enfer ? — c'est une expérience cruciale pour la philosophie mais pas nécessairement cruciale pour toute pensée.

A la dissolution réciproque du mal et de l'éthique, nous opposons donc l'identité de leur explication, et l'explication pratique de cette dissolution, telle qu'à son tour elle ne dissolve pas un peu plus cette dissolution elle-même mais l'explique comme nœud du mal et de l'éthique qui prétendait le combattre. Pour nous aussi le mal reste insondable ou inscrutable, mais seulement du point de vue de la tentative vaine de sa genèse éthico-métaphysique, puisque précisément celle-ci est incluse dans la nouvelle sphère élargie du mal que nous prenons pour objet. Cette genèse ne peut que l'étendre ou le renforcer en prétendant l'engendrer ou simplement le comprendre, mais aussi en le déclarant, *selon ses codes d'intelligibilité*, insondable et inexplicable. Nous renonçons à toute hypothèse sur l'essence supposée en soi du mal, «radical» ou «banal», peu importe, et nous traitons ses mélanges avec l'éthique comme des phénomènes objectifs derrière lesquels ne se cache plus aucun arrière-monde philosophique — nous avons inclus dans la sphère élargie du mal ces arrière-mondes philosophiques eux-mêmes. N'étant pas un doublet métaphysique du mal, mais un terme premier, le malheur permet enfin d'expliquer le *phénomène* du mal sans le redoubler conceptuellement, et de l'expliquer de manière pratique d'une part, apriorique et transcendantale d'autre part, sans tomber dans une explication positiviste qui prendrait le contre-pied des interprétations philosophiques. Le mal radical était un premier pas dans cette voie, une tentative d'explication mais par l'inexplicable d'un acte originaire de la liberté (qui précède toute motivation sensible mais reste étranger par ailleurs à une Raison démoniaque ou dépravée), si bien que l'explication restait elle-même inintelligible et redoublait l'opacité du mal de l'inintelligibilité d'un acte intelligible. De son côté, l'émergence de la banalité du mal est un événement qui exclut lui aussi toute explication par des causes antécédentes et se produit par un phénomène de «cristallisation» (Arendt) éclairant après coup les causes possibles. Mais le projet même de l'explication de cette émergence par une «cristallisation» magique et sans cause-de-dernière-instance, reste de type philosophique et fait pétition avec le mal.

Ce n'est pas le mal qui est une émergence radicale— il fait tout au plus conjoncture —, c'est son explication non-éthique, telle qu'elle doit venir «au-devant» de lui plutôt que venir une nouvelle fois avec lui. Sans doute n'est-il pas déductible de causes, c'est un donné dont il ne s'agit de programmer ni la genèse ni la mort. Ce sont plutôt les structures aprioriques de son identité qui sont déduites du malheur radical par «clonage» et induites occasionnellement de la sphère éthico-philosophique. *Respecter le mal* plus que les philosophes ne le font, sans le détruire, mais pouvoir l'expliquer plus positivement qu'ils ne le font, sans fuir dans l'incontrôlable d'un acte inintelligible de la liberté, d'un être-au-mal témoignant d'une «décision» ou bien d'un affect encore im-pensé. La non-éthique exclut la philosophie, c'est-à-dire autant l'impouvoir à expliquer que le pouvoir d'interpréter le mal, et l'éthique, c'est-à-dire l'impuissance autant que la puissance thérapeutiques. Finalement il s'agit encore et toujours de penser *l'identité (du) mal* indépendamment des figures où il se disperse jusqu'aux limites du chaos. Penser le mal *selon* le malheur radical, c'est en donner une explication pratique et toutefois apriorique et transcendantale d'un type nouveau, c'est donc refuser de le penser comme pensable et/ou comme impensable.

Ainsi la non-éthique n'est pas une nouvelle réforme des fondements de l'éthique en fonction directe ou linéaire par exemple de l'expérience de la concentration ou du génocide mais en fonction de leur conjoncture. Si la philosophie se renouvelle dans la réalisation de ses fondements avec et après chaque découverte scientifique, dans l'après-coup de la science et parfois de la politique, l'éthique se ré-instaure ou jette de nouveaux fondements dans l'après-coup de l'expérience historique, politique ou quotidienne, de découvertes ou d'inventions qui renouvellent le rapport à soi du sujet et de la vie humaine. La non-éthique, en revanche, ne répercute les inventions du Mal ou du Bien que comme de simples causes conjoncturelles ou occasionnelles plutôt que déterminantes ou co-déterminantes de son essence. Elle renonce au doublet de la vie et de la pensée, de l'histoire et de la théorie, du moins à leur prétention réciproque à valoir suffisamment pour déterminer *en réalité* la posture la plus humaine dans l'éthique, et les réduit à l'état d'*occasion* d'une causalité de la radicalité humaine. Au lieu de confondre l'histoire et l'homme, de penser que l'homme est aliéné par essence dans le mal, compromis avec le fonds le plus obscur de l'«animal humain», et de lui opposer le fétiche transcendant d'une croyance éthique qui, elle, est aliénante - technologie et stratégie d'un conflit avec le mal —, elle cesse de combattre le mal par le demi-mal, elle «inverse» mais dans le style de la radicalité, fait plus qu'inverser, le rapport de l'homme en son essence-de-malheur à l'éthique qui, comme pensée, s'auto-enveloppe avec le mal. C'est la condition pour que la réforme de l'éthique, inopérante tant qu'elle se tient «à la remorque» de l'événement et reste déterminée par lui, réduite de fait à une simple technologie de limitation du mal, puisse être accompagnée d'une théorie vérace du mensonge éthique.

L'éthique en effet a toujours été conçue comme une technologie de lutte contre le mal. Technique de vie que les diverses écoles de sages ont proposée à l'enseigne de la vie heureuse et satisfaite, puis avec Kant technique rationnelle-pratique de lutte contre la suffisance du sensible et de la «nature». La distinction des impératifs technique et catégorique, malgré l'effort de Kant, tombe dans la philosophie en général comme technologie transcendantale, si bien que, dès qu'il s'agit non plus du jugement moral en soi et dans son idée, mais de la morale effective où le mal comme radical et la volonté rationnelle se déterminent réciproquement, se limitent et déplacent leur commune frontière, l'éthique se résout en une technique casuistique où elle avoue son immoralité, quand ce n'est pas dans une éthique encore plus cynique de la communication. Avec la phénoménologie, une double direction a été prise dans la théorie du mal. D'une part, le style husserlien encore objectiviste a rendu possible (Scheler) un certain progrès dans une discipline rigoureuse du mal et des valeurs. D'autre part le style heideggerien, anticipé par Kant dans sa théorie du mal radical, conduit au contraire à repousser le mal dans les fondations transcendantales les plus nécessaires mais les moins objectives et les moins scientifiques. Ces deux points de vue ont limité l'éthique comme technologie du mal et du bien mais sans parvenir à transformer, le refusant plutôt, la question du mal en problème, et la technologie éthique — toujours incertaine par définition — en une théorie — certes identiquement pratique — et par conséquent en une connaissance pratique du mal.

La non-éthique ne peut prétendre raisonner en termes de problème soluble tant du mal que de l'éthique elle-même, que si elle abandonne *comme point de vue* leur cercle ou leur double hiérarchie inversées l'une par rapport à l'autre, les innombrables dérives herméneutiques de cette circularité, et plus fondamentalement cette technologie transcendantale qu'est la philosophie. Elle doit trouver dans l'homme même la cause réelle d'un sujet transcendantal d'un nouveau type, délivré du *doublet* empirico-transcendantal et capable ainsi de déterminer une posture théorique rigoureuse quoique pratique et un rapport objectif à la Différence de l'éthique et du mal, de telle sorte que son essence de non-éthique ne soit plus prise seulement de l'éthique, la prolongeant et continuant ainsi le mal, et que l'essence du mal ne soit pas davantage une partie dépendante ou abstraite de ce dernier.

La découverte de l'éthique première dans l'esprit du malheur.
1) Comme première

Nous entendons la Raison pratique en son sens le plus large, couvrant tout essai d'éthique philosophique en tant que celle-ci est structurée pour partie *comme* une métaphysique des mœurs. Cette universalisation procède de certaines déterminations et spécifications kantiennes (la distinction du pratique et du théorique) mais elle ne s'y réduit pas. Une non-éthique, son matériau aussi élargi, n'en sera que plus universelle et vaudra de l'éthique *et* du mal ensemble. Mais plus radicalement une non-éthique est uni-verselle par sa cause, et première au sens restreint que nous donnons maintenant à la priorité comme distincte de la primauté propre à la cause.

L'Idée d'une *éthique première* reçoit un premier sens à l'intérieur de la *métaphysique des mœurs* comme horizon universel de toute éthique, où elle peut désigner tantôt sa branche spéciale (la cause morale de l'étant moral ou des mœurs), tantôt et de manière plus moderne sa branche générale (l'être-commun ou la moralité des mœurs). Dans les deux cas, c'est une affaire de hiérarchie, à la fois de priorité et de primauté, entre les deux versions. Lorsqu'il biaise et coupe cette structure, l'affect judaïque y produit une inversion définitive, sans appel, entre la cause de l'étant moral et la moralité universelle, au profit de celle-là mais non sans modifier les termes du nouveau rapport. L'étant-cause de la moralité ne peut plus être lui-même dit moral et limite infiniment la moralité-comme-métaphysique pour la «créer» comme éthique-sans-métaphysique (ontologie) (Levinas, par exemple). La solution non-éthique est encore différente. D'une part si la cause de la moralité n'est plus en effet elle-même morale ou déterminable par l'être-moral commun, elle ne possède cette propriété non-éthique que par immanence, non par excès de transcendance de l'Autre à l'être-moral commun. D'autre part cette cause ne peut engendrer la moralité par un processus réel ou de création plutôt que de fondation, de «descendance» plutôt que de «transcendance», mais par un processus où elle-même s'engage encore moins que dans une création — par son clonage transcendantal, un agir toléré par le non-agir du malheur radical, tandis que la création est l'agir de l'Autre. Enfin l'être-moral commun cesse, sous ses conditions, d'être différence aux mœurs ou aux étants qui leur sont corrélés, il passe à l'état de non-éthique qui entretient un rapport de non-différence — d'indifférence transcendantale— à la Différence morale elle-même. L'édifice classique de la métaphysique des mœurs, qui structure à plus ou moins longue distance toute éthique, n'est pas ainsi démembré mais plus profondément encore invalidé et reste impuissant devant la non-éthique.

L'éthique première était en réalité l'Idée d'un système du Réel (de la cause de l'étant moral) et de l'éthique se déterminant réciproquement, chaque fois selon des rapports mixtes de priorité et de primauté diversement équilibrés. Mais le malheur met de l'ordre dans cette confusion si peu morale. Il reste titulaire de la primauté sur l'éthique, mais sans la priorité qui le ré-introduirait dans l'ordre de la pensée, lui ferait perdre son autonomie en même temps que l'éthique perdrait la sienne. Quant à la non-éthique, elle perd la primauté et ne garde que la priorité par rapport à l'éthique-monde. C'est la véritable éthique qui n'est que première sans reconstituer une métaphysique et prétendre au Réel. La non-éthique n'est première qu'autant qu'elle renonce à une primauté, source de toute illusion transcendantale.

La vieille éthique autoritaire et unitaire est née elle aussi dans l'esprit de la tragédie, intériorisant une cruauté et une barbarie encore plus anciennes, de là sa détermination par la prépondérance des mœurs. La techno-éthique contemporaine, celle qui ne craint plus d'avouer son opportunisme, l'instituant en suprême principe de toutes les valeurs, a relayé la cruauté ancienne d'une cruauté proprement technologique et achevé d'immerger et de dissoudre l'identité de l'éthique dans le Monde et la philosophie réunis. La non-éthique est alors comme une seconde naissance de l'éthique, dans l'esprit du malheur radical plutôt que dans celui des mœurs. Cette éthique au sens nouveau de l'identité de la morale est l'enjeu d'un «conflit» à sens unique, uni-latéral, entre la philosophie qui veut accroître son autorité de celle de la morale, et la non-éthique qui veut définitivement l'arracher à cette primitivité dont participe la philosophie la plus élaborée. Que l'éthique doive naître une seconde fois ne signifie pas sa répétition ou son anamnèse mais sa *découverte telle quelle*.

«Dans l'esprit du malheur» signifie donc que les représentations non-éthiques sont vécues en-malheur, mais en-dernière-instance seulement comme une condition négative ou *sine qua non*, sans qu'elles se redoublent sur leur mode de représentation dans le vécu même (du) malheur. Il en va éthiquement du

108   Ethique de l'Etranger

malheur dans les actes, les valeurs, les intentions, dans les mœurs ou les étants moraux. Mais dans la non-éthique, il n'y va du malheur qu'en-dernière-instance, il n'est pas impliqué dans les mœurs et n'a donc pas de signification éthique ni même, comme Réel, de signification du tout.

La découverte... - 2) Comme universelle

Avec le 20e siècle le malheur n'est pas réellement monté à la surface de quelque profondeur pré-humaine ou in-humaine. Il n'a jamais été un être des profondeurs ou des surfaces, de l'essence ou de l'existence, il n'est pas *devenu*, n'a même pas été révélé. C'est qu'il n'*existe* pas comme tel, la tâche de la non-éthique est de le révéler tel quel précisément dans la pensée, d'en faire se manifester les effets critiques et phénoménalisants au sein de l'éthique, tâche qui est toujours devant nous, aux origines de l'humanité comme à la fin de celle-ci. Le malheur radical introduit une coupure dans l'éthique, coupure qu'il n'est pas de lui-même mais qu'il détermine de part en part à l'occasion près d'une conjoncture. La non-éthique, définitivement, n'est plus absolue, le malheur n'étant plus un «principe des principes», une volonté auto-fondationnelle, une nouvelle Raison pratique suffisante, mais précisément ce qui doit permettre de démontrer que la Raison pratique, contrairement aux assurances kantiennes, n'a jamais été *suffisante* — par trop de suffisance— pour déterminer de manière réellement «éthique», c'est-à-dire pratiquement vérace, une volonté.

La cause en est que le malheur, son être-donné ne peut être posé que dans un système d'axiomes et de noms premiers. C'est donc plus et autre chose qu'une généralité constatable et même qu'un a priori ou qu'une condition transcendantale de possibilité du jugement moral— c'est le Réel. Or celui-ci n'a d'universalité et de causalité que négatives ou par indifférence. Il n'y a donc pas de *preuves* du malheur radical puisqu'il est le Donné qui permet qu'il y ait des preuves dans la non-éthique. Il est bien universel, mais de l'uni-versalité propre à l'Un ou à l'Identité : «négative», «conditionnelle» ou «disponible» pour une cause occasionnelle si elle se présente. Le malheur, plus précisément, déterminera la non-éthique par deux axiomes qui lui sont absolument propres :   1. le malheur radical ne ment pas ;

Le malheur radical 109

2. le malheur radical ne peut que cloner et cloner un sujet-existant-Etranger. «Le malheur ne ment pas» veut dire qu'il est en deçà des conditions philosophiques de la vérité et du mensonge, qu'il n'a pas les moyens du mensonge ni même les moyens de la vérité mais qu'il est tel que, comme vrai-sans-vérité, il peut déterminer de part en part une *véracité* comme performativité du sujet qui existe en mode radical d'Etranger. Le malheur ne dit ni ne cache la vérité, mais il est la condition pour extirper le mensonge de l'éthique et de la philosophie. L'Etranger ou la véracité...

Une non-éthique plutôt qu'une éthique négative

Le malheur radical est tel que son être-forclos à toute pensée détermine cependant le désir éthique comme non-éthique plutôt que comme «éthique négative».

Qu'il soit introduit par le symptôme de la finitude intrinsèque et de la solitude, par celui du mal ou celui de la faute non-mémoriale, le malheur ne peut être dit radical plutôt qu'absolu que parce qu'il est forclos en lui-même à toute représentation au sens à la fois vulgaire et philosophique de constitution ou de détermination. Le donné, en tant qu'il n'est que donné et n'a pas besoin d'une donation corrélative, est par définition forclos à n'importe quelle pensée qui prétendrait y accéder directement. Le malheur ne se déduit de rien, et si l'essence de l'homme est sans-essence ou malheur, ce n'est pas parce qu'il serait d'abord étranger au Monde, ou jeté par quelque puissance destinale anonyme dans le Monde. Inversement, et c'est un contresens philosophique issu d'une mauvaise compréhension de sa forclusion, son immanence n'est pas un for intérieur, en général une intériorité absolument fermée sur elle-même, de nouveau un Un transcendant et négatif, doté d'une force répulsive ou excluante. L'être-forclos signifie une indifférence positive ou réelle qui ne se mesure pas à ce qu'elle indifférencie comme le ferait encore une indifférence transcendantale. Ce n'est jamais celle d'un *absolu*, qu'il s'agisse d'une unité ontologique ou substantielle ou d'une altérité définitive et supposée irréductible à l'Etre et au Logos.

L'aspect axiomatique de la non-éthique (aspect théorique seulement, ce n'est pas *une* axiomatique) ne doit donc pas être confondu avec une hénologie négative ou une éthique négative. L'abstraction du «sans» ou du «non» n'est nullement ici le procédé ultra-métaphysique illustré par la théologie négative, le malheur radical n'étant pas impensable plutôt que pensable par le logos philosophique, mais forclos à toute pensée et pourtant susceptible de cloner celle-ci. D'une manière générale, le style non-philosophique ne peut, sauf par apparence et approximation, être confondu avec le style néo-platonicien ou philosophico-mystique. Les opérateurs comme le *sans*, le *non*, le *hors-de-*, le *(de)*, etc. sont ceux d'une abstraction formalisante, nullement ceux d'une auto-négation du logos devant l'Un transcendant et ineffable. Il s'agirait plutôt du suspens de la totalité du Logos, auto-négation comprise.

Mais si le malheur ne peut se déduire de la pensée et par une opération de celle-ci, s'il semble en première apparence interdire tout discours et condamner la non-éthique à n'être qu'une éthique négative, cette apparence est manifestée comme telle lorsque la pensée non-éthique se pose comme le simple clone transcendantal que détermine l'indifférence réelle (du) malheur. Il est si peu négatif ou répulsif, si peu existant ou effectif, qu'il rend nécessaire que la pensée, si elle persiste dans son désir initial qui est philosophique, l'accompagne mais en s'opérant, se performant et se décrivant comme son quasi-double «simplifié» ou non-dédoublé, comme clone qui ne le reflète pas ou n'est pas produit par sa division et la perte de son identité. Pas plus que le malheur radical ne se déduit du pouvoir de la pensée, pas plus la pensée, réduite à le poser symboliquement, ne se déduit de lui par un processus métaphysique réel (émanation, procession, altération, multiplication).

La critique réelle de l'éthique dans les limites de la simple humanité

Plutôt que de conserver l'autorité philosophique et son jeu de substitution d'un principe à l'autre (le Devoir plutôt que le Bonheur, la Pitié plutôt que la Bonne Volonté, le Visage plutôt que le pouvoir de l'Etre, etc.), la non-éthique change simultanément (*pour* la pensée) de Réel et de manière de penser. En quoi est-elle ainsi une «critique de la Raison pratique»?

Notre siècle, pour n'être plus celui de la raison et de la critique mais celui de l'intelligence accédant à elle-même et du mal révélé comme tel, n'exclut pas la critique mais en transforme et en étend le concept à tout ce qui existe— à la pensée-monde. Que la philosophie et l'éthique réunies prétendent, après la religion, s'y soustraire pour des raisons qui touchent à la majesté, dirait Kant, de leur type de législation, ne peut qu'éveiller contre elles de «justes soupçons». Mais il faut aussi savoir que cette résistance a sa racine de-dernière-instance dans le malheur, qui est «dans la nature humaine» et même épuise cette nature.

Une critique de la Raison pratique, si elle est réelle et non plus un auto-examen associé à une croyance religieuse comme le mal radical, doit s'inférer de cette cause première qui est elle-même éthiquement non déductible, indéfinissable et indémontrable. C'est le malheur qui détermine la critique de la Raison pratique sans être lui-même l'objet de cette critique ou tomber sous le tribunal de cette Raison. Une telle critique ne prétend pas ruiner les thèses d'une Raison pratique sans doute elle-même antithétique lorsqu'elle est étendue à toute la philosophie, mais faire de cette antithétique un problème susceptible de recevoir une solution théorique d'essence pratique. La théorie du malheur radical pourrait alors passer pour la fusion d'une entreprise rationaliste de critique de toute éthique par sa réduction à son fondement objectif, et d'une entreprise empiriste et naturaliste, éventuellement généalogique, qui aurait demandé sur quels arguments l'éthique est fondée et quels sont les principes de la nature humaine dont elle tire son origine ? Cependant nous ne limitons pas philosophiquement l'éthique et ses conditionnements sociaux et religieux, ni n'en faisons un produit de la crainte et de la superstition, de la mauvaise conscience et du ressentiment, combinant ainsi le scepticisme et le dogmatisme dans l'attitude critique et généalogique. La non-éthique est une *théorie* qui est identiquement en-dernière-instance une pratique, et qui a des effets de critique mais réels de l'éthique en sa suffisance et son mensonge.

Les projets avec lesquels la non-éthique pourrait être confondue sont évidemment toutes les méta-morales ou les déconstructions philosophiques, toutes les tentatives de mise en question du fondement des mœurs c'est-à-dire de la moralité. Kant avec le mal radical, Nietzsche avec la volonté de puissance ont porté ce projet le plus loin qu'il est possible dans les limites de la philosophie et dans l'attente d'une déconstruction peut-être à venir de la métaphysique des mœurs. La liberté affrontée au mal radical ou la volonté de puissance affirmative à la morale réactive et négative, sont des manières de passer de la valeur à son évaluation sur un mode qui certes substitue la «différence» au «fondement» mais qui reste dans les limites de la philosophie et ne les excède pas depuis le Réel. Du point de vue du phénomène radical du malheur et de la phénoménalisation non-éthique de l'éthique, ce sont encore des manières ultimes de mentir, de dessiner un arrière-monde aux actes éthiques, de doubler la valeur d'une dernière opération d'évaluation et de s'installer de manière plus subtile dans les doublets et la suffisance philosophiques. Même rapportée à un Autre extra-éthique, la morale ainsi «différée» resterait philosophiquement délimitée, donc validée. De la philosophie comme méta-éthique à l'éthique comme méta-philosophie, la boucle de la pensée vicieuse et par conséquent mensongère est parcourue et fermée. En revanche la non-éthique n'est pas aux limites de l'éthique, aux confins de la philosophie telle une déconstruction éthique de celle-ci. Elle est *première*, mais seulement première, par rapport à l'éthico-philosophique, elle n'a pas de primauté réelle puisqu'elle est strictement ordonnée au malheur, lui étant seulement plus adéquate ou plus *fidèle* que l'éthico-philosophique. Cette priorité est celle que lui attribuera—on le montrera le moment venu—une syntaxe spéciale, identiquement transcendantale et de connaissance scientifique.

Tant que le mal est lui-même conçu comme limitation de la Raison absolue, maîtresse et souveraine *d'elle-même*, il continue d'appartenir à la sphère de l'absolu dont il est une limite plus ou moins réelle et susceptible de déplacement. Il n'est pas encore «radical» au sens où nous entendons maintenant le malheur qui ne se dit plus d'une limite ou d'une transcendance, mais d'une immanence. Sans identifier extérieurement le malheur et la radicalité, les portant ainsi à l'état de «principe malheur»

Le malheur radical 113

(principes «espérance», «pitié», «devoir», etc.), il a fallu le décrire tel que son identité détermine toute identification éthique possible de ce type et toute radicalité philosophique. Il cesse alors d'être réquisitionné pour la tâche somme toute transcendante et mondaine de limitation de l'ontologie, l'une de ces tâches où l'éthique, par trop de suffisance, a perdu ou n'a jamais accédé à la cause de l'apparence dont elle se suffit. Usant encore du thème post-moderne de la limitation, on posera que le malheur limite la suffisance éthique de manière non plus extrinsèque et par «horizon» mais intrinsèque et par inhérence (à) soi, si bien qu'il devient impossible de faire du malheur un nouveau critère universel, un nouveau «principe de choix» sélectionnant dans le Monde et dans l'éthique ce qui a de la valeur et ce qui n'en a pas, différenciant des degrés de valeur morale. Le malheur ne se rapporte pas à son tour au Monde, il ne se convertit pas avec l'ordre transcendantal qui *peut* l'accompagner mais «commence» par permettre à la nouvelle pensée de considérer comme transcendantalement équivalentes les positions éthico-philosophiques, les diverses «valeurs de la valeur». Loin d'être une forme de nivellement nihiliste des inégalités et des différences, ce suspens transcendantal de leur sens philosophique leur assure plutôt une autonomie relative qu'elles n'avaient encore jamais eue.

Cette critique réelle de la Raison pratique pourrait prendre pour mot d'ordre à remplir phénoménalement ou à expliquer dans les limites du Réel (de) mal, le terme premier de «crime-contre-l'humanité», à condition de ne poser de crime que *selon* l'homme-comme-cause, l'homme titulaire non pas du mal — sous peine de revenir à des mixtes philosophico-religieux —, mais de l'identité (du) mal. La notion de «crime contre l'humanité» reste pour l'instant juridique et mal accueillie par l'éthique, transcendante à l'homme de toute façon et sans fondement en celui-ci, tant que nous n'avons pas posé de la manière adéquate l'identité humaine (du) mal. La non-éthique peut se dire la seule «éthique dans les limites de la simple humanité». L'homme, rendu à l'état de cause *pour* l'éthique et *de* la non-éthique, n'est donc en rien l'homme des «droits de l'homme», droits qui ne peuvent être élucidés et surtout pratiquement réalisés ou performés, plutôt que faire l'objet d'une nouvelle doctrine, que si au préalable l'essence de l'homme, certes, plutôt qu'élucidée à la manière d'une présupposition (cercle vicieux ou pétition de principe réciproque de l'homme et de ses droits), est posée comme terme premier d'une non-éthique et d'une «non-juridique» des droits humains.

La réduction des antinomies philosophiques et des dualités gnostiques

Le malheur radical est tel, qu'irréductible aux oppositions philosophiques et aux dualités principielles, il détermine une éthique non-gnostique.

La philosophie divise le malheur et l'affecte d'antinomies, entre essence et existence, affect et idée, etc. Elle ne l'a jamais traité de manière réellement c'est-à-dire «théoriquement» objective, ne respectant jamais sa réalité d'Un, le recouvrant de doubles, d'images et de raisons, lui donnant un pour-soi qui, de fait, l'idéalise. Au plus et au mieux elle aurait pu le concevoir comme *cause première* de type métaphysique, à la fois réelle et idéelle. En réalité le malheur peut donner lieu, comme cause, non pas à un double mais à un clone, un malheur «transcendantal». Il est comme un point vide d'essence, inaffecté par l'éthique et même la non-éthique. Il n'est rempli ou déterminé par l'une ou par l'autre d'aucun prédicat, même du malheur-de-l'histoire. Il interdit de reconstituer des éthiques immanentes, par exemple d'un type quasi-spinoziste, qui se bornerait à poser l'axiome *Deus sive malum*. S'il y a une différence, elle est dans l'usage de pensée du malheur, l'éthique refoulant son être-forclos, le déclarant pensable *ou bien* impensable, et la non-éthique échappant à cette antinomie en le posant comme simple terme premier.

La non-consistance du malheur radical le fait donc échapper aux oppositions philosophiques les plus profondes — oppositions logique, réelle, dialectique, vice-diction ou incompossibilité, etc. Le malheur n'est pas seulement non dialectisable comme un résidu ou une marge, il déplace la dialectique et l'invalide. Même Hegel dialectise à peine le malheur ou la décision de la conscience dont il reconnaît le caractère absolument donné, sans genèse. Toutefois il le conçoit sur le mode de radicalité dont est capable la philosophie, celui de la scission plutôt que celui de l'identité. Le malheur n'en est que plus secondaire, un instrument aux mains de la dialectique, dévolu à des œuvres inhumaines. Il fallait l'indifférence du Réel en deçà de l'être et du néant pour interrompre ce comble de la suffisance et instaurer un usage enfin humain de la dialectique.

Toutefois s'il défait l'opposition principielle (manichéenne) et l'opposition chrétienne puis philosophique, du Bien et du Mal — leur forme-dyade —, il détermine une pensée certes en-identité mais tout autant en-dualité, la dualité phénoménale qui fait la substance humaine des conflits éthiques. L'éthique première sort alors du couple maudit du Bien et du Mal et, plutôt que de le distendre comme le fait par exemple Kant de part et d'autre de la Raison pratique et à ses extrémités, plutôt que de s'opposer philosophiquement et rationnellement au manichéisme, elle donne les moyens de réalité et de rigueur de penser un manichéisme réduit, une *dualité non-principielle*. Sans doute le malheur radical a-t-il quelque apparence de l'une de ces abstractions ou de ces entités que la gnose a psychologisées. Mais nous l'entendons maintenant et le faisons «fonctionner» comme le contenu phénoménal de la gnose transcendante et philosophico-religieuse, quel que soit le type de philosophie et de religion qui se sont intriquées pour donner celle-ci. La non-éthique est gnostique, en effet, mais comme une gnose qui a subi une réduction «uni-latéralisante», elle est non-gnostique au sens positif de cette expression.

L'homme comme Seul; comme solitude (de) l'Etranger; comme Autre-pour-le-Monde.

Le malheur radical est tel que, comme solitude (de) l'identité humaine ou du Seul, il détermine en-dernière-instance l'homme tel qu'un Etranger et la non-éthique telle qu'une éthique (de) l'Etranger.

Neutre à l'égard de toute éthique, forclos à la pensée-monde, le malheur radical n'«existe» donc pas. Il arrache sa position-comme-solitude à un concept sociologico-vulgaire puis communicationnel et philosophique de la solitude. Le malheur est l'essence immanente (à) soi ou sans-essence de l'homme, son être (de) malheur qui le fait sans contraires ni voisins. Comme nous sommes passé de l'anonymat du mal à l'humanité du malheur, nous devons passer de l'anonymat de la «solitude» à l'humanité ou à l'être-seul (du) Seul. Cette solitude qui n'est pas au-monde comme un retrait ou une soustraction, signifie la structure non-extatique du malheur, nullement l'isolation d'un «un» prélevé sur une multiplicité supposée première ou un repli sur soi tel que la philosophie, obsédée de plis et de replis, de progrès et de régrès, peut les imaginer, en vue en quelque sorte de «constituer» de l'extérieur une solitude de synthèse. La solitude du malheur — seul plutôt que solitaire — signifie qu'il est donné une-seule-fois-tel-que-Seul, non pas *une-fois-pour-toutes* ou *plusieurs-fois-en-une* mais *une-fois-chaque-fois*.. Par cette solitude qui définit le Réel, le malheur ne fait pas nombre, sans s'isoler ou s'exclure du nombre. Que l'homme soit donné avant toute donation possible, sans plus et sans rien, que rien de son essence ne vienne du Monde et qu'il fasse plus que se tenir *dans* une solitude, qu'il soit le Seul avant même toute solitude, qu'il implique la distinction de la solitude absolue et de la solitude radicale telle que celle-ci soit irréductible au concept arithmético-transcendantal du solipsisme comme abstraction hors d'une multitude supposée de droit, voilà le malheur qui le fait homme. «Le malheur isole», sans doute, mais parce que si radicalement donné qu'il est irrecevable dans un simple affect. Ce n'est pas le malheur qui isole ou l'isolement qui signifie le malheur. C'est un problème de causalité sans doute, mais immanente plutôt qu'entre deux phénomènes pris du Monde. Si le malheur paraît «faire le vide» autour de l'homme et le renvoyer à l'indifférence, c'est là une interprétation extérieure qui inverse le rapport du Réel et de la pensée, et qui témoigne d'une primauté idéaliste de la pensée. La solitude n'a jamais été un prédicat, jamais un veuvage ou un célibat du Monde *puisque c'est elle qui révèle le Monde et la philosophie tels quels, hors de leur recouvrement par la suffisance philosophique*. Rien de la quantité ou même de la quantitabilité idéale ne peut définir cette solitude du Seul qui n'est ni dénombrable ni indénombrable, tout au plus symbolisable par l'Un comme nombre-sans-nombrabilité.

Solitude et malheur sont ainsi «convertibles» à des titres divers, mais ils le sont ici au titre de l'Un, comme intrinsèques et manifestés avant toute décision de solitude ou de malheur.

Le malheur radical 117

Toutefois il convient de distinguer maintenant d'une nouvelle manière le Seul (le malheur radical intrinsèquement humain) et la solitude qui s'en infère plutôt qu'elle ne le détermine. C'est *en-solitude* ou *tel que Seul* que l'homme aborde le Monde et qu'alors il se manifeste comme multitude radicale des humains. Le Seul *existe* (comme) multitude des Etrangers. Seul-le-malheur, Seul-l'homme peut déterminer son existence ou sa transcendance propre sur le mode de la solitude transcendantale, mais celle-ci, ce n'est pas contradictoire, est une multitude en excès sur toute multiplicité offerte par le Monde — ce sera l'Etranger-comme-multitude et la multitude-comme-solitude. Mais l'Etranger a mauvaise réputation philosophique, autant que la solitude et pour les mêmes raisons de suffisance propres à la robinsonnade grégaire de la philosophie. L'homme est si peu étranger à lui-même que le «Seul» dit seulement l'inhérence sans faille (à) soi du malheur et définit son être-forclos. Mais le Seul n'est pas tout l'homme et ne l'épuise pas au-delà de son être-donné, encore que l'homme ne soit *jamais* une totalité. Précisément son être (de) malheur et de non-consistance détermine un certain rapport de solitude du Seul au Monde, rapport qui s'ajoute à lui à la manière d'un clone. Etre-un-Etranger, une solitude essentielle, n'est nullement d'abord une condition sociale et intramondaine mais la structure subjective transcendantale qui s'enracine dans le malheur. L'Etranger n'est plus seulement le Seul en son identité mais la solitude où *existe* le Seul. Le clone est ici le type de «double» — strictement uni-latéral, ne dédoublant ni ne multipliant spéculairement le Seul — que le Seul est capable de tolérer «à côté de» lui et comme étant «en» lui ou mieux encore *selon* lui mais où lui, le Seul, a l'existence comme Etranger. L'Etranger n'est solitude que parce qu'il est ou existe comme rapport au Monde *selon* le Seul. L'Etranger ne vient pas du Monde (de l'histoire, de la culture, de la race, etc.), mais il l'apporte au Seul. Il jaillit entre Seul et Monde, entre malheur radical et mal radical, uni-latéralement de celui-là vers celui-ci et, dans ce clonage, donne le Monde.

Une pensée uni-verselle pour les conjonctures éthiques

Si l'éthique prétend légiférer pour tels actes factuels de la vie, une non-éthique réellement première le fait pour une conjoncture et ne le fait pas sans prétendre aussi l'expliquer. Une conjoncture est une figure hétérogène et singulière, inséparablement théorique-et-pratique, factuel-et-philosophique, qui témoigne d'une émergence et fait nouveauté. Pas de tel ensemble sans que nous ne décidions dans un contexte indécidable de son unité et n'élevions cette configuration à l'état de symptôme. L'identification d'une conjoncture ne peut être entièrement justifiée, c'est une manière partiellement contingente d'«appartenir à son temps», quitte à la comprendre plus tard autrement, à l'interpréter et à l'expliquer, à passer grâce à elle à une théorie uni-verselle adéquate de cette conjoncture. Une éthique pour la conjoncture ne reste pas en effet prisonnière de celle-ci et limitée par elle. D'une part la conjoncture est *traitée* théoriquement comme une émergence, la découverte d'une expérience nouvelle de l'humanité. D'autre part la non-éthique s'ouvre à son occasion comme la dimension de l'uni-versalité elle-même. Nous pensons toujours à partir d'une conjoncture, la philosophie aussi qui la nie et la dissout dans son puissant appareil mais qui, en même temps, transcende dans une illusion transcendantale. La non-philosophie, sans à proprement parler dépasser la conjoncture — au contraire, elle va au devant d'elle—, ne la relève ni n'en dissout la réalité, elle lui reconnaît son autonomie relative qu'elle enregistre pour son compte. Parce que la non-philosophie n'est plus co-déterminée dans son essence par la conjoncture, elle peut reconnaître la consistance de celle-ci. C'est ici celle du rassemblement du mal comme tel, la découverte de son identité et d'abord de son symptôme. La philosophie ne peut fournir d'explication éthique par exemple de ce que l'affect juif de l'être-persécuté lui oppose, et celui-ci ne peut se penser — penser sans substituer l'éthique à la pensée — ni penser la philosophie. L'addition ou toute autre différence des deux, voire leur «différance», ne peut équivaloir à une explication à la fois *rigoureuse et réelle* de cette émergence du mal comme tel. Le mal radical par exemple, oscillant d'une expérience à l'autre, n'aura servi qu'à limiter la Raison pratique plutôt qu'à l'expliquer, ou qu'à imager spéculairement et répétitivement l'être-persécuté. Tout au plus pourra-t-il servir de *modèle* à une autre théorie du mal.

Agir *selon* le malheur radical n'est possible que sur les limites et l'ensemble de l'éthique plutôt que sur ses objets primaires — donc sur son rapport à ses objets. Mais en quoi résident alors son efficace et sa signification ? Les éthiques sont aporétiques et de toute façon douteuses et dogmatiques en ce qu'elles *prétendent* agir sur l'essence de l'expérience et que cette prétention ou cette croyance est le seul rapport réel à leur objet, efficace d'ailleurs dans son ordre mais qui est autre que celui qu'elles visent. La non-éthique pose les conditions théorico-pratiques exigées pour qu'elles se rapportent enfin effectivement à leurs objets ou pour que les conditions des objets éthiques et les conditions de l'expérience éthique soient identiques en-dernière-instance, ce qu'elles ne peuvent être que dans un autre ordre que l'éthique. Plus originellement en effet, cette législation est la seule que puisse l'homme réduit à lui-même ou qui lui soit adéquate. Elle transforme donc la *question* «Que dois-je faire ?» en la remplaçant par le problème suivant qui dit son contenu phénoménal non-métaphysique : «*Que dois-je faire non pas de moral mais de la morale elle-même ?*».Sous cette nouvelle forme, elle cesse d'être impuissante à la mesure de sa suffisance et peut recevoir une solution théorique et pratique. Parce qu'elle est seulement transcendantale et destinée à l'éthique plutôt qu'au commentaire vain du malheur, la non-éthique cesse d'être transcendante à l'expérience comme l'est l'éthique mais se rapporte de la manière la plus serrée et la plus rigoureuse possible, en dehors de toute foi philosophique, à l'expérience, qu'est maintenant l'éthique elle-même. Si lointaine et abstraite puisse-t-elle parfois paraître, elle est à tous égards plus concrète que l'éthique, précisément parce qu'elle a renoncé à *prétendre* légiférer sur des objets moraux supposés en soi.

Procédures non-éthiques, une esquisse

La non-éthique traite donc l'éthique, même avec ses arrière-mondes philosophiques, telle qu'elle soit un simple phénomène ou une simple identité. Au lieu de la fonder, de la re-fonder, de la dé-fonder, toutes opérations qui contiennent encore une auto-application de l'éthique et se limitent par conséquent à la critiquer, à la différer tout en supposant sa validité globale, elle entend en donner une explication transcendantale, si paradoxale soit cette formule, sans présupposer davantage sa validité auto-suffisante. Contrairement aux méta-morales philosophiques, elle renonce à toute hypothèse de type méta-éthique sur l'en soi authentique de la morale. De telles hypothèses, de notre point de vue, ajoutent, si elles sont laissées à elles-mêmes, à la barbarie ou à la guerre des éthiques, cette guerre se donnât-elle sur un air de «valse». Les hypothèses non-éthiques sont de type scientifique ou explicatif mais a priori et par conséquent transcendantal quant à l'instance qui les légitime. Et l'objet qu'elles se donnent à expliquer sont les mélanges des mœurs et de la moralité, leur «différence», à laquelle elles reconnaissent une autonomie relative dans l'exacte mesure où elles en suspendent la suffisance philosophique où elles risquent toujours de se dissoudre comme une nuée, un fantasme, une mauvaise illusion personnelle du philosophe.

Le passage à la non-éthique n'est pas de toute façon à opérer extérieurement. Il est opéré lorsque le malheur radical est posé pratiquement comme ce qui cesse de transcender par delà les mœurs à la manière du Bien et du Mal, du devoir et de la pitié, du noble et du vil, etc. De ce fait même il détermine une représentation non-éthique qui transcende, elle, uni-latéralement, tout entière ou indivise, «au-devant» des mœurs et de leurs éthiques plutôt qu'elle ne les suit ou les commente. «Au-devant» du Bien et du Mal, du devoir et du visage, de la vertu et du bonheur eux-mêmes. La non-éthique est le refus de noyer le malheur et l'identité de l'Etranger dans les généralités mixtes qui croient pouvoir le saisir et ne saisissent que leurs propres hallucinations. Cette émergence à jamais philosophiquement inappropriable, si cela pouvait encore se dire sans les plus expresses nuances, est l'authentique éthique. Plutôt que d'une création et production de valeurs (Nietzsche), il s'agit d'une découverte pratique qui porte moins sur de prétendues valeurs en soi (éthique matériale des valeurs) comme le postule la philosophie, que sur le concret de leur intrication et donc sur la métaphysique lorsqu'elle est «des mœurs» et elle-même une affaire de mœurs. Il importe qu'il s'agisse de découverte plutôt que de création de type philosophique (qui n'est que le seul côté de l'invention portée à l'état de principe universel). Plutôt aussi que de hasard ou de fortune, ou bien de malaise et d'hésitation d'un sujet de l'inconscient, dont l'analyse n'exige une éthique que pour autant qu'elle entretient un dernier rapport à la philosophie.

La construction des invariants éthico-philosophiques comme sphère de l'expérience pour la non-éthique ou comme «raison commune des hommes» en son sens le plus large, est nécessairement, comme le veut en droit la philosophie, à la fois empirique et a priori c'est-à-dire transcendantalement synthétique. Des phénomènes moraux sans éthique sont impensables ou relèvent d'une science positive. Mais la non-éthique procède de manière déductive et inductive, transcendantalement dans les deux cas, mais déterminée par le Réel, sans co-détermination empirique. Elle n'est pas déduite a priori à partir du malheur ni reproduite ou décalquée de l'expérience éthique. Elle n'est pas inférée en particulier du seul malheur mais s'infère pratiquement de celui-ci et des éthiques existantes selon un rapport précis dans les limites de l'immanence du malheur. Par cette opération, elle procède à une phénoménalisation radicale de l'éthique par le clonage plutôt qu'à son doublement métaphysique. Seule cette dés-autoposition ou dés-autodonation de l'éthique peut la libérer de sa généralisation-totalisation comme philosophie et *bien entendu* comme «vision morale du monde».

La non-éthique n'est donc pas une éthique *appliquée*, fût-ce au sens où elle constituerait son objet dans les limites du sens qu'elle lui donnerait. Elle reçoit nécessairement son objet empirique (les faits éthico-moraux) et constitue à partir de lui un objet immanent, qui est l'identité non-éthique (de) l'éthique ou l'Étranger dont elle décrit les structures a priori. Pour n'être ni une science ni une philosophie des phénomènes dits moraux, elle est autant l'une que l'autre lorsqu'elle est saisie dans l'identité de sa cause. Mais on ne conclura pas qu'elle postule la rationalité philosophique et scientifique intégrale de l'éthique (ou la moralité intégrale de la philosophie, etc.). Elle doit recevoir ces données éthico-philosophiques comme un nouveau «continent» que la philosophie n'avait pas su explorer.

La non-éthique enfin est identiquement, comme non-philosophie, théorique-et-pragmatique, mais aussi pratique. On abrégera en disant qu'elle est théorique-et-pratique, mais en évaluant plus tard de manière nuancée cette formule. Elle n'est pas théoriquement pratique, comme la Raison pure explicitant la Raison pratique, elle serait plutôt «pratiquement théorique», voulant dire par là qu'elle est une position de termes et de symboles qui sont des *actes*, que cette position n'est plus elle-même seulement théorique mais bien pratique. Bref la non-éthique est elle-même performativement éthique (on connaît le problème de Kant, l'élucidation de la Raison pratique, la forme théorique de la morale, est elle-même une tâche morale). La solution à ce problème, c'est la notion d'une performation transcendantale de la non-éthique. Nous ne pouvons plus rapporter cette distinction à celle de facultés transcendantes comme l'entendement et la raison. S'il y a législation a priori, c'est celle que pose l'Etranger et sa modalité pratique, depuis une cause qui n'aura jamais été un principe, et qu'il pose précisément *pour* la Raison pratique ainsi élargie.

Une éthique dans les limites du malheur de l'Etranger ne répond donc à aucune intention prescriptive et apologétique mais se concentre dans l'inférence pratique des structures a priori, rassemblées dans l'Etranger, qui valent *pour* les éthiques. Elle donne sa solution au problème : comment les systèmes d'éthique ou la métaphysique des mœurs peuvent-ils être possibles d'après l'essence de l'homme ou adéquats à cette essence de sans-essence et représenter une manière humaine d'user de l'éthique ? Pour comprendre cette recherche, il suffit d'être un homme et il est nécessaire d'être un philosophe spontané. La non-philosophie est la solution unique au problème qui réunit les trois questions de l'éthique, que puis-je savoir, que dois-je faire et que m'est-il permis d'espérer en tant qu'homme existant-Etranger ou voué à la solitude des multitudes ?

DEUXIÈME PARTIE

L'ÉTHIQUE-MONDE

CHAPITRE PREMIER

LE CERCLE MALIN
OU LA CONJONCTURE DE L'ÉTHIQUE

La conjoncture de l'éthique

Comment motiver une répétition du problème de l'éthique en vue d'une *éthique première* ? Par une description de la conjoncture de l'éthique d'une part mais plus encore par un traitement spécial, une répétition elle-même non-éthique de cette conjoncture.

Une conjoncture est un nœud ou un système de nœuds qui connectent, à la fois inséparables et distincts, des phénomènes qualitativement hétérogènes ou des paires de termes contrastés, par exemple des faits et des connaissances ou des interprétations qui se surdéterminent les uns les autres. Deux distinctions sont nécessaires. 1. Entre «conjoncture éthique» (tels phénomènes biotechnologiques actuels et telles valeurs ou positions philosophiques en rapport) — et «conjoncture de l'éthique» (les rapports de nœud que l'éthique philosophique entretient avec elle-même et qu'elle révèle comme actuels). C'est de celle-ci qu'il sera question. Non pas tels faits et leurs conflits avec telles valeurs ou normes, mais la situation interne de l'éthique par rapport à son sens et son projet, ce qu'elle peut ou ne peut pas. Il n'y a pas de conjoncture de l'éthique et en général de la philosophie sans décision-de-conjoncture, décidant de l'actualité de tels nœuds indécidables par ailleurs, et décidant de les renouer autrement. 2. Entre concepts ou descriptions intraphilosophiques qui forment le contenu de la conjoncture (celle que nous venons de définir et dont nous assumons le concept) et ce que nous appellerons l'*identité de la conjoncture*. Seule une nouvelle conjoncture peut en révéler une plus ancienne, mais ce mode de révélation reste interne au sens et à la révélation dont est capable la philosophie. Un autre mode de manifestation de la conjoncture est encore possible qui ne soit pas seulement sa critique philosophique mais sa théorie et son explication d'une part, sa critique *réelle* d'autre part. Il n'a plus la forme du rapport de nœud de deux conjonctures, c'est l'écart le plus hétérogène, celui de la conjoncture à son *identité*, à supposer évidemment que cette identité ne soit jamais elle-même l'objet d'une conjoncture ou d'une philosophie mais soit donnée d'ailleurs que des phénomènes éthiques quels qu'ils soient, bioéthiques, biotechnologiques, économiques, culturels, etc. De tels phénomènes ne constituent donc que les ingrédients d'une conjoncture éthique tandis que leur rapport à la structure philosophique la plus universelle et la plus invariante (la «Décision philosophique») se constitue comme conjoncture de l'éthique. Mais si la description en fonction des ingrédients reste intra-philosophique, la seconde, en fonction de la structure de la philosophie elle-même, est ambiguë et suppose déjà, telle du moins que nous la penserons, un point de vue autre que philosophique, celui de l'identité non-philosophique et, respectivement, non-éthique. Nous nous plaçons maintenant déjà dans la description de la conjoncture de l'éthique, à ce point de vue autre que simplement philosophique.

Qu'est-ce qui fait alors conjoncture et que décidons-nous d'appeler ainsi du point de vue éthique ? Quel est le phénomène émergent que les éthiques, tout en le désignant, n'ont pas encore pensé si ce n'est pour le refouler aux limites de leur rationalité ? Nous décidons de désigner comme cette conjoncture le sentiment de l'accomplissement ou de la totalisation du mal comme tel. Que ce sentiment soit valide et fondé ou non, peu importe — personne ne pourra le décider sûrement. En revanche nous pouvons décider que, de cet affect d'une sorte de perfection sans précédent dans laquelle le mal a gagné un «régime» de densité et de manifestation dans la pensée qui ne cessera peut-être plus, il est légitime de faire la cause, l'*occasion* du moins, qui doit faire passer l'éthique sur un autre terrain et la renouveler.

Misère de l'éthique

A l'appui de cette décision de conjoncture, il ne peut être question de faire l'inventaire et l'histoire des formes modernes du mal — tâche impossible à plusieurs titres. Mais la démonstration de cette thèse sera d'autant plus forte si elle est argumentée sur le cas non factuel des éthiques elles-mêmes, qui devaient

L'éthique-Monde 127

en principe s'opposer au mal et qui n'ont su y résister.

En fonction de la structure invariante de la Décision philosophique qui conditionne toute éthique à plus ou moins longue échéance, trois points essentiels et ordonnés doivent être examinés qui nous guideront dans la description et l'évaluation de la conjoncture de l'éthique. Cette structure est constituée d'une part de la dyade de l'objet et de la pensée (ou encore de l'être et du penser, etc.) et d'autre part de l'Un ou de la cause première qui la ré-unifie en un système ou la renoue comme triade. De là trois dimensions de la conjoncture de l'éthique. Cette description sera au premier abord celle d'une volonté de puissance hallucinatoire de l'éthique, impuissance universelle de la philosophie en réalité puisque, comme dit précédemment, cette description se fera non plus sous l'autorité et la suffisance de la philosophie, mais depuis le postulat d'une identité radicale valant *pour* cette structure Les maux de l'éthique, le contenu phénoménal de sa «misère» concerneront ainsi, en fonction de sa structure philosophique, sa cause, sa manière de penser et son objet. Nullement les turbulences bioéthiques actuelles et les bavardages inconsistants qui s'occupent à recycler au nom d'un humanisme fétichisé de vieilles normes (intra-juridiques ou éthiques, etc.) qui ont perdu leur support et leur garantie technologiques anciens. Le mal le plus radical habite l'essence même de l'éthique et c'est à ce niveau que l'on se propose d'aller le chercher.

Le tableau de la misère de l'éthique se présente ainsi :

1. Du point de vue de sa cause réelle, elle n'a que des fondements philosophiques, des entités mixtes, divisées et instables, à la fois idéelles et réelles (la liberté ou l'autonomie, le vouloir-vivre, la volonté de puissance, l'ego transcendantal, etc.) qui sont des relatifs-absolus et dont l'autonomie à l'égard du Monde n'est pas radicale. Elle manque d'une identité et ne peut donc s'empêcher de se mélanger avec le Monde et de se laisser déterminer par le mal. De ce point de vue, nous avons substitué au «mal radical» (Kant), co-appartenant au fondement de l'éthique rationnelle, le *malheur radical*, instance de part en part réelle et susceptible de lui assurer son autonomie par rapport au mal-monde. Lorsqu'elle est abandonnée du Réel comme c'est le cas, l'éthique philosophique s'abandonne de fait au mal dans

lequel elle trouve le seul réel possible. On lui oppose l'identité humaine, malheur ou non-consistance, pas un fondement partagé et divisé mais le Réel qui ne peut qu'être-donné de part en part, qu'il faut reformuler et poser *à l'occasion* du mal. De celui dont parle l'éthique comme de son objet ou bien de sa limite, on distinguera donc ce mal englobant dont souffre l'éthique d'être compromise par sa limite et mélangée à son objet, et que seul un traitement non-éthique peut non pas supprimer mais justement «identifier». La conclusion est que c'est plutôt l'homme, le Réel, qui est abandonné depuis toujours de l'éthique comme d'une autorité destinée à tenter de l'assujettir au Monde. Les nouvelles expériences du mal (concentration, génocide, etc.) qui ont illustré le 20e siècle confirmeront que l'éthique doit être prise en elle-même comme un symptôme du mal.

2. Du point de vue de sa forme de pensée, étant dépourvue de cause réelle et ne trouvant de réalité de substitution que dans le Monde, elle est divisée entre son identité humaine, par l'hallucination qu'elle a de celle-ci, et le Monde, entre sa cause déterminante qu'elle ne peut que dénier, et sa cause mondaine. Elle perd donc l'identité et la véracité de sa parole, elle cesse de faire ce qu'elle dit et de dire ce qu'elle fait — elle ment. Quelle qu'elle soit, il suffit qu'elle *réponde* à la Décision philosophique pour mentir. Mensonge intrinsèque, à l'égard d'elle-même et par une conception restrictive de la véracité dont en réalité elle s'excepte; et plus encore mensonge transcendantal, à l'égard du Réel qu'elle prétend atteindre et légiférer mais qu'elle n'atteint que sous la forme d'une illusion radicale. Le mensonge transcendantal de l'éthique consiste à se faire passer elle-même — au profit de qui elle légifère et qui s'institue alors comme auto-exception à la législation qu'elle édicte — pour le Réel qui aurait dû être sa cause. Ce mensonge par exception témoigne de sa nature injuste et non «démocratique». Il représente le mal *dans* l'éthique elle-même. Ici encore, des formes du mensonge que l'éthique s'entend à condamner, on distinguera cette forme du mensonge éthique qui appelle l'élaboration d'une *véracité non-éthique* ou d'un *sujet vérace* en fonction de sa cause réelle, le *malheur radical*.

3. Du point de vue de son objet empirique, l'éthique philosophique est obligée de trouver en lui une partie de sa cause ou

de sa détermination— et pas seulement un simple «objet» sur lequel légiférer. Elle n'est donc que le mélange, diversement proportionné, de son objet empirique et de sa cause. Comme la philosophie, l'éthique n'a pas d'*objets* au sens rigoureux et quasi-scientifique du terme — c'est une législation sans objets. Ses normes ou ses lois ne sont que des thèmes et des thèses, des positions et des plis, des effets et des mouvements de surface — une topologie. Son essence étant un moment abstrait de son corpus, non seulement elle n'a pas d'objet et ne légifère en définitive que par et sur des fantasmes ou des mirages plutôt que sur des objets consistants du Monde (toute éthique philosophique est une éthique pour les philosophies-dans-le-Monde, ni pour les étants eux-mêmes ni pour le Monde en son identité), elle se disperse et se dilue effectivement dans les objets empiriques sur lesquels elle ne légifère donc qu'illusoirement. De là le troisième grand mal de l'éthique philosophique : sa dilution dans la doxa générale, son devenir-opinion universel sous la pulsion technologique et où elle ne cesse de s'immerger. On décrira comme techno-éthique ou étho-technologie le devenir-opinion de l'éthique dans le milieu technologique intense qui est définitivement le nôtre, mais pour lui opposer une discipline nouvelle qui la traitera de manière transcendantale comme un véritable objet de type quasi-scientifique. Il s'agit de fournir, de ce devenir-prostitué universel de l'éthique, une explication véritable, qui ne se confonde pas avec lui, explication toutefois apriorique ou qui respecte la forme philosophique de cette éthique et le devenir-opinion de la philosophie plus généralement.

La double appartenance de l'éthique au mal

L'éthique immerge la singularité «primaire» des mœurs dans les généralités de l'être-moral, par exemple du «jugement moral commun» (Kant), puis celui-ci dans des éléments transcendantaux encore plus abstraits. De là le système de la «métaphysique des mœurs» (les mœurs ou étants moraux, l'être-moral a priori ou commun qui se dit des mœurs, enfin le fondement transcendantal de celui-ci).

L'éthique est intéressée à la métaphysique mais n'a jamais élucidé complètement ce rapport. L'une des raisons qui alimentent les conflits des éthiques, conflits métaphysiques et pas seulement empiriques, c'est qu'elles-mêmes ne peuvent élaborer leur structure métaphysique refoulée et méconnaissent qu'elles sont dans tous les cas des figures structurées, à quelques nuances près, *comme* une métaphysique des mœurs. Mettre à plat cette métaphysique ultime et structurante de l'éthico-philosophique est une tâche préliminaire mais prioritaire. Kant donne les plus précieuses indications sur ce phénomène mais finit par mettre sous le titre de «métaphysique des mœurs» une description concrète de la vertu et du droit. Nous entendons plutôt par «métaphysique des mœurs» celle qui soutient comme son fondement et sa structure la *Critique de la Raison pratique* elle-même.

Les éthiques sont des systèmes de représentations pratico-métaphysiques réglées par la structure des quatre causes diversement hiérarchisées : tantôt par la finalité principalement (Platon, Aristote), tantôt par la formalité (Kant), tantôt par la matérialité (éthique matérialiste), tantôt par l'efficience de l'agent (éthiques techno-logiques contemporaines). Ces éthiques sont de droit traversées par les antinomies constitutives de la métaphysique (par exemple le formalisme et les mobiles, le formalisme et les valeurs, etc.), même si un type de cause est choisi en général à l'exclusion des autres mais justement par exclusion. Elles agencent des généralités «éthiques» abstraites et inductives, *par conséquent* impures ou co-déterminées par les mœurs et leur facticité. De là l'immense et profonde corruption des éthiques elles-mêmes que manifestent comme telle les dérives «technologiques» et «communicationnelles» contemporaines qui sont la vraie sanction de l'immoralité de la morale.

Comment identifier le point précis de l'ambiguïté ou le mal et l'éthique se recoupent, communient et échangent leurs déterminations ? On sait que la question kantienne : «Qu'est-ce que l'homme ?» a depuis changé de terrain pour passer de ce qui était plutôt l'esthétique à l'éthique. Plus profondément encore, par un autre clivage qui coupe le précédent presque à la perpendiculaire, elle est passée du terrain de la Raison pure au terrain de la Raison concentrationnaire et exterminatrice. Mais elle est restée dans ce transfert une question, plus insoluble encore de devenir l'objet de la «littérature des camps». La corrélation du mal et de l'éthique avec l'humain et dans l'humain reste un doublet, un cercle vicieux ou peut-être «malin», tant qu'elle est médiée par l'essence de l'homme mésinterprétée comme «genre humain», «espèce humaine», «animal-homme». *L'animal éthique*, voilà le véritable monstre, et c'est *aussi* et d'abord un monstre philosophique, un anthropoïde, dont il importe non pas de dissoudre la réalité — c'est impossible — mais de suspendre les prétentions et la pertinence théoriques afin de transformer la question de l'éthique en *problème*. Le renouvellement de la question : «Qu'est-ce que l'homme?» a trouvé son occasion dans l'expérience concentrationnaire et plus généralement l'histoire en tant qu'elles ont dépouillé l'homme des attributs traditionnels par lesquels on définissait son essence, si bien qu'il échappe à toutes les catégories pour devenir lui-même ce que la philosophie en a fait d'emblée, un monstre. Avant d'être rendu méconnaissable par l'expérimentation concentrationnaire, génocidaire ou autre, dépouillé de ses propriétés, il l'a été évidemment d'une autre manière par la philosophie qui, elle aussi, l'a expérimenté et catégorialisé, l'a chargé d'attributs qui ne permettent déjà plus de le reconnaître. Il semble échapper maintenant à la recognition sociale, rationnelle, politique aussi parce que, par la Raison philosophique et éthique, il avait déjà échappé à la cognition de son identité humaine. L'homme de l'éthique philosophique est méconnaissable et nous ne saurions jamais *a priori* qu'il s'agit de l'homme si nous ne possédions — c'est «nous-mêmes»— non pas le modèle mais la cause réelle donc aussi transcendantale, de cette recognition a priori de l'homme dans ses mélanges avec les fétiches éthico-philosophiques.

On objectera que l'éthique et la philosophie ont fait un effort continu de précision dans la description du mal. Elles ont répertorié ses formes psychiques et physiques et montré qu'il a changé nécessairement d'objet, de forme, de siège, d'étendue et de profondeur, jusqu'à être par excellence le chaos destructeur qui hante les frontières de la philosophie. Elles ont dégagé le spécifique du mal moderne et contemporain dans son pouvoir de resserrer l'écart entre les victimes et les agents du mal. Facteur de lien social entre les hommes, il se pratique au grand jour au nom d'idéaux politiques, ethniques et religieux, toujours transcendants, auxquels l'individu doit s'identifier (génocide, racisme, purification ethnique, terreur, intégrisme, etc.). Ce sont les œuvres d'un génie mortifère insatiable, assemblant les tueurs qui sont d'anciennes victimes et les victimes qui sont de futurs tueurs. Même lorsqu'il se pratique au nom d'un refus «civilisateur» de cette pulsion (domination/servitude, assujettissement, bêtise, bassesse, méchanceté, mais aussi déclin et fatigue, etc.), il a cette propriété de resserrer l'humanité sur ses formes les plus basses et les plus étriquées, et de sembler enfin prendre directement l'homme pour objet, mais détruisant l'humanité dans l'homme et plus profondément refoulant l'homme dans l'humanité, le dépouillant de ses derniers et plus propres attributs. Au bout ou à l'horizon du mal le plus extrême, se dessine une *cité infernale*, pendant de la cité céleste. On a remarqué que l'enfer a cessé d'être ce lieu mythologique refoulé dans les profondeurs de la terre, pour monter à la surface— l'enfer a «fait surface». Au moins autant que le «désert», il est fait pour «croître», monter et dominer. Toutefois si nouveau soit ce devenir-surface du mal, on peut craindre qu'il s'agisse de la face de Méduse de la pensée la plus «haute» — la philosophie... Il est animé de toute évidence d'une pulsion identique à celle de la pensée elle-même qu'il ne peut que compromettre. De ce type de description, on ne peut donc dire qu'il soit «objectif» et rigoureux si ce n'est précisément au sens de la philosophie, telle une apparence objective.

La philosophie et son éthique manquent d'uni-versalité, parce qu'elles manquent d'humanité, et réciproquement, s'adressant à un homme de droit divisé et transcendant, à une humanité de droit hiérarchisée. Pas plus qu'elles ne sont spontanément une science rigoureuse mais voudraient le devenir sans le pouvoir pour des raisons contraignantes d'essence, elles ne sont une éthique rigoureuse mais voudraient le devenir sans le pouvoir. Aussi les descriptions précédentes du mal qui paraissent pouvoir cerner son excès et discerner ses formes modernes de ses formes anciennes plus rudes et plus locales, sont-elles en réalité elles aussi des concepts et des interprétations contaminés par leur objet. Même dans les camps ou dans n'importe quelle tuerie au nom de la purification ethnique, *le mal en soi est indiscernable, il est déjà philosophé ou philosophable, par les victimes et les bourreaux, et inversement l'éthique est déjà contaminée dans son essence par le mal..* La douceur intense du mal contemporain ne peut être qu'un effet de conjoncture, on ne peut

L'éthique-Monde

en déduire son essence et l'isoler. Et une pensée de type philosophique est encore moins en état d'en donner l'explication.

Que l'éthique soit une figure de la pensée qui appartienne de la manière la plus intrinsèque au mal peut donc recevoir une double description et une double signification. Mais dans les deux cas, cette thèse n'a de sens que d'un point de vue déjà non-philosophique, la philosophie et ses éthiques se satisfaisant de «s'opposer» au mal et de le traiter comme étranger ou comme simple objet.

1. L'éthique, on l'a dit, postule, sans le thématiser réellement, que le Monde est co-déterminant de l'essence de la moralité et que par conséquent le mal ontique l'est aussi. C'est ainsi qu'elle doit légiférer sur l'étant en s'exceptant par un mensonge transcendantal de cette législation ou qu'elle peut légiférer sur l'opinion commune de manière effective et globalement technique et participer elle-même de l'opinion tout en gardant ses prétentions normatives ou prescriptives. Il est entendu qu'elle ne sait ce qu'elle fait ainsi. C'est là toutefois un ensemble de contraintes que seule une non-éthique peut faire apercevoir et décrire sous le nom de «conjoncture de l'éthique». Ces contraintes invariantes sont celles de la Décision philosophique comme *structure* de toute philosophie possible. Mais cette structure n'est plus pensable «philosophiquement» (pour nous maintenant intra-philosophiquement), mais par une pensée non-philosophique au sens positif de ce terme.

2. Mais ce point de vue implique encore un changement de sens supplémentaire de cette description, une nouvelle «aperception» de l'éthique. Sa co-appartenance au mal relance celui-ci sous une tout autre forme plus universelle, le «mal radical» en un sens nouveau, uni-versel et non-kantien. Ainsi compris, ce n'est plus celui que l'éthique trouve à ses limites, certes déjà nécessairement (en vertu de sa structure philosophique) à travers l'étant empirique, le mensonge, la dilution doxique, mais celui qui affecte de manière intrinsèque l'*essence* de l'éthique et qui englobe ou transit les co-appartenances précédentes. La non-éthique a pour objet le mal en ce sens «radical» et non plus philosophique, et se propose d'en suspendre l'efficace sans y participer une nouvelle fois et sans se satisfaire d'un nouveau mensonge éthique.

Cette relation plus intime que la simple co-appartenance est un véritable *être-au-mal* de l'éthique. Toutefois il ne peut simplement décalquer l'expression d'*être-au-monde*. De celui-ci la description phénoménologique et existentiale a fait l'essence de l'homme et l'on peut considérer qu'il s'agit de la thèse philosophique fondamentale de l'éthique elle-même, fût-elle non phénoménologique, par exemple kantienne, voire fondée sur la liberté intelligible. Mais l'être-au-mal se dit ici justement de l'être-au-monde, non pas tant des phénomènes que celui-ci permet de décrire que de la conception qui en fait l'essence de l'homme. Le mal radical en ce sens vaut non pas des relations de fait ou de droit philosopables que l'homme tisse avec le Monde, mais de la croyance éminemment philosophique que l'être-au-monde est l'essence de l'homme.

Le mal radical est ainsi maintenant un concept transcendantal qui n'appartient plus à l'éthique ou à la philosophie mais à la non-éthique en tant que celle-ci postule une tout autre essence de l'homme. L'appartenance de l'éthique philosophique au mal est le secret le plus caché et le plus résistant que dévoile la non-éthique et ne peut pas être une thèse philosophique. Pour le dire encore autrement, le Monde au sens le plus universel, comme mal radical, n'est pas l'être-au-monde mais la croyance que celui-ci est l'essence de l'homme. La raison en est le défaut d'identité ou de cause réelle qui condamne l'éthique à chercher cette cause dans le Monde. Même lorsqu'elle est éthique de la Loi la plus intelligible et la moins sensible, elle est toujours éthique-au-monde.

L'équation éthique = mal

Les thèses précédentes induisent inévitablement des malentendus. Quelques précisions parmi d'autres peuvent être dès à présent apportées.

1. Affirmer que Kant et Fichte par exemple abritent le mal pour nous le plus universel, ce n'est évidemment pas l'entendre en un sens immédiat ou bien philosophique puisque ce sont eux, et Kant en particulier, qui peuvent nous fournir les matériaux les plus propices à la pensée du malheur. Nous négligeons les éthiques qui évitent le problème du mal ou qui ne le méditent pas en priorité, se contentant de l'inclure dans un rap-

port de balance et de convertibilité avec le bien et le bonheur rationnel— elles sont particulièrement superficielles dans leur évitement de ce problème— et privilégions la profondeur scrutatrice de Kant. Mais c'est aussi parce que Kant, tout en radicalisant l'acte éthique et philosophique à ses limites, montre encore combien la philosophie la plus perspicace peut résister à la reconnaissance du mal dans la dualité maintenant de son expérience (le malheur, tel qu'il se manifeste sous des formes non-éthiques, et le mal radical défini comme le corrélat de cette méconnaissance du malheur).

2. Sur les rapports de l'éthique et du mal tels que nous les posons, deux précisions devraient éviter certains contresens :
a) Nous ne disons pas que la politique et à plus forte raison que l'éthique *sont* le mal *en personne*, mais qu'elles forment avec le mal un mélange, un couplage de fait et de droit philosophique, qui définit l'objet d'une non-éthique. L'éthique est ici convaincue de co-appartenance au mal— plus tard elle sera convaincue de mensonge, etc. L'éthique n'est pas le «véritable» mal, inaperçu de la philosophie et que nous viendrions révéler, elle est la *Différence de l'éthique et du mal*, et ce que nous révélons en revanche est l'identité de cette Différence et, de là, la nature de mal radical, en un nouveau sens, de cette Différence. En ce sens émergent, le mal est identique au *Principe d'éthique suffisante* qui affirme l'autonomie de réalité (la primauté) et de pensée (la priorité) de l'éthique philosophique.

Le concept le plus universel du mal, concept non-kantien, nous pouvons donc le déterminer comme illusion transcendantale, en mode éthique et non plus seulement théorique, comme résistance éthico-philosophique au malheur et comme son rejet. Si paradoxale apparaisse la formule au sens commun et aux philosophes, ce ne sont pas les étants du Monde mais la pensée qui s'en empare, la philosophie et l'éthique, la science aussi dans une certaine mesure, qui peuvent receler ce mal le plus in-humain. Lorsque la philosophie se fait éthique et plus encore lorsqu'elle est prise en mains par l'éthique et indexée sur celle-ci (Kant, Fichte, Levinas), c'est là que la résistance au malheur (de) l'homme, la méconnaissance de son être-forclos sont les plus fortes.

b) En effet, du point de vue non plus du matériau de la non-éthique mais de ce qu'elle doit pratiquement produire comme son objet ou son effet, nous posons bien l'équation *éthique = mal*.. Mais c'est une équation, et une équation seulement transcendantale qui doit être résolue par une identité qui vaudra et de l'éthique et du mal, qui les égalera ainsi l'un à l'autre sans supprimer leur spécificité ou niveler leur différence. La formulation précédente «la politique et même l'éthique *sont* le mal» est une opinion vulgaire ou une thèse philosophique découragée exprimant implicitement la hiérarchie éthique/mal, inversée en mal/éthique. La nouvelle formulation, usant apparemment des mêmes énoncés, transforme l'opinion ou la question philosophique en un problème dont la non-éthique cherche la solution. Tâche sans doute indéfinie lorsqu'elle est évaluée du seul point de vue du matériau, de la Différence de l'éthique et du mal, mais dont la solution est acquise dans sa possibilité de manière apodictique dès que le malheur est le Réel le plus humain.

CHAPITRE II
LE MENSONGE DE L'ÉTHIQUE

Le mensonge de l'exception (par-donation et par-élection)

La co-appartenance principielle de l'éthique et du mal a pour effet d'introduire le mensonge dans l'éthique elle-même. De ce point de vue une aporie la structure dans ses rapports à l'autorité morale en général et à elle-même, aporie que l'on transformera plus tard en problème susceptible de recevoir une solution rigoureuse. Cette aporie est celle de l'exception philosophique de l'éthique à l'égalité, elle ment d'un mensonge par exception. Et celle aussi de l'exception judaïque à l'authenticité et à l'universalité, qui ment d'un mensonge-par-élection.

En voulant fonder, délimiter, légitimer non seulement la morale spontanée des mœurs mais les diverses éthiques, la philosophie se présente comme une sur-éthique, l'autorité morale éminente, la forme supérieure de l'éthique. Il appartient à la philosophie d'être hiérarchie et d'évaluer la morale elle-même. Et il appartient symétriquement au judaïsme de l'évaluer par l'inintelligibilité de l'infini, de lui ôter d'une autre manière son autonomie et de l'aliéner hors de son identité.

Cette sur-autorité de la philosophie est à la fois morale et extra-morale. La philosophie s'implique dans l'éthique mais «s'explique» aussi ou «transcende» hors d'elle. De multiples instances (sociales, médicales, religieuses, politiques, économiques, etc.) prétendent détenir une autorité morale ou pouvoir définir une éthique. Mais seule la philosophie prétend fixer les limites de ces prétentions par la fondation même de l'éthique. Une philosophie de l'autorité se convertit immédiatement en autorité de la philosophie. La philosophie est donc la forme supérieure («authentique», «fondatrice», «pure», «réalisée», «transvaluée», etc.) de l'éthique, la forme la plus réelle de la norme. Elle contient nécessairement une charge anti-éthique (critique des morales «spontanées» et communes produites par la régulation sociale, par exemple des «Comités d'éthique», mais critique aussi de principe des éthiques proposées par d'autres philosophies) et une prétention sur-éthique complémentaire. Elle oscille autour d'un concept de l'éthique qu'elle ne peut fixer en rigueur et en réalité une fois pour toutes, usant de l'éthique comme d'un enjeu pour des fins peu éthiques, rusant avec elle comme avec toute chose. Le philosophe est aussi bien un prêtre, un poète, un physicien qu'un éthicien, et à tous il impose ses fins propres qui sont assez peu morales. L'éthique en est divisée entre ce qu'elle dit et ce qu'elle fait, qui ne coïncident nullement dans un acte performatif. Le judaïsme, pour son compte, accuse ce défaut de performativité et de véracité en installant l'inauthenticité radicale au cœur de l'authenticité et en la faisant valoir contre elle. Le philosophe législateur excède ou dépasse sa propre législation, il y a une prétention d'exception de la philosophie (donc de l'éthique) à l'éthique, prétention qu'elle exerce sans la voir, par exemple la possibilité d'un mensonge «supérieur», à défaut d'être «pieux», mais surtout l'impossibilité pour l'éthique de faire ce qu'elle dit et de dire ce qu'elle fait. Cette inauthenticité intérieure à l'authenticité lui devient extérieure avec l'élection, comme une contrainte tout objective et un forçage inintelligible sous les conditions de la radicalité humaine. Toute philosophie croit *secrètement ou implicitement* à un prétendu «droit de mentir par humanité»... *philosophique* alors que l'humanité est le présupposé réel qui «limite» le droit mais aussi l'interdiction (laquelle?) de mentir.

Du côté de la morale maintenant et de son élaboration éthique. L'éthique est toujours ordonnée implicitement ou explicitement à la sur-autorité philosophique et y perd son autonomie et son identité. C'est pourquoi le caractère absolu ou réel de la Loi chez Kant ne signifie qu'apparemment l'autonomie de l'éthique et signifie réellement l'*auto-position* de la forme de la Loi c'est-à-dire l'opération philosophique majeure, la Loi réelle de la loi éthique et ce qui dévalorise celle-ci. L'impératif catégorique, le «Devoir», n'est *inconditionné* ou absolu qu'à l'intérieur de la philosophie et sous son autorité, mais il ne vaut pas vraiment *pour* celle-ci puisqu'il est encore *conditionné* en étant ordonné aux fins propres de la philosophie. Inconditionné signifie seulement *auto-posé, absolu par auto-légitimation.* Et l'auto-

L'éthique-Monde 139

position est par excellence l'opération de la philosophie sous des formes diverses. De là le fameux texte que Kant — averti cependant de l'immoralité de l'exception — n'aura pas écrit : sur ce qui est juste en pratique et qui ne vaut rien en théorie.

Quant à la transcendance-sans-présence d'Autrui ou du Visage — un autre exemple «radical» — elle doit assurer la priorité de l'éthique sur l'ontologie. Mais si le dernier nom d'Autrui est Dieu, et d'autre part si Levinas se contente de bloquer à rebours ou d'inhiber l'auto-position ontologique au nom de l'inauthenticité, l'autonomie de l'éthique n'est pas acquise par là mais seulement postulée ou désirée ou bien encore imposée. L'inversion absolue, judaïque, de la hiérarchie philosophique— où la sainteté du forçage éthique rend finalement impossible l'éthique et surtout sa pratique— est la confusion paradoxale de l'essence de l'éthique avec l'inauthenticité, de son identité avec sa singularité d'exception prétenduement universelle.

La ruse du philosophe consiste à faire croire qu'il ne fait que décrire et formuler la morale commune, nécessaire et «naturelle» à l'homme. Mais il s'agit bien, par exemple, d'une morale kantienne ou philosophique plutôt que d'une formulation kantienne de la morale. En régime philosophique il n'y a pas et ne peut y avoir d'autonomie radicale ou d'identité reconnue à l'éthique comme première et peut-être devra-t-on limiter l'éthique philosophique pour faire sa place en désespoir de cause à une «non-éthique».

Hallucination réelle, mensonge transcendantal

D'une manière générale, la philosophie croit accéder au Réel et le déterminer, fût-ce sur le mode d'une reconnaissance de l'impouvoir à le penser. C'est plus qu'une illusion transcendantale, le Réel étant d'une nature encore plus secrète, comme être-forclos de lui-même à la pensée, et non par impuissance de la pensée. L'éthique, philosophique toujours, participe de cette inadéquation qu'elle refuse au Réel. Ethique pour l'homme-au-monde, à-Dieu, en-société, etc. livrée à des entités transcendantes, elle se divise en elle-même et tombe dans la non véracité et l'immoralité. Elle s'excepte de sa propre législation, distingue le «législateur» et le «législataire» et pratique la violence de l'inégalité hiérarchisante. L'identité du dire et du faire est pourtant en général revendiquée par l'éthique elle-même et l'on attend d'elle, qui proscrit le mensonge, qu'elle y réponde dans l'énonciation de celui-ci, qu'elle se conforme en général à ses préceptes.

C'est là cependant une exigence qui doit être correctement comprise. Seule la philosophie énonce l'exigence générale de cette conformité du discours à lui-même, donc sous la forme d'une *auto-conformité*. La non-éthique ne renie pas cette exigence mais l'ordonne à des conditions d'identité ou de performation qui ne sont plus philosophiques et qui ne divisent pas la posture éthique. On posera la véracité comme non-exception plutôt que comme égalité ou conformité abstraite. Les conditions pour définir la véracité et par opposition le mensonge de l'éthique, sont réunies dans la dernière-instance qu'est le malheur et sa forclusion. Seul, de ce point de vue, le malheur est plus que vérace — posé tel que vrai-sans-vérité — et ne peut dissimuler une mauvaise foi. Le malheur radical, c'est la solitude de l'homme sur lequel la pensée n'a pas de prise, la solitude de l'Un livré (à) soi, sans échappatoire possible, tous les autres transcendantaux (Etre, Autre, etc.) recélant des moyens de dissimulation et d'exception à l'égard de soi et surtout du Réel. *Un être radicalement malheureux ne possède pas les conditions du mensonge*, encore moins qu'un être frappé par la colère des dieux, par l'injustice de la société ou simplement par l'inconscient.

De là le théorème : *la morale est immorale en tant qu' inadéquate à son identité (de) morale ;* ou encore : l'éthique nie l'identité (de) l'éthique ou lui résiste en l'hallucinant, ou encore excède ses conditions réelles. Toute éthique est méta-éthique et entend maîtriser la morale, c'est-à-dire une autre éthique et, de ce fait, dérive indéfiniment dans une transcendance sans contrôle.

Il n'y a ici aucun jugement moral «primaire» sur l'éthique mais un jugement non-éthique qui la convainc de négation et d'oubli, surtout de rejet ou de forclusion de sa propre identité. Ce mensonge est une «méconnaissance» transcendantale, mais en-dernière-instance, de soi. Elle peut commenter son

L'éthique-Monde 141

état de division comme d'exception mais elle ne peut expliquer ce rejet qui lui échappe, qui n'est aperceptible que d'ailleurs et qui la condamne à une méconnaissance radicale. Elle n'est pas contradictoire pour elle-même ou *auto*-contradictoire mais *contradictoire en-dernière-instance* avec son identité (d') éthique, hors donc des critères de la logique et de la philosophie mais du point de vue d'un critère transcendantal nouveau. Son auto-position d'éthique n'est pas l'identité réelle qui seule la rend performative

Un mensonge transcendantal est donc plus qu'une simple méconnaissance de soi. Pas de psychologisme ou de théoricisme ici. Non seulement l'identité réelle doit être posée comme malheur radical, mais la force non-éthique doit l'être à sa manière comme véracité en fonction de la transcendance spécifique de la dimension éthique par rapport à la théorique. C'est au nom de ce critère, que nous exerçons a priori et même plus qu'a priori, que nous pouvons évaluer et «critiquer» l'exception de l'éthique philosophique. Non que l'éthique ne puisse satisfaire à *elle-même*, à ses propres exigences qu'elle destine au Monde en fonction du type de niveau *réel* de ses prétentions, mais elle ne peut satisfaire à une non-éthique universelle, à la cause à la fois immanente et hétéronome de celle-ci. Lorsqu'elle veut une morale elle-même morale ou pour des raisons morales, comme l'exige Kant, elle n'aboutit qu'à une auto-position de celle-ci, le mal finissant par la ramener à une inadéquation qui est sa vérité. Au lieu d'être pensée sous la condition non hallucinatoire du mal le plus radical, elle est pensée de manière idéaliste sous les conditions de la Raison et de la Volonté et dérive dans une illusion transcendantale radicale. On ne croira donc pas qu'il faille renoncer à une morale elle-même morale pour raison d'impossibilité, ou que ce soit là le comble de la servitude et de l'autorité, ou une exacerbation de la «vision morale du monde». L'auto-position de la morale est la méconnaissance (de) soi et le mensonge le plus profond. Sans compter que ce sont les morales philosophiques, issues à l'origine des forces les moins humaines, parfois les plus grégaires et les plus basses de l'humanité, les plus insuffisamment éduquées, qui sont les plus autoritaires.

Théorie unifiée de la philosophie et de l'éthique (I)

Voici donc le problème. A supposer que nous voulions accorder à l'éthique sa pleine autonomie, une identité non barrée par l'opération de la Décision philosophique, comment, pour réaliser ce but, faire rentrer la philosophie dans l'éthique elle-même ? *Dans* l'éthique et non pas *sous* elle, car ce serait un simple renversement de hiérarchie et une nouvelle opération de la philosophie, la conservation de son primat ou à la rigueur son inversion judaïque. Mais la philosophie *dans* l'éthique et l'éthique aussi bien *dans* la philosophie et non plus l'une sous l'autre, c'est peut-être encore une formulation trompeuse ou obscure si l'on ne précise pas que cette immanence est *en-dernière-instance ou en-malheur*

Si nous excluons désormais leurs rapports de hiérarchie dans un sens ou dans l'autre, la seule solution consiste à poser l'identité stricte, non hiérarchique, de la philosophie et de l'éthique, plus généralement de la pensée et de l'autorité morale, et à la déterminer comme identité non certes logique mais *réelle,* de toute façon non donnée ou «décidée» par l'opération philosophique et encore moins par une décision éthique. Ce projet est celui d'une *théorie unifiée de l'éthique*, sous entendu : de la spécificité de l'éthique ou du propre de l'autorité morale *et* de la philosophie ou de la pensée. D'une part la philosophie y cesse d'être exception à l'éthique, elle rentre «dans» la sphère de la législation éthique, celle-ci dût-elle être étendue ou transformée dans son concept (la «non-éthique»). D'autre part il est reconnu qu'il n'y a pas d'éthique «en soi» ou sans intervention philosophique car l'idée même d'une pratique éthique en soi est encore une thèse philosophique et/ou religieuse. Il ne s'agit donc pas de supprimer les rapports de la philosophie et de la «morale», mais leur forme exclusivement hiérarchique, d'opérer un usage non-philosophique de la philosophie au sein de l'éthique. C'est ce qu'indique le problème d'une *identité* non-éthique, c'est-à-dire de l'autorité morale (et) de la pensée. C'est réaliser un telos présent de manière seulement symptômale aussi bien chez Kant que Levinas — l'autonomie enfin conquise de l'éthique. Mais c'est débarrasser ce projet de ce qui chez eux en entravait la réalisation, la confusion de l'identité et de l'autonomie avec une opération philosophique d'auto-position rationnelle ou bien avec une inversion absolue, à rebours et sans retour, de cette autoposition.

L'identité non-éthique de la morale peut libérer celle-ci des forces inhumaines et la mettre au service de l'homme tel qu'en lui-même. Elle implique le refus de la vision morale exacerbée du monde, de l'Idée d'une essence morale de l'homme. Nous devons user de Kant contre lui-même mais comme d'un matériau privilégié aux mains de la non-éthique. La non-éthique, pour tout dire, pratique le pardon des offenses philosophiques faites à l'homme et le pratique concrètement en donnant à l'éthique philosophique une fonction nouvelle.

Plutôt qu'elle ne rend morale la morale, elle la rend donc réelle, ce qui ne veut pas dire effective, mais adéquate à l'homme. Que la morale soit «immorale», cela est vrai au sens où elle aussi participe au mal qu'elle dénonce mais partiellement et aux forces d'aliénation, non pas de l'homme en général mais, comme on le verra, du «sujet». L'objet de la non-éthique n'est pas alors de la rectifier, de rendre «plus humaine» cette éthique métaphysique— humaine, elle ne le sera jamais —, ni même d'élucider sa possibilité intrinsèque — Kant l'a déjà fait et d'autres ont tenté cette expérience avec moins de pénétration ; ni de la rendre plus rigoureuse— au contraire, son essence est bien dans cette fragilité, cette précarité et cette conflictualité qu'elle ne cesse de montrer. Il s'agit de transférer sa pratique et son explication sur un terrain réel et d'en élaborer un nouvel usage, plus rigoureux ou moins d'auto-interprétation. L'essence de l'éthique n'est plus elle-même éthique et cependant elle est autonome dès que son identité n'est plus déterminée par ses clivages empiriques. L'objet de la non-éthique est de combler le hiatus d'hallucination entre la transcendance inhumaine de l'éthique, qui en fait une forme à son tour du mal, et l'essence humaine si originale qui est le Sans-essence ; de rendre celle-là adéquate enfin à celle-ci, plutôt que de la re-fonder une nouvelle fois par un supplément de transcendance. C'est une pragmatique humaine de l'éthique existante, pas le comblement d'un manque ou d'un retard moral. De l'éthique il n'y en a que trop, et elle sera toujours en retard et simultanément en avance sur «notre temps», à la fois passée et trop utopique pour être efficace. La non-éthique n'est pas méta-humaine mais elle fait apparaître l'éthique justement comme méta-humaine.

Le malheur n'est évidemment pas la norme de la non-éthique, une nouvelle norme «supérieure». C'est la cause réelle de la véracité qui, transcendantale, est l'essence de la non-éthique. Il n'y a pas de norme de la norme, de méta-normativité qui ne soit encore une norme, la norme ne sort jamais véritablement d'elle-même. En revanche le malheur, comme vrai-sans-vérité, est cause immanente donc hétéronome de la véracité non-éthique qui, elle, vaut de l'éthique, comme un vecteur qui s'y rapporte uni-latéralement et peut la transformer. Pas de morale ou d'éthique de la morale, mais une non-éthique réglant selon la véracité le rapport de l'éthique à ses objets. Ainsi elle impose au mensonge éthique par exception ou par élection, plutôt qu'une *norme* de véracité, une force performative de véracité, celle-ci n'étant jamais la Loi d'une loi, mais l'exigence de radicale hétéronomie qui est l'autonomie véritable de l'éthique. La véracité introduit dans l'éthique l'égalité démocratique, d'abord entre la philosophie et l'éthique comme «philosophie spéciale» ou «métaphysique des mœurs»; ensuite entre le législateur et le législataire, enfin entre le dire et le faire.

CHAPITRE III

LE DÉCLIN ETHO-TECHNO-LOGIQUE

La dilution doxique de l'éthique en milieu technologique intense

L'éthique aura connu plusieurs morts historiques. Mais au-delà de ses morts dans les Lumières, la déchristianisation, le meurtre du Dieu moral, comme au-delà de ses sursauts, assemblant cette mort et cette survie dans le flux d'un unique processus, il y a ce déclin de l'éthique qui se confond avec l'effectivité de son existence. Ce processus par lequel elle ne cesse de sombrer dans une chute interminable, nous l'appelons *Ethologos*, le devenir-éthologique de l'éthique par lequel elle se dilue dans l'opinion qu'elle pénètre en retour. Cette formule doit être compliquée, explicitée, prolongée aussi par cette thèse qui ne lui ajoute presque rien, sinon le supplément dont elle est d'elle-même capable : *aucune forme connue du champ occidental de l'éthique n'est encore capable de fournir une règle de vie, un critère ou un fondement de décision, le principe d'une légitimation de l'existence humaine, lorsque celle-ci se développe en milieu technologique intense ; et peut-être ne s'agit-il plus d'en rechercher un, mais de faire servir l'éthique à autre chose.* Le problème de la «légitimation» commence à se poser lorsqu'il est trop tard et qu'il n'y a plus de critères de légitimation. La légitimation devient un problème lorsque le problème de la légitimation n'est plus lui-même légitime. Plus précisément la formation «étho-logique» dans laquelle notre existence et nos valeurs s'immergent de plus en plus fonctionne à la fois comme une sous-légitimation, un manque actif de raison qui affecte tous nos comportements, et comme une sur-légitimation où n'importe quel comportement est immédiatement justifié et valorisé par le moyen de sa surdétermination par les autres.

Ce mécanisme doit être élucidé en lui-même et dans ses rapports aux conditions d'existence sur-technologiques qui sont les nôtres. Un tel mécanisme s'avère peu à peu comme n'étant rien d'autre qu'une auto-asphyxie de la Décision. Nous font défaut un concept et un critère de la Décision qui la rendraient de nouveau possible. Parce que tout devient possible, le possible se raréfie et vire à l'opacité de l'effectivité. Si l'éthique doit être réveillée de son endormissement qui fait toute la vie de notre mémoire occidentale, c'est bien non pas contre, mais d'ailleurs que de l'universel Ethologos qu'elle doit l'être. Reste à fixer les conditions strictes qui interdisent que ce réveil ne soit qu'un nouvel avatar des formes anciennes de l'éthique et de la métaphysique qui la soutenait. Une légitimation de l'éthique par le retour régressif à quelque chose comme un fondement, une ontologie, une théologie, un humanisme chrétien ou bien transcendantal, une raison pratique formelle ou matérielle, les «droits de l'homme», etc. tout cela est évidemment exclu ici. Non seulement parce que ces jeux ont déjà tiré toutes leurs conséquences et qu'en plusieurs sens de ce mot ils sont «interminables». Mais parce que toutes ces possibilités sont bel et bien «mortes». Pas au sens où elles auraient disparu de notre horizon historique actuel (la répétition compensant ce type-là de perte est toujours possible), mais au contraire parce qu'elles ont fusionné avec cet horizon et font désormais partie de nos conditions d'existence les plus immédiates. Il n'y a pas à faire revenir l'amour, la justice, la raison, les valeurs, la personne, ils ne sont que trop là plutôt que pas assez là, et il faut une solide ignorance de la «répétition» pour croire si légèrement qu'on répète à sa guise, alors que tout cela est déjà revenu depuis longtemps et ne cesse de revenir. Revenu et donc révolu, infiniment révolu si l'on peut dire. Si une éthique est encore possible, si du possible peut être ré-injecté dans l'existence, c'est au-delà de cette effectivité, de ce carnaval où l'amour, la justice, la responsabilité et la personne ne cessent de tourner et de nous communiquer la nausée des choses tantôt trop grises tantôt, c'est selon, trop brillantes. L'effectivité de notre existence c'est l'Ethologos qui la constitue, et les penseurs trop pressés de légitimer l'éthique arrivent toujours trop tard par rapport à lui qui est toute la légitimation possible. La question de l'éthique — est-ce encore une question, justement, toute question n'est-elle pas rassemblée dans l'Ethologie ? — exige que l'on détermine d'abord l'étendue de celle-ci, puis les conditions de possibilité d'une non-éthique.

L'éthique-Monde

La loi interne de l'étho-techno-logie est celle-ci : entre un phénomène apparemment éthique et un phénomène apparemment techno-logique, il y a toujours au moins une relation virtuelle, un voisinage qui peut être actualisé, un rapport divisé qui peut être repensé par la philosophie. Ou encore : il y a toujours une place possible pour une interprétation technologique supplémentaire du phénomène éthique, et une interprétation éthique possible du phénomène technologique. Ou encore : un phénomène éthique représente un phénomène technologique pour un autre phénomène éthique, l'un représente l'autre qui se déguise dans le premier et donne lieu à la causalité du symptôme ou du masque.

La matrice de l'étho-techno-logie est ainsi la *Différence étho-techno-logique*, le Différend, indécidable à des degrés divers, mais conflictuel toujours, de l'éthique et de la technologie. Quelle est l'instance qui émerge de cette lutte et qui règne sur les combattants eux-mêmes ? Leur Différence, leur Combat — la philosophie elle-même. Par étho-techno-logie, nous désignons la quasi-nature artificielle que la technologie reconstitue Mais nous entendons aussi de manière complémentaire le semblant, une apparence objective d'éthique nouvelle qu'elle secrète, illusion qui n'est pas une erreur, qui est efficace et indestructible. Ces deux devenirs pris ensemble forment le devenir philosophique de l'éthique et de la technologie qui s'imprègnent — comme on le voit chaque jour — d'une dimension et d'une efficace philosophantes. Inversement elles font advenir la philosophie à son accomplissement.

Telle est la source de l'éthique en régime techno-logique intense, par laquelle elle est condamnée, à plus ou moins long terme, et avec elle la responsabilité, la valeur, le choix, la norme, etc., à devenir immanente aux connexions du système, multiple et disséminée comme ces connexions elles-mêmes. Condamnée à perdre de sa hauteur et de sa transcendance, à adoucir (seulement) sa catégoricité dans les stratégies technologiques. Il faudrait décrire comment fusionnent sans contradiction, par la magie d'une guerre permanente et douce, l'efficace de l'impératif catégorique et l'efficace de l'impératif technique, comment ils se *représentent* l'un l'autre, conjuguant l'absoluité catégorique du devoir et la conditionnalité de la technique par un jeu de déplacements et de condensations, d'identifications et d'alternatives. Comment cette fusion, longue comme l'histoire, ne détruit que les formes inférieures les plus réifiées de la transcendance éthique et les formes les plus grossières et les plus violentes de la technique, celle des corps en particulier ; comment ce qui fusionne de cette manière alternante et successive, c'est finalement l'essence de l'éthique et l'essence du technologique qui sont sauvées de leurs formes les plus représentatives et réconciliées par leur guerre commune. La Différence étho-technologique est un concept philosophique opératoire et universel parce qu'il fait droit à la moralité commune ou à l'être-commun des mœurs. L'éthique n'ayant commencé, malgré sa spécificité, que comme un mode particulier de la métaphysique, son déclin suit de celui de l'ontologie, son déploiement s'achève sous la forme de la fusion universelle de l'éthos et du technologos, dans la condensation de toutes les formes historiques de l'éthique avec des conditions d'existence et de pensée massivement réglées par la technologie. L'Etho-techno-logos est évidemment une tendance-limite. On ne peut se contenter de prendre telles quelles, dans leur généralité empirique, la Technologie et l'Ethique, dans leurs formes conservées à titre de fossiles par les traditions elles-mêmes fossilisées de la philosophie et de son exercice institutionnel. Ce ne sont pas des *thèmes* ou des *objets* transcendants et exclusifs que l'on mettrait en rapport après coup ; elles doivent être replongées dans le mouvement universel qu'elles constituent de leur fusion, et leur apparente séparation comprise encore comme le symptôme d'une tendance qui ne cesse de produire ses effets.

La prothèse éthique et ses effets

Plus précisément: la Différence étho-techno-logique est simplement la corrélation devenue aliénante de l'individu ou de la subjectivité avec la règle, devenue norme et synthèse qui paraît aller de soi et être en devenir planétaire. Elle n'est innocente que pour nous qui l'avons tellement transformée en condition d'existence que nous ne la voyons même plus alors qu'elle implique plusieurs effets qui expliquent le déclin de l'éthique : 1. l'éthique comme subsomption de l'homme ; 2. une subsomption qui a pour contre-partie la transcendance toute relative, sujette à des accidents et à des devenirs, de la norme à l'homme ; 3. enfin

L'éthique-Monde 149

l'unité de ces deux phénomènes dans l'agencement mutuel, voire réversible, de l'individu *et* de la norme et dans la soumission de ce rapport à sa propre unité synthétique («et») dans laquelle c'est la corrélation elle-même en totalité qui se pose, devient principe, l'absolu qui se subordonne ses deux composants : l'éthique est par l'homme mais surtout l'homme pour l'éthique au sens où elle est destinée à le déterminer à des fins supra-humaines.

De là le devenir tragique à la fois de l'homme et de l'éthique, engagés dans une lutte réciproque et malheureuse pour la domination mais tous deux ordonnés à la violence suprême de la Différence étho-techno-logique. Ni l'homme ni l'éthique ne sont réellement libérés, ils sont enchaînés dans une lutte intestine et une querelle que les philosophes prennent pour la «cause» humaine. D'une part l'éthique est condamnée à perdre progressivement, mais sûrement, sa transcendance, à renforcer le couplage ou le «Même» de l'homme et de la règle. D'autre part la Loi est condamnée, elle qui devrait être libératrice, à enchaîner l'homme comme sujet «assujetti» de manière de plus en plus intense, lui apportant un supplément de servitude. L'homme est contraint de confondre son essence et ses conditions effectives d'existence dans un tissu de règles ou de normes, qui ont toutes, et chacune d'entre elles, à la fois des effets économiques, politiques, idéologiques, sexuels, langagiers et éthiques, etc... S'il n'y a pas de phénomènes éthiques («moraux»), mais seulement une interprétation éthique des phénomènes, c'est que l'éthique a tellement perdu de sa transcendance, qui n'était que relative d'ailleurs même lorsqu'elle se voulait absolue, que tout phénomène quel qu'il soit comporte, juxtaposé aux autres et surdéterminé par eux, ce qui n'est plus qu'un *aspect* éthique à côté des autres. Le résultat est une *tendance* qui en noue deux autres en chacun de ses points. D'une part la ruine continue et sûre de la transcendance éthique qui vire à une éthologie généralisée, qui se fond dans les conditions universelles d'existence de l'homme moderne : les seules règles qui vaillent encore pour lui et qui puissent assurer son gouvernement sont toutes des règles justement complexes, où la charge éthique ancienne est inséparable de déterminations d'autres types, entre autres technologiques. De là le produit de cette fusion immanente à la Différence et son processus, l'individu moderne, qui se pense et se croit conditionné par ces règles qui lui sont de plus en plus immanentes, qui lui donnent cette allure, cette existence de momie pénétrée de ses bandelettes comme on l'est de ses prothèses.

Cette tendance unique et double doit être ainsi dessinée *a priori* pour seulement rendre possible l'aperception de ses symptômes, ceux du devenir-doxa de l'éthique en milieu technologique intense. Elle se confond avec une *ligne de faits* qui ponctuent ce devenir et remplissent toute l'interface de l'éthique et de la technologie, qui sont ainsi inséparables et, séparées de leur commune frontière, des abstractions. Ces faits, parmi d'autres :

1. L'affect de l'enlisement de la Décision se répand de manière continue, c'est l'expérience d'une paralysie qui gagne tous les niveaux et toutes les sphères de l'existence. Le manque de possible éthique radical, mais surtout l'extension, voire l'intensification de ce manque, donne lieu à un *vécu* universel de vide co-extensif à l'intensification du possible de type technologique— *on y reviendra longuement*

2. Un aspect plus profond du même phénomène global, l'adoucissement de l'impératif catégorique, qui devient à la fois immanent et universel. Il se fragmente, se dissémine, perd de sa transcendance et de sa «rigueur», de sa pureté formelle aussi. Il se pluralise en normes innombrables dans l'émergence d'une micro-éthique de la vie quotidienne qui remplit tous les espaces laissés vides ou exclus comme «pathologiques» (Kant) par l'éthique rationnelle moderne. Profession, sexualité, information, culture, santé, etc. sont compénétrées d'un «il faut», d'un «tu dois» et d'un «tu peux», plus encore d'un «tu aurais dû» et d'un «j'ai droit à», de plus en plus micrologiques. Fragmentation et extension universelles de la responsabilité, sous la forme d'une «responsabilisation» et d'une «imputation» douces, étendues à tous les comportements de l'existence. Fragmentation continue des tâches, des buts, des responsabilités, c'est le contenu réel des slogans abstraits et vulgaires, «mort de la morale», «ne plus prescrire», etc. qui témoignent plus de l'absence de la pensée que de l'absence de la morale. Et c'est l'enfer de la démocratie éthique

3. Encore plus profondément, une dissolution *apparente*

de l'impératif catégorique dans le jeu interminable et circulaire, inhibant la Décision rationnelle, des moyens et des fins, du principe pur et de ses applications. Comme si la rigueur ou le rigorisme d'un principe a priori, pur et formel, de détermination de la volonté venait se fondre, *sans être réellement détruit par l'empirique ou le contenu matériel des actes*, dans la moralité *des mœurs* et la multiplicité des devoirs. La Loi morale fusionne avec l'empiricité technologique, économique, sexuelle, idéologique etc. mais sans perdre réellement de son effet. Elle ne perd que la forme rationnelle classique de la transcendance exclusive mais continue à dominer, de son universalité devenue multiple, les individus eux-mêmes élevés à l'état d'êtres sinon «raisonnables», du moins «sur-rationnels» ou «sur-raisonnables». A chaque individu ses maximes, mais les maximes de l'homme contemporain n'ont plus besoin d'être universalisées, pour cette raison qu'elles courent de moins en moins le risque d'être des expressions «pathologiques» individuelles et que, de son côté, la Raison change de nature sans cesser de dominer, ne perdant que la transcendance de ses contenus scientifico-éthiques traditionnels. La fusion du devoir («en vue du» ou «par devoir») avec la *légalité* ou *conformité* ne signifie pas tout à fait la destruction du formalisme mais seulement son devenir-immanent.

4. Enfin une radicalisation et une universalisation des phénomènes de déplacement et de surdétermination des fins. Comme si l'*hétérotélie* se généralisait (de là l'inhibition de la Décision rationnelle classique) et, dans cette généralisation, tendait vers une *homotélie*, une «mêmeté» des fins. C'est la fusion d'une transversalité accrue des fins et des moyens, du devoir et de son contenu matériel, leur réversibilité (n'importe quelle forme pure du devoir représente— sans perdre son pouvoir— un contenu matériel pour une autre détermination pure du devoir, et réciproquement).

Ces indices étant marqués, le terme d'Etho-techno-logos doit être correctement compris. Le devenir-immanent des règles ne signifie pas leur réduction matérialiste à une nature ou à la technologie, à un *homo ex natura* ou à un *homo ex technologia.*, mais aussi bien la transformation «a-parallèle» de la nature et de la technologie. La loi fonctionne de fait comme coutume, l'éthique révèle son essence éthologique. La règle immanente devient norme continue ou «mœurs», mais ne perd pas entièrement, face à la technologie, sa formalité «vide». La loi «intelligible» du Devoir passe non seulement à l'état d'impératif catégorique (nécessaire pour un être raisonnable fini, dit Kant, et qui, pour avoir une volonté pure, n'en a pas une sainte), elle poursuit son devenir en passant à l'état de règle immanente nécessaire lorsque les contenus matériels sont compris comme *co-appartenant* essentiellement a la forme de la Loi — c'est la «norme».

Pourquoi ne perd-elle pas sa formalité ? La règle de type éthologique, celle qui est le corrélat de l'individu moderne, n'est plus seulement comme la Loi rationnelle ou la «Raison pratique», synthèse a priori de soi et de la volonté. C'est un mode de la Différence engagée dans une histoire. Elle est synthèse a priori de la Différence et de la multiplicité des conditions où l'homme a son existence (physiologiques, économiques, culturelles, langagières, sexuelles, etc...). La Différence étho-technologique est une réponse au plus vieux problème de l'éthique occidentale, au plus ancien point d'interrogation, celui de l'éthicité et de la gouvernementalité des multiplicités humaines. Ce n'est pas une réponse très originale par rapport à la question, mais elle doit sa nature de réponse au fait qu'elle prolonge seulement la question, qu'elle est son intériorisation ou son intensification. La règle y est toujours conçue comme règle de synthèse principielle, relative-absolue, mais elle est maintenant devenue immanente et assure la fusion des formes les plus transcendantes de la loi et de la responsabilité avec la matière humaine qui, de son côté, se transforme *en vue de* l'œuvre commune, l'étho-techno-logie comme comportement absolument «conforme» et inconditionné. Le conformisme est le principe transcendantal du Monde, la pensée-monde. Une courbe traverse et l'éthique et la technologie comme leur interface, les débordant ou les déportant toutes deux pour de nouvelles combinaisons dans une implosion réciproque du rationalisme éthique et du rationalisme technologique. Au delà par exemple de la simple responsabilité *éthico-professionnelle*, universalisée à d'autres sphères d'existence et intensifiée, il y a un *processus continu de responsabilisation*, à la fois une co-extension de la responsabilité aux rapports sociaux quelconques sur lesquels ce nouveau rapport vient se greffer et qu'il fait dévier, toute une éthique douce adaptée à la multiplicité des rapports sociaux, et une co-extension inverse de la technologie à toutes les décisions quelles qu'elles soient. L'éthique fonctionne ainsi comme *aide à la décision technologique* (et ce n'est pas seulement l'éthique d'entreprise) et la technologie, outre ses fonctions classiques dans la production, comme *aide à la décision éthique*. A l'éthique douce appropriée à la technologie, répond une technologie douce de la responsabilité. La généralisation des processus d'aide à la décision fournit à chaque type générique ou spécifique de décision un supplément qui est celui de ses conditions d'existence, où elle pratique à la fois le court-circuit et le détour, s'embarrasse et s'enlise dans sa propre complexité.

Le conformisme universel et l'impossible décision

L'Etho-techno-logie est la destruction s'accomplissant des critères classiques de la réalité éthique, son devenir-immanent. Le parallélisme des fins et des moyens ou, mieux encore, de la forme pure et de la matière du devoir, est partiellement subverti, suffisamment pour rendre la décision de plus en plus improbable, insuffisamment pour ne pas continuer à la condamner à ce type de décision indécidable. Cet homme qui doit encore décider, mais qui ne peut plus faire émerger une décision dans sa transcendance radicale au-delà de son existence et pas seulement des *faits*, et pour lequel tout *fait* est immédiatement *à charge* ou se présente comme un micro-projet qu'il doit assumer et avec la transcendance adoucie duquel il doit s'identifier, expérimente simultanément la facticité empirique (économique, politique, sexuelle) de l'éthique et l'éthicité de toute existence. Il éprouve quotidiennement, dans la combinaison de leur nœud tragique, le manque de légitimation de toute éthique, et l'excès de responsabilité qui pèse sur les décisions les plus spontanées. Contraint de donner la main à son propre malaise, non seulement il assiste, impuissant et paralysé, au démembrement de son corps, de sa langue, de sa culture, de ses valeurs, à la recombinaison des fragments obtenus selon des lois qui sont celles, croisées, disjointes et réversibles, d'un devenir technologique de l'éthique et d'un devenir-éthique de la technologie, mais il croit que c'est là son essence et se laisse désespérer. C'est l'homme en tout point «conforme», non plus seulement à un état, un pays, une culture, une loi, ni même à soi, mais à la Conformité même. C'est le *type* humain de la conformité, incarnée et devenue la chair de sa chair. Il y a une *parousie* de la Différence étho-techno-logique qui se clôt et s'enroule sur elle-même, se manifeste comme égale à son essence inégale de «différence» et renvoie à leur niaiserie toutes les tentatives, déjà accomplies, de «retour à» l'éthique. La parousie doxique de l'éthique se diluant dans l'opinion, tient tout entière dans cette détermination réciproque (sans reste, c'est la chasse à toute indétermination) de la différence de la règle par rapport à l'homme et de la différence de l'homme par rapport à la règle. On n'a rien compris au problème de l'éthique, à son *embarras*, à l'aporie tragique ou elle met toute décision, tant que l'on n'a pas saisi que l'homme aspire à une *sainteté mondaine* et une perfection inouïe, à un *devenir-saint* qui réside dans l'identification de sa volonté et de ses conditions étho-techno-logiques. L'éthique est donc prise dans un réseau d'amphibologies et d'antinomies philosophiques qui vont rendre impossible une décision radicale. Il est impossible de décider, sauf abstraitement et par illusion, dans le mixte de ces instances d'autorité et plus généralement dans le mixte de plus en plus ressérré de la «décision philosophique», toujours prise *dans* et nouée *avec* l'indécidable (du Réel). L'éthique postule que l'homme est réduit à son *être* et transformable par l'éthique et que l'éthique est un mode de l'Etre et transformable par cet homme-là. Entr'empêchement qui fait violence à l'homme, violence philosophique par le moyen de l'éthique, et à l'éthique qui y perd son identité. A la limite il y a continuité réciproque, plus ou moins interrompue, entre le Réel et la Loi, Kant et Fichte par exemple identifiant même la Loi (comme auto-position) au Réel, voire à l'essence de l'homme («vision morale du monde»).

S'il y a de ce point de vue une tâche à accomplir, ce n'est pas de briser le mixte du Réel *et* de la Loi comme forme de l'Etre, ou du Réel et de l'organon de la morale, mais d'invalider la foi ou la suffisance éthique. Il ne peut être question que d'une décision uni-latérale et non plus réciproque ou bilatérale. 1. Le Réel, l'homme en son essence est hors-éthique, non transformable par celle-ci (il s'agit moins d'une limitation de l'éthique que d'une limitation de la philosophie de et dans l'éthique). 2. Mais l'éthique n'étant pas *pour* l'essence de l'homme ou destinée à la déterminer, est *selon* cette essence (même s'il y a un *datum* de décisions éthico-philosophiques déjà opérées). Nous cherchions précédemment l'identité et l'autonomie de l'éthique tout en refusant son absolution philosophique, son auto-position ou l'inversion judaïque de celle-ci. Maintenant nous cherchons comment réaliser son second *telos*, paix et bonté. Comment poser et résoudre le problème de l'éthique telle que celle-ci ne soit plus l'un des moyens, sinon le seul moyen (Nietzsche), de la guerre philosophique contre le Réel et l'homme au nom d'une sur- ou d'une extra-humanité ? Comment établir une éthique pacifique — et pas seulement pacifiste —, sur le suspens, sinon sur les ruines de l'autoritarisme philosophique ? Une autre causalité éthique que celle de la forme, de la fin, etc. — de l'Etre — doit être possible. Si l'éthique ne doit décidément plus être un mode de l'ontologie, mais s'il ne peut être question de simplement inverser ou renverser celle-ci au nom d'une autorité aveugle et inintelligible d'Autrui, nous devons à nouveau repartir de ce qui est donné-hors-loi, hors-éthique,— l'essence de l'homme comme réel-Un sans-consistance — et en déduire le seul organon moral dont la «décision» soit adaptée à l'irréductibilité de l'homme à toute éthique. Il s'agit de déterminer, entre le Réel-hors-éthique et les mélanges éthico-philosophiques, une sphère dite «non-éthique», sans doute moins par négation de l'éthique que par suspens de sa prétention globalement de type philosophique.

Les amphibologies de la causalité éthique, dont l'autorité

L'absence de cause réelle de l'éthique, la dépendance de celle-ci à la seule philosophie, implique sous le nom de «sujet moral» un certain nombre de confusions et d'amphibologies que seule la position d'une identité-de-dernière-instance du sujet-comme-Etranger non-éthique pourra invalider. On prendra le problème par le côté de l'«autorité», l'excès d'autorité éthique interdisant de penser un authentique sujet moral.

L'autorité, comprise dans son sens phénoménal, non moderne, est un concept de la causalité. Elle relève de manière dominante de la causalité dite «efficiente» propre à l'auteur et à l'agent, mais contient également un aspect de causalité formelle et finale. L'autorité est une causalité d'abord d'agent, de législateur produisant, techniquement en particulier, la loi, et secondairement de finalité et de forme de la loi. La Loi «kantienne» peut être analysée selon ces divers aspects ou dimensions et ne relève pas seulement d'un «formalisme». Il y a plus généralement des éthiques à dominance plutôt formaliste, plutôt matérialiste, finaliste ou efficiente mais aucun de ces aspects n'est absolument exclusif des autres.

L'autorité (avec ses avatars, la responsabilité, l'imputation, la législation, etc.) est donc un concept qui relève de la pensée de l'Etre, l'Etre rassemblant phénoménalement en lui ces quatre formes de causalité. De là, une nouvelle fois, la non-autonomie de toute éthique implicitement philosophique. Mais si toute éthique suppose en priorité une idée de l'Etre, elle en suppose aussi une de l'essence de l'homme: agent moral par délégation, auteur par représentation de la Loi, titulaire par héritage de l'autorité. De quelque façon philosophique que l'on entende l'essence de l'homme, la Loi n'est faite que secondairement *par* l'homme et principalement par et selon l'Etre et destinée à l'homme. Ainsi l'autorité, comme tous les concepts philosophiques, relève de la structure de l'Etre et abrite, par opposition à l'identité réelle, l'amphibologie caractéristique de l'Etre ou de la philosophie, non pas celle de l'Etre et de l'Etant comme nous le croyons à la suite de Heidegger et qui n'est que secondaire, mais celle du Réel ou de l'Un *et* de la causalité en général et sous ses quatre formes. Confusion unique et multiple de l'Un-réel *et* de la forme, de la fin, de l'agent et de la matière, autant de mélanges, de convertibilités du Réel et d'une forme de l'Etre présente dans la causalité.

Ces quatre confusions existent de fait dans les éthiques dans des proportions évidemment à examiner. Il y a l'autorité de l'agent législateur (confusion du réel-Un et de l'Etre comme efficience) ; l'autorité de la forme de la Loi (confusion du réel-Un et de l'Etre comme forme) ; l'autorité des fins et des mobiles (confusion du réel-Un et de l'Etre comme fin) ; l'autorité résiduelle des processus matériels inertes, biologiques par exemple, ou sociaux, ou technologiques et scientifiques, etc. (confusion du réel-Un et de l'Etre comme matière). Ce déploiement du contenu métaphysique des concepts de responsabilité, autorité, imputation, est presque déjà leur critique réelle et celle de l'éthique. Un tel système des amphibologies éthico-philosophiques définit en effet le statut de l'homme comme aliéné à l'éthique. Cette confusion n'est pas simple, elle est distinction et continuité, de toute façon détermination réciproque de l'homme et de la morale. Double conséquence : 1) le Réel (de) l'homme détermine la morale par la forme, la fin, etc., donc par la médiation de l'organon philosophique (perte de l'autonomie de l'éthique) ; 2) un idéalisme et un volontarisme éthiques, la Loi co-déterminant aussi le Réel (même si le Réel détermine la Loi sous des rapports différents). L'éthique philosophique postule que l'homme est éventuellement définissable par l'éthique (par exemple Kant et Fichte, la vision morale du monde où l'auto-position de la Loi est l'essence de l'homme) et que, de toute façon, il est un objet transformable par elle comme forme et fin, donc de manière secrètement technologique encore. L'homme est fait *par, selon et à destination* de la Loi.

L'éthique met donc l'homme au service des fins propres de la philosophie. La philosophie est en effet une technologie supérieure, transcendantale ou ayant pour objet le Réel comme Etre et non pas telle région particulière du Réel, et ceci même lorsqu'elle oppose l'homme-fin et l'homme-moyen, le catégorique et le technique. De là une double violence, techno-philosophique contre l'éthique par l'arbitraire des décisions et des positions philosophiques, et techno-éthique contre l'homme auquel elle impose précisément à ce qui est sa non-essence d'être encore une essence. La philosophie révolutionne sans répit l'assiette de l'homme et celle de l'éthique, ne leur laissant aucun repos ni sécurité. Son idéalisme et son volontarisme lui font manquer non seulement l'identité et l'autonomie de l'éthique, sa spécificité et sa positivité, mais son autre but, le plus haut — paix et bonté.

Les théories unitaires du rapport de l'éthique et de la techno-science

Le ré-examen des valeurs et du fondement même de l'éthique suit en général de certaines occasions historiques. Les révolutions ou les simples pulsions technologiques et scientifiques suffisent par exemple à l'amorcer. Mais quelle est la causalité spécifique de la science et de la technologie sur l'éthique, par quelle voie passe-t-elle, voilà le problème crucial par lequel on conmmencera ici. Trois présupposés organisent en général la réflexion sur ce sujet :

1. Le problème des rapports de l'éthique avec les sciences et les technologies est globalement compris comme celui de l'invention et de la transformation des valeurs dans le sens soit d'une adaptation, soit d'une résistance aux derniers développements techno-scientifiques ; soit d'une invention éthique, soit d'un retrait ou d'une ascèse face à la pulsion technologique.

2. Cette causalité est réciproque et même réversible, elle va de l'éthique sur la science et la technologie autant que de celles-ci sur celle-là.

3. Selon le point de vue de la science et de la technologie, cette causalité est simple. La causalité de l'éthique sur la science et la technologie, comme celle de ces dernières sur l'éthique, sont supposées bien connues et ne pas avoir besoin d'élucidation particulière.

Ces trois présuppositions font système parce qu'elles expriment des invariants philosophiques traditionnels. Nous devons limiter leur système, toute la réflexion philosophique sur ce problème de l'éthique, en proposant une autre économie ou une autre distribution de ces rapports. On suppose à tort que l'éthique et la transformation de l'éthique seraient la même chose et se feraient dans le sens de son adaptation et/ou de sa résistance aux avancées techno-scientifiques. Cette interprétation du problème souffre de plusieurs difficultés.

C'est une interprétation qui est elle-même tantôt technologique (adaptation ; ajustement ; négociation ou résistance supposées relatives) ; tantôt éthique (résistance absolue de certaines valeurs et de la dimension éthique de l'altérité en général à sa négociation dans les stratégies et les effets technologiques). Cette interprétation se dédouble donc en deux sous-interprétations symétriques, qui restent circulaires ou qui font encore système malgré leur hétérogénéité. Elle est oscillante, sujette aux avatars de la technologie et de la sensibilité éthique. Tantôt, et au pire, elle donne dans une interprétation technique de l'éthique et de ses impératifs, dissolvant leur caractère catégorique ou inconditionné dans les séries, voisinages et connexions technologiques. Tantôt, et au mieux, elle affirme le caractère catégorique et absolument irréductible de l'éthique comme dimension d'un Autre réel. Toutefois, même activée et soutenue d'éléments plus radicaux, par exemple judaïques, l'éthique reste du simplement «non technologique», relative malgré tout, par la nécessité d'être efficace, à la sphère des moyens et des connexions ustensiles. Quoi qu'il en soit de l'une ou l'autre solution, il est décisif qu'il y ait de l'une à l'autre un rapport divisé, l'unité hétérogène d'une co-appartenance et, bien entendu, c'est la même chose, des relations de causalité réciproque qui impliquent une labilité de droit des seuils ou limites assignables à l'éthique comme à la technique.

Or c'est la philosophie et elle seule qui pose ce type de rapport — l'unité divisée ou unitaire —, qui en a la maîtrise et la législation et qui en tire pour elle-même un bénéfice, une plus-value d'autorité. Entre l'éthique d'une part, la technologie et la science d'autre part, il y a le troisième terme de la philosophie. Le présupposé de cette interprétation, c'est la soumission évidente de l'éthique et de la science aux décisions et aux nécessaires fluctuations des interprétations philosophiques. Il y a une éthique supérieure à l'éthique, une science supérieure à la science — c'est la philosophie, qui entraîne dans sa circularité oscillatoire la rigueur de la science et celle de l'éthique. Ni fondation scientifique rigoureuse, ni affirmation rigoureuse de l'altérité, tels sont les deux effets de la philosophie sur l'éthique. La tâche sera donc de réconcilier une «causation» scientifique mais transcendantale de l'éthique avec l'absolue transcendance de celle-ci, sans passer par une Décision philosophique constituante et dominante qui interdirait cette opération. Elle tend à se donner la technique et l'éthique comme deux termes face à face, supposés connus, que la pensée peut survoler et agencer à volonté. Elle se les donne comme des faits historiques et culturels transcendants, et cherche dans la tradition éthique de quoi répondre aux provocations «techno-scientifiques». Elle se donne la science comme un événement socio-culturel, historique («l'âge de la science», les «développements techno-scientifiques») à penser et à légiférer après-coup. Il en découle une éthique peureuse, réactive ou réactionnelle, «éthique pour notre temps», aussi peu élucidée dans sa possibilité et surtout dans sa réalité que la science elle-même. Ici encore, il faut être radical plutôt que prudent dans la théorie, et incriminer globalement la position *philosophique* elle-même du problème. La philosophie — n'importe laquelle, c'est un invariant — ne s'intéresse pas aux termes en eux-mêmes mais seulement comme pièces travailleuses nécessaires à sa machine, comme support, appui, force de travail. Elle ne s'intéresse qu'au rapport d'unité diversement divisée qu'elle met entre eux et dont elle seule a la maîtrise. Ethique et science, chacune de leur côté, tentent de se rendre autonomes par rapport aux décisions philosophiques, mais celles-ci les ressaisissent toujours. Une décision philosophique, en général, use de la science, de l'éthique, etc. mais pour leur ajouter un supplément à elle, le supplément du sens, de la vérité et de la valeur (au sens philosophique de ces mots). Elle ne connaît la science qu'à travers un rapport divisé et circulaire à autre chose, à l'éthique par exemple ; et elle ne connaît l'éthique qu'à travers son rapport réciproque à la science. Mais peut-être est-ce elle et elle seule qui thématise comme essentiel ce type de rapport ? Cette mise-sous-tutelle philosophique fait système avec l'oubli ou la méconnaissance de ce qu'il y a en celles-ci de pensée et d'expérience possibles selon le Réel. La philosophie commence par se donner ces savoirs dans leur factualité historico-culturelle, comme une donnée de départ incontournable, qu'elle se contente, par tout un système d'opérations, de réfléchir, redoubler, à quelques nuances ou différences près, dans un supplément de sens et de vérité, de décision philosophiques. Elle passe un compromis avec les formations éthico-techno-scientifiques de fait qui lui sont nécessaires pour sa réflexion et son élaboration circulaires. De là l'incapacité où elle est de *réellement* transformer ensemble l'éthique par la science et la science par l'éthique. Dans la réalité mondaine ou transcendante, il est vrai que technique, science et éthique sont étroitement imbriquées, ambiguës — indécidables en général. Mais conclure de l'indécidabilité de leur intrication à leur fermeture sur cette auto-suffisance n'est un geste fondé que du point de vue de la philosophie.

Ainsi nous éliminons deux solutions. La solution purement éthique : l'éthique comme inversion de la techno-science, comme transcendance radicale qui prétend ne s'exemplifier ou ne se manifester dans aucune connexion technologique. Ensuite la solution technologique qui fait tomber les prescriptions éthiques dans la connexion des moyens et des fins, de la matière et de la forme, etc. Ces deux solutions extrêmes — avec tous les degrés intermédiaires — travaillent en dernière instance pour la philosophie, et celle-ci, il faut s'en persuader, ne respecte ni la rigueur scientifique ni la rigueur éthique. Ces deux solutions dessinent les bornes extrêmes de l'*étho-techno-logie*. Celle-ci n'est ni l'éthique ni la technologie ou la technoscience seules et séparées, elle est l'une et l'autre lorsqu'elles sont prises dans un devenir englobant ou collectif qui les ajointe ou les rend connexes ; qui mélange ou rend indécidables — à des degrés divers — l'altérité éthique et l'immanence des connexions technologiques.

CHAPITRE IV

CRITIQUE DE LA MÉTAPHYSIQUE DES MŒURS COMME FORME DE L'ÉTHIQUE-MONDE

L'Idée de la métaphysique des mœurs (MM)

La *Métaphysique des mœurs* (MM) est une Idée qu'il est possible d'élaborer, sans considérations historiques particulières, dans ses possibilités de droit, indépendamment de sa formation et de ses déformations. Nous cherchons son contenu eidétique et phénoménal, qu'elle soit élaborée ou non, émergente ou déjà prise dans une forme scolaire. Il s'agit d'*identifier* une structure complète avec ses réquisits afin de poser sans risque de retour ou d'oubli le problème d'une «non-éthique» comme identité de cette métaphysique. On laissera de côté toute sa géologie ou son histoire, mettant entre parenthèses ses strates, nappes, plis et déplacements, pour examiner seulement sa structure ou son architectonique formelle la plus générale, celle qui continue à jamais à conditionner de manière interne toute éthique philosophique La logique interne de cette métaphysique comme formation historico-systématique dessine une histoire et un système de l'éthique qui ne sont évidemment que possibles, dont toutes les possibilités n'ont pas été comme telles déployées. Il n'est pas évident que, malgré l'existence de l'œuvre kantienne (Kant est aussi pressé de la re-fonder que de la décrire), l'éthique revienne ainsi à accompagner ou doubler la métaphysique *théorique* traditionnelle d'une métaphysique pratique, de ce double que serait une science transcendantale des mœurs. C'est toutefois le pari qui motive ces recherches : toutes les éthiques philosophiques connues s'inscrivent avec plus ou moins de résistance dans un modèle métaphysique standard qui va d'Aristote à Duns Scot, Suarez et Kant. Il ne s'agit pas de la *sagesse*, par exemple, qui fait partie de la configuration encore hétéroclite de la métaphysique aristotélicienne, mais des possibilités éthiques que recèle, à côté de sa forme théorique et non comme simplement dérivées de celle-ci, le système de la métaphysique, possibilités qui n'ont pas été nécessairement toutes déployées de telle sorte qu'elles apparaîtraient pour ce qu'elles sont en fait, *l'horizon de droit ou indépassable de toute éthique possible*. Que la métaphysique, au-delà des conséquences éthiques de sa forme de «science», ait une portée directement éthique, qu'il y ait une «métaphysique des mœurs», cela exige de retourner en deçà de Kant et de *construire* le concept de cette métaphysique non pas «spéciale» mais «pratique». Le but est de rendre intelligible le divers des éthiques philosophiques, de le subsumer sous un schème universel et de faire comprendre qu'il y a bien une véritable *décision éthique* de type métaphysique qui n'est pas le simple effet d'une discipline théorique. De ce point de vue l'éthique dite «kantienne» n'est pas seulement plutôt une «formulation» kantienne de la morale, c'en est une formulation métaphysique qui obéit aux schémas d'une discipline bien antérieure dont l'invariance la commande. *L'éthique, pour autant qu'elle est philosophique, est structurée comme une métaphysique des mœurs.* C'est sa structure revendiquée ou refoulée, mais agissante ; elle commande ses inflexions et garde dans certaines limites indépassables le tournant kantien lui-même, si révolutionnaire soit-il ou justement parce qu'il n'est que révolutionnaire. La thèse kantienne sur la morale n'est nullement la phase terminale de cette métaphysique des mœurs, simplement un tournant un peu plus important que les autres et décisif pour la modernité et encore pour notre post-modernité. La MM abrite l'ensemble des paradigmes de l'éthique philosophique, que ce soit avant la constitution expresse de la métaphysique (stoïcisme) ou «après» elle (après sa «fin»), et c'est donc elle que nous devons examiner *pour pouvoir poser plus tard le problème d'un rapport non-éthique à toute éthique possible*, rapport qui n'est pas la destruction ou le refus de l'éthique, mais le refus de certains de ses postulats philosophiques qui empêchent à la fois son universalité et son adéquation au seul être de l'homme.

La structure de la MM comme science cherchée

Pour parodier Baumgarten, la Métaphysique des mœurs est la science qui contient les principes ou les premiers fondements de la pratique humaine, principes qui guident cette pratique plutôt qu'ils ne sont posés par elle. Comme la métaphysique théorique, elle se définit par son essence positivement aporétique de science unique et double. Ce dédoublement de la MM en deux disciplines aux objets distincts et corrélés est l'aporie qui conditionne l'ensemble des éthiques philosophiques comme solutions provisoirement apportées à cette aporie. Elle comprend une branche majeure ou une MM *spéciale* qui a pour objet la cause ou le fondement de l'étant moral (acte, intention, fin, etc., qualifiés moralement), qui met donc en jeu le tout de l'étant moral par où il a cause et fondement. Elle se dissocie en une «théologie morale» qui porte sur l'existence et l'être-moral du Dieu moral ; en une «cosmologie morale» qui porte sur l'être-moral de la liberté et sur la capacité de celle-ci à être fondement de la moralité ; enfin en une «psychologie morale» qui porte sur l'immortalité de l'étant moral et la moralité du sujet moral. Elle comprend ensuite une branche mineure ou une MM *générale* qui a pour objet *l'étant moral en tant que moral* (et non en tant qu'étant) ou *l'être-moral de l'étant..* Cette branche est mineure même si, avec Kant et déjà avant lui, elle se rebelle et passe à l'état dominant au point, chez Kant, de devenir première et déterminante de la MM spéciale.

Plusieurs précisions :

1. «Pratique humaine» ne désigne pas ou pas encore le pouvoir humain rationnel de la pratique mais l'objet de la pratique, ce qu'elle trouve et qui la détermine, les mœurs : «premiers fondements des mœurs». C'est avec Kant que les principes deviennent à proprement parler ceux de la pratique rationnelle humaine. Encore ne s'agit-il en rien d'un subjectivisme ou d'un «idéalisme moral», l'idéalisme relevant ici encore malgré tout d'une ontologie morale ou des mœurs.

2. Plutôt que d' «étant» moral, qui risque d'induire la formule «l'étant moral en tant qu'étant» et de soumettre l'ontologie spécifique des mœurs à une ontologie théorique de l'étant (*en tant qu'étant*t) on parlera des «mœurs». «Mœurs» est ici un concept ontologique et non pas sociologique ; il désigne les objets, les actes, les buts, les intentions, etc. en tant que susceptibles de tomber sous le prédicat «moral». Il s'agit donc des mœurs en tant que mœurs, ou de l'être-moral des mœurs. Bien

entendu l'ontologie au sens primaire ou théorique, c'est-à-dire la «Métaphysique» au sens historique strict, continue à servir de soubassement ou de substrat à toute MM, comme d'ailleurs, on le dira, la détermination de l'étant comme donné «sous-la-main» (*vorhanden,* Heidegger) ou étant «naturel» et «physique». Que l'éthique soit une métaphysique, en particulier une ontologie de l' «étant» et du «tout» de l'étant, fût-elle morale, qu'elle suppose l'homme comme étant «sous-la-main» et finalement naturel, qu'elle s'inscrive encore dans l'horizon de la Différence ontologique et de ses catégories (comme celles de totalité et de partialité), a des conséquences illimitées sur le sens (ontologico-naturaliste, objectivant) des éthiques philosophiques. Pour l'instant : l'être-moral des mœurs est la *moralité* ou *l'être-commun des mœurs,* ou encore la *moralité commune* (telle l'«étantité de l'étant»). Ce dernier concept donne son véritable horizon, non immédiatement subjectiviste, à la reformulation kantienne du devoir, certes, mais plus encore de l'éthique métaphysique. Et celui de *moralité des* mœurs donne le sien à ce concept nietzschéen.

3. L'étant moral se dit en toute rigueur au pluriel — les mœurs — en vertu de la particularité, ici supposée, de l'expérience. La MM est en général, sous ses deux aspects, la science de *progresser* (cf. Kant), plus exactement de *transgresser* depuis les mœurs multiples parce que «partielles», vers le «tout» de l'expérience morale. L'expérience des mœurs étant partielle, ce tout de l'être-moral n'y est jamais donné et doit être cherché au-delà de cette expérience.

Ce tout des mœurs est donc l'objet de la MM spéciale : par où il a cause et fondement. Et l'objet de la MM générale : par où ce tout peut être dit «moral» ; ou encore le tout des mœurs par où ils sont en tant que mœurs. La MM, traitant du tout des mœurs en sa cause et en sa moralité reste encore *science des mœurs* lorsqu'elle est *science de la moralité* plutôt que «science (positive) des mœurs». Elle se meut dans la différence des mœurs et de la *moralité commune,* examinant les mœurs depuis la moralité et dans la mesure où ils «ont» moralité, mais ne thématise pas la question de l'être-moral pour elle-même et en tant que telle. La raison en est que, progressant par la raison— même lorsque celle-ci n'est plus théorique mais pratique et qu'il s'agit d'une transgression pratique (Kant)— des mœurs particulières à leur tout, elle progresse du sensible à l'intelligible en mode moral mais ne cesse jamais de prendre pour objet les mœurs elles-mêmes, fussent-elles des mœurs non-sensibles. La MM reste donc une science rationnelle, même lorsqu'elle se hausse au niveau d'une science de la moralité. Cette co-appartenance des mœurs et de la moralité qui interdit leur séparation, signifie que la MM se meut dans l'horizon de la Différence «moro-morale» si l'on peut dire.

Ce tableau est celui de l'éthique première au sens gréco-métaphysique de ce mot : *prima ethica*. S'agit-il d'un double éthique de la *prima philosophia* ? Que l'on appelle *éthique première* la MM spéciale, ou bien la MM générale qui acquiert priorité et primauté sur la spéciale et qui fonde ou refonde en quelque sorte le fondement, dans les deux cas l'éthique première, en toute rigueur historique, n'est pas un simple effet de la philosophie première ; ni ce qui, dans un tout autre contexte, judaïque (Levinas), pourrait prétendre comme «éthique» désigner son substitut, au risque d'ailleurs de payer un tribut considérable à la métaphysique «grecque».

Auto-fondation et re-fondation de la MM (les degrés de son élucidation)

Dans le travail de constitution de la MM, plusieurs étapes, qui sont de droit, importent pour évaluer le niveau d'élucidation des présupposés des éthiques.

1. La découverte encore métaphysiquement impensée du fondement *a priori* ou rationnel de la pratique, fait pratique rationnel ou moralité *a priori*, dans lequel la MM trouve son assise, les limites de son domaine et met un terme à son indétermination «théorique». C'est sa forme intrinsèquement pratique mais non encore fondée *comme telle* : la morale évangélique et le droit naturel, l'Idée d'un jugement moral commun mais pratique plutôt que mode du jugement de connaissance. Ce premier moment est celui de l'Evangile, puis celui, bien postérieur, du «droit naturel», de Pufendorf puis de Rousseau, qui représentent l'équivalent de Newton pour la constitution d'une science de la moralité. Dans ces textes et leurs énoncés, elle trouve l'affirma-

tion de son existence *a priori* qu'elle n'a plus qu'à projeter comme constitution d'être-moral des mœurs. Elle conquiert par là son domaine et même son fondement (le fait rationnel pratique), *mais elle fait seulement usage de ce fondement ou l'énonce pour la première fois sans le penser encore comme tel ou le re-fonder.* C'est le fondement par lequel l'éthique s'assure de son auto-fondation possible, encore implicite, comme science morale qui détermine et délimite son domaine et projette un rapport pratique *a priori* à l'étant.

2. Le passage de cette auto-fondation de la MM à sa re-fondation, à la fondation du fondement pratique lui-même (métaphysique de la métaphysique des mœurs) ou de la moralité *a priori* (Kant). La re-fondation n'examine pas seulement thématiquement la constitution-de-moralité des mœurs, mais elle élabore la pré-compréhension de cette constitution supposée par les disciplines éthiques, en une compréhension universelle, non seulement fondée mais fondatrice. La philosophie pratique est une philosophie transcendantale ou qui porte moins sur les mœurs que sur notre manière de les déterminer et de les évaluer comme morales en tant que ceci est possible *a priori*.. Cette philosophie morale transcendantale a pour objet les principes *a priori* de la pratique. Comme ceux-ci déterminent les mœurs en les fondant, la philosophie morale pure prétend re-fonder de manière inébranlable ou assurer l'*a priori* de la moralité (plutôt que les mœurs effectives dont la moralité cependant est inséparable du fait même qu'elle n'est pas un *a priori* transcendant). C'est sa re-fondation comme telle par Kant, qui passe de la découverte du jugement pratique commun à son insertion dans le cadre de la MM. Cette re-fondation de l'auto-fondation spontanée est une auto-fondation supérieure de l'éthique dans la liberté.

3. Les diverses déconstructions possibles (historiquement effectuées, parfois simplement esquissées) de cette MM, déconstructions qui refoulent ou inhibent celle-ci sans l'élever à l'état effectif de «science». Parmi ces déconstructions, on distinguera particulièrement l'»ontologie fondamentale» (Heidegger) qui fait valoir le fondement originaire (sollicité et sollicitant plutôt qu' «inébranlable» et déposant plutôt que posant) du temps «ekstatique» comme sens de l'Etre. Ce fondement plus originai-

L'éthique-Monde   169

re que l'*a priori* kantien de la moralité, vaut cette fois-ci de l'ensemble de la métaphysique comprise alors comme question de l'ètre et de l'étant. C'est une dé-fondation, les déconstructions rapportant cette corrélation mitigée de la moralité et des mœurs à sa différe(a)nce comme telle; ou celle-là à un impensé ou un non éthique qui est l'essence réelle de l'éthique, inexpérimentable à l'intérieur de la métaphysique. Ces solutions appartiennent aux tentatives post-modernes d'une délimitation de la MM classique ou moderne; dans la mesure où elles l'entament, la refoulent, la déconstruisent, et par conséquent la présupposent toujours encore dans sa pertinence et sa validité réelle prétendue.

Il est remarquable que ces trois stades de constitution de la MM «moderne» correspondent déjà par eux-mêmes aux trois moments structuraux d'une Décision philosophique. La première forme signifie l'existence de fait de la MM («naturelle») comme donnée empiriquement. La seconde signifie la *possibilité intrinsèque* ou *l'essence* de cette MM, le passage à son essence ou à son fondement. La troisième signifie le passage du fondement *a priori* ou de la possibilité de la MM à son fondement dit seulement «réel» ou à sa déconstruction.

La MM cesse d'être un agrégat de notions hétérogènes historiquement accumulées lorsqu'elle se constitue explicitement comme science en délimitant et en fondant elle-même son domaine. Le moment où elle prend conscience de sa signification de science en état d'auto-fondation — chez Kant — est très différent du moment où son fondement a été énoncé de fait mais non encore inséré en elle et mis à son service. De ce point de vue, elle use même (hors de l'Evangile, chez les philosophes qui supposent la MM sans la re-fonder expressément) des catégories fondamentales de l'éthique (devoir, loi, fins, mobiles, valeur, faute, liberté, responsabilité, imputation, etc.), mais sans les élucider à leur tour dans leur teneur en possibilité réelle. Le projet de la *constitution de moralité* ou de l'*a priori* des mœurs trouve sa limite dans le fait qu'elle est une réflexion seulement métaphysiquement réglée sur ce que sont en général les mœurs en tant que mœurs, sur la moralité comme région et sur les catégories qui forment le contenu ontologico-transcendantal de la moralité C'est que la fondation réellement originaire d'une MM ne peut être assurée par celle-ci dans le premier geste où elle se déploie pourtant comme science et pose les limites et l'essence de son domaine.

Ce niveau d'analyse — en général celui des éthiques philosophiques qui présupposent l'horizon de la MM sans le questionner, le fonder, le déconstruire, etc. *comme tel* — suffit sans doute pour la pratique et pour la MM dans son geste primitif le plus naïf. Mais la simple élucidation des catégories éthiques n'atteint pas l'essence de celles-ci ou de la moralité, seulement celle qui reste co-déterminée par des mœurs déterminées, c'est-à-dire des concepts abstraits et généraux auxquels ces mœurs déterminées peuvent donner lieu. Cette MM «spontanée» bute nécessairement sur des conflits, des crises, des indéterminations de valeurs pour lesquels elle ne dispose d'aucune chance de solution, tant que la moralité elle-même dans sa nature d'*a priori*, où les catégories éthiques puisent leur sens de moralité, n'est pas éclaircie. Ceci exige un autre projet, limitrophe du précédent mais le débordant, en excès sur cette MM qui est toute orientée sur l'expérience même dans ses notions les plus abstraites. La simple auto-fondation spontanée de l'éthique comme «science» (au sens de la métaphysique) est vouée au «tâtonnement dans des concepts» (Kant), à l'incertitude et à la faiblesse devant la positivité sociale des mœurs. C'est que la plupart des éthiques constituées se proposent *des fins précipitées et à court terme* (la fameuse «urgence» éthique, toujours en retard sur les nécessités), *l'examen des mœurs plutôt que de la moralité*, enfin une *pratique législatrice immédiate plutôt que théoriquement fondée*. Si bien que l'universel théorique *a priori* qu'elles paraissent chercher et qu'elles requièrent de toute façon, se solde par des *généralités empiriques* chargées de camoufler leurs basses œuvres. Plus généralement une science de la moralité objective *a priori* ne devrait pas se contenter de réfléchir spéculairement les conflits de valeurs ou de comportements empiriques. Cet objectif toutefois n'est accessible par définition à aucune MM, même à celle qui est pourtant re-fondée, même à ses déconstructions. Toutefois il peut être approché par une thématisation des concepts fondamentaux de l'éthique et par une première élucidation des présuppositions «transcendantales» de la moralité *a priori* des mœurs.

L'éthique-Monde 171

Les présuppositions de la MM générale

Le style éthico-philosophique montre un certain nombre de limitations internes et externes que seule peut faire apparaître une pensée qui le prendrait, avec la philosophie elle-même, pour objet et qui serait donc capable d'opérer une critique non-philosophique de la philosophie. La structure de différence ou d'aporie de la MM — son dédoublement en deux sciences *et* son unicité de science — est en général un problème crucial et voue la métaphysique à n'être qu'une science «cherchée» plutôt qu'effective. Mais une fois cette structure admise, il reste les présuppositions obscures de la MM générale et de la métaphysique en général :1. son objet ontique (les mœurs), voire ontologique (la moralité), qui la cantonne dans la *différence* de la moralité aux mœurs et qui n'interroge *la moralité que dans son rapport aux mœurs* (même Kant malgré le refus éthique de la différence ontico-ontologique sous son seul angle théorique ou sous sa forme connaissante) plutôt que l'essence comme telle de la moralité; 2. son concept ontologique et naturel de l'étant et donc de l'étant moral, sa détermination des mœurs (et donc de la moralité) comme étant objectivé et naturel, sa limitation ontologico-physique de l'éthique; 3. sa nature de transgression métaphysique, de dépassement des mœurs vers la moralité, donc son esprit de primauté et de domination apparemment peu compatible avec son objet éthique, à moins que l'éthique philosophique ne cache une volonté politique certaine qui serait en l'occurrence une contradiction ou un mensonge.

Reprenons ces points.

1. Malgré la réforme kantienne dans la métaphysique en général et donc dans celle des mœurs en particulier, celle-ci reste une science ontique de l'être... de l'étant, de la moralité... des mœurs, une science ontologique (de l'être-moral) dont l'objet double (les mœurs en tant que mœurs et en tant que mœurs suprasensibles) est ontique. C'est dire qu'elle se meut dans l'horizon des mœurs auxquelles elle rapporte la moralité, examinant l'essence de celle-ci en tant que codéterminée empiriquement. Kant signale le fait de l'impureté de l'*a priori* pour l'ancienne métaphysique théorique, mais cette objection peut être étendue à Kant lui-même et universalisée sur le mode de la «différence ontologique» (Etre / étant : moralité / mœurs), au-delà par consé-

quent du simple concept métaphysique et de son «abstraction» à partir de l'expérience. L'*a priori* de type philosophico-métaphysique reste définitivement, même comme pratique, lié à l'expérience et n'atteint pas à la pureté nécessaire, même lorsque la raison pratique est supposée, comme c'est le cas chez Kant, être autonome à l'égard de la connaissance, non seulement de l'expérience mais de l'*a priori* théorique. Il est en effet toujours possible, comme nous l'a appris la philosophie moderne, de réinterpréter la dissociation philosophique de l'*a priori* et de l'expérience, celle même de l'*a priori* théorique et de l'*a priori* pratique comme inscrite à l'intérieur d'un horizon unitaire. Fondée empiriquement dans les mœurs, l'essence de la moralité reste tributaire de celles-ci et n'est donc pas pensée réellement dans son autonomie transcendantale pure ; la confusion de l'étant et de l'être persiste, induisant d'ailleurs la confusion plus lointaine et ultime de l'être (*a priori*, possible) et du Réel, mais cette dernière ou première confusion est l'essence même de la philosophie et devrait être remise en cause par une critique réelle de la philosophie.

2. L'éthique comme méta-morale (au-delà des mœurs) est largement décalquée de la *meta-physis*, déterminée par l'étant et en particulier par l'étant naturel. Même Kant en conserve et en renforce l'idée en réclamant une métaphysique, donc une éthique, «conforme à la *nature* de l'homme». Kant révèle la métaphysique à elle-même, et aussi l'éthique, lorsqu'il prend pour indication exemplaire de la «méthode» à suivre la science de la nature et comprend celle-ci, l'étant dit «naturel», comme ce que Heidegger appellera l'étant-sous-la-main (*vorhanden*).. Que les mœurs (actes, intentions, fins, comportements, valeurs, etc.) soient des étants «sous-la-main» signifie qu'elles sont objectivées et supposées données là à titre d'objet. Même lorsque Kant ne prétend juger que de l'intention et qu'il la sépare de tout objet théorique, il continue à l'objectiver en général et à penser la moralité comme une entreprise ou du moins comme une forme d'objectivation sur son mode non théorique ; comme l'objet d'un jugement de toute façon et, par là même, entretenant une relation unitaire malgré tout avec la rationalité théorique. Ce n'est plus une nature théorique, mais c'est encore l'Idée d'une *nature morale* et de la nature au sens formel ou général comme dit Kant : le *formalisme* moral n'est possible que par son oppo-

sition et sa corrélation à un formalisme naturel. Ainsi Kant ne fait que révéler que la MM est orientée *sur le modèle des mœurs comme physis*, toute métaphysique (Aristote) ayant le même objet que la physique, c'est-à-dire le tout de l'étant et concevant l'étant comme objectivé. La révolution kantienne— préférer l'Evangile comme jugement moral commun à la métaphysique théorique— s'inscrit avec celle-ci dans un même horizon unitaire qui déborde ou excède leur opposition. Le concept d'une MM est un projet physico-naturaliste qui communique alors avec l'éthique quasi-naturaliste de type «stoïcien».

Le point de vue de la technologie plutôt que de la science (la technologie ayant pour objet l'étant «à portée-de-main» (*zuhanden*, Heidegger) aurait déjà introduit une nuance appréciable et permis de poser le problème par exemple des biotechnologies, de ne pas les juger trop rapidement au nom de la MM, encore que la bioéthique soit prise entre une technologie et une science naturelle de l'homme. Mais le problème est encore ailleurs : une éthique «devrait» exclure toute objectivité naturaliste de ses objets et de l'homme en particulier, elle ne «devrait» peut-être pas légiférer sur un prétendu «homme naturel» ou devenir une éthique naturelle (au sens du «droit naturel», de la «religion naturelle»). La MM se consomme en *ethica naturalis* c'est-à-dire *rationalis*, elle prend pour objet l'homme comme agent de ses actes et agent de production (naturelle, voire techno-naturelle) de l'objet à partir de sa fin. L'agent éthique est un agent quasi physique, naturel-rationnel, et à travers lui c'est encore la *physis* qui transcende vers son au-delà, thèse à laquelle Levinas peut alors opposer le Visage, la «transcendance à rebours» de moi à Autrui. L'éthique emporte avec elle toutes les limitations internes et constitutives de la métaphysique dans un mixte gréco-chrétien (chez Kant) qui remplace la métaphysique spéculative des Grecs. L'éthique reste une «disposition naturelle» chez *tous* les hommes, et à laquelle aucun d'entre eux ne peut être «indifférent», étant *intéressé* à sa nature qui est la raison et *le fait de la raison*.. De là, lorsqu'elle veut se re-fonder, la MM donne lieu de fait— c'est sa partie «générale»— à *une ontologie régionale de la moralité,* les mœurs constituant une région de phénomènes démarquée de la région «physis» qui, d'ailleurs, dans le cadre de cette métaphysique, ne veut pas être une simple région mais veut être le tout de l'Etre. Kant élabore l'ontologie régionale des mœurs, ontologie certes pratique plutôt que théorique, mais qui supposerait à son tour une ontologie plus universelle, «fondamentale» (Heidegger), la philosophie elle-même. C'est là une autre limitation de l'éthique, même ré-instaurée ou re-fondée dans son fondement et son essence, qu'elle ne peut, se voulût-elle «vision morale du monde» et philosophie totale, être réellement plus qu'une ontologie régionale lorsqu'elle est mesurée à un projet plus radical.

La détermination «physique» de l'éthique n'est pas encore complète. La re-fondation de la MM comme «science» des mœurs exige, si elle est radicale, que soit montré le lieu où elle peut se fonder en général, trouver les fondements de sa possibilité. C'est l'Evangile et le Droit naturel qui montrent pour Kant l'idéal ou l'exemple de fondement pour une science des mœurs. Ainsi les mœurs sont pré-comprises de manière primaire non pas au sens de mœurs juridiques, mais *juridiquement*, le droit étant, avec la *physis*, l'un des principaux ingrédients de l'être-moral des mœurs. Cette double détermination juridico-naturelle de la moralité ne relève pas d'une phénoménologie radicale des phénomènes, elle contamine l'essence de la moralité ainsi confondue avec des régions voisines. Cette restriction complète les précédentes et interdit un concept vraiment uni-versel de l'être-moral et surtout son concept réel.

3. La nature transgressive et hiérarchique de la métaphysique et donc de l'éthique, est liée à un couple opérateur fondamental et ininterrogé qui est celui du *partiel* (l'expérience— les mœurs— est toujours partielle, contingente, hors loi ou régularité) et du *total* (l'Idée, l'Etre, la Moralité, l'*a priori* en général) qui, lui, ne se donne pas *dans* l'expérience mais doit être donné au-delà de l'expérience et de la «nature» (*physis*). L'éthique est donc dépassement du caractère partiel de la nature (spécifiée aux mœurs) vers son fondement ou sa fondation *a priori* qui n'est pas (ni comme être-moral commun ni comme région supra-sensible des mœurs) trouvable dans l'expérience. Finalement *être moral n'est pas seulement obéir à une loi, un principe, une obligation en général, c'est aussi et simultanément, dépasser/dominer, se dépasser et se dominer, être maître de soi et de la nature (physis) en soi-même.* Les éthiques philosophiques (en particulier le stoïcisme et le kantisme) nous ont habitués à cette concep-

tion et à cette croyance que cette maîtrise et domination appartient à toute éthique. Mais il suffit par exemple de les comparer à des éthiques plus phénoménologiques (Max Scheler, même Bergson) ou, mieux encore, d'origine judaïque (Levinas) pour comprendre que c'est là une *volonté politique de domination* qui mélange les genres ou les domaines, qui confond éthique et politique après avoir confondu éthique, science et technologie dans un certain «naturalisme». Que serait une éthique qui abandonnerait toute idée *de dépassement et de maîtrise*, sans en arriver par exemple comme Levinas à une éthique de la «persécution» ou de l'«otage» ? Il n'y a sans doute pas d'éthique sans transcendance et universalité (c'est là son noyau minimal) mais toute transcendance et universalité n'a peut-être pas nécessairement la forme qu'elle a dans la philosophie où elle se confond avec la volonté et la domination (y compris l'assujettissement de soi ou du moi par Autrui, etc.).

Les présuppositions de la MM spéciale

La critique des présuppositions de la MM générale opérée, celle de la spéciale se réduit à peu de choses. Ses présuppositions particulières sont les suivantes :

1. La structure de primauté et de hiérarchie, qui apparaît explicitement comme telle dans cette branche et qui affecte toutes les notions en jeu.

2. La surdétermination de la hiérarchie «naturelle», propre à la métaphysique, par la conception chrétienne de la création : l'homme comme étant créé, comme première créature ou comme sujet, le salut de l'âme comme première fin ou fin ultime de l'homme. La hiérarchie ontico-ontologique originelle est surdéterminée par l'idée d'un étant passible de la moralité pour autant qu'il est créé. Inégalité et téléologie structurent les déterminations chrétiennes de l'homme. Si bien que l'être-moral fait corps non seulement avec la différence ontico-ontologique mais avec l'ensemble de ses usages chrétiens. Le phénomène de la moralité, son identité, disparaît entre ces présuppositions hétéroclites dont l'assemblage, l'identité ultime précisément, reste impensée tandis qu'elles dissolvent pour ainsi dire l'être-moral, faisant apparaître celui-ci comme le résidu bariolé ou bigarré du

recoupement de ces déterminations.

3. La compréhension de la moralité dans le cadre de la finalité, de la téléologie liée à la hiérarchie métaphysique et finalement la réduction de la prescription et de la proscription à ce contexte téléologique. Résumant la signification d'une éventuelle MM, Kant pose les thèses suivantes :

a. Toute métaphysique est l'objet de l'intérêt de tous les hommes qui ne peuvent y être indifférents puisqu'elle décide de leur essence ; b. cet intérêt est théorique ou spéculatif et pratique ; c. le suprasensible est la «fin ultime» (*Endzweck*) de la métaphysique. «Tout intérêt de ma raison (l'intérêt spéculatif autant que pratique) se rassemble dans ces trois questions : 1. *Que puis-je savoir* ? 2. *Que dois-je faire* ? 3. *Que m'est-il permis d'espérer* ? Ainsi tout l'appareil de la raison dans le travail qu'on peut appeler philosophie pure, n'a d'autre but, en fait, que les trois problèmes énoncés (liberté de la volonté, immortalité de l'âme, existence de Dieu). Mais ceux-ci ont eux-mêmes à leur tour, un but plus éloigné, savoir : *ce qu'il faut faire* si la volonté est libre, s'il y a un Dieu et un monde futur. Or comme il s'agit ici de notre *conduite* par rapport à la fin souveraine (*höchsten Zweck*), le but ultime (*letzte Absicht*) des sages dispositions de la nature prévoyante dans la constitution de notre raison n'appartient qu'à la seule morale» (*Critique de la raison pure*). Kant ne renverse pas seulement l'ordre des priorités entre les deux branches de la MM mais, plus généralement, la morale est la *fin ultime* (*Endzweck-*) de la métaphysique et, par conséquent, toute la métaphysique tourne autour de cette fin ultime. Ainsi les hommes sont au centre d'un réseau téléologique indécidable d'intérêts et de fins hiérarchisés. D'une part les grands objets de la métaphysique spéciale (la liberté de la volonté, l'existence de Dieu, l'immortalité de l'âme) constituent et restent de toute façon le but ultime de la métaphysique elle-même prise comme «appareil de la raison dans le travail qu'on peut appeler philosophie pure» (CRP). Une fois décidée la primauté ou la destination morale de toute métaphysique à l'intérieur de celle-ci, la primauté reste à sa partie spéciale qui énonce la «fin souveraine» (*höchster Zweck)* et qui n'est indépassable que du point de vue de cette fin. Sa seule primauté en effet, car la priorité «pour nous» et dans l'*ordo cognoscendi* de toute façon revient à la partie générale. La complexité et l'ambiguïté du vocabulaire kantien (qui combine *Absicht, Zweck, End, letzt, hπchst*) témoignent d'une intrication de la métaphysique et de la morale, de l'impossibilité de décider entre elles, entre une fin métaphysique et une fin morale qui s'enveloppent mutuellement. Différentes modalités : la finalité, le devoir ou l'obligation, l'intérêt, font ici système dans un style général qui définit le noyau d'essence de l'éthique ou la raison comme organon de la MM. Lorsque Kant isole le devoir comme objet principal de l'éthique, il ne fait que mettre à jour cet esprit de commandement obligeant ou interdisant, en quoi se résout la finalité pratique.

Comment toute éthique est structurée comme une métaphysique

La MM étant posée d'après la métaphysique en général, il reste à la spécifier en fonction de l'éthique non plus seulement dans son double objet mais dans ce qu'il y a de *spécifiquement éthique* dans ces objets. Si ceux-ci constituent en quelque sorte l'existence de la MM, quelle est son essence spécifique ? C'est ici qu'apparaît sur la scène, en rôle-titre, l'homme, qui motive la dualité de la métaphysique

L'essence est en général pour toute métaphysique le *meta-*, la distance ou transcendance «phénoménologique» qui permet de transgresser vers le tout de l'étant dans sa double dimension. Une MM spécifie ce *meta-* comme interdit et obligation qui en sont des modes précisément éthiques. Interdit et obligation peuvent être fondés, ils ne sont pas par eux-mêmes fondation. Les autres concepts de l'éthique se réduisent à ce couple : l'obéissance, par exemple, ou la valeur, ou l'interdit qui transit le sujet de responsabilité. Le simple «projet» n'est pas spécialement éthique, mais pratique-actif, s'il n'est pas commandé et structuré par l'interdit et l'obligation qui *décident* quels actes ou quels projets relèvent de l'éthique parmi l'ensemble des actes du sujet. Ce sous-ensemble éthique n'est pas défini par des actes ou des normes particuliers mais, puisque la transcendance est son essence unitaire, par un certain type ou style de transcendance qui enrichit sa condition ultime. Transcendance d'un autre type (*epekeina*), marquée par la contrainte exercée par une extériorité sinon extra-territoriale du moins limitrophique qui redouble le *meta-*, se fonde sur lui et le restreint comms si celui-ci s'excèdait une seconde fois dans cette extériorité contraignante. Si le *meta-* est l'essence unitaire et universelle de toute métaphysique, donc de celle des mœurs, son usage éthique se présente alors à la fois comme un plus et un moins par rapport à lui : une obligation positive non pas de quelque acte particulier mais de la transcendance ou de la transgression *elle-même* et un interdit non de quelque acte déterminé mais de la transcendance ou de la transgression elle-même. Dans l'horizon de la métaphysique — et toute éthique philosophique peut finalement y être réduite — l'éthique n'excède la transcendance que d'une nouvelle transcendance.

Toutefois pourquoi s'affecte-t-elle de cette division pour s'obliger et s'interdire, sinon parce qu'elle s'identifie en un point d'elle-même à un facteur = x qui n'est plus métaphysique, qui peut recevoir une forme et des fonctions métaphysiques mais qui doit bien être émergent par rapport à celles-ci ? Cet excès sur la transcendance ne peut pas être une norme empirique, une fin sociale ou anthropologique, en général un phénomène seulement quelconque tiré des mœurs en général puisqu'il oblige la transcendance à se dépasser et se spécifier en mode éthique sous la forme d'un être-moral qui, précisément, décide des *étants* qui seront désormais qualifiés de «mœurs».

Toutefois si les mœurs sont indifférentes au sens-d'être de l'être-moral et ne peuvent tenir elles-mêmes le discours et la pratique éthiques mais doivent recevoir la moralité, c'est nécessairement — ainsi le veut la structure circulaire de la métaphysique — un étant ou un objet susceptible d'être qualifié moralement, mais un étant nullement quelconque ou indifférent à la moralité, qui peut agir moralement ou être le «sujet» de la moralité. Ce facteur = X qui peut tirer la métaphysique de son état pré-éthique et la transformer en MM, *c'est une variable* qu'il est possible sans doute de «remplir» de toutes les transcendances sociales, politiques, juridiques, religieuses possibles, *mais qui a nécessairement et de toute façon la forme de l'homme*. Si donc on accorde à l'éthique une autonomie relative, refusant de la «noyer» dans la transcendance ontologique, ce n'est que dans l'homme, pas dans les mœurs sociales ni en Dieu, que réside ce facteur = X qui excède la simple transcendance (celle de l'Etre)

L'éthique-Monde 179

ou travaille en elle (*Dasein* par exemple) ou la fait s'excéder, l'affectant et la divisant sans la démembrer ou la détruire dans son unité. Ce n'est que dans l'homme et avec lui, quelle que soit son interprétation par ailleurs, qu'il y a de toute façon une dimension = X qui explique le *phénomène* de la moralité ou qui suscite l'obligation et l'interdit, animant la MM sans que celle-ci puisse d'ailleurs l'élucider dans sa constitution et sa possibilité ultimes au-delà des propriétés précisément non éthiques (sociales, religieuses, etc. ou ontologiques voire historiales) qui en masquent le phénomène et le détruisent par l'étant ou par l'Etre, voire par l'en-deça de l'Etre.

Peut-être faut-il alors ici suivre une précieuse indication de Kant touchant le respect comme phénomène de la moralité, mais à la condition de dérationaliser et désensibiliser ce concept kantien et d'en dégager un noyau phénoménal plus pur, de telle sorte que cet X — plutôt que la Raison qui prend appui sur lui — soit l'objet du phénomène que Kant a tenté de décrire sous le nom de «respect», et d'autres penseurs plus religieux sous le nom de «crainte», de «numen» ou encore de «Visage». Bien entendu nous posons ce facteur = X de manière indéterminée, *comme réquisit minimal d'un au-delà (epekeina) de la transcendance ontologique elle-même* et qu'exige la simple description «au plus juste» de celle-ci, réquisit sans lequel aucune MM n'est possible. Cet au-delà n'est pas lui-même du même type que la transcendance ontico-ontologique — c'est à sa manière un facteur *réel* puisque capable d'affecter la transcendance et sa nature idéelle (au moins partielle). Mais il n'y a pas de MM sans que l'appareil minimal de la métaphysique ne s'identifie à lui et ne subisse ce «choc» ou cet «affect» qui la brise et lui imprime une bifurcation à la fois ontologique et autre qu'ontologique. Toutefois même si ce facteur est résolument réel comme un Autre extra-territorial au transcender ontologique ou à la distance phénoménologique, il assume des fonctions de disjonction de la philosophie (voire de la MM) et de l'éthique. Si bien que cette éthique «non métaphysique» ou «post-métaphysique» est installée dans l'horizon créé par la fin et le rassemblement de la métaphysique épuisant ses possibilités. Elle continue à faire corps avec la MM tout en la refoulant ou l'interdisant — éthiquement — sans l'invalider. L'éthique reste donc ainsi de toute façon structurée *comme* une métaphysique, désormais refoulée, même lorsqu'elle cesse d'être une partie ou un moment de la MM et affecte celle-ci en extériorité et en hétéromie. Cette fonction discriminante de l'éthique qui sépare alors la philosophie et la MM et permet à celle-là la critique de celle-ci, est particulièrement combattue par l'ontologie fondamentale comme question du sens de l'Etre, qui interdit cette émergence de l'éthique, comme elle peut être au contraire et positivement remarquée, voire être mise au service d'une expérience religieuse du type de la judaïque.

Ces variations, déformations et distorsions de la structure de la MM ne peuvent interdire la thèse selon laquelle *toute éthique philosophique est structurée «comme», et seulement comme, une MM et emporte de toute façon les présuppositions de celle-ci même lorsqu'elle ne se présente pas comme métaphysique*. Cette structure, que telle philosophie peut refouler par la «critique» ou la «déconstruction», continue à la déterminer de manière aveugle et à lui inspirer un automatisme de répétition.»Structurée *comme*» indique concrètement : 1. une possibilité de variations sur les rapports de la MM, de l'éthique et de la philosophie; 2. une distinction unilatérale de l'éthique à la métaphysique dans son concept traditionnel; une coupure qui la spécifie et lui évite une complète réciprocité avec la métaphysique, comme un rapport-sans-rapport à celle-ci ; 3. toutefois, du point de vue non plus de l'éthique philosophique elle-même mais de la non-éthique que nous cherchons, un ultime fonds refoulé de réciprocité entre l'éthico-philosophique et la métaphysique, fonds qui ne cesse d'agir et de commander l'éthico-philosophique. Toutes les éthiques contemporaines font valoir une argumentation philosophique, aidée au nom de l'éthique, contre la métaphysique et font passer une ligne de clivage en des points-frontières très divers, mais la ligne de démarcation est une procédure métaphysique fondamentale, d'ailleurs toujours surdéterminée par fins et des mobiles éthiques. C'est précisément de ce mélange que la non-éthique entend «sortir».

Une éthique universelle sans métaphysique ?

Une pensée qui pourrait éliminer ces limitations et produire une éthique réellement universelle ne serait plus une éthique juridico-politico-physique des actes ou des intentions, donc une MM dans la mesure où toute éthique philosophique est structurée, soit positivement soit par refoulement, par une telle pensée. Elle conquerrait son universalité contre et sur la MM gréco-philosophique, contre aussi et sur l'inversion judaïque de celle-ci. Elle ne peut être rationnelle et porter sur la forme de la loi, sur le devoir (ou sur la responsabilité de l'être-persécuté) ; mais pas davantage sur le contenu matériel du devoir, car l' «intention» ou la «fin» appartiennent encore à la sphère de l'étant sous-la-main ou quasi-objectivé. La moralité universelle doit être identifiable à un niveau supra-naturel et supra-rationnel, tel que ce qui est déterminé ne soit plus l'acte ou l'intention volontaire, et tel que ce qui détermine ne soit plus la Raison. Il s'agit de suspendre non seulement le théoricisme (comme Kant), mais le juridisme et le naturalisme rationalistes, toute présupposition d'une nature éthique et d'une vision morale du monde. Kant, malgré le passage du théorique au pratique, n'accorde pas encore son autonomie relative et sa spécificité à l'éthique, qu'il subordonne toujours à la physique et à la métaphysique. Kant refonde l'éthique sur la base d'une morale «naturelle» (non évidemment cynique mais rationnelle) ou d'une essence humaine homogène ou unitaire. Si l'éthique doit être «fondée» comme adéquate à l'essence de l'homme, elle doit exclure toute idée d'une essence unitaire et transcendante. L'homme n'est peut-être pas un ego-sujet structuré par une supposée «nature humaine» mais, par exemple, un Ego *et* un «Etranger», structure duale ou non-unitaire, et qui détruit à la racine tout le naturalisme, le juridisme et le rationalisme, le positivisme historique aussi, qui grèvent l'éthique et lui donnent sa nature antinomique (par exemple l'antinomie du «naturel» et du «positif» ou de l' «historique»).

Du point de vue de l'être-moral en tant que tel, l'éthique que l'on appellera «non-philosophique» doit extraire l'être-moral *uni-versel* de sa forme simplement *générale* ; sa forme apriorique pure de sa forme aprioriquement abstraite et non pure. Du point de vue des régions de l'étant moral suprasensible, elle doit manifester le sujet éthique sans le laisser être encore déterminé par le rationnel, le juridique, le physique et bien entendu par le théorique. Un sujet pratique non-philosophique doit être le corrélat de la radicale uni-versalité du Réel inconsistant. De ce point de vue en général, la MM ne peut apparaître, avec sa revendication d'une *ethica naturalis*, que comme une éthique *spontanée* plutôt que «naturelle», comme un fonds arbitraire incontrôlé de toute éthique et avec lequel une éthique réellement humaine doit compter quand ce ne serait que pour la «défétichiser» ou la «défactualiser».

Une éthique non-philosophique, ainsi comprise, ne définit l'homme ni comme étant soumis à la moralité comme à un prédicat, ni même comme être ou horizon de la moralité. Elle désontologise l'essence (d)'homme de l'homme ou retire à la moralité sa substructure ontico-ontologique sans pour cela poser un Autre premier à la manière anti-ontologique de Levinas. L'essence humaine de l'homme se dit — on le suppose ici sans de nouveau l'expliciter — en termes de «vision-en-Un» ou de «vision-en-homme» radicalement immanente, indépendamment des structures ontologiques transcendantes. A plus forte raison elle achève de déplacer la moralité hors de son cadre profondément ontico-physique et objectivant, de son contexte rationaliste et naturaliste. La morale philosophique n'est pas très humaine mais faite par et pour la *physis*, la *polis*, le *cosmos*, etc. et n'est que la procédure ou le procédé de l'insertion de l'homme dans ces cadres et de son assujettissement à ces Autorités. L'éthique non-philosophique aura pour objet de ré-élaborer l'éthique à partir de ses sources radicales qui ne sont ni ontiques ni ontologiques et de prendre pour objet non pas les termes primaires de l'éthique (l'acte, l'effet, l'intention, la valeur, etc.) mais l'éthico-philosophique lui-même dans son identité, par conséquent sans le démembrer ou prétendre décider et choisir en lui.

L'identité de l'éthique comme problème non-philosophique

La MM elle aussi est capable au moins virtuellement, on l'a vu, de subir des «tournants» historico-systématiques qui sont autant de répétitions et parfois de refondations de sa structure à un renversement près (de sa partie spéciale à sa partie générale) et donc à un déplacement près. Kant la refonde plus radicalement que d'autres qui avaient ouvert la voie (Duns Scot) et sur un mode enfin résolument pratique. Mais cette voie n'est possible que parce que la MM relève de l'onto-théo-logie qui est une structure invariante qu'il ne faut pas craindre (comme certains historiens) de généraliser à toute métaphysique malgré les variations historiques de ses rapports internes. Elle ne se res-

L'éthique-Monde 183

treint pas davantage à sa version scotiste puis kantienne dans laquelle Dieu est soumis à son tour au concept d'étant mais entre dans la sphère «générale» ou commune de l'étant, ce qu'il ne peut subir que parce qu'il était déjà précédemment inclus dans la branche «spéciale» de la métaphysique. Ce qui change, c'est seulement l'ordre de priorité déterminante entre les deux «métaphysiques», nullement l'extension de celles-ci au divin lui-même. C'est le propre de l'onto-théo-logie comme structure ou invariant d'être capable d'engendrer de telles dominations et de tels assujettissements par renversements et déplacements, de programmer la possibilité d'un tournant révolutionnaire qui reste intra-métaphysique.

En revanche cette conception de l'onto-théo-logie comme structure invariante implique une nouvelle définition de la pensée qui en fait ici un usage qui n'est ni historisant ni même peut-être «historialisant». Dans son usage sous des conditions philosophiques, cette structure est inséparable de ses tournants et renversements, de ses deux versions complémentaires et de leur opposition, la pensée devant pencher chaque fois en faveur d'un côté ou choisir une version comme étant la principale, et réintroduire une téléologie. En revanche — et dans le but de dégager sous des conditions désormais non-philosophiques l'identité de l'éthique — l'usage *uni-versel* que nous en faisons pour toute MM, et l'usage uni-versel que nous faisons de la MM pour toute éthique philosophique, suppose que nous posions l'identité *a priori* de la MM indépendamment de ses décisions et variations historico-systématiques. Du point de vue non-philosophique, la solution kantienne n'est pas plus pertinente que les formes classiques de la MM. Cette thèse utilise ces variations au titre de son matériau, mais elle s'oppose aussi directement à elles, les déplace du moins par une critique réelle. Elle dégage de la structure unitaire et double de la MM une structure simple ou d'identité, de telle sorte que l'étuique cesse de se penser et poser comme essence réelle de l'homme.

Ce «procédé» de l'identité dite «en-dernière-instance» ou «dualité uni-latérale», vaut ainsi des diverses versions possibles de la MM. Or une éthique non-philosophique — cela ne veut pas dire sans aucun rapport, mais sans aucun rapport de constitution à la philosophie— sans doute respectera les différences entre ces solutions, mais seulement du point de vue de l'usage de matériau qu'elle en fera. Du point de vue de leur supposée pertinence, en revanche, elle ne fera aucune différence et les invalidera toutes ensemble. Elle ne peut le faire que si elle dispose pour son compte, on l'a dit, d'une identité *a priori* de fonction transcendantale et de cause réelle, qu'elle fait valoir pour les diverses versions de la MM. L'identité de l'éthique, c'est ce que nous pouvons appeler à juste titre l'*éthique première*. Toutefois cette formule peut recevoir un sens métaphysique qu'il faut éliminer. On sait que l'éthique porte sur le tout des mœurs et que ce tout tombe sous la division et la dualité des métaphysiques. Le tout de l'étant moral peut être considéré, on le sait, du point de vue de sa cause ou de son fondement. Ce point de vue est celui d'une «théologie morale» (plutôt que d'une «morale théologique»), qui concevra ce fondement moral ultime comme un «Dieu moral» ainsi que le fera valoir encore Nietzsche. C'est la première définition possible d'une *éthique première* qui se confondrait alors avec cette théologie morale ou cette *différence éthico-théo-logique*. Mais le tout de l'étant moral peut être considéré en tant qu'il est en général et communément moral plutôt que juridique, religieux, physique, etc. Ce point de vue est celui d'une éthique générale qui peut également être dite première en un autre sens que précédemment : première non plus en soi et dans la hiérarchie des régions de l'étant moral, mais *pour nous* et du point de vue de *notre* pratique, soit de la Raison pratique comme humaine et finie. L'«éthique première» l'est donc deux fois parce qu'elle est divisée par la MM elle-même. Précisément lorsqu'elle se veut comme philosophie première, elle est toujours aussi seconde et subordonnée à l'autre partie d'elle-même. Elle est *à la fois* — c'est un nouveau mélange— première et seconde. Maintenant l'identité de l'éthique qui échapperait à sa détermination métaphysique serait certes seconde par rapport au Réel, à l'Un ou au malheur (dÔ) homme, mais elle serait intégralement première, sans être divisée comme première ou seconde-comme-première, étant plutôt première et seconde sous des raisons hétérogènes.

CHAPITRE V

QUE FAIRE DE NON-ÉTHIQUE ?

Contre l'enlisement de la décision éthique

L'existence de l'individu moderne, on l'a longuement décrit, est un tissu de *jeux étho-techno-logiques*, de décisions immédiatement indécises, de choix embarrassés, de ruptures inhibées, dont le caractère aporétique rend plus crucial et plus nécessaire de chercher si et comment une décision radicale serait de nouveau possible sans être simplement un avatar du type rationnel et philosophique de la décision.

Cette parousie doxique rend inutile toute tentative éthique qui resterait à l'intérieur de la Différence et userait de son moyen. Mais surtout elle rend problématique la Décision elle-même. Les conditions éthiques, et pas seulement éthiques, ne sont plus remplies qui rendraient possible une décision rationnelle classique. Celle-ci se laisse gagner, de l'intérieur et de l'extérieur, par une inertie, une inhibition qui a deux aspects. L'un, qui est tout relatif aux conditions d'existence locales qu'il s'agirait de faire bouger ; l'autre, qui est global et se manifeste par l'émergence d'un Indécidable absolu et sans figure, mais sur lequel toute décision, quel que soit son genre et son espèce, vient buter de plus en plus vite comme sur une Limite seulement déplaçable, mais non dépassable, au fur et à mesure qu'elle se confond avec le tout des comportements quotidiens. De là le caractère de plus en plus insaisissable de toute situation, indiscernable dans l'exacte mesure paradoxalement où elle n'est plus simplement un fait ou une donnée à l'intérieur du Monde, de l'Histoire, où d'un système technique, mais où elle met en jeu chaque fois ces horizons eux-mêmes.

Bien entendu l'enlisement de la prise de décision est la condition de possibilité *effective* ou le seuil de déblocage épistémologique de la «Théorie de la décision», qui prend pour objet la décision et qui n'est elle-même que l'une de ces technosciences qui contribuent à enliser la décision dans l'effectivité. La Théorie de la décision est l'un des modes de l'Ethologos et, dans cette mesure, n'a besoin, comme toujours, que d'un supplément d'éthique, car elle est déjà le rassemblement et l'accomplissement de l'essence de l'éthique. Sinon par sa réalisation, du moins par son essence étho-logique, elle comprend la décision de telle sorte qu'elle la constitue en champ éthique universel, mais dépourvu d'objets, de fins ou de règles éthiques. Elle fait de la décision l'éthicité même de toute règle éthique et contribue à détruire le fétichisme éthique au nom de l'éthique. Elle est l'un des modes d'accomplissement de la grande éthique rationaliste — à la fois la critique de ses formes les plus transcendantes et la conservation de sa teneur en éthicité. L'un et l'autre, le rationalisme éthique kantien par exemple, et la Théorie de la décision, si éloignés semblent-ils à un regard métaphysicien, ont le même lieu, sont tous deux des avatars de la cloture étho-logique. La Théorie de la décision s'universalise comme la seule éthique plausible en milieu technologique intense.

L'homme, abandonné de la morale.

La nouvelle conjoncture, celle de l'impossibilité d'une décision radicale par indiscernabilité et excès de la décision, se consomme dans l'affect d'un esseulement sans précédent. *La morale nous a abandonnés, l'éthique a laissé l'homme comme sujet sans sauvegarde ou Etranger sans protection..* L'affect de la mort de la philosophie paraît moins fort que celui de la mort de la morale, peut-être parce qu'il est plus divers et coutumier de l'apparition d'une philosophie nouvelle, tandis que celui-ci est plus rare mais plus violent dans la pensée (Darwin, Nietzsche, Freud), plus radical dans l'histoire (l'expérience concentrationnaire). C'est dans ce cadre d'une «fin» de type philosophique, mi-achèvement mi-interruption, de la morale, qu'il faut replacer le thème vulgaire de la «crise de la morale». Toute morale pourrait bien être morale de crise sans que les «moralistes» attitrés s'en aperçoivent. De toute façon l'abandon de l'homme par la morale est un énoncé amphibologique qu'il faut analyser. L'abandon est double. Il peut suivre de l'émergence d'une nouvelle forme du mal, inconnue ou du moins philosophiquement impensée — de là l'affect d'abandon. Mais elle est alors philosophiquement pensable et susceptible de relancer, dans son après-coup, la pensée morale. De ce point de vue, il y a une manière nihiliste d'être «en crise» : si la morale est en crise, c'est bien parce qu'il n'y a plus assez de crises fondamentales pour remettre en cause ses fondements traditionnels et la rétablir sur de nouvelles base perçues comme plus pertinentes. Ce travail de ré-ajustement et de création dépend de l'apparition de nouvelles conjonctures, et le manque de conjoncture émergente implique le dépérissement de la morale qui est perçue alors comme vaine et pas seulement comme inadaptée. Mais il y a un autre abandon éthique de l'homme, plus radical et sans commune mesure avec la violence de l'histoire et la destruction de l'homme par l'homme puisqu'il est plutôt la cause de cette destruction. *C'est dès sa naissance et en tant qu'éthique, que la morale a abandonné l'homme et ceci en prétendant prendre soin de lui et le déterminer.* Cet abandon est la condition pour que l'éthique se constitue simultanément avec la philosophie. Plus rigoureusement, l'éthique exige dans sa possibilité et son effectivité le refoulement de l'«essence» de l'homme comme être-Etranger-à-l'éthique. La prétention de celle-ci à valoir suffisamment pour lui, voilà justement le véritable rejet, la forclusion de l'homme, dont la cause de-dernière-instance est l'être-forclos de cet homme lui-même. Parce que l'identité humaine se refuse originairement à l'éthique et à sa maîtrise, celle-ci ne peut que vouloir la penser et, si elle ne peut y parvenir, déclarer qu'il est une chimère théoriquement impensable. Et l'éthique préfère considérer l'homme — dans ses œuvres mortifères ou maléfiques — comme un monstre qui lui échappe plutôt que de renoncer à sa prétention première de le penser comme être éthiquement déterminable. La non-éthique *examine* l'éthique et sa malignité propre depuis cet abandon originaire en tant qu'il vient bien plutôt de l'homme et de son être-indifférent à l'éthique.

La défense a priori de l'homme

De ces thèses résulte une mise en cause du rôle de la philosophie dans les problèmes d'éthique et d'autorité en général. En réalité c'est plutôt le type de leur association, de leur coopération, que l'on critique ici. Il ne s'agit pas de nier ces rapports dans leur ordre mais de protéger l'une de l'autre la morale et la philosophie.

Voici donc le problème. De même que précédemment nous nous demandions comment mettre fin à l'exception de l'éthique, soit métaphysique soit judaïque, à elle-même, comment faire rentrer la philosophie non pas *sous* ou *dans* l'éthique par un simple renversement de la hiérarchie, mais *avec* elle dans une même sphère d'équivalence «démocratique» qui ne relèverait plus des mélanges éthico-philosophiques, nous nous demandons comment obtenir une éthique pacifique — et pas seulement pacifiste —, qui renonce à être une technologie transcendantale des mœurs ; qui ne procède plus par mimétisme plus ou moins spéculaire des techniques, comme une biotechnologie supérieure, et qui renonce à prétendre *opérer* sur l'essence même de l'homme par ces technologies spécifiquement philosophiques que sont renversement ou déplacement, modification de frontière ou pliage, réflexion, soustraction ou supplémentation, topographie ou topologie ? Et voici la solution, le théorème transcendantal qui en donne le sens: *l'homme et la Loi ne sont pas faits l'un pour l'autre, l'homme-sans-monde détermine en- dernière-instance l'humanité de la Loi-monde.* L'homme ne se définit donc ni par la Loi ni par l'exclusion de la Loi, son être-forclos à l'éthique exclut cette alternative. «En-dernière-instance-seulement» signifie que l'homme n'est pas aliéné à la Loi ou à son refus mais que la Loi est déterminable en fonction de celui dont le nom premier est *le Seul*, et *occasionnellement* de la philosophie— double protection ou double respect en réalité des multiplicités humaines Dans son «essence» qui défie toute essence, l'homme n'est pas une autorité morale, refuse la sur-autorité philosophique et limite jusqu'au concept d'éthique qui exprime la Décision philosophique sur la morale.

L'identité humaine n'est évidemment pas régionale ou empirique — tout dans le Monde, dans la Société et l'Histoire, dans l'expérience du corps humain, est toujours techniquement divisible et éthiquement légiférable. Elle n'est pas davantage celle du Tout ou de l'Etre, la philosophique, qui est une fausse identité, de droit divisible autant qu'indivisible, la philosophie étant une technologie supérieure. Même le «Sujet», même l'«Individu», même le «Moi» sont divisibles. Mais une identité que l'on dira réelle et non pas possible et encore moins logique

— l'identité qu'est le malheur. L'homme, dans sa non-essence, pas dans son corps-objet, est non seulement indivisible mais l'épreuve et la jouissance — le «joui» — de cette indivision, l'Indivisé qui n'est même pas immanent à un Sujet ou un Individu mais *Homme-en-Homme*.. Dans le Monde et surtout hors du Monde, l'Homme, par son «essence» du moins, est le seul être non-philosophable, c'est la fin du mensonge humaniste au nom même de l'homme. *C'est donc aussi paradoxalement le seul être dont la solitude ne soit pas soumise à l'éthique* et, pour cette raison, capable de déterminer celle-ci et la transformer sans qu'elle le transforme. Son identité à lui d'une part et l'éthique d'autre part ne peuvent plus ici se déterminer mutuellement, s'aliéner l'une dans l'autre, perdre leur autonomie dans leurs échanges réglés traditionnellement par la philosophie et par son autorité.

Aux mains du philosophe, l'éthique est défense, soin ou souci de l'homme de la transcendance, au mieux d'Autrui comme représentant, masque ou homme de paille du philosophe lui-même. Aux mains de l'«Autre homme», elle est défense, soin ou souci non pas de cet homme-ci concret, mais d'un lien religieux infini et transcendant. L'éthique n'a jamais été que défense de la philosophie ou de la religion, jamais défense de l'homme en sa solitude essentielle, telle qu'elle n'ait plus besoin de ces assistances intéressées et soit capable d'être sa *défense depuis lui-même* ou depuis la finitude intrinsèque du malheur radical. Les deux expériences éthiques majeures de la modernité ne cessent de renvoyer à l'infini, de dissoudre la solitude du *Seul* dans des fétiches anthropoïdes peu humains. Cet homme-ci ne peut recevoir d'Autrui ou de la Raison, de la religion ou de la philosophie, la défense de sa solitude. L'Un est *pour* l'Autre, sans doute, mais au sens nouveau où, de l'Un seul, peut suivre une explication pratique a priori de l'Autre homme, c'est-à-dire de l'homme aux prises avec l'histoire, les relations sociales et politiques. Le théorème éthique dont l'homme est capable est celui-ci : *l'expérience (de) l'homme-tel-que-malheur et l'expérience de l'éthique sont en-dernière-instance identiques ou se résolvent dans une non-éthique*.. L'homme est capable d'assurer sa propre défense ; comme malheur il suffit à déterminer a priori cette défense sans requérir les aides trompeuses et la protection piégée de la philosophie et de la religion, sans être obligé de recevoir la forme de la Loi ou d'être affecté par Autrui. Les divers mélanges d'autonomie et d'hétéronomie dans lesquels ne cesse de tourner l'éthique, répartissent maintenant leurs ingrédients ainsi : au malheur comme essence réelle de l'homme, l'autonomie radicale; à la véracité transcendantale telle qu'elle découle du malheur, l'hétéronomie de l'homme-tel-qu'un «Etranger», comme exigence non-éthique. Celle-ci n'a qu'une tâche : nous libérer non pas de l'éthique mais de son autorité, plutôt que d'ajouter à la prescription existante ou de la porter à l'excès du Bien qu'est l'«Autre homme». *La non-éthique, parce qu'elle est l'opération de l'Etranger et l'effet du malheur-en-dernière-instance, est l'usage défensif et libérateur de la prescription et de la proscription.* De la légalité, de la normativité, de la moralité pure, de la production éthique, techno-éthique, il n'y en aura de toute façon à l'avenir que trop, de toute façon que trop spontanément produite, et ne recevant de toute façon qu'un trop mauvais usage, spontanément autoritaire, ambigu et mélangé en fonction de leurs deux sources (les mœurs socialement données et la volonté de puissance philosophico-mondaine). Loin de potentialiser l'éthique, de lui donner de nouveaux buts ou de nouveaux objets, de la généraliser en un tout-éthique, il s'agit de la dépotentialiser en dégageant son noyau d'identité non-éthique pour l'instant encore enveloppé et intriqué dans les voiles de la religion, de la technologie et de la philosophie. Nous considérons l'éthique philosophique comme un simple champ de phénomènes et de propriétés objectives, mais de le traiter ainsi le fait *émerger* enfin de sa dissimulation par la suffisance philosophique et l'offre comme un nouvel objet accessible à une posture de théorie mais pratique ou adéquate à l'éthique (contre le théoricisme).

Contre la dilution du mal et le «révisionnisme supérieur» de l'éthique. L'équivalence transcendantale des malheurs

Sous le nom de «malheur radical», l'identité (du) mal constitue le point de vue ultime sur l'éthique. Mais cette identité ne peut être pertinente que si elle ne représente pas un nivellement nihiliste de la dualité des expériences du mal (par donation et par élection). Dans un premier temps il est nécessaire d'accuser cette dualité et de marquer la singularité de l'épreuve judaïque contre toute normalisation et tout «révisionnisme». La philosophie d'origine grecque contient des présupposés qui programment à travers par exemple la convertibilité, à quelques différences près, du Bien et du Mal, ou à travers la théodicée telle qu'elle appartient de droit à toute onto-théo-logie et métaphysique, un révisionnisme voire un certain «négationnisme». Ce négationnisme philosophique ne porte pas — sauf dévoiement — sur les faits historiques mais, comme il se doit dès qu'il s'agit de pensée, sur la valeur et le sens du mal, en particulier de son épreuve judaïque. L'expérience dont il s'agit ici n'est pas seulement factuelle, physique et psychologique, elle est de sens ou de non-sens, de manifestation du mal. Or touchant le sens et la valeur, révisionnisme et négationnisme ont tendance à se confondre dans un effacement général du vécu dans le sens, mais aussi du sens irréductible — c'est-à-dire du non-sens radical — du malheur judaïque dans la philosophie,. Elle contient des présuppositions gréco-occidentales qui la font au moins et de toute façon révisionniste «dans l'âme» dès qu'il s'agit des horreurs de l'histoire en général et des singularités de cette horreur en particulier (peuples et religions minoritaires et exterminés, par exemple les gnostiques et les hérétiques de tous bords) et à plus forte raison de cette singularité extra-philosophique qu'est le judaïsme. Si la théodicée comme projet implicite de toute philosophie est le symptôme conceptuel de ce révisionnisme, le judaïsme est le symptôme de l'échec de toute théodicée, l'incrimination vivante du silence et de l'irresponsabilité divines.

La philosophie a ses concepts du mal — le mal radical, la guerre de tous contre tous, l'universelle exploitation capitaliste, la méchanceté (non diabolique), la faillibilité et l'impureté, etc. — mais son idéalisme congénital, la priorité qu'elle accorde à la pensée ou, éthiquement, à la Raison comme volonté de bonheur, ou comme Loi, comme consentement, comme affirmation, etc. la rend incapable de penser l'histoire humaine à partir du mal et la destine aux illusions transcendantales d'un hédonisme et d'un optimisme où la «béatitude» rationnelle avoue son abêtissement et se consume platement dans un «tout-bonheur» final et ses prothèses technologiques. Le vrai malheur de la philosophie, malheur éthique et plus-qu'éthique, est dans son incapacité *à respecter le mal* ou son *identité*. Elle le refoule par des fétiches rationnels, même le «mal radical» de Kant joue encore partiellement ce rôle, sans parler du transcendantal du *malum*, des dialectiques (dialectique hégélienne de la conscience malheureuse), ou des variations psycho-herméneutiques à l'intérieur du «ressentiment» et de la «mauvaise conscience» qui ne sont pourtant que d'ultimes rationalisations philosophiques et somme toute optimistes du malheur humain. Ethique ou non, la philosophie contient ainsi une possibilité active de révisionnisme qui *blanchit le mal dans le concept* et son *type d'abstraction*. Sans dénier la réalité historique des faits, elle dilue son sens-de-mal et particulièrement l'absolu, l'infini non-sens du mal «judaïquement» éprouvé. Ce révisionnisme doit être dit «supérieur» comme la philosophie l'est par rapport aux simples *a priori* de l'expérience. Il se confond avec la mauvaise indifférenciation des singularités et des dualités dans les généralités ou les principes, dans le travail de synthèse et de dilution des aspérités du «réel» qui forme le plus clair du travail philosophique. Finalement il y a bien une *banalité du mal* mais elle n'est jamais simplement de fait et se conforte plutôt d'une entreprise de banalisation philosophique. Celle-ci est certes armée de concepts et de distinctions réglées mais elle «réduit» le mal par exemple dans les différences de quantité et de qualité de malheur dialectiquement combinées qui émoussent et généralisent le non-sens, l'absence judaïque de sens. Le côté purement quantitatif de l'Etre est révisionniste mais la dialectique du quantitatif et du qualitatif l'est à peine moins. Elle intègre le mal au système de la philosophie au lieu de penser la philosophie et l'éthique à partir du mal le plus radical. Contre ce noyage des singularités génocidaires et concentrationnaires dans le malheur universel du monde, il faut faire valoir un malheur radical qui n'est universel que «négativement» plutôt que positivement, comme condition négative d'identité *pour* le malheur gréco-occidental et *pour* le malheur juif.

Toutefois s'il faut faire valoir cette dualité des épreuves contre l'appréhension unitaire du mal par la philosophie, où le judaïsme viendrait compléter le tableau final, le problème du judaïsme est de ne pouvoir se donner à son tour et se faire valoir que comme affectant toute autre généralité (factuelle, historique ou métaphysique). Le judaïsme est inséparable de son existence comme *affectant* ce qu'il n'est pas, par exemple comme singularité supplémentaire irréductible à la réduction philosophique,

L'éthique-Monde 193

donc comme *affectant* le philosophique. La pensée n'a sans doute rien à perdre, elle a tout à gagner en force et en authentique universalité à admettre la revendication de l'irréductible affect judaïque. Mais pour éliminer ainsi son racisme de fond, un racisme «supérieur» lui aussi, *pour admettre cet affect sans le lier encore à la philosophie, sans perpétuer le conflit gréco-judaïque*, elle doit chercher une cause réelle qui soit une authentique identité (du) mal. Pas une nouvelle synthèse supérieure encore à celle de la philosophie, en vue d'une méta-éthique rassemblant unitairement le grec et le juif, mais bien une radicale identité réelle (du) mal dont le mode d'être-donné ne relève plus de l'autorité éthico-philosophique. Une pensée unitaire du mal ne peut que perpétuer le conflit gréco-judaïque, tant du côté de la réduction ontologique du malheur juif que du côté de l'affection de celle-ci par un autrement-que-philosophique inintelligible. Il est possible de respecter la dualité des épreuves dans une théorie du mal que l'on dira unifiée — et non plus unitaire —, unifiée par cette identité de-dernière-instance. Si le révisionnisme éthique signifie que l'éthique est incapable d'*expliquer* le mal mais ne fait que le commenter et le répandre à son tour par cette «révision» et ce non-respect, le malheur radical signifie la possibilité d'*expliquer a priori* autant que faire se peut les formes qualitatives du mal. *Expliquer a priori* l'expérience (plutôt que comprendre ou interpréter) — le propre de la non-philosophie en général et de la non-éthique en particulier — n'est pas réduire ou niveler, c'est garder la réalité des phénomènes, refuser de diluer le mal dans l'éthique et réciproquement. Toutefois c'est aussi lever la prétention de chacune de ces expériences à englober l'autre (la métaphysique englobant le judaïsme) ou bien à l'affecter et la désarmer (le judaïsme affectant et désarmant au nom de sa propre éthique la métaphysique des mœurs).

Le malheur radical ne peut amorcer un processus d'explication que s'il contient la possibilité d'une équivalence transcendantale des malheurs singuliers. L'équivalence transcendantale des malheurs n'est pas leur équivalence empirique ou factuelle, ni même métaphysique — celle-ci procède par abstraction déterminée empiriquement et n'aboutit qu'à des généralités sans universalité véritable qui reproduisent les prétentions exclusives des adversaires. L'équivalence transcendantale est une partie de

194   Ethique de l'Etranger

la solution du problème d'une théorie unifiée du mal : elle suspend la violence réciproque des éthiques métaphysique et judaïque, leur interdit de prétendre déterminer l'essence-de-malheur de l'homme et les réduit à l'état de conjoncture mais dans le respect de leur singularité.

Une théorie unifiée du mal

S'agit-il d'une nouvelle «théorie du mal» ou bien du malheur ? Ces formules directrices doivent être rectifiées. On appelle «non-éthique» la théorie unifiée, non unitaire, de l'éthico-philosophique. Le mal étant l'ultime horizon obligé de toute fondation métaphysique de l'éthique, elle équivaut également à une théorie unifiée du mal, par exemple tel qu'il est saisi dans sa division philosophique en «faute» et «souffrance» ou dans ses autres antinomies. L'éthique postule et dénie une théorie de l'identité (du) mal, lui substituant des formes unitaires et hiérarchiques, la repoussant comme identité impossible à son horizon le plus reculé, la transformant en instance de l'Autre et séparant ainsi le mal de ce qu'il peut. La non-éthique se propose son «unification» qui n'est pas sa synthèse et surtout pas le projet absurde de le fonder, de l'irréaliser encore un peu plus. Ni même de fonder la philosophie pratique dans le mal, qui serait plutôt en fait la limitation de ce pouvoir d'être fondée. La théorie unifiée est en priorité celle de la corrélation de l'éthique et du mal, elle use de ces corrélations comme d'un simple matériau. Les tentatives de rationalisation du mal soit par un logos plus ou moins dérationalisé ou bien déconstruit, soit encore par la raison technologique contemporaine et son galvaudage des éthiques, définissent une sphère éthico-philosophique — notre matériau — en tant que structurée *comme* une métaphysique indivise déjà par l'un de ses côtés. L'éthique la plus profonde connaissait un principe équivalent à celui de la convertibilité de l'Etre et de l'Un ou des autres transcendantaux, c'était «la coexistence du mauvais principe et du bon» (Kant), leur lutte ou leur convertibilité à une hiérarchie près, qui témoigne du refus de la simple victoire finale du mal ou bien du bon principe (sous la forme d'une conversion du cœur de l'homme). Cette lutte est l'image éthique de la structure triadique la plus invariante de la «Décision philosophique». Cette convertibilité à un écart près (à une opposition logique ou réelle, à une différence, différance et même à un

L'éthique-Monde 195

Visage *près*), cet axiome fondateur de l'éthique *comme* métaphysique des mœurs, témoigne de la co-appartenance rédhibitoire du mal et de l'éthique, du caractère «vicieux» de celle-ci, de sa simple postulation avec laquelle elle confond le devoir-être. Or si le «mal radical» appartient à une lecture rationnelle de la religion par Kant, une théorie non-éthique équivaut à une «lecture» unifiée-en-dernière-instance, explicative et réelle, des éthiques historiques et philosophiques rapportées à leur cause ou à leur limite radicale (sous la forme d'un être-forclos du malheur à toute éthique). Et une non-éthique pose *comme nécessaire et indivise de part en part mais en-dernière-instance* cette corrélation de l'éthique et du mal, qui n'était que contingente dans le point de vue philosophique.

Sans doute la structure philosophique la plus générale n'absorbe-t-elle pas sans reste le mal dans la mesure où il est «radical». Mais c'est bien cette économie que nous avons dû transformer, d'une part en ayant montré que le mal radical n'est encore qu'un moyen terme et un symptôme entre la Raison philosophique et une instance de malheur radical sans commune mesure pourtant avec elle; d'autre part en ayant éliminé tout esprit de convertibilité, c'est-à-dire de lutte et de résolution, de guerre et de paix «victorieuse», dans les rapports non plus du Bien et du Mal mais du malheur et de l'éthique.

Une éthique-selon-l'homme

Si la Différence étho-techno-logique n'est faite ni pour la science ni pour l'homme, mais pour l'Etre, l'Histoire, la Raison, la Technologie, et donc pour le philosophe comme maître de ces généralités transcendantes, l'autre direction signifierait une éthique humaine, plus exactement *selon l'homme en-dernière-instance*. Les éthiques philosophiques sont des «formulations» ou des «formules» (Kant) de l'éthique qui prétendent en plus — même celle de Kant qui voit pourtant le danger — transformer celle-ci ou la faire advenir. Au lieu de se contenter de décrire rigoureusement sa réalité du point de vue de l'homme en son essence phénoménale, elles transforment l'éthique en objet philosophique et lui impriment la téléologie pratique propre à la philosophie, qui superpose à l'éthique ses fins propres, dont on sait qu'elles ne sont pas éthiques mais méta-éthiques ou bien sur-éthiques..

Une non-éthique *selon* l'homme peut être appelée aussi «ordinaire» mais la formule est ambiguë. Elle ne désigne pas la moralité inscrite dans la quotidienneté, supposée être celle de l'homme par opposition à une éthique philosophique. Au contraire, elle s'oppose à ces deux éthiques prises ensemble, à leur disjonction et à leur communauté. L'éthique philosophique a toujours déjà décidé de ce que serait une éthique de l'homme quotidien, commun, vulgaire ou grégaire, une éthique de mœurs ; le philosophique est la disjonction du philosophique et du commun. L' «homme ordinaire», c'est une autre pensée qui n'est pas directement philosophique sans nier pour cela la philosophie. Il désigne le point d'identité de-dernière-instance qui rend pensable l'articulation du philosophique et du commun, identité antérieure de droit à leur disjonction, à leur synthèse aussi par conséquent, et présupposée par leur explication. Aucune *réconciliation* n'est esquissée des mœurs et de l'éthique philosophique, puisque celle-ci est toujours déjà cette réconciliation achevée ou pensée dans sa possibilité de droit. L'identité de l'ordinaire n'est pas acquise philosophiquement, par une décision ou une scission, ni ne fonde une philosophie, devenir et réconciliation. L'ordinaire (du) malheur radical n'est pas un simple prédicat maîtrisable philosophiquement, c'est une expérience immanente qui ne relève que d'elle-même et pour laquelle nous n'avons pas d'autre nom que celui de solitude radicale ou de malheur.

La source de radicalité de l'éthique est dans la posture de soumission au Réel et se distingue d'emblée de la volonté constitutive et transformatrice de la philosophie. Mais ce refus de l'activisme étho-techno-logique ne signifie pas une passivité ou une inertie, au contraire. La non-éthique n'est pas faite pour transformer le Sans-essence de l'homme — c'est une illusion — mais pour transformer d'une manière non-technologique ce qui prétendait transformer technologiquement l'homme en général, et pour mettre la technologie au service, non pas de nouveaux buts philosophiques, mais de la seule essence du sujet-Etranger. La source radicale de l'éthique, pour être simplement le malheur humain, n'est pas anthropologique ou humaniste.

L'éthique-Monde 197

L'anthropologie est un mode déficient de l'ontologie, donc de l'étho-techno-logie et de sa volonté de transformer unitairement l'homme en lui imposant une essence. L'anthropologie, comme la philosophie d'ailleurs, est plutôt immorale. On appelle ici «immorale» une pensée qui prétend transformer en essence le sans-essence (de) l'homme et, bien entendu, on doit y mettre la philosophie...

Rendre morale l'éthique? ou la penser de manière vérace?

Le problème de l'éthique n'est pas seulement théorique, il est, nécessairement ou jamais, éthique. Ce n'est pas que l'éthique doive faire l'objet d'une évaluation elle-même éthique, bien que la validité de la question : telle morale est-elle elle-même morale ? soit absolue étant donné son objet. Mais l'effectuation de cette évaluation uniquement sur le mode du cercle herméneutique de toute philosophie et par conséquent du mensonge-par-exception, est problématique, alors qu'elle devrait être effectuée de manière rigoureuse, identiquement scientifique (et) philosophique, et sur un mode évidemment pratique, qui achèverait d'arracher ce projet à une simple auto-application de la morale et à l'affirmation violente de son autorité. L'éthique et même la fondation de l'éthique sont contaminées par leur objet (le mal) mais elles ne le savent pas et ne font rien contre cette situation qui les fait naïves et immorales. Que l'éthique puisse être elle-même jugée bonne, ou bien entachée d'une faute «originaire», c'est évident et peu importe puisque la philosophie peut toujours porter ce double jugement. Mais il importe que ce phénomène reçoive une identification ou une explication vérace et réelle (non historico-effective, qui est impossible ou contradictoire). Elle ne le niera pas, lui reconnaîtra de la validité et l'enregistrera pour son compte mais en vue d'en faire un usage nouveau, scientifique et pas *seulement* philosophique *et* éthique, susceptible de faire valoir cette forme transformée en explication de sa forme ancienne. Pour expliquer un objet aussi difficile qu'une illusion transcendantale comme est celle des éthiques philosophiques, il faut une pensée qui soit transcendantale en un sens radical du terme (en rapport de dépendance au Réel).

Sans doute l'éthique ne traite pas de la responsabilité

dans les actes de la vie sans se supposer une auto-responsabilité, sans confier apparemment à l'homme mais en fait à une instance transcendante en l'homme (la Raison, la Grâce, la Vie, la Langage, la Société, la Lutte des classes, etc.), la moralité de la philosophie elle-même. La différence métaphysique de l'être-moral commun et des mœurs rebondit comme souci méta-moral qui reproduit à un niveau supérieur les conditionnements pré-ou im-moraux de la moralité commune, et reste incapable de porter une évaluation et une connaissance explicative de la morale dans la mesure où elle la confie de manière ultime à la philosophie. Soit que celle-ci soit étrangère à la morale et y importe ses propres fins très peu morales, soit qu'elle soit déjà pénétrée de «moraline», dans les deux cas cette méta-morale ou cette éthique qu'est la philosophie ne peut remplir sa tâche. L'instance de «contrôle» a bien plutôt déjà contaminé la morale par sa suffisance et son autorité. Afin de donner à la moralité commune (au sens métaphysique de l'être-moral commun des mœurs) ou à la sphère éthico-philosophique son autonomie relative et l'empêcher de se dissoudre en elle-même et finalement dans le Monde, afin aussi d'en élaborer une connaissance pratique plutôt qu'un simple commentaire ou même qu'une déconstruction, il faut poser que la discipline qui prendrait pour objet l'éthique ne peut être qu'une non-éthique en un sens radical (non logico-contradictoire avec l'éthique) et ne trouvant sa cause que dans une instance dont on dira qu'elle est non-responsable (de) soi. Il est exclu de «fonder» l'éthique et de la fonder sur une responsabilité *de* soi supérieure.

L'éthique philosophique comme éthique par provision

La vérité de l'éthique philosophique, sa véritable destination inconnue d'elle-même, c'est qu'elle n'est qu'une *morale provisoire*. Toute éthique est une morale par provision que la philosophie comme métaphysique détache auprès de l'homme en tant qu'il entretient un rapport certes de transcendance à un étant (aussi bien lui-même) et sous la forme duquel il prétend légiférer, mais à un étant dont la contingence et la propre transcendance rendent essentiellement incertaine et faillible cette législation jusque dans sa validité. Descartes a découvert ce trait fondamental d'incertitude qui affecte l'éthique mais ne lui a pas donné toute sa portée et l'a résolu par un retour à un conformisme historique et social qui sans doute est aussi le nôtre, mais qui est devenu encore plus problématique depuis que nous savons dans quel éloignement de droit l'étant mondain se tient par rapport à l'homme défini par le malheur et combien il affirme sa contingence et sa résistance. Nous avons désormais une expérience et une compréhension «transcendantales» de l'incertitude de l'étant et du caractère provisoire de toute éthique. C'est évidemment d'abord la philosophie, la métaphysique dans le rapport d'anticipation et de rétrospection qu'elle pose à l'étant, qui est condamnée à penser par provision. En attendant une élucidation *totale* de l'étant dont elle est incapable ou qu'elle s'interdit de droit, elle se pose comme *suffisance ou prétention*, mais du coup se réduit à un souci-de-soi et renonce par narcissisme à la pensée théorique du Monde. Dans ce rapport angoissé et tendu de la philosophie au Monde, toujours le manquant, l'éthique n'est qu'un repli supplémentaire destiné à colmater les brèches de l'autorité philosophique et les échecs de sa maîtrise. En particulier elle a à charge de combler l'écart de la philosophie à la sagesse inaccessible voire à quelques postures voisines de la sainteté. La philosophie par conséquent met l'éthique à son service, la divise et la distend d'une différence — celle de la terre et du ciel — et ceci jusque dans l'être humain auquel elle attribue cette brisure unitaire.

La non-philosophie est cette pensée *pour* le Monde, mais celle-ci précisément ne peut se réaliser qu'en renonçant à l'élucidation totale de l'étant et en comprenant que le monde dans sa plus grande universalité ne peut être que la philosophie ou que l'étant en tant que de droit philosophable. elle substitue à cette impossible connaissance totale du Monde par le Monde, la connaissance de l'identité chaque fois unique du Monde-comme-totalité ou philosophie, de la pensée-monde. Dans cette nouvelle problématique, à son tour l'impossible législation éthique totale du Monde qui fait que l'éthique reste incertaine et par provision est remplacée par la législation non-éthique chaque fois unique. en vertu de son essence identiquement scientifique et philosophique. Elle comprend l'«étant» au nouveau sens éthico-philosophique du mot et peut donc légiférer sur lui autant qu'il est possible (la critique du pouvoir de légiférer n'est réelle et rigoureuse, non illusoire, que comme critique du pouvoir non-éthique de l'homme). Aussi n'est-elle pas, pour elle-même du moins, une éthique par provision mais l'opération indivise de l'homme-tel-que-sujet et du sujet-tel-qu'Etranger, opération qui se dirige d'une seule pulsion sur le donné éthico-philosophique auquel elle entretient un rapport qui n'est plus dans son essence d'anticipation et de rétrospection, de jeu entre l'au-delà et l'en-deçà de l'étant. Le sujet-Etranger met en jeu directement, sans hésitation ou oscillation, l'identité des actes ou des situations à forme éthico-philosophique. il n'est plus nécessaire de suspendre le jugement théorique afin de répondre à l'urgence de l'action. le vrai problème est plutôt celui de la résistance de l'éthique-monde.

CHAPITRE VI

RÉPÉTITION NON-ÉTHIQUE
DE LA DÉCISION ÉTHIQUE

La répétition uni-latérale: non-platonicienne et non-kantienne

Manque d'identité ou de cause réelle, mensonge transcendantal, dilution doxique, voilà les maux constitutionnels, les défaillances transcendantales qui font le vrai malaise de l'éthique. Elles ont une tout autre portée que les conflits techno-éthiques suscités par les biotechnologies, conflits dont la suffisance philosophique amuse les protagonistes et les détourne d'un diagnostic plus crucial. Comment motiver une répétition non-éthique de l'éthique ?

S'agit-il de motiver la non-éthique par une critique première de ses insuffisances et de se plaindre comme à l'accoutumée de ses défaillances ? Ou bien, de les avoir *identifiées* d'ailleurs que de l'éthique et que de la philosophie nous impose-t-il une tout autre posture, d'une certaine manière plus positive, à l'égard de ces manques ? Nous ne voulons pas dire que la descente de l'éthique dans le monde des marchandises quelconques, que son immersion dans les processus technologiques «présentent des avantage» — c'est évident, comme la prostitution elle-même — mais qu'une exigence nous est faite de traiter la misère éthique avec justice et justesse, sans doute avec la générosité qu'implique le Réel tel que nous l'entendons, comme cause radicalement autonome d'une véracité pratique et théorique qui s'exerce à l'égard du phénomène éthique lui-même.

Ainsi une nouvelle éthique première ne peut pas se motiver de la priorité d'une critique, d'un refus de l'éthique ou d'une plainte encore philosophique. La non-éthique précisément n'est pas *adaptée* de part en part à une conjoncture et ne s'y ajuste pas. La justice, sans être le contraire de l'ajustement, n'a rien à faire avec un opportunisme que la philosophie n'a pas su éviter. La conjoncture n'est qu'une *cause occasionnelle* pour une pensée dont l'essence est sans-conjoncture. C'est pourquoi, dépendant du Réel comme de sa cause, elle peut, littéralement, remettre «en» cause l'éthique ou penser la conjoncture *selon* l'Identité et non plus selon le Même ou selon l'Etre. La non-éthique ne peut se motiver des insuffisances de l'éthique mais de son propre pouvoir transcendantal de les considérer comme des symptômes à «analyser» et de leur donner une explication qui ne réponde pas à une exigence de *donner* leur raison. L'éthique n'est pas contradictoire logiquement ou philosophiquement, ce n'est pas ce que nous avons argumenté. Elle n'est même pas contradictoire avec l'identité (du) Réel d'où nous la pensons mais, mesurée à celle-ci, elle est hallucination réelle et mensonge transcendantal et, par ce biais, peut-être mensonge à l'égard d'*elle-même*. Aussi la non-éthique ne s'autorise de l'éthique elle-même que dans les limites où elle traite celle-ci comme simple cause occasionnelle, ne se motivant pas par ailleurs du Réel, qui n'est pas motif. C'est donc d'abord une théorie — pratique — du champ éthique, de ses objets et de leurs propriétés, fournissant une explication *a priori* de celles-ci, la traitant par conséquent avec une positivité certaine, mais non sans effets critiques secondaires ainsi que les descriptions précédentes les ont exposés.

La non-éthique est une théorie *uni-verselle* qui trouve dans la conjoncture une simple occasion qui l'oblige à se renouveler mais qui ne transforme pas son caractère uni-versel ni ne l'assujettit à des conditions historiques ou philosophiques déterminées. Dans cette recherche nous ne pouvons être ni kantien ni platonicien. D'une manière générale le Réel ne relève plus, à aucun titre, de la structure et de l'histoire de la métaphysique et de sa variante, la métaphysique des mœurs. En revanche le «seuil» du Réel franchi, nous devons être kantien c'est-à-dire maintenant autrement que kantien, ou non-kantien dans la position d'une force (de) véracité qui soit l'essence de la pensée pratique et la critique réelle de la Raison pratique. Et dans le traitement de l'objet éthique, nous devons être platonicien, c'est-à-dire maintenant autrement que platonicien ou non-platonicien, poser toute éthique philosophique comme une forme d'opinion et de sophistique sans rigueur ni objet, et élaborer une science des étants éthico-philosophiques. S'il y a un renversement du kantisme et du platonisme, il n'est pas ici premier mais bien second ou, plus exactement, dans la stricte dépendance du Réel. Il fait droit à Kant et à Platon mais en portant leur décision respective à la puissance transcendantale d'un non-kantisme et d'un non-platonisme. La répétition de l'éthique n'est telle que sous la primauté du Réel hors-répétition, c'est donc une répétition uni-latérale ou limitée au matériau éthique comme cause occasionnelle.

Ce qui est finalement autre chose qu'une histoire, c'est une répétition de type non-philosophique en général. Il s'agit identiquement de ré-activer et d'*expliquer* quelques gestes fondateurs de l'éthique. Kant évidemment, lorsqu'il s'agira de donner au sujet moral son contenu d'identité réelle et sa véracité performative. Mais aussi Platon dès qu'il s'agit, comme ici, de jeter les bases d'une discipline rigoureuse, quasi-mathématique quoique de style transcendantal, de l'opinion et de l'éthique comme opinion. La dissolution technologique de l'éthique dans l'ethos commun exige une réponse de style non-platonicien, c'est-à-dire de platonisme universalisé sous les conditions réelles de l'Un, sans doute, mais de la vision-en-Un plutôt que de la vision de l'Un. L'essai platonicien de fonder une éthique première sous la quasi-Idée du «Bien», c'est-à-dire sous l'autorité ultime du système de la philosophie, a échoué dans la mesure où ce système philosophique est retourné, comme tout système et comme toute philosophie, à la généralité de la *doxa*. Une éthique à bases réelles et rigoureuses exige un second essai hors des limites de la philosophie et opposé non pas à la simple sophistique, qui était de toute façon un objet trop étroit et limité, mais à cette sophistique supérieure qu'est la philosophie elle-même. Le second essai, sous peine de verser dans la tragi-comédie de la philosophie, est la *répétition uni-latérale*, qui ne répète pas la philosophie comme essence mais comme matériau et comme simple modèle, et qui la répète sous des conditions précisément de l'Un-homme forclos à l'éthique. Plutôt qu'une morale philosophique pour l'homme quotidien et citoyen, elle est une «morale» pour l'éthique philosophique elle-même et non pas seulement pour la sophistique médiatique ou pour la culture contemporaine de l'opinion, celle des «intellectuels» et de la «philosophie» populaire, comme nous y inviterait un simple néo-platonisme. «Non-éthique» est le nom d'une radicalisation première de la répétition platonicienne de la *doxa* ; répétition trop faible pour être autre chose qu'une forme «supérieure», seulement supérieure, vaincue par l'absence de pensée qu'elle a vaincue. Une éthique première, sous ses conditions, ne peut plus être la forme systématique et transcendante soit de la morale commune ou des mœurs, soit de cette éthique elle-même, elle ne peut être qu'une non-éthique et naître sur un terrain autre que philosophique, et plus qu'«Autre».

La répétition: une science transcendantale

A quelles conditions qui ne soient ni illusoires ni régressives est-il possible de briser la suffisance de la Différence éthotechno-logique ? Elle apparaît d'abord aussi englobante, aussi inhibitrice justement de toute décision que la Différence onticoontologique dont, ici et là, on prétend aussi nous faire lien et filet. La tâche est toutefois clairement définie; il est inutile de chercher encore — quoique cela se fasse et puisse se faire — dans le fonds éthique gréco-occidental une quelconque solution. Tout y est déjà — avec la décision philosophique elle-même — consommé et révolu. Si l'éthique, c'est-à-dire la possibilité d'une décision de l'homme qui ne soit que la sienne, est possible, elle ne sera pas trouvable dans le champ de cette Différence, dans une corrélation de l'individu et de la règle et dans l'assujettissement réciproque de celui-ci et de celle-là. Mais comment *briser avec* ce mixte, comment rendre à la Loi une sphère d'exercice qui ne soit plus d'asservissement de l'homme ? Une forme de pensée est-elle possible — et le mot de «possible» a-t-il encore un sens ici ? — qui ne procède plus par mixte et, entre autres choses, par différence, synthèse et corrélation ? qui soit capable de penser le sujet moral à partir de sa seule uni-versalité et celle-ci avant toute *corrélation constitutive* avec une règle, une cité, une nature, un état, une technologie ? Et si cette pensée existait inaperçue par principe de la métaphysique et de l'éthique-monde, trop immédiatement donnée sans doute pour être visible de celles-ci ?

S'agit-il de re-fonder l'éthique ? A la rigueur. Mais à condition de ne pas alors substituer une hétéronomie de type «fondamental» à l'autonomie et risquer de soumettre l'éthique à autre chose. En réalité ce sont les éthiques philosophiques qui veulent assurer l'autonomie de l'Autre de manière toutefois hétéronome, par un fondement de type philosophique et à son profit. Il faudra donc distinguer deux types hétérogènes de cau-

L'éthique-Monde 205

sation. S'agit-il aussi de se donner la transcendance radicale de l'Autre comme ce qui défait tout pouvoir ontologique ? A la rigueur. Mais à condition de ne pas motiver subrepticement l'Autre et l'éthique par une tradition socio-religieuse plutôt qu'ontologique et admise par simple foi. C'est pourquoi, à condition de pouvoir montrer que l'homme forclos à l'éthique est sujet, et le sujet le plus dépourvu de transcendance, seule une causation de l'éthique dans l'homme *étranger* à l'éthique respectera son autonomie, c'est-à-dire la forme de transcendance qui lui est de toute façon nécessaire. Il y a deux types de transcendance et l'on ne réduira pas celle de l'éthique à celle de l'ontologie et encore moins à celle du religieux. Ces confusions «unitaires» programment la ruine technologique de l'éthique.

La transcendance de l'éthique, celle qu'est l'Autre, et qui doit être de toute façon conservée et même protégée contre la philosophie, ne doit plus être redoublée vicieusement par une opération philosophique supplémentaire, une transcendance de type ontologique (la Raison, par exemple), ou de type religieux (Dieu, le visage de l'Autre). Elle doit «se fonder» au contraire dans une immanence radicale dépourvue pour son compte de toute transcendance. Comment dégager, de ces doublures ontologiques et religieuses, le noyau réel et spécifique de l'éthique, sinon par la méthode d'une rigoureuse décision axiomatique immanente, qui décrira les données phénoménales ultimes, la *réalité* — et non la simple possibilité — de l'éthique ?

Une telle méthode caractérisée par la rigueur sans faille de son immanence, ne peut être que la non-philosophie. L'immanence radicale n'est pas par exemple dans l'objet de la techno-science mais dans la posture même de la «pensée-science». Ayant suspendu la fondation unitaire de l'éthique dans une décision philosophique, la source autre qu'étho-techno-logique, de l'éthique, ne peut être que la pensée-science (la non-philosophie). La science, de son côté, n'y intervient pas par les connaissances locales transcendantes qu'elle produit et les investissements technologiques nouveaux du corps humain qu'elle rend possibles — c'est là toujours la sphère de l'étho-techno-logie — mais par sa posture d'immanence à l'égard du Réel, *donc* par sa capacité à déterminer en rigueur et en réalité l'éthique. Au lieu de fabriquer une nouvelle éthique pour la science et de rester ainsi soumis à l'étho-techno-logie qui englobe tous les aménagements, ajustements, résistances ou différences apportés aux technologies et aux éthiques, on ira chercher dans l'identité sans-essence de l'homme la détermination immanente de l'éthique.

Comme Kant l'exigeait, il s'agit moins d'élaborer une nouvelle éthique que de donner la description rigoureuse de l'état-de-choses phénoménal qui constitue une éthique réelle. Toutefois pour nous le donné phénoménal de l'éthique n'est plus le fait rationnel du jugement moral commun — c'est là encore un objet étho-techno-logique transcendant par rapport à l'essence de l'homme. L'Identité comme dernière-instance est sans-scission-ni-identification, dépourvue de tout néant, de toute décision et position. Cet Un, vécu tel quel, est à la fois l'Ego et le déterminant radical d'une thèorie unifiée de la science et de la philosophie, *éthique comprise.* Corrélativement cette représentation ou ce sujet non-philosophique est une dualité, sinon une Dyade, mais absolument primitive, non obtenue par scission et non susceptible d'identification. Le sujet non-éthique est de part en part science transcendantale comme *clone ou reflet* non-spéculaire et donc non constitutif du Réel. Cette pensée prouve d'elle-même sa réalité, elle est *index sui,* mais en-dernière-instance ou critère seulement transcendantal — ici rigoureusement immanent — de sa propre réalité. Elle est capable de se décrire elle-même sans s'épuiser dans les opérations philosophiques, même si elle y recourt..

A plus forte raison une science rigoureuse (des) états-de-choses non-éthiques n'est pas une généalogie constitutive de l'effectivité empirique et/ou philosophique de l'éthique. Elle se donne l'éthique, elle n'intervient pas *en* elle. Il y a sa transformation étho-technlogique ou unitaire mais il y a sa transformation extra-technologique ou réelle. N'importe quel phénomène, biotechnique par exemple, doit être analysé selon ces deux dimensions hétérogènes, en un sens sans commune mesure, sinon que la seconde transforme la première qu'elle prend pour matériau, selon le principe qu'une pensée vraie est meilleure que la meilleure éthique. Il s'agit d'éviter les *auto*-interprétations unitaires de ces phénomènes. Les valeurs, les normes, les prescriptions, transformées ici en fonction de leur contexte philosophique, par exemple celui de la transcendance spécifiquement éthique, sont alors utilisées comme symptômes et modèles pour décrire théotiquement, sans prétendre aussi les constituer, les états-de-choses cette fois phénoménaux. C'est là ce que l'on appelle une transformation réelle. Il s'agit d'en faire un usage non pas anti-éthique (car seule la philosophie, pas la «science transcendantale», peut comprendre un moment anti-éthique), mais *non-éthotechnologique*.

Tentatives philosophiques de non (-) éthique (Heidegger)

L'axiome : «l'essence de l'éthique n'est pas elle-même éthique» ne milite pas nécessairement contre l'autonomie de l'éthique, sauf à confondre cette autonomie avec une autoposition contre laquelle en effet cet axiome est dressé. L'essentiel est plutôt d'établir un concept positif de cette autonomie comme non-autopositionnalité. Mais avant cette solution, l'éthique aura subi plusieurs limitations philosophiques. Par exemple la *Différence étho (-techno-) logique*, celle des étants moraux (des mœurs) et de l'être-moral commun (de l'éthique). C'est déjà un moyen de lutte contre l'auto-position idéaliste et rationnelle, mais insuffisant. La Différence contient en effet un moment de «retrait» de l'éthique ou de non éthique, mais divers selon l'interprétation de la Différence. Si bien que l'éthique philosophique, surtout moderne et récente, connaît plusieurs types de «retrait» possibles ou de *délimitations* :

— Le retrait nihiliste de l'éthique rationaliste sous la vague de l'Etho-techno-logos, avec pour balance un retour toujours possible, artificiel et réactionnaire ou réactif, de cette éthique, par exemple kantienne, comme anti-éthotechnologique.

— Le retrait spécifique de l'Etho-techno-logos lui-même, sa parousie supposant un moment limité et relatif de non-manifestation, le Grand Corps de l'Ethologos ne se manifestant pleinement qu'associé à une déchirure, un non-Ethologos lui-même infini avec lequel il fait système.

— Le retrait «finitisant» d'une non-manifestation ou d'un voilement de l'Etho-techno-logos, d'un impensé l'affectant de l'intérieur et de l'extérieur sans doute, mais de manière globalement extérieure, introduisant une déconstruction de cette formation. Le non (éthique) reste ici indéterminé et se perd dans un transcender absolu qui a sa propre immanence ou son propre Un mais qui reste un transcender.

Heidegger, en effet, ne met qu'implicitement en cause l'auto-position de la Loi morale comme étant le réel, mais on peut imaginer l'argumentation. L'oubli de l'essence de l'éthique est alors supposé structurel et appartenir à cette essence qui se fait oublier, mais lui-même est oublié dans l'affirmation étho-techno-logique universelle qui prétend produire tous les actes éthiques et ne plus, comme précédemment, devoir les recevoir et s'en affecter. La transcendance éthique, marque de finitude, semble ne pas résister à la vague du tout-ethos mais il revient au penseur de réveiller le sens de cette finitude, ce transcender absolu de la Loi morale dans sa formalité qui *doit* recevoir l'être humain entier sans pouvoir le créer On ne confondra pas ce transcender absolu avec l'idéalité ou bien l'empiricité des mœurs, il s'agit d'un transcender réel ou fini dans sa transcendance même, un retrait de l'éthique dans l'étho-techno-logie et qui ne se comprend ni par l'idéalité ni par l'empiricité.

La délimitation heideggerienne de l'éthique se développe ainsi en milieu philosophique, dans l'élément de la Différence éthico-ontologique qui connecte Raison *et* Volonté. Dans cet *et* en effet il y a déjà le retrait plus secret sous lequel s'annorce l'Un, la finitude affectant leur unité comme dis-férence. S'il y a, du point de vue de la philosophie, un *faktum* éthique occidental, il coïncide avec cet *et*, avec la puissance méta-volontaire de la Raison se dépassant comme Volonté. C'est ce jugement moral plus que «commun», ou commun à la philosophie, que postulent ensemble les législateurs et les critiques du tout-morale (Kant, Nietzsche, Heidegger). Cette Différence pratico-rationnelle est idéalisée et implosée par Nietzsche qui détruit sa nature finie, qui la porte dans la coïncidence infinie de la Volonté et de la Raison se dépassant dans leur réversibilité. Heidegger apporte en revanche l'imbrication claire de cet a priori de l'éthique et de la finitude dans un concept fini de la Différence, comme retrait (de) l'«Appel» et comme «Décision résolue». Il y a une finitude de la Raison, comme une résistance de la volonté, mais cette finitude est transcendantale et interne et n'a pas de sens d'abord pathologique ou sensible, même si la résistance du sensible à l'action morale peut annoncer cette finitude plus essentielle de la Loi morale qui, en tant que transcender absolu ou réel, affecte sa propre formalité et idéalité plus profondément que tout retrait de la matière. Le «formalisme» kantien, pour conserver sa finitude, exige un interprétation transcendantale d'une part plutôt qu'empirico-rationaliste, mais aussi une interprétation en termes de «réalité» de la Loi morale plutôt que d'auto-position idéaliste. Le formalisme suppose l'idéalité mais n'est pas nécessairement idéel et transcendant, si du moins le retrait (du) réel hors de la Loi morale est identiquement sa nature de chose en soi qui finitise la Loi. C'est un retrait réel. ni idéel hors du sensible, ni empirique hors de l'idéel. Le néo-kantisme absorbait le réel — la «choses en soi» — dans l'Idée elle-même parce que, confondantt partiellement réalité et empiricité, il ne reconstituait un réel autre qu'empirique que par l'auto-position de l'Idée, la chose en soi devenant noumène et perdant son affect d'altérité finitisante. Mais le réel (de) la chose en soi doit être compris comme affectant de son retrait la Raison en totalité et lui interdisant une simple auto-limitation encore principielle. Autrement dit Kant amorcerait, sans la poursuivre, une hétéro-limitation de la Loi morale, un Autre de la Loi.

Toutefois l'ultime retrait «heideggerien» ne suffit pas à suspendre l'élément métaphysique si bien que l'empirico-pathologique continue à co-déterminer la Volonté. C'est évidemment ce système des facultés, Volonté et Raison pratique, Respect et Jugement moral, qu'il faut suspendre sans retour en leur auto-position et pas seulement affecter de finitude. Heidegger produit l'imbrication de la Loi morale et de la finitude (le respect), il finitise l'Idée pratique et par conséquent lui reconnaît encore une réalité, un pouvoir co-constituant malgré tout du Réel. Cette entreprise n'a de sens que para-philosophique, comme anti-néo-kantienne, contre la confusion du Réel avec l'auto-position d'un principe. Mais elle ne parvient pas à libérer l'homme-comme-solitude ou malheur de toute formalité et idéalité, elle continue à platoniser le Réel et à y faire remonter l'étho-techno-logie. La non-éthique ne peut que détruire la Loi morale comme autorité, en tant qu'ultime fondation de la décision, système supra-humain de la Volonté *et* de la Raison. C'est un tel invariant que Levinas inverse sans retour possible ou affecte de l'Autrui, de sa distance ou de son in-adéquation infinie. Mais l'inversion judaïque (la Raison ou le Moi volontaire comme otage d'une élection par l'Autre qui lui imprime une involontaire responsabilité) ne suffit pas davantage pour poser l'éthique comme première sans confusion avec un résidu de *primauté* et comme simplement humaine. Il faut changer de terrain, non pas de terrain philosophique, mais du terrain qu'est la philosophie, pour se reporter à celui du malheur radical.

Une fondation de l'éthique et plus encore sa dé-fondation, sont toujours opérées, on vient de le voir, sur le mode de la transcendance et perdent leur être déterminé dans le vide de celle-ci. Si bien que c'est la norme empiriquement donnée ou la loi, puis le système des normes ou des lois — la philosophie elle-même comme régisseuse de ce théâtre — qui viennent conforter et déterminer la fondation. L'essence de l'éthique reste non éthique en un sens vague qui signifie son indétermination et la perte de son identité. La non-éthique en revanche, comme discipline, est l'entreprise de donner une essence réelle et déterminée, sans être ontique ou ontologique, à une pensée pratique se rapportant à l'éthique elle-même. Déterminer le *non-*, c'est l'arracher à la Loi des lois, la transcendance. L'Idée d'une pratique non-éthique pourrait sans doute ne pas être absolument neuve, mais ce qui l'est c'est l'expérience immanente d'un *non* -transcendantal, l'identité-selon-le-malheur, sans être le malheur lui-même. Elle a le pouvoir de suspendre la résistance des autorités étho-techno-logiques et de manifester leurs *a priori non-éthiques*. Cette solution arrête les jeux interminables de la Différence étho-techno-logique auxquels les demi-solutions précédentes ne faisaient qu'ajouter. Il n'y a pas d'*au-delà de l'éthique* mais un *en-deçà* de malheur et de solitude, autre chose encore qu'un anté-éthique, qu'un anté-prédicatif de la Loi ou des valeurs. Si bien qu'à la différence d'une sur-éthique ou d'une méta-éthique, la non-éthique ne prolonge ni ne redouble l'éthique philosophique mais présente son identité.

Elle répond à la question : que faire de l'éthique ? Lui rendre son autonomie comme première, ce n'est pas nécessairement la fonder ou la légitimer — opérations philosophiques qui lui font plutôt perdre son identité au nom d'une autonomie rationnelle qui est celle de la philosophie plutôt que la sienne. L'éthique ne nous offre plus la possibilité d'une décision sinon dans l'élément indécidable de la Différence étho-techno-logique ou du jeu circulaire de la macro- et de la micro-décision rationnelle. L'affect post-moderne, celui de l'impossibilité de la décision, résulte de l'implosion du mélange que forment l'indécidable *et* la décision La non-éthique doit réveiller la Décision de cet enlisement étho-techno-logique et en rendre possible une à l'égard du Monde et de l'Autorité. Seule une décision «clonée» sur son mode pratique par la solitude radicale, est capable d'affecter enfin l'éthique-monde hors de toute finalité technologique, et cela sans marquer le retour au style transcendant de la décision tel qu'il a sombré dans l'étho-techno-logie..Si le Réel doit être en effet l'Indécidé, il doit l'être radicalement et libérer ainsi la décision comme *décision transcendantale, première dans son ordre décisionnel mais ordonnée en-dernière-instance au malheur.*

Tentatives philosophiques de non (-) éthique (Derrida, Henry)

Sur la corrélation de la moralité et des mœurs, beaucoup de variations et de turbulences sont possibles, mais elles se contentent de déformer, refouler ou tronquer ce type de rapport plutôt que d'en délivrer l'éthique. Toutes continuent d'appartenir par leur bord, de manière unitaire, à la sphère de la MM qu'elles sollicitent sans pouvoir s'en délivrer. Par exemple au-delà de Heidegger mais dans son sillage, une déconstruction de la métaphysique des mœurs par le moyen de sa différence éthique-et-non-éthique, resterait dans le voisinage immédiat de la métaphysique et en supposerait toujours la validité globale. On peut déconstruire la Différence étho-techno-logique et la rapporter à un impensé éthique, une expérience de non-moralité qui excéderait et délimiterait la Raison pratique et en général la MM. Mais le simple écartèlement de la dyade des mœurs et de l'être-moral commun qui se dit d'eux, au profit de l'éthique (de) l'Autre, est une entreprise limitée qui associe encore éthique et non-éthique sous l'autorité philosophique. On éliminera donc cette hypothèse possible qui est peut-être celle qui motive la déconstruction dans son existence elle-même, *à savoir la déconstruction éthique de la métaphysique (des mœurs)*, avec laquelle la déconstruction «tout court» pourrait éventuellement se confondre. Celle-ci renverse l'autorité de la métaphysique en général et donc de la MM par l'appel à un supplément d'altérité peut-être d'origine éthique (au sens de Levinas) et qui renforce le refoulé de et par la métaphysique, mettant alors à son tour ce refoulé en position dominante. Mais ce renversement quasi-éthique de la métaphysique n'est possible que par une identité dotée seulement d'une fonction transcendantale et rabattue sur l'altérité véhiculée par elle. Celle-ci est alors supposée première, sans avoir été élucidée ou posée thématiquement comme réelle et donc comme radicalement étrangère à toute division ou même altérité. Cette solution qui cumule l'appel simultané à l'Un et à l'Autre, les supposant confondus, sollicite sans la suspendre d'entrée de jeu l'autorité de la métaphysique dans l'éthique et de celle-ci dans celle-là, puisqu'elle joue seulement d'une altérité autant que d'une identité, et transcendantale autant que réelle, sans l'autonomie radicale de l'identité réelle (de l'Un). L'équation éthique = philosophie telle que nous l'entendons, supposant précisément l'identité réelle, serait donc insoluble dans la déconstruction elle-même. Cette identité des termes sans doute n'est pas dans cette doctrine affectée *de part en part* par l'antinomie qui est la leur dans la philosophie classique, mais elle continue *à faire corps avec la division,* de manière certes non réciproque mais encore insuffisamment uni-latérale. L'identité-de-dernière-instance, en revanche, d'une part ne trouve qu'un simple matériau dans la division des termes et l'opposition de l'antinomie ; d'autre part, ceci expliquant cela, comme elle n'est que transcendantale ou fonctionnelle ou qu'elle se dit d'un objet a priori, elle suppose une identité réelle de part en part mais elle-même jamais transcendantale ou mixte. Si bien que l'identité qui résout l'équation simple, ou développée comme *philosophie de l'éthique = éthique de la philosophie*, vaut, comme dernière-instance, de celles-ci hors de leur rapport antinomique traditionnel et de ces solutions isolées, en soi ou antithétiques, que sont les philosophies de l'éthique et l'idée d'une éthique de la philosophie.

Une autre solution, tout à fait imaginable mais apparemment non encore formulée, consisterait au contraire à couper radicalement entre la moralité et les mœurs, à éliminer leur rapport de différence et à penser l'être-moral comme une Identité immanente. Rappelons que l'éthico-philosophique n'est plus supposé *ici même* constituant du Réel, même de façon lointaine, et qu'une dualité uni-latérale est l' effet de cette Identité réelle ou immanente, capable de manifester toute forme mixte. Or si l'éthico-philosophique s'identifiait à une Identité réelle cette fois *de fait subrepticement transcendante*, il serait «écrasé» sur lui-même sans pouvoir entretenir entre ses termes et eux-mêmes cette relation de dualité qui les conserve dans leur autonomie respective. Au lieu de la déconstruction éthique de la philosophie ou de l'éthico-philosophique, par identification à un Autre (-Un), on aurait symétriquement une identification à une immanence elle-même encore transcendante et à un écrasement sur soi plutôt qu'à une déconstruction de l'éthico-philosophique. On imagine alors quel serait le contenu de cet Un semi-réel semi-transcendantal dans le contexte de cette solution qui pourrait très bien exister sur le modèle de la philosophie de le Vie (M. Henry) : non pas même l'intuition immanente du devoir ou de l'obligation mais l'affect pré-intuitif et immanent de l'Autre ou de l'obligation comme vie morale immanente ne cessant de venir à soi sous la forme d'un Ego transcendantal éthique.

La non-éthique exclut cette solution autant que la déconstruction par la «différance» éthico-philosophique. Il ne peut être question de *conquérir* de haute lutte ou transcendantalement une identité réelle, par «immédiatisation» de la distance antinomique de l'éthique et de la philosophie. Celle-ci serait simplement l'objet d'une négation immédiate, immanence *privée* des mélanges qui la remplissent dans la philosophie et réduite à une pure distance abstraite (sans réflexion, intentionnalité ou représentation), mais dont l'Identité réelle par ailleurs pourrait se dire. Ce serait en rester à une auto-affection morale ou un sentir éthique immédiat de l'obligation, confondre le Réel avec cette identité transcendantale et le remplir une nouvelle fois d'un contenu philosophique, ici éthique.

Ces deux solutions déconstruise, pour l'une, ou détruise, pour l'autre, la MM, par exemple le jugement moral synthétique commun et sa *différence*. La pensée non-éthique renoncera en général à procéder à de telles «hypothèses» de type philosophique c'est-à-dire à des thèses sur l'essence «en soi» de l'éthique (et de la philosophie), à prétendre élucider son essence «vraie» ou encore dissimulée, ou ses «présupposés philosophiques», etc. et se contentera de prendre l'une et l'autre dans leurs prétentions du moment, tels de simples symptômes ou phénomènes, en vue d'en faire simplement un usage non-éthique.

Théorie unifiée de la philosophie et de l'éthique (II)

La non-éthique doit thématiser le statut qu'elle accorde à l'éthique dont elle use en tant que celle-ci est toujours philosophable et finalement structurée, explicitement ou sur le mode du refoulement, par la MM. Une double objection doit être éliminée : 1. l'éthique ne serait pas nécessaire, même comme matériau, à la non-éthique ; 2. au contraire la non-éthique, parlant le langage de l'éthique, n'en serait qu'une forme dissimulée, une «nouvelle» éthique relayant les formes mortes de la MM et continuant à relever de celle-ci. Ces deux objections antinomiques font système, sont issues de la résistance philosophique à la «non-philosophie» en général et méconnaissent *l'autonomie relative* que la non-éthique accorde à l'éthique et qui n'est que le chemin de celle-là à celle-ci. L'éthique doit être elle-même supposée autonome, une expérience «régionale» spécifique irréductible aux fins et aux procédés de la philosophie et par conséquent aux éthiques philosophiques. Mais la philosophie n'est pas elle-même détruite ou démembrée par l'éthique mais conserve sa spécificité de pensée «fondamentale» ou métaphysique, de pensée transcendantale se rapportant a priori à l'expérience, quelles que soient les formes de celle-ci. Cette double condition remplie fait comprendre la nécessité d'un matériau pour la non-éthique.

Ces conditions posées par la non-éthique se résument dans l'équation (dite de «dernière-instance» ou «unifiée») *éthique = philosophie*. Cette équation n'est pas philosophique, les philosophies de l'éthique prenant celle-ci pour leur objet dans un rapport de hiérarchie (philosophie = sur-éthique) qui peut être renversé, l'éthique dominant la philosophie et décidant de ses fins et de sa destination (Kant, Fichte et Levinas sur des modes distincts). Ni philosophie de l'éthique ni éthique de la philosophie, mais leur *identité* telle qu'elle soit insoluble philosophiquement, introuvable dans la MM et ses mélanges. Problématiser leur antinomie intra-philosophique est insuffisant, comme prétendre la résoudre par synthèse, jeu de renversements et de déplacements, c'est la reconduire simplement, à de nouvelles décisions ou à de nouveaux partages près. La solution réelle à une telle antinomie philosophique ne consiste pas à la dissoudre, à la démembrer ou à l'intensifier, mais à la résoudre comme équation, à poser son identité, mais comme identité d'un nouveau genre, ni analytique ni synthétique, ni dialectique ni différentielle : ce que l'on appelle une *identité-de-dernière-instance, identité qui prend la forme d'une dualité uni-latérale, et qui par conséquent n'est pas trouvable dans la philosophie comme métaphysique.* Il ne s'agit pas d'une identification réciproque ou réversible, ou bien d'une fusion vague de l'éthique et de la philosophie mais de leur démocratique entrée dans l'unique structure de la dualité uni-latérale.

La solution, celle dont nous faisons hypothèse et que nous expérimentons ici, consiste à se libérer de la différence au profit de l'identité, mais d'une identité hétérogène ou d'une détermination duale-en-dernière-instance plutôt que d'une identité en soi procédant par identification immédiate des contraires, et à poser à partir d'elle les équations *a priori,* philosophiquement contradictoires ou insolubles : philosophie = éthique ou encore moralité = mœurs, les seules qui puissent — exigeant une transformation des termes et surtout de la syntaxe de l'équation — libérer l'éthique de toute décision métaphysique. Ces équations, *résolues par une identité transcendantale ou réelle-en-dernière-instance* (de l'être-moral et des mœurs) impliquent pour leur propre compte la dissolution de la triade du jugement moral commun ou de la pratique synthétique a priori.

Qu'elle ait cette portée transcendantale implique : 1. qu'elle se dise de la nouvelle relation *a priori* de l'éthique et de la philosophie plutôt que de ce que celles-ci sont dans la philosophie lorsqu'elles se présentent et se posent elles-mêmes pour la première fois; de leur transformation en fonction de cette relation et à ce qu'elles deviennent lorsqu'elles sont l'une et l'autre des dualités uni-latérales, la non-éthique elle-même, hors de tout mixte ou mélange ; 2) qu'elle suppose elle-même, pour être transcendantale, une Identité réelle de part en part, jamais également transcendantale. Le Réel n'est pas *au-delà* de la non-éthique — il serait encore affecté par elle, donc par l'antinomie philosophique. Il ne réside qu'en lui-même, dans sa propre immanence et peut, grâce à une identité transcendantale qu'il produit comme un clone, valoir de la relation *a priori* entre philosophie et éthique.

Théorie unifiée de la philosophie et de l'éthique (III)

Dans la MM, l'éthique est prise dans un tel système de mixtes ou d'amphibologies avec la raison, la nature, le droit, Dieu — avec les fins de la philosophie elle-même — que l'on pourrait donc dans un premier temps ou de manière précipitée imaginer qu'il est possible de dissoudre ces amphibologies en leurs côtés «simples», par exemple entre l'être-moral d'une part et les mœurs empiriques d'autre part. Mais ce serait répéter le purisme kantien et ce n'est pas cela que nous voulons faire en distinguant l'a priori et le purement a priori. Cette distinction est bien réelle mais n'est pas autonome ou première et doit trouver sa raison ailleurs qu'en elle-même. La solution ne consiste donc pas à séparer simplement, à diviser de manière autoritaire et peut-être idéaliste l'éthique et le reste. Ce n'est pas l'éthique existante ni même l'essence de l'éthique que nous séparons de ce qui n'est pas elle, car son essence est inséparable de ses conditions d'existence. C'est *l'identité de l'éthique* que nous voulons «isoler» ou faire valoir indépendamment de ses mélanges philosophiques mais non sans rapport inévitable à ceux-ci. Ces amphibologies, nous ne les dissolvons pas, nous ne nions pas leur *réalité* dans leur ordre, nous leur opposons *l'identité en-dernière-instance de la corrélation de l'être-moral et des mœurs*. Ce qui est levé, c'est la suffisance du mixte, nullement sa dualité de base qui est incluse dans une dualité uni-latérale ou d'un tout autre type. Mais le mixte n'est pas détruit pour autant, on ne choisit pas exclusivement un terme contre l'autre au sein de leur différence, ce serait reconduire celle-ci. Un terme est posé comme nom premier ; l'autre est «mis entre parenthèses» mais non supprimé, il subsiste avec l'autre dans le mixte, et ce mixte entre dans une relation d'un nouveau type, non réciproque, avec le premier. Cette relation, l'*identité-de-dernière-instance*, est la structure de tout résidu extrait de la MM et gardé comme *a priori* pour celle-ci. En un sens on peut dire que le mixte de l'être moral et des mœurs (actes, intentions, fins, etc.) est invalidé, mais il l'est comme suffisance, pas dans sa forme et sa matière.

La non-éthique n'est possible et ne correspond rigoureusement à son concept, sans être une nouvelle éthique philosophique déguisée en son auto-négation, immédiate ou non, que si rien d'éthique et même de non-éthique, devoir ou obligation, ne vient affecter le Réel et remplir son immanence supposée alors ne pas se suffire à elle-même. Cette condition est celle de l'Un comme donné avant toute intuition morale et en général avant toute donation et position éthiques, le malheur éthiquement non-donationnel et non-positionnel. Il devient possible alors de concevoir la structure concrète de l'*identité transcendantale de la relation de dualité uni-latérale* ou de la *détermination en-dernière-instance*, puisqu'à la différence du Réel, elle est transcendantale et doit se rapporter à un *a priori* qui vaut de l'éthique mais qui soit lui-même éthique afin, ainsi que l'a voulu Kant pour l'éthique philosophique, de rendre cette discipline *intrinsèquement* non-éthique plutôt que d'en refaire un mode de la pensée théorique.

Cette solution — le concept rigoureux et positif d'une non-éthique — a l'avantage de briser le cercle philosophique, soit naïf soit simplement déconstruit ou écrasé, qui transit l'éthico-philosophique et d'abord la MM, dès lors que le malheur est pensé sur son propre mode comme radical. Elle détermine alors une *théorie unifiée de l'éthique et de la philosophie*, qu'elle arrache à leur séparation antinomique et à leurs prétentions de «suffisance» ou de pertinence (Principe d'éthique suffisante). Ethique et philosophie ne sont plus que des côtés ou des *aspects uni-latéraux* de la non-éthique, qui n'est donc l'absence ou la négation ni de l'éthique ni de la philosophie, mais le suspens de leurs relations du type «éthique-monde».

L identité stricte de la dualité où est inclus le mixte de la philosophie et de l'éthique, pose l'égalité de celles-ci et interdit que la philosophie ne se ressaisisse de l'éthique et ne reconstitue leur hiérarchie ou leur différence. Cette identité doit donc se dire univoquement de la moralité et des mœurs, du fondamental et du régional. Elle annule leur hiérarchie, en quelque sens que les philosophes la tournent. La philosophie cesse de légiférer comme une éthique supérieure sur l'éthique ordinaire, de la fonder ou de la rapporter au Réel, de la réfléchir, de l'élucider, de la légitimer, etc.; et l'éthique symétriquement cesse d'inquiéter et de culpabiliser la philosophie. Mais ce refus de tout conflit ou même simple comparaison exige, pour que l'identité transcendantale puisse remplir ce rôle, l'autonomie immanente du malheur tel qu'*Un qui est Un de part en part* sans être un quelconque rapport. Sous cette condition dite «de-dernière-instance», la philosophie cesse de s'approprier l'éthique, l'éthique cesse d'être modèle, norme supérieure ou exemple pour la philosophie. Leurs rapports complémentaires de fondation et d'affection, de légitimation et d'impulsion, tous intérieurs à la forme mixte, sont remplacés par des rapports de dualité uni-latérale qui réservent leur autonomie ou leur identité respective.

Vers le concept de force (de) loi comme solution

Le système des limitations de toute éthique comme MM explicite ou refoulée, nous ne pouvons l'apercevoir que du point de vue hétéronome et immanent à la fois d'une éthique non-philosophique dans son principe. Il n'est pas question de corriger les éthiques existantes pour simplement reconduire leurs présuppositions les plus universelles. Ce sont plutôt des symptômes qui montrent que ces éthiques ne sont pas faites *par* ni même *pour* l'homme

Or l'ensemble de ces présuppositions peut faire l'objet d'une critique réelle sans que le noyau spécifique de l'éthique en soit détruit. Ce système de la raison pratique peut être subverti au nom d'une autonomie et d'une primauté de l'«homme» sur la prescription. Le cercle philosophique de l'intérêt téléologique est un mixte qui doit être suspendu au nom de l'*identité de la pratique*, qui habite l'homme et qui ne répond pas plus à un besoin ou un intérêt que l'homme lui-même. La MM introduit le but, la fin, la destination, la «vision morale du monde» dans l'éthique elle-même. Si celle-ci veut être intrinsèquement morale et ne plus être définie par des fins étrangères, elle doit être définie comme un pouvoir immanent appartenant en-dernière-instance à l'homme, déterminé par celui-ci et déterminant ses actes mais non son essence.

Le lourd système complexe de hiérarchies, de primautés et de finalités qui investit la moralité spéciale et la moralité générale, qui structure et limite leur essence et fait confondre l'identité de la morale avec les fins sociales, politiques, religieuses et leurs maîtresses à toutes, les fins philosophiques, doit être lui aussi suspendu. En particulier le réseau téléologique des intérêts

— substituts d'une harmonie préétablie qui exprime la volonté de domination de la philosophie — tissé entre l'homme (étant ou être) et la moralité, peut être invalidé et l'homme placé de telle sorte en dehors de la moralité qu'il peut la déterminer comme non-éthique universelle mais seulement en-dernière-instance, et se libérer lui-même du poids de la moralité. L'homme n'est plus soumis par principe à celle-ci, il ne l'est qu'en tant que jeté dans le Monde, la Société, l'Histoire, la Philosophie. En revanche il peut la transformer pour la rendre adéquate à son essence : une éthique «conforme» à l'essence de Sans-essence, si peu «naturelle», de l'homme, plutôt qu'un homme conforme à l'éthique.

A supposer que l'éthique, pour conquérir son identité et son autonomie, doive être ainsi soustraite aux décisions métaphysiques, encore s'agit-il de reconnaître le «progrès» kantien dans l'affirmation de cette autonomie, c'est-à-dire l'idée d'une détermination intrinsèquement pratique de l'être-moral plutôt que sa détermination théorique comme objet ordonné à la connaissance. C'est donc ce caractère pratique qu'il faut arracher au contexte de la volonté et de la téléologie sous la forme d'*un noyau d'uni-latéralité ou de pratique uni-verselle dont la volonté rationnelle est le symptôme et le modèle.*

Dans la philosophie et en général dans la MM, la transcendance est en effet une double extase, une extériorité ou une ouverture «horizontale» (nécessaire à toute pensée quelle qu'elle soit, théorique ou pratique), et une certaine verticalité qui donne son «inclinaison» à l'extase. Cette «inclinaison» est l'indice d'un mélange «*onto-théo*-logique» dont on sait que Levinas, par exemple, a tenté de le démêler ou de le dénouer en réduisant l'extériorité horizontale et en radicalisant l'extériorité purement verticale. Nous ne pouvons à notre tour — étant donné le but cherché — que suspendre cet ultime compromis et isoler d'abord ou en priorité une identité clonée ou transcendantale de la transcendance, sans plan horizontal ni «ouverture extatique», une simple extériorité non-positionnelle (de) soi, qui ne se redouble pas horizontalement ou verticalement. Sa description précise dépend du matériau philosophique, par exemple du type de MM que nous utilisons. *Par rapport au modèle kantien, nous pouvons appeler ce clone la «force (de) loi».* C'est elle de toute façon et non plus la «Raison» ou l'auto-position de la Loi qui doit être dite suffire à déterminer une pratique non-éthique. La force (de) loi est l'organon de la non-éthique «avant» la Loi, le seul moyen pour lui donner une identité qu'elle avait toujours déjà perdue entre la théorie, la religion, l'anthropologie, le droit, etc.

La MM en général conserve un trait que Kant reprochait à sa forme ancienne mais que l'on peut généraliser à Kant lui-même, la distinction insuffisante entre l'*a priori* et le *purement a priori*. La raison, si pratique soit-elle, n'est jamais véritablement purement *a priori* mais fait *corrélation*, par une loi d'essence, avec l'empirique dont elle ne se distingue que par une abstraction. La grande Idée d'un pouvoir pratique purement *a priori*, est irréalisable dans le cadre de la Raison, du naturalisme critique et de toute MM. Celle-ci, sous sa forme ancienne, «progresse» ou «transgresse» des mobiles sensibles vers des mobiles intelligibles dans une référence vague au divin ou au transcendant tel que celui-ci pourrait apparaître enfin comme supra-métaphysique. Sous sa forme kantienne, elle transgresse de manière plus discontinue vers une Raison pratique, mais cette différence de nature ne parvient pas à la dualité la plus forte, la *dualité uni-latérale* de la force (de) loi indépendante de l'expérience mais capable de la déterminer comme matériau de symptômes. Elle incarne la détermination en-dernière-instance, elle est le sujet lui-même existant-Etranger. Il sera nécessaire de compléter son concept ultérieurement (Troisième partie, Chapitre IV) mais cette première conquête nous suffit pour le moment

TROISIÈME PARTIE

L'ÉTRANGER ET LE PROCHAIN

CHAPITRE PREMIER

L'ESSENCE DU MALHEUR RADICAL

Ultimation première : le malheur radical comme cause-de-dernière-instance

L'Idée d'une éthique-de-l'Etranger répond à deux objectifs en rapport à l'éthique-monde. D'une part ordonner celle-ci, toute éthique transcendante possible (de la Loi, du Bien, du Devoir, du Désir, etc.) à la radicalité de l'*Ego* immanent comme à sa cause, plutôt que l'inverse. Cette essence intimement humaine, on le rappelle ici, est l'homme-comme-Un, forclos au Monde, ou encore «malheur radical». Nous ne voulons pas dire que l'homme est malheureux dans le Monde — c'est trop évident et trop partiel — mais qu'il se définit par un malheur non mondain, non historique et lui-même non malheureux — un malheur essentiel qui est sa non-consistance ou son être-séparé (du) Monde, à partir duquel il vient au Monde comme Etranger. Quant à cet Etranger, il ne pré-existe pas au malheur qui lui serait attribué. Plutôt que son destin, le malheur est son présupposé réel ou son Ego.

D'autre part il s'agit d'élaborer, plutôt qu' un sujet moral et de la morale, un sujet *pour* l'éthique elle-même. La philosophie propose plusieurs conceptions morales du sujet toujours assujetti à ces morales qui le fétichisent, même s'il contribue partiellement à les constituer — c'est le cercle philosophique. Mais elle ne parvient pas par définition à penser un sujet autonome à l'égard de l'éthique. L'Etranger est en général le concept non-philosophique du *sujet*. Il doit être modulé éthiquement c'est-à-dire comme non-éthique. «Ethique de l'Etranger» signifie donc au moins ici, afin d'éviter le cercle vicieux de la philosophie, «Etranger à l'éthique». Mais seul un Etranger *à* l'éthique peut être *pour* l'éthique, se vouer à son explication et à la critique de ses apparences, en faire un usage humain plutôt que simplement la nier.

Soit donc une pensée qui cesserait de prétendre définir

ses propres présuppositions (philosophiques), qui abandonnerait ce style idéaliste en commençant — mais comment ? — par poser un présupposé réel de l'éthique. Nous ne posons pas le malheur radical au terme d'un processus de division des amphibologies, par exemple de celle du Bien et du Mal et de leur convertibilité, comme s'il «tombait» d'un seul côté de cette division Ce serait toujours une opération philosophique, elle ferait du malheur une identité encore éthique même si c'est unilatéralement. *Ce présupposé ne peut être le résultat ou l'objet d'une présupposition,* c'est un présupposé-sans-présupposition. Il ne peut être reconnu que posé mais, quoique posé, comme étant en lui-même sans acte de position dans son essence. Cet acte particulier de position axiomatique, nous l'appellerons l'*ultimation première.* C'est le premier acte de la pensée, la pensée même, en tant qu'elle pose une instance ultime comme étant non posée dans son essence même de non-consistance..

Pourquoi cette nomination-là ? «Malheur radical» est un nom premier-en-dernière-instance — il désigne l'Un —, une position du Réel motivée par une *occasion* éthique plutôt que simplement théorique. Le Réel est le même pour la théorie, pour l'éthique, l'art, etc. mais il se dit sous des noms propres différents selon la «cause occasionnelle» requise. «Malheur radical» convient dans la mesure où les problèmes éthiques sont posés dans le cadre traditionnel du Bien et du Mal. Ce n'est pas une détermination éthico-existentielle de l'homme mais une nomination éthique du Réel. Or si l'éthique cherche plutôt un principe de transcendance maximale (Bien, Devoir, Loi, Autrui), la non-éthique cherche une instance d'immanence radicale mais qu'elle puisse nommer encore avec l'aide de l'éthique. Autrement dit, elle use de l'*ex*cès du mal radical pour nommer cette nouvelle instance et trouver dans celle-ci une immanence dont la philosophie n'a pu présenter que quelques symptômes. Ainsi pour des raisons déjà données, nous décidons de nommer de cette manière propre ou première la solitude spécifiquement humaine, qui n'est pas dans l'Etre ou dans l'anonymat du Monde. Nous tentons de penser la destinée de l'homme sous l'hypothèse du discours du Mal plutôt que du discours du Bien, et du malheur radical plutôt que du mal radical, de son être-séparé plutôt que de son être-mélangé (jeté ou affecté). Le mal radical recevra plutôt du sujet non-éthique, de l'Etranger, le sens (d') identité qui le fait simple occasion. Sur cette base, il peut remplir les fonctions d'aide à la nomination et à l'indication symptômale du Réel c'est à dire aussi bien à l'effectuation concrète du sujet-Etranger.

Le malheur radical peut se comprendre alors en fonction de plusieurs modèles tirés de l'éthique-monde. Comme être-forclos de l'homme-sans-essence à la pensée, impossibilité de le soumettre à la législation de celle-ci. Comme solitude intrinsèque et donc «hors» de l'Etre plutôt que dans l'Etre, solitude d'Un plutôt que d'Etre, il est l'être-séparé-sans-séparation de l'*hérésie*. Le malheur radical, c'est l'homme en tant qu'il est toujours déjà donné comme présupposé réel «pour» tout acte de donation ou de supposition. L'objet de l'ultimation première, c'est le Réel non plus comme Etre, pris dans le cercle des causes premières et dernières, mais le malheur comme Un-en-Un ou Un-de-dernière-instance. Seul l'Un peut être un présupposé réel ou lui-même sans présupposition. La non-éthique est l'éthique telle que, lorsqu'elle s'exerce par exemple à poser le malheur comme présupposé, elle se découvre comme déjà déterminée-en-dernière-instance par lui.

S'agit-il de substituer le malheur radical aux grands principes, Bien, Mal, Devoir, Désir, Utilité ? En toute rigueur, plutôt qu'un substitut, c'est l'ultimatum de toute ultimation, le seul Donné qui puisse déterminer une éthique sans s'annuler en elle. S'il y a un substitut, c'est plutôt le sujet-Etranger, substitué mais uni-latéralement au sujet éthico-mondain et *pour* lui. Le Réel, lui, est nécessairement donné pour toute donation ou substitution possible. La non-éthique, quant à elle, substitue son propre sens à l'ancien mais dans les mêmes symboles à peu de chose près. S'il y a apparemment substitution sur place de la non-éthique à l'éthique, c'est surtout du point de vue de celle-ci et de son fétichisme ontologique du langage. Car toute substitution est déterminée et «précédée» uni-versellement («pour») par la causalité du Réel, par une ultimation première qui n'a rien d'une substitution, par exemple «de moi à l'Autre homme». Ainsi l'Etranger est substitué comme Autre au sujet éthico-philosophique sur la base insubstituable du malheur. Le malheur est plus ancien que l'«Autre homme» puisque c'est l'homme même hors de toute essence philosophique ou consistance religieuse. Cette primauté de la solitude n'est pas celle d'une *causa sui* mais d'une condition «négative», nécessaire, autant que non-suffisante, pour déterminer une éthique uni-verselle. On distinguera, pour user pragmatiquement une fois de plus de la philosophie, la cause «uni-originaire», le malheur comme cause «négative», nécessaire mais non-suffisante, et le sujet-Etranger comme «archi-originaire». L'Etranger est sujet (de) l'éthique réellement première. Il n'y a pas à «se» donner le malheur radical, puisqu'il est déjà le donné (sans-donation) mais il y a à effectuer sa donation dans l'ordre de la pensée éthique puisqu'il est, dans cet ordre, une cause «non donnée» mais à donner à.... Le malheur radical, étant cause suffisante, *par sa non-suffisance même,* à déterminer la pensée — s'il y en a —, n'a pas à être justifié. Rien de Réel n'a une raison ou ne relève du Principe de Raison suffisante, mais lui seul détermine celui-ci non pas en le transformant en Principe de Raison insuffisante, mais en levant la suffisance même de la Raison.

Les aspects intrinsèques du malheur (un-identité, uni-latéralité, uni-versalité)

L'immanence radicale, vide de transcendance, paraît vide de réalité ou de contenu — trop mince pour ne pas être stérile. Mais elle a son propre contenu, le contenu spécifique justement de l'immanence ou de la non-consistance plutôt que celui de la transcendance. Cette «essence» est ce qui la définit comme radicale identité de part en part, immanence en chair et en os, sans qu'il soit nécessaire de la «remplir», par angoisse et besoin de sécurité, avec des attributs ou des contenus transcendants comme la «vie», l'»affect», l'»impression interne», l'Autre, l'unité du signe et du sens, etc. comme le veulent les philosophes pour qui le seul contenu possible est la transcendance. Le malheur radical n'est pas un contenu extérieur ou un attribut de l'immanence de l'Un, mais celle-ci même sous l'angle de sa nomination éthique. Les aspects intrinsèques du malheur sont trois, sans toutefois jamais reformer une synthèse. Chacun suffit à le définir puisqu'il se conclut chaque fois de son immanence.

1. L'être-donné-sans-donation, le donné sans le pli du donné et de la donation, ou encore l'un-identité (l'uni-dentité). Le donné-Un, si l'on veut, (se) donne, mais il ne s'excède ni ne se dédouble dans quelque instance, acte de donation ou affect

que ce soit et supposé distinct de lui par la moindre nuance.

2. L'être-séparé-sans-séparation, qui n'est pas l'effet d'une division d'un tout ou d'une identité englobante, ou encore l'uni-latéralité immanente et sans transcendance. Elle est donc telle que l'Un ne constitue pas un côté opposé à l'autre ou au Monde, mais telle aussi qu'elle affectera de cette uni-laréralité la transcendance spécifique et autonome du Monde

3. L'uni-versalité, le fait de pouvoir *donner* sur les modes précédents, donc sans-donation et uni-latéralement, non seulement l'Un lui-même mais tout X objet *par ailleurs* d'une donation et qui donc ne peut jouir, sauf hallucination, que d'une autonomie relative.

On ne confondra pas uni-latéralité et uni-versalité. La première est la même chose que l'être-séparé ou forclos ; la seconde indique une autre propriété apparemment contraire à la première mais identique à celle-ci, tous ces «aspects» se concluant de l'immanence, expriment sa radicalité mais ne lui ajoutant rien, imposant d'autant plus de rompre avec l'imagination synthétique et spéculative des philosophes.

Le premier aspect, à peine une essence, est l'*être-donné* (-sans-donation) du malheur (à) soi et de tout X (au) malheur. Plus exactement, donné *sur* son propre mode, ou *en* son propre mode *sans être reçu par soi* ou bien (s'il s'agit de X) par le donné et même *en-donné*. Toute donation de X ou d'une modalité de l'éthique-monde, est (en-dernière-instance) donnée à son tour *en-malheur*. Si l'immanence est effectivement radicale, alors le malheur est donné de part en part, introuvable dans quelqu'autre instance, transcendance ou Monde. Mais — c'est son uni-versalité — toute instance transcendante lui est nécessairement accessible ou mieux encore *n'a pas à être reçue par lui pour être donnée en-lui sur son mode de sans-donation*. Le Monde est ainsi donné-en-malheur de toute façon, donné de cette manière en-dernière-instance s'il est considéré dans son autonomie spécifique, après avoir été donné en hallucination lorsqu'il est supposé donné à soi ou auto-posé. L'être-donné (-sans-donation) est identiquement l'uni-versalité du malheur, sa pertinence pour le Monde qu'il «reçoit» ou plutôt qu'il *donne ou manifeste en* son propre mode. L'Un (du) malheur, dans son immanence même, sans passer par le moyen d'une quelconque transcendance, est «ouvert» ou disponible par définition axiomatique, plus qu'*a priori, pour* le Monde qu'il donne sur son mode à lui. Aussi peut-il être cause parce qu'il possède une telle uni-versalité pour tout X donné d'abord en mode-de-Monde, mais une uni-versalité par immanence et non par transcendance. Le donné-sans-donation n'est donc pas une intentionnalité écrasée, courte ou abrégée. Même l'être-donné (du) Monde, comme sans-donation, est anté-intentionnel.

Le second aspect du malheur comme vision-en-Un, est l'(être-donné-) *sans-donation*, c'est-à-dire aussi bien l'être-séparé-sans-séparation, séparé (du) Monde sans qu'il y ait eu opération de séparation d'avec celui-ci. Et de même tout X donné-en-malheur est lui aussi séparé (en-dernière-instance) (du) Monde, même s'il a fait l'objet d'une donation en mode-de-Monde. L'être-séparé-sans-séparation est identiquement son être-forclos (au) Monde, forclos sans qu'il y ait eu opération de forclusion. Il implique l'impuissance du Monde à déterminer (limiter, annuler, guérir, etc.) le malheur, mais non à opérer justement à son égard une forclusion secondaire, un rejet total de son propre être-forclos. Si l'immanence est radicale, le malheur est en effet séparé (du) Monde, au sens où celui-ci ne peut rien pour et contre lui. Cet être-forclos ne motive pas directement la décision de désigner le Réel de la non-éthique par le malheur — cette motivation est d'ordre occasionnel — mais il lui donne son sens d'identité radicale. L'homme n'est pas «être (de) malheur» parce qu'il est séparé du Monde, mais cet être-séparé peut se dire comme malheur à la condition de penser celui-ci comme radical et forclos.

L'uni-versalité du malheur radical

Le pouvoir de donner-sans-donation le Monde, de l'éprouver radicalement lui aussi selon l'en-Un, est l'uni-versalité du malheur radical.. Elle ne peut être acquise par passage continu et réciproque de l'Un au Monde, par extension de celui-là à celui-ci — les forclusions s'y opposent et ce serait revenir à une dualité philosophique. Encore moins par abstraction d'une relation ou d'une propriété hors de termes donnés à la manière d'une généralité, même a priori, qui reste toujours empiriquement déterminée. L'uni-versalité ne se conclut donc pas de l'opération d'ajout d'un X relativement autonome (la conclusion doit être inverse), d'une donation supplémentaire à celle de l'Un. Ce serait encore une universalité par extension et survol au moyen d'un troisième terme supérieur à l'Un, toute dyade ou même identité unilatérale supposant finalement un troisième terme pour un universel de degré supérieur, synthèse ou système.

Sans doute l'Un vaut-il aussi de tout X *si* X est donné ou existe, mais «si X» ne signifie pas un simple ajout synthétique ou bien analytique. Car l'Un vaut de X non pas après ni même avant que X soit offert *en soi* mais vaut déjà réellement ou plus qu'*a priori* de X sans trouver la raison de cette identité dans une offre supposée de X ou bien analytiquement dans un prétendu contenu «conceptuel» de l'Un. Une telle donation de X ne fait donc qu'*effectuer* une uni-versalité et un être-donné de X «déjà présents» en l'Un sous la forme toute «négative» de la matrice «X-selon-l'Un» ou encore «le-Monde-selon-le-malheur». C'est l'uni-versalité spécifique de l'Identité et qui subsiste même lorsque celle-ci est privée de l'universalité de l'Etre, du temps et de l'ordre qu'il impose à la causalité transcendante.Elle est donc concrète mais non moins «négative» que l'un-identité et l'uni-latéralité, elles-mêmes uni-verselles. Elle n'est pas synthétique au sens de supposer une donation effective de X et une dualité objective, d'impliquer un *lien* entre l'Un et X — le seul lien est réel ou en-Un et donc en-Un en-dernière-instance —, mais elle est la possibilité toute négative d'un lien qui ne peut être que futur (sous le nom de «clonage»), possibilité dont on peut dire tout au plus qu'elle est «synthèse-en-immanence». On ne peut dire qu'elle est *à la fois* négative et effectuation de l'Un — c'est comme négative qu'elle se réfère de droit à X, sans pour cela être déjà effectuation de l'Un par X, l'effectuation étant une opération postérieure. On ne confondra donc pas uni-versalité et effectuation — ce serait retourner à une transcendance de l'Un. L'uni-versalité définit le Réel et est identique aux autres aspects de sa non-consistance, tandis que l'effectuation occasionnelle est ce qui fait passer du Réel, condition négative ou non-suffisante, non pas au Réel condition positive (il ne le devient jamais et reste non-suffisant ou «intrinsèquement fini ») mais à la donation comme déterminée ou donnée-en-dernière-instance par le Réel.

Plutôt qu'une extension procédant par transcendance, la vision-en-Un se déploie de manière immanente comme capable de donner tout X sur son mode original. Il importe de saisir que ce n'est pas X tel qu'il se donne spontanément sur son mode à lui, qui explique qu'il soit aussi (reçu-)donné en-Un comme occasion. L'existence supposée en soi de X n'est pas la *condition* de l'uni-versalité de la matrice «x-en-Un» ou «x-selon-l'Un» — sous peine de réciprocité philosophique —, pas plus que des autres aspects intrinsèques du Réel. Et réciproquement l'Un n'est pas la condition effective de X, mais il est par son uni-versalité condition de son être-donné et de son autonomie, par conséquent de son être d'«occasion», qui «précède» ainsi éventuellement une donation effective de X. *Si* le Monde ou la Transcendance, alors l'Un le donne (en-dernière-instance) comme occasion, mais «si» ne désigne pas ici une condition effective. Le concept d'occasion est identique à celui d'être-donné (de X) si du moins la donation n'est plus posée comme première mais déterminée (en-dernière-instance) par le Réel. L'occasion semble évidemment déterminer l'être-donné (de X) en-Un, mais c'est l'inverse, c'est parce qu'il y a de l'en-Un qu'il peut y avoir une occasionnalité de X et, de toute façon, que X soit donné radicalement selon l'Un ne dépend pas de ce qu'«il y en ait» au sens banal c'est-à-dire au sens où il *réaliserait ou actualiserait* l'Un. On dira que la donation en soi de X *effectue* la vision-en-Un (qui en fait le matériau d'un clonage), mais qu'elle ne la réalise ni ne l'actualise par une causalité continue ou unitaire. L'effectuation de la vision-en-Un, à la différence de sa supposée actualisation, produit un clone de X sur la base de son être-occasionnel. L'occasionnalité parodie la causalité effective, alors qu'elle se borne à un pur être-donné sans autre effet que l'existence d'un matériau, du fait même de l'être-séparé de l'Un, qui peut être effectué mais non déterminé par X. On opposera cette causalité «occasionnalisante» impliquée par la seule vision-en-Un et qui concerne donc toutes les couches de la philosophie sans exception, à une prétention philosophique de causalité qui se révélera hallucinatoire en-dernière-instance et sera de toute façon matériau d'un clonage.

Pour le formuler autrement, l'Un doit valoir de «deux» termes, de l'Un et de tout X — mais sans qu'il fasse synthèse, deuxième Un et troisième terme, sans qu'il consiste en une relation puisque l'Un ne fait pas terme. L'Un vaut certes aussi de X tel que donné-par-donation mais pas à cause de ce type de donation qui ne fait qu'effectuer l'Un — ce serait une extension, et une relation. Donné-par-donation, X est aussi par définition (uni-versalité) nécessairement donné-séparé en-Un. C'est *apparemment* une universalité intensive, par fusion des deux termes, mais X ne fusionne pas avec et en l'Un, il reste ce qu'il est avec son autonomie relative et ses propriétés (toutes sous les trois aspects). L'extériorité (le Monde) ne devient pas intériorité mais est seulement en-Un et reste extériorité. Ce n'est donc pas davantage une dialectisation réciproque des termes. C'est l'universel comme *être-donné ou dernière-instance*, la donation effective de X étant, elle, *déterminée-en-dernière-instance..* L'Un «reçoit» apparemment tout X, mais il ne le reçoit pas *comme X*, donc ne le *reçoit* pas mais le *donne* en-Un seulement

La phénoménalité non-phénoménologique de l'immanence

Sur le plan phénoménal, il vaut de souligner plusieurs points.

1. Dans l'uni-versel du malheur radical, donner et recevoir sont strictement identiques en-dernière-instance, donc à condition d'être pensés à partir du «donner», le primat du «recevoir» supposant au contraire le point de vue de la donation comme déterminante. On dira moins que la vision-en-Un est affectée par le Monde et le reçoit qu'elle ne le donne-sans-réception, ou le manifeste justement sur un mode qui n'est pas celui de la réception, *et ceci à supposer même par hypothèse philosophique illosoire qu'elle l'ait reçu*. C'est que le pouvoir de la vision-en-Un de *donner donc de recevoir* (pour le clonage) X n'est pas une propriété phénoménologique : ce pouvoir de donner X en-Un et son inpouvoir ou sa non-suffisance (X doit faire l'objet d'une donation spécifique), ne peuvent se comprendre sur le modèle, subrepticement objectivant et transcendant, de la réception, de la réceptivité et de la réceptibilité supposées premières. Le Réel n'est ni un acte (de donation) mais un donné plutôt qu'une donation ; ni une réception (d'objet) mais implique plutôt une donation-par-clonage de X (déjà donné) qu'une réception première de X. Ainsi la vision-en-Un ne reçoit que parce qu'elle donne, mais parce qu'elle donne sans acte de donation

qui ferait couple avec une réception. Penser «réception», c'est penser passivité-et-activité, donation au sens phénoménologique du pli donné-donation. C'est aussi penser «bénéfice», «don» et «grâce», utilité finalement et consommation plutôt qu'émergence. Seul le Réel de-dernière-instance échappe à ce dilemme philosophique de la consommation et/ou de la production marqué aux extrêmes par Husserl et Nietzsche, les deux pôles opposés de la phénoménologie. S'il y a une maxime du sujet-Etranger, c'est celle-ci par laquelle il s'adresse à la pensée-monde sans jamais lui faire face ou front : *je donne donc je reçois, et je reçois sans bénéfice ou «plus-value»*. Ou mieux encore : je donne-sans-donation, donc je reçois-sans-réception.

2. L'uni-versel n'est pas le *pli* de la donation et du donné. Ce pli témoigne d'un certain devenir-immanent de la donation et du suspens de l'instance donatrice. Mais l'immanence brise unilatéralement le pli et sa continuité : l'immanence du «-vers» interdit les jeux et stratégies du dépli et du repli identitaires, jeux classiques d'expansion et de concentration où se consomment la cosmologie antique et la politique non moins antique. L'être-donné comme (uni-)versel semble mimer un dépli identitaire mais il est tout autant être-séparé. Et l'être-séparé comme uni(-versel) semble mimer un repli identitaire mais il est tout autant être-donné. C'est la fin pour le sujet-Etranger de la phénoménologie latente de toute politique philosophique

3. L'uni-versel n'est donc pas non plus une semi-ouverture par privation ou manque du terme opposé. Pas un système du manque ou de la privation de Monde, l'Un étant supposé esseulé, veuf, divorcé ou célibataire. Il vaut mieux formuler son état selon une décision axiomatique : l'Un est une extase non-extatique ou mieux encore, un extasié-sans-extase, qui ne peut donc être qu'un donné non-extatique. C'est simplement la sorte de *don de...* plutôt que d'*ouverture à...* la transcendance, dont est susceptible l'immanence qui ne s'y ouvre pas *par une seconde transcendance mais selon sa «loi» propre de l'être-donné-sans-réception*. L'Un, qui détermine-en-dernière-instance, n'est ni ouvert ni fermé ni le mixte des deux, c'est une tout autre «logique» de la vérité, plus réelle et surtout plus uni-verselle que l'antique *aletheia*. C'est *le vrai-sans-vérité de la position axiomatique première*. Cela peut se dire aussi: l'en-Un est un ouvert-

sans (opération d') ouverture, ouvert immanent et donc séparé.

4. L'uni-versel est le caractère de l'*en* (Un-en-Un) d'être aussi par définition, sans raison ni cause (c'est la cause elle-même) un *pour* (pour X, pour le Monde, etc.) plutôt qu'un *sur* (un principe, une transcendance, un commandement et un commencement). L'Un-pour-l'Autre... mais pas au sens de Levinas chez qui le *pour* indique une transcendance et un résidu de téléologie ou de finalité, sans doute «à rebours», l'Un un moi-otage, l'Autre un infini de séparation. Ici c'est l'Un qui est séparé, mais sans infini ni transcendance, c'est le Monde qui est l'Autre comme auto-englobant de la transcendance, et c'est un *pour* immanent ou caractéristique d'une identité-sans-être. L'Un est uni-vers immanent ou en-Un et par conséquent jamais un Monde, même s'il donne aussi le Monde mais justement sur le mode sans-consistance d'un uni-vers.

Ainsi le grand malentendu qui nourrit la philosophie, c'est l'identité. La philosophie n'a pas saisi que celle-ci avait sa propre uni-versalité et lui en a adjoint une tout autre sur le modèle de la transcendance. Elle a confondu *uni-versalité et transcendance*, divisé l'identité par un plan d'universel (être ou plan d'immanence). C'est pourquoi il y a une recherche philosophique acharnée de l'individu, tantôt singularité tantôt unicité, elle part d'un universel de transcendance ou d'une généralité qu'elle cherche à limiter. L'anti-démocratie philosophique tient à son peu d'identité et a deux formes : une forme basse et visible, la hiérarchie ; une forme haute et invisible, l'exception, l'unicité. Et une forme intermédiaire, qui passe de l'une à l'autre, la singularité. La non-philosophie prend son départ *non pas inversement* dans l'individu clos sur soi, dans la singularité ou l'unicité, mais dans l'Identité en tant qu'elle est une uni-versalité immanente mais qu'il faut seulement — mais nécessairement — effectuer par une autre causalité..

L'immanence radicale n'est donc pas une forme de clôture : «plus» le malheur est immanent, «plus» il est uni-versel ou donne-sans-donation. Donner-sans-donation exclut la relation intentionnelle ou le comportement, le fameux «être-au-monde» comme encore une manière pour l'être d'être affecté et fermé par ce qu'il reçoit. Une universalité par transcendance est divisée, séparée d'elle-même. Avec l'être-au-monde qui devait signifier l'ouverture de l'homme à.. ou *pour* l'Etre, Heidegger entérine et fonde l'aliénation philosophique traditionnelle de l'homme. Dans la pensée *selon* l'Un, il est impossible d'opposer l'Un à la pensée — il est forclos à cette opposition. Du fait même qu'il est en-Un de part en part, il ne peut être un point isolé dans la transcendance, ou son contraire, une relation ordonnée à une distance. *Ni terme ni relation ni mixte* des deux, l'Un est uni-latéral ou séparé mais par immanence. Dans son Ego réel, l'homme par conséquent n'est ni un individu abstrait du champ social ni une relation collective ou leur combinaison — un «transindividuel» à la manière de Nietzsche ou de Deleuze —, mais un *indivi-dual* immanent, une instance dont tout le pouvoir consiste à donner de manière immanente la transcendance elle aussi radicale. En-dernière-instance le Monde n'est plus dans le Monde mais en-Un ou en-homme, et c'est sur cet uni-versel anté-intentionnel que peuvent s'engendrer les rapports du sujet-Etranger avec le Monde. C'est toute la philosophie, avec son antinomie des relations internes et des relations externes, son substantialisme et son atomisme relationnel, qui est invalidée au regard de cet Ego réel. L'être-séparé ne signifie nullement l'abstraction du malheur radical et la mise de côté de l'homme, son unilatéralisation *par rapport au Monde supposé donné*,ce serait distendre en dyade l'uni-versalité et prétendre la survoler une nouvelle fois.

Ainsi l'uni-versalité de l'Identité séparée, le pouvoir de la vision-en-Un de donner le Monde sans que le Monde la détermine (il ne fait que l'«effectuer»), est la découverte propre de la non-philosophie et ce qui fonde la possibilité d'un Réel-cause et d'une détermination-en-dernière-instance contre à la fois le nominalisme des individus, le réalisme des concepts et l'idéalisme général de la philosophie. Elle est aussi décisive dans son ordre que l'intentionnalité de la Conscience ou que la transcendance de l'Etre mais elle est plus «radicale». Elle signifie que l'uni-versel ne peut être conquis empiriquement ni même transcendantalement, reconstitué de l'extérieur — on ne fait pas de l'uni-versel avec des généralités, des essences, des opérations — mais que c'est lui qui permet d'opérer une genèse du sujet-Etranger et de ses structures, par un usage suspensif des modes d'universalité propres au Monde. L'uni-versalité est un *aspect* intrinsèque, pas un attribut ou une perfection, de l'Un. Loin d'être orientée et fermée par un pôle objectif, elle se tient dans les limites de la vision-en-Un et ne la dépasse pas. C'est une manière de style non-euclidien dans les plus hauts objets de la philosophie. L'Un suffit, comme en-Un, à déterminer la pensée, le Monde et l'Etre sans avoir besoin de ceux-ci comme de plus que d'une causalité occasionnelle.

La non-suffisance de l'immanence (du malheur)

Ces aspects semblent être des propriétés positives supposant l'attribution, donc l'Etre et la pensée. Mais si le Réel n'*est* pas en-Etre mais en-Un, s'il n'*existe* pas, ces aspects ne sont pas davantage des propriétés positives. Le Réel relève d'un statut «ontologique» tout à fait particulier. Si ces désignations peuvent être dites à la rigueur transcendantales (au sens ici où elles sont posées par la pensée mais déterminées-en-dernière-instance par le Réel), le Réel ou ses aspects ne sont pas des propriétés transcendantales.

La philosophie, cela fait partie des services qu'elle rend à la théologie, combine en Dieu des *transcendentalia,* ou bien des perfections, ou bien des propres et des attributs, etc. telles la toute-puissance et l'omniscience. C'est sa théodicée spontanée, le gage qu'elle donne au Grand Mensonge du choix entre le Bien et le Mal. Le malheur, étant radical — c'est sa «limitation» —, n'est pas absolu ou in-conditionné comme Dieu et le Réel n'est pas le Tout de la réalité. Il est si peu absolu — auto-positionnel — qu'il est plutôt non-suffisant et exige — non pour lui-même mais pour la pensée — qu'il y ait une donation que l'on ne dira pas *supplémentaire* (lui-même n'est pas une donation...) mais *contingente et occasionnelle.* Il ne donne pas lieu à universalité et synthèse par sa propre division (son devenir-Etre...) et par une transcendance, il est uni-versel quoique simplement non-suffisant. L'Un est si faible et si peu également cause première que, de lui-même, il n'est même pas cause mais ne l'est que sous la condition d'une causalité occasionnelle. Sa non-suffisance le distingue ainsi de tout «principe» et de toute insuffisance-de-principe. C'est une véritable an-archie, l'absence, dans le Réel, de l'Etre, commandement et commencement. Ce n'est pas l'an-archie éthique dont Levinas a donné la formule et qui est plutôt un excès d'archie ou une archie à rebours.

L'Un (du) malheur et ses trois aspects se disent *en-dernière-instance* (du) Monde. Mais comment passe-t-on de l'Un au Monde ? par la donation de celui-ci, sans doute, mais cette donation n'est pas un *passage* à l'Un ni son *remplissement*, agir impossible sur lui. C'est ce que nous appellerons une effectuation du donné-Un par la donation ou encore de l'Un par le Monde, etc. Cette effectuation n'est possible que si l'Un est justement une condition nécessaire mais non-suffisante du Monde tel-que-donné-sans-donation. De son côté l'occasion qui l'effectue est relativement autonome et n'est pas déductible de lui par tout processus de pensée ou d'être (émanation, procession, etc.), mais elle est maintenant déterminée-en-dernière-instance par lui.

Ces trois aspects ne reforment-ils pas toutefois une triplicité à la manière philosophique ? Le donné-sans-donation semble correspondre par exemple au Moi, l'être-séparé au non-Moi, l'être-uni-versel à leur synthèse. Mais c'est une apparence, les deux premiers axiomes ne se disent pas de contraires mais tous deux de l'Un, ou de deux états non contraires de l'Un, identiques plutôt qu'antinomiques. Le sans-donation s'explique par l'être-séparé, le sans-séparation s'explique par l'être-donné, ces deux et l'uni-versalité par l'être-immanent. Toutefois ce troisième aspect paraît plus synthétique et «dépasser» l'immanence comme donnée et séparée (-sans...) ou supposer la donation. Mais si les premiers axiomes ne sont pas analytiques, le troisième n'est pas synthétique et ne doit pas être décalqué de la forme d'une synthèse. L'uni-versalité, on y revient à propos de ce problème de la «non-suffisance» du Réel, ne se conclut pas de l'apport effectif ou transcendant à l'Un d'un terme X mais de la seule radicalité de l'immanence. S'il y a un X, il est nécessairement donné-Un ou sur le mode de l'immanence radicale. Elle n'est pas une synthèse des deux donnés (l'Un et le Monde) ni des deux premièrs aspects de l'Un. Elle a la même essence d'immanence et *le même trait négatif et indestructible de non-suffisance*. Cette non-suffisance signifie qu'elle exige — c'est l'effet qui la manifeste dans l'ordre de la pensée — une donation qui n'est pas nécessaire à l'Un mais à la pensée-selon-l'Un. Aucun des «deux» donnés n'exige cette synthèse et ne peut la réaliser. Elle ne témoigne pas d'une non-suffisance du Réel *supposé séparé par abstraction* mais de la nécessité d'une condition relativement autonome pour qu'il y ait de la pensée plutôt que rien. Que la «donation» de X reste simplement possible ou contingente, ne transforme d'ailleurs pas le Réel en simple possibilité à son tour. Il n'y a pas de syn-thèse réelle ou «unaire» puisque l'Un ne s'étend pas, ne procède pas jusqu'à X et que la donation de X se fait en-Un seulement en-dernière-instance et ne le déborde pas. Seule la nécessité de la donation pourrait évoquer une synthèse empirique ou *a priori* mais l'effectivité et l'effectuation qu'elle apporte restent affectées d'une contingence, envers de leur autonomie relative, que l'en-Un ne peut supprimer ou lever pour lui substituer une relation nécessaire. L'en-Un exclut toute nécessité analytique et/ou synthétique entre l'Un et la pensée comme c'est le cas au contraire entre l'Etre et la pensée. En revanche il y a une quasi-synthèse, uni-thèse plutôt ou dualité uni-latérale, entre le sujet-Etranger et le Monde.

Il est donc impossible de parler des «perfections» de l'Un ou du malheur, trop faible et trop pauvre. Il s'agit plutôt, avec l'être-donné-sans-donation uni-versel et l'être-séparé ou forclos, de «non-perfections». Elles participent de la radicalité (de la non-absoluité) du Réel. Ce sont des conditions seulement négatives, justement «non-suffisantes», sans la positivité de la «perfection» mais qui sont nécessaires toutefois dès qu'il s'agit d'établir une pensée non-philosophique ou non-éthique.

Le malheur ne communique donc pas directement avec l'événement éthico-mondain quelconque sous peine d'établir une continuité de principe à conséquence ou de raison à effet. Il a une essence de Sans-essence qui le distingue justement d'une cause première, des aspects qui ne lui sont pas *attribués ou prédiqués* de l'extérieur en fonction du Monde sinon par leur désignation, mais qui sont sa «définition» axiomatique première dans la mesure où il en supporte une. La place de ces non-perfections, par lesquelles il agit sur l'éthico-mondain, doit être marquée sous peine de l'aliéner une nouvelle fois dans l'objet-monde et de refuser à celui-ci toute autonomie relative, de fondre l'un et l'autre dans le cercle métaphysique. Tout événement X, dès qu'il est reçu selon l'expérience de l'«en-malheur» est transi de ces caractères du malheur et affectés par eux cette fois en-dernière-instance, par conséquent de véracité et de solitude. Dans la manifestation du sujet non-éthique, il n'y va pas d'abord de politique et de culture, d'éthique et de langue, mais de solitude et de véracité

Véracité, solitude et uni-versalité de l'Etranger

D'autres désignations du malheur sont possibles en vue de la solution du problème de l'éthique. Ce sont par exemple le Vrai-sans-vérité et le Seul-sans-solitude, qui sont d'autres désignations premières pour l'être-donné (l'un-identité) et l'être-séparé (l'uni-latéralité). Ces désignations relèvent du même type de formation de noms premiers : un Vrai radical ou sans contenu ontique ou ontologique de vérité — c'est évidemment l'être-donné-sans-donation ; et un Seul sans opération de solitude— c'est évidemment l'être-séparé-sans-séparation ou l'être-forclos. Que deviennent ces désignations lorsque l'on passe du Réel à l'Etranger, de la cause au sujet ? La véracité correspond dans l'Etranger à l'être-donné, au vrai uni-versel de l'en-malheur. La solitude correspond à son être-forclos ou séparé. C'est la véracité-selon-le-Vrai et la solitude-selon-le-Seul. Ce ne sont donc pas des exigences éthiques ou transcendantes, mais des noms premiers pour l'Etranger. Elles ne peuvent être attribuées directement au malheur. Il vaut mieux réserver au Réel les termes de Vrai-sans-vérité et de Seul-sans-solitude, et conserver véracité et solitude comme désignant non seulement le premier cloné, l'Identité transcendantale, essence de l'Etranger, mais les propriétés, telles qu'elles correspondent aux précédentes, qui se disent maintenant de ce sujet complet lui-même. Ce sont des propriétés transcendantales et «subjectives» mais issues de la détermination réelle de l'Etranger et en ce sens elles sont identiques au Vrai-sans-vérité et au Seul-sans-solitude. De là leur aspect d'«agir» en relation avec la pensée-monde en général. L'Ego transcendantal de l'Etranger est vérace et solitaire en ce sens radical et non psychologique. Ce sont elles aussi des traits d'immanence, elles ne sortent pas de soi pour devenir des relations même lorsqu'elles se disent d'un sujet se rapportant au Monde. Elles tiennent du Réel ce trait de non-aliénation de la dernière-instance dans la vérification ou la falsification «pratiques». Vrai-sans-vérité et Seul-sans-solitude affectent ainsi la prétention de l'éthique-monde à valoir pour le Réel, la foi éthique dans sa généralité plutôt que telle norme. La véracité assure l'ultime teneur en identité ou en vécu radical des prescriptions, elle garantit un usage émergent de l'éthico-mondain, tandis que la solitude prive cet usage nouveau des anciennes prétentions unitaires de l'éthique. Si le non-mensonge en général s'impose au sujet du malheur, la foi éthique qui est directement opposée à celui-ci jusqu'à le forclore, sera identifiée en-dernière-instance comme mensonge et hallucination sur le Réel et pas seulement comme illusion.

«Le malheur ne ment pas». Du Vrai-sans-vérité

Le malheur n'est ni véridique ni vérace mais seulement «vrai» au sens où le Vrai-sans-vérité est le passé radical ou le performé de la vérité — son élément immanent qui explique que les axiomes du malheur le posent-tel-que-vrai sans l'identifier à la vérité constituée. De même il n'est pas à proprement parler solitaire mais détermine, comme Seul-sans-solitude, la solitude de l'Etranger. Ce n'est donc pas — et la véracité pas davantage — une synthèse véritative, mais le «fait» qu'*il y a du donné qui est en-dernière-instance-sans-donation même lorsqu'il y a donation effectuée*. Le mixte kantien de la véracité et de la transcendance — celle-ci exigeant celle-là qui la conditionne — est donc suspendu par le vécu d'immanence d'un vrai sans opération ni contenu de vérité (normes et objets) et moins encore de vérification. De même le Seul suspend le mixte d'authenticité et d'inauthenticité du sujet éthique. Bien entendu le Vrai-sans-vérité et le Seul-sans-solitude sont conditions universelles et nécessaires, mais «négatives» ou non-suffisantes et doivent être effectuées par une donation éthico-mondaine qui ne les annule pas.

Quel témoignage lointain, à peine symptômal, avons-nous du Vrai-sans-vérité ? C'est l'axiome commun : «le malheur ne ment pas». Le malheur ne ment pas, encore moins que le plaisir, ou que la joie et la douleur qui mettent en jeu l'*être* transcendant de l'homme plutôt que son «réduit» d'Un. Pourquoi alors «ne pas mentir» plutôt que «dire le vrai» ? C'est que le Vrai, n'étant pas doublé de la vérité, ne se dit pas au sens d'un logos supposé constitutif. Il faut pour cela se reporter au mécanisme général de la non-philosophie. Est-ce à dire que la vérité ne pourrait être exigée mais seulement le «ne pas mentir», le mensonge seulement interdit ou empêché ? En réalité, plutôt qu'une antinomie du mensonge et de la vérité, il y a, sinon une tierce solution, celle de la prudence qui se dirait: «ne pas mentir» *de préférence* à «dire le vrai», du moins un «tiers» état, le Réel, qui échappe à la vérité et au mensonge par un Vrai qui ne parle ni n'est à dire, mais qui détermine le parler tel que parler- ou dire-selon-le-vrai plutôt que dire-le-vrai.

La posture éthique dans ses deux régimes majeurs, le grec et le juif, avec leurs invariants respectifs, combine une face de limitation ou d'interdiction avec une face plus positive d'exigence ou de dette, combinaison qui s'opère tantôt dans l'obéissance, tantôt dans le projet, tantôt dans le consentement, tantôt dans l'élection, etc. L'éthique — c'est sa spécificité par opposition à la religion — s'exprime plutôt par des formules de limitation (grecque) de la démesure, ou d'inhibition et d'interdiction (juive).. La non-éthique, se replaçant dans le Réel, ne peut se borner à des interdits ou des limitations, mais exprime des identités et donc des forclusions radicales. Toutefois en tant que son matériau est l'éthique, elle hérite plutôt des formules d'interdiction mais leur donne un usage d'esprit transcendantal et théorématique. Si l'éthique se meut dans l'amphibologie de la vérité et du mensonge, jusqu'à admettre parfois un mi-vrai ou une mi-véracité, le malheur radical est la pauvreté du Vrai dépourvu de toute vérité, un Vrai-sans-mensonge (sans le mélange du vrai et du mensonge). Il n'y a pas de mi-vrai ni même, sauf dans le Monde, de mi-vérité. La vérité n'est «pas-toute»(Lacan) mais uniquement parce qu'elle dépend en-dernière-instance du Vrai-sans-vérité ou de la véracité non-suffisante, distincts en cela du tout-vérité métaphysique.

Qu'il ne mente pas n'implique donc aucune opération positive ou négative de vérité ou de refus du mensonge mais signifie seulement l'être-séparé ou forclos du Vrai à la vérité. Le malheur est forclos, il n'est pas *impossible* à la vérité et au mensonge. «Ne pas mentir» n'est pas une impossibilité de mentir ou une possibilité de dire la vérité, et que le malheur ne mente pas n'est pas un fait ou un devoir. S'il s'aliénait dans l'Etre ou le Monde, il mentirait comme le Logos philosophique. En prétendant dire le vrai, en se faisant vérité, il se ferait mensonge au même titre que le Monde.

Ainsi le malheur ne dit pas la vérité sans mentir pour cela, «au contraire», parce qu'il n'en a pas de lui-même les moyens ni le besoin (ce sera l'œuvre du sujet-Etranger), ni n'est fondation ou causation directe de la vérité. Cette réserve témoigne justement de son état de condition réelle ou négative. Le Vrai (et la véracité) étant cause non pas «absente» mais non-suffisante de la vérité, il doit être effectué par les conditions de la vérité mais sans s'annuler ou se fondre dans celle-ci comme dans un accomplissement philosophique. «Ne pas mentir» ne peut s'entendre dans la forme d'une affirmation immédiate de la vérité et pas davantage dans celle d'un paradoxe logique, mais comme indice de la non-consistance ou de la non-existence du Réel (de) malheur. La non-suffisance du malheur est justement de ne pouvoir dire la vérité ni l'engendrer à partir de lui-même à la manière du dogmatisme et de l'idéalisme de la philosophie. De même la véracité n'est plus une propriété à contenu transcendant (psychologique ou phénoménologique de conscience) et voisin de la sincérité, de la mauvaise foi, etc. C'est simplement le pouvoir non-suffisant de ne pas mentir, une «perfection imparfaite». Que demander de plus au Réel, sans en refaire un principe ou une cause première, que de ne pas mentir ? *Le malheur radical est forclos à la parole sans se dissimuler dans le silence.* Le Vrai comme indifférence à la vérité et au mensonge, le «non-mensonge», n'est pas ici un événement du Monde, emmêlé et connexe à la vérité, condition continue et directe de celle-ci. Tel que nous comprenons le Réel, comme vision-en-Un ou en-malheur, seul l'Etranger déterminé-en-dernière-instance par celui-ci peut briser les paradoxes de la vérité et du mensonge, du dire-vrai et du dire-faux, du vrai «faux-vrai», du faux «vrai-faux» et autres paradoxes du «menteur», de la mi-vérité et de la mi-fausseté, de la mauvaise foi, etc.

«La malheur isole». De la solitude uni-verselle

Mais si le malheur ne ment pas, il «isole», dit un autre axiome commun, mais pour nous en un sens incommensurable à l'isolement mondain. Plus qu'une coloration affective, il donne à toute chose qu'il donne une solitude d'être-séparé qui se répercute jusqu'à l'éthique-monde. Le malheur est le Seul en personne, non-suffisant sans être insuffisant, plus que «seul-au-monde», esseulé du Monde lui-même. Solitude si peu intra-mondaine qu'elle est séparée-sans-séparation ou se «tient» séparée du Monde lui-même et de ses solitudes séparées. Elle définit un Ego simplement humain, pas un Robinson transcendantal mais, pour reprendre une formule de l'ancienne gnose, l'*Un-et-le-Seul*.. Incommensurable par sa radicalité et sa non-suffisance à l'Ego imaginaire relevant de la structure de la Décision philosophique, il ne peut davantage être confondu avec le statut transcendant d'un «Autrui». C'est une indifférence réelle, un être-forclos autant au Moi qu'à l'Altérité tels qu'ils habitent en milieu philosophique globalement spéculaire. Réelle et même transcendantale, la solitude ne procède pas par séparation-division, rejet ou refus, toutes opérations de la transcendance. La solitude est identité-en-dernière-instance qui, sans créer de l'identité, se contente d'en manifester ou d'en répandre. Loin d'être une déliaison générale, phénomène mondain et moderne par excellence, elle est l'un des pouvoirs de l'identité. La solitude est une étreinte intime qui donne aussi nécessairement le Monde qui lui est donné.

Le Seul, et la solitude-selon-le-Seul ne suspendent évidemment pas la valeur de la valeur, la légalité de la loi — ce n'est pas en leur pouvoir —, mais la prétention de réalité suffisante qui accompagne cette auto-position de la valeur ou de la loi. Le malheur invalide non pas la normativité de la norme, la légalité de la loi, l'ethicité de l'éthique, mais leur prétention sur la non-consistance du malheur. La solitude est moins éloignement transcendant qu'invalidation immanente des prétentions régionales particulières ou fondamentales sur le Réel. Plutôt qu'affectant l'éthique en son essence d'une perte totale ou absolue, quasi-nihiliste, la solitude, à la différence du «manque» psychanalytique, n'affecte pas la réalité de l'éthico-mondain mais son seul sens pour l'homme considéré dans l'exiguïté de sa solitude. C'est la perte radicale en tant que distincte de la perte absolue. Pas plus que ce que nous appelons «uni-latéralisation», il ne faut interpréter cette réduction-par-solitude comme un acte de transcendance et d'éloignement, comme si le malheur se tenait loin du Monde ou éloignait le Monde. L'éloignement est ici tout qualitatif — même pas topologique —, c'est l'invalidation de la causalité du Monde sur le malheur et le sujet auquel il donne lieu. Solitude réelle d'avant la transcendance, elle ne fonde pas celle-ci, tel un nouveau principe, mais limite la validité mondaine des principes. En toute rigueur, il faudrait user du style gnostique, nommer, écrire et dire «Solitude» et «Véracité» non seulement comme des noms premiers mais comme des entités radicalement vécues en-dernière-instance, inséparables de «Malheur».

Si «le malheur isole», on ne peut donc dire qu'il détruise la communauté. On ne peut comprendre ce problème, pas plus que celui de la véracité, en termes ontico-ontologiques de déliaison, à la mesure des normes particulières et des formes existantes de solitude et de communauté. La solitude première n'est pas un mode déficient de la communauté philosophico-mondaine. Que le malheur isole, cela s'entend comme non-suffisance («positive» d'être condition simplement négative) à constituer de lui-même une communauté, dont il n'a pas besoin. Il y a des communautés narcissiques du malheur mais ce n'est pas à ce niveau que nous posons le problème. Le malheur est en revanche suffisant à déterminer — sinon à engendrer continuement — une communauté autonome des Etrangers, par sa non-suffisance même à la déterminer directement et à la faire sortir de lui-même. Que demander de plus au malheur, sans en refaire un principe auto-productif ou un rapport social originaire, que d'individuer l'homme, que d'assurer son identité et son autonomie d'être-forclos puis de sujet ? D'autant que cette solitude uni-versalle, par immanence, n'est pas d'un individu dans le Monde mais se dit *pour* le Monde même en tant que donné-sans-donation. *La solitude est uni-verselle, ce théorème transcendantal délivre la pensée des paradoxes fatigués de l'un et du multiple, et des paradoxes encore plus usés de l'individuel et du collectif.* Le misanthrope peut dire «je suis seul», hors communauté, comme le menteur dire «je mens», mais le malheur et l'Etranger s'interdisent ce genre d'énoncés qui les «dépassent» métaphysiquement de leur suffisance. Tel que nous comprenons le Réel comme être-forclos (de) l'Un ou de l'en-malheur, seul l'Etranger est assez radicalement seul par ses tenants et ses aboutissants pour affecter le Monde et son éthique.

La dualité du malheur et de l'éthique-monde

Le malheur radical n'est certainement pas un nouveau critère de l'éthique ou un principe de légitimation, c'est la cause d'une pensée non-éthique. Il ne correspond à aucune *possibilisation* de l'éthique. C'est un réel inaliénable dans le possible, mais capable de porter à l'uni-versalité, à l'émergence ou à la découverte, le possible éthico-mondain, de l'enlever à sa naïveté inhumaine et de lui donner un usage humain dans l'Etranger ou le Prochain.

Le malheur radical n'est ni un affect ni un destin transcendant sans pensée, plus objectif que tout objet. Il est susceptible de (recevoir-) donner sur son propre mode n'importe quel étant philosophique. La «réceptivité» du malheur est uni-verselle dans l'immanence, ce pourquoi n'importe quel mode de donation ontico-ontologique est finalement lui-même sinon reçu du moins donné en lui sur le mode de son immanence. Mais cette puissance uni-verselle est sans domination, justement sans la domination de l'universel mondain. Il est la seule impuissance radicale qui vaille du Tout mais qui ne puisse l'apporter d'elle-même ou étendre son pouvoir *sur* lui. Puissance de la dernière-instance plus encore que du «moins-que-rien» ou du «malgré tout». Corrélativement ce présupposé réel étant sans origine dans l'éthique-monde, celle-ci jouit d'autant plus d'une autonomie spécifique dans laquelle il n'est plus question d'intervenir ou à laquelle il ne s'agit plus d'ajouter. Si seul le malheur est donné-sans-donation, alors l'éthico-mondain, en tant qu'objet d'une donation relativement autonome, est l'Autre (de) l'Un

La non-éthique modifie en profondeur les rapports de la philosophie et de l'éthique, les réorganise autrement, de manière unifiée et non pas unitaire, mais sans nier ou noyer l'éthique dans la philosophie et réciproquement. Elle soustrait l'exigence éthique et son altérité à la domination de la Décision philosophique, déduisant leur identité-de-dernière-intance du malheur radical. Mais elle soustrait aussi la Décision philosophique à sa réduction «tout-éthique». Comme Levinas, elle sépare l'éthique de la philosophie ontologique, mais contre lui elle ne substitue pas celle-là à celle-ci, elle leur invente un nouveau rapport d'unification plus intime. Nous avons deux termes, sans communication directe ou continue de type philosophique, mais non sans communication puisque nous usons de l'éthique-monde, donnée sur le mode du «premier», pour *poser* et *nommer* celui-ci comme présupposé de l'Etranger. La dualité la plus profonde n'est donc pas entre le réalisme (théorique) et l'idéalisme (pratique), entre le sensible et l'intelligible, le mécanisme et la liberté, Moi et Autrui — toutes oppositions éthico-mondaines — mais entre celles-ci ensemble et le malheur comme être-séparé. Dualité sans dyade. Le discours non-éthique paraît se donner ces deux extrêmes mais dans la réalité c'est le malheur radical qui donne-sans-donation, sur son mode propre, comme occasion, la sphère éthico-mondaine et ses discours. La donation est donc elle aussi donnée-sans-donation. L'éthique au contraire commence par poser une dyade mais c'est au total une triade qui se mé-connaît, elle commence par un universel divisé, la convertibilité transcendantale, à une distinction près, du Bien et du Mal, de la sensibilité et de la liberté, etc. La non-éthique commence avec un uni-versel d'immanence. *Cet uni-versel indivisé est le dual ou la dualité uni- latérale, le fait qu'il y a du donné-sans-donation et de la donation, mais que celle-ci est elle-même donnée-sans-donation.* Même le «pli» du donné-et-de-la-donation est en-dernière-instance donné-sans-donation. L'uni-versalité, duale plutôt que dyadique, négative au sens d'une condition *sine qua non* et non-suffisante, ne prolonge pas l'éthique-monde et son type d'universalité mais l'invalide plutôt dans un autre plus radical. Peut-être pourrait-on parler d'une *uni-versalité mineure* ou *minoritaire*, hérétique plutôt et de toute façon, spécifique de l'Identité.

La non-éthique est l'éthique uni-verselle sans le secours d'un tiers supérieur à l'homme. L'éthique-monde apparaît alors clairement comme une pensée usant du tiers exclu autant qu'inclus. La croyance la plus incontrôlée de la philosophie (et de la psychanalyse), c'est qu'il n'y a de pensée que par un troisième, et que le Deux est nécessairement imaginaire. Tel que la pensée du Trois le conçoit, le Deux est effectivement «imaginaire», privé du tiers et sans les moyens de justifier le rôle nécessaire du troisième. Mais la non-philosophie, arrachant l'Un au contexte arithmético-transcendantal, libère le dual du Deux lui-même. Même effectuée par le Monde et la philosophie, son uni-versalité reste une *dualité unilatérale*. Aucun système ni même aucun *ensemble* au fondement de la pensée et de l'éthiqu, mais le dual uni-versel du malheur comme être-séparé. Les prétentions de la philosophie et de ses éthiques sont celles d'un faux universel, d'un bi- ou tri-versel, d'une puissance trilatérale ou triangulatrice. L'Etranger est réellement uni-voque pour toute éthique possible, voilà le sens de la non-éthique. De celle-là à celle-ci, on passe d'un universel-monde à un universel-univers. Autour du philosophe cristallise un monde fermé, autour de l'Etranger un uni-vers. La cosmo-étho-politique reste une représentation, livrée à sa propre suffisance, mais la non-éthique est la découverte d'un Etranger uni-versel non-cosmopolite, d'une non-cosmopolitique ou d'une pensée hérétique. La non-philosophie en général se présente comme un chaos de langages-univers, de théories uni-verselles, unifiées seulement en-dernière-instance. Elle est capable, ainsi qu'on le verra et par exemple par occasion, d'une pragmatique non-juive du judaïsme et d'une pragmatique non-grecque de la philosophie. La non-éthique est explicative de l'éthique gréco-philosophique et de l'éthique judaïque, mais inintelligible, indécidable par l'une, par l'autre, par leur mixte. L'éthico-mondain en son sens le plus étendu a été décidé en effet au 20e siècle, par un «tournant judaïque» qui l'a éveillé de son somnambulisme grec. Mais cet éveil n'est pas encore au malheur et à l'être-séparé de l'homme, mais tout au plus à l'être-séparé de l'Autre homme ou de Dieu. La non-éthique n'est pas seulement juive chez les grecs, grecque chez les juifs — elle est humaine ou séparée du mixte gréco-juif, de l'Ancien et du Nouveau Monde qui sont le Monde, et pose son inconvertibilité radicale avec celui-ci. S'il y a une définition simple du non-éthique, c'est ce qui, refusant d'être mondialisé avec l'éthique et la philosophie, fait se manifester l'identité de cette mondialisation. L'Etranger est cette hérésie à l'état de performation.

Le principe de la non-éthique est directement dressé à l'encontre du délire philosophique dont la Pythie de Delphes a donné la maxime à Socrate qui l'a faite valoir philosophiquement : «Connais-toi toi-même». Le malheur radical est la positivité du non-savoir qui n'a pas à savoir ou à ne pas savoir qu'il ne sait pas. Il rend la connaissance de soi impossible, c'est-à-dire apparente et illusoire, et lui substitue l'émergence d'un non-socratisme, d'une pensée-*selon*-l'homme. On ne commettra pas le contresens le plus vaste, propre au sens commun et à la philosophie, à savoir que le malheur rendrait malheureux, que l'homme serait affecté-de-malheur comme il l'est du destin tragique ou du malaise d'une béance impossible à combler. Le malheur n'est pas un attribut ou un destin, c'est la non-consistance et le Sans-essence propres au Réel. C'est ce non-savoir, cet être-donné (de) l'être-séparé qui détermine l'émergence d'une non-éthique. Celle-ci use des symboles éthico-mondains mais dans une autre pragmatique. C'est donc, plus concrètement, l'état où est l'homme, au point le plus intime de lui-même, de ne pouvoir se tourner ou se retourner vers soi, se prendre pour objet et prétendre par là épuiser son essence. Il signifie très exactement l'impossibilité d'une métaphysique de l'homme, et bien évidemment l'impossibilité d'une éthique philosophique, du Bien principalement, qui du moins prétendrait légiférer sur lui. Le malheur radical fonde une hérésie rigoureuse, non religieuse, même pas aux limites de la religion, précisément parce qu'il n'est pas le malheur — trop évident — de l'homme-dans-le-monde, voire au-monde, mais celui de l'être-séparé (du) Monde. Ce malheur (de) solitude est très précisément ce qui lui permet d'entretenir au Monde ce rapport émergent que nous appelons le sujet-existant-Etranger. Car le malheur radical signifie aussi, plus positivement encore, l'émergence d'une non-éthique ayant pour objet de faire un usage humain de l'éthico-mondain.

CHAPITRE II

L'ETRANGER UNIVERSEL

Section I : Pour introduire l'Etranger (I)

Une théorie de l'Etranger

Explicitement ou non, nous usons non seulement de concepts avec lesquels nous essayons de saisir nos objets, mais de supercatégories universelles, qui valent à la fois pour la philosophie et les sciences humaines. D'une part l'identité et ses avatars, le même, l'ipséité, le moi, etc. ; d'autre part l'altérité et ses avatars, la division, la différence, la transcendance, etc. Donc deux grands groupes articulés l'un sur l'identité, l'autre sur la différence. On ne s'occupe pas ici des concepts mais de ces supercatégories, utilisées sciemment ou non. C'est à leur niveau le plus universel que l'on voudrait poser le problème d'une redéfinition du sujet humain comme Etranger. Ce qui suppose, on s'en doute, l'abandon du point de vue philosophique et de son autorité et la transformation profonde des objets et des méthodes de la philosophie et des sciences humaines en fonction de ce nouvel objet, l'Etranger comme sujet réel de l'homme. Mais sciences humaines et philosophie peuvent encore nous aider, à condition de les traiter d'un point de vue pragmatique en vue d'un nouveau traité de paix et de coopération, à reformuler ce problème de l'Etranger. Si nous abandonnons les philosophies et les sciences humaines, c'est afin de sortir l'Etranger de son ghetto philosophique, la philosophie elle-même de ses illusions de maîtrise, et d'aider les sciences humaines peut-être à acquérir de l'Etranger c'est-à-dire de leur objet un concept universel, non particulier, résiduel ou marginal. Comment résoudre cette équation bizarre, absurde pour la philosophie et les sciences humaines séparément : *homme = Etranger* ? Si nous acquérons un concept réellement universel et non particulier de l'Etranger, une universalité qui ne soit pas l'envers d'une exclusion, alors nous tiendrons aussi une définition complète de l'homme et qui le libère de ses particularités métaphysiques et religieuses.

Prendre la philosophie et, par exemple, les ethno-savoirs comme des objets ou des propriétés pour un nouveau savoir qui est celui de l'Etranger, cela ne va pas sans problème. Ce sont des objets de savoir, des objets spéciaux, qui doivent devenir à leur tour des objets pour un savoir original. Il faut une pensée qui ne soit ni complètement étrangère ni complètement réductible à la philosophie et à la science ensemble — ce ne peut donc être ni la philosophie (à quoi l'on réduirait la science) ni la science (à quoi l'on réduirait la philosophie). Ce type de pensée, on l'appelle théorie unifiée — non unitaire — de la philosophie et de la science ou de telle science. Unifiée de manière hétéronome et immanente à la fois, par son objet — l'Etranger — et non pas par l'une ou l'autre des parties ou des adversaires.

Nous renonçons donc au concept philosophique de l'Etranger — s'il existe — mais tout autant au style philosophique lui-même. On connaît ce style, c'est celui de la recherche des présuppositions de la pensée, sciences comprises. Cette recherche des fondations est un geste de critique et de réappropriation au profit de l'autorité philosophique. La philosophie contemporaine en particulier, confrontée à l'ethnologie et à la psychanalyse comme expériences d'une altérité extra-territoriale, a tenté de surmonter cet affect, de réagir à cette blessure. Elle croit donc plus que toute autre s'être donné les moyens de penser l'Etranger, elle s'est alors portée à ses propres limites, jusqu'à déconstruire ses propres présuppositions sous l'impact d'une altérité non programmée par le Logos. Mais même à ce geste d'hétéro-critique relayant l'auto-critique, il faut ici renoncer — c'est toujours une circularité stérile — pour poser autrement le problème de la philosophie et des sciences humaines dans leur rapport à l'Etranger. Donc renoncer à la critique philosophique des sciences humaines mais aussi à la critique inverse.

Si la philosophie en effet recherche indéfiniment les présupposés, nous nous posons une autre question : quels sont les présupposés de la philosophie pour qu'elle recherche les présupposés ? Ce ne peut donc plus être une question de présupposition philosophique ou circulaire, mais de préalable réel, à son tour sans présupposition, à toute pensée. Du coup nous traitons la philosophie et les sciences humaines à leur tour comme des *données* et nous posons non plus le problème de leurs présupposés mais le problème tout autre de leur connaissance, sinon des «lois» que l'on peut formuler à leur propos, du moins et sur la base de ce préalable réel, des hypothèses qui permettent d'établir une théorie de ces disciplines elles-mêmes sans réduction de l'une à l'autre (ni réductionnisme philosophique, ni réductionnisme scientiste). Ce préalable réel, ce sera l'Etranger lui-même ou plus exactement ce que nous appellerons l'*identité* de l'Etranger.

Cette hypothèse que l'on propose non pas ici de tester mais de simplement poser en même temps que les conditions générales pour la tester, est hautement théorique et nullement descriptive ou bien réflexive puisqu'elle prend les sciences et la philosophie — non leurs objets primaires — pour son propre objet. C'est celle-ci : au lieu de faire de l'Etranger l'objet partagé, surdéterminé, ambigu, de la philosophie et des sciences humaines, faisons-en le sujet de cette hypothèse d'un nouveau savoir de la philosophie et des sciences ; transformons l'Etranger en terme premier ou en sujet d'une nouvelle pensée qui prendrait maintenant pour objet, matériau ou champ d'expériences, ces disciplines. Il ne s'agit pas d'une nouvelle épistémologie de ces disciplines mais bien d'une discipline théorique trouvant dans l'Etranger la cause explicative de la philosophie et des sciences humaines ensemble — c'est son côté théorique —, mais en s'aidant aussi de leurs moyens — c'est son côté pragmatique. Pouvons-nous poser le sujet-Etranger de telle sorte qu'il soit cause ou hypothèse explicative de ces disciplines tout en se constituant à l'aide de moyens tirés de ces disciplines elles-mêmes ? Une telle science, qui résout de cette manière un tel problème d'existence, se nomme dans la philosophie une «science transcendantale». Ici, étant donné le changement des hypothèses de départ, nous l'appelons une *théorie unifiée de la philosophie et des sciences humaines*, unifiée à l'enseigne de l'Etranger, et de l'Etranger comme nouveau sujet de cette science plutôt que comme son objet.

Traiter l'Etranger comme un objet théorique présente sans doute encore plus de difficultés que de traiter ainsi l'«homme». Il y faut une pensée spéciale, à la fois philosophique pour lui apporter un tel objet et s'y rapporter elle-même comme réelle ; et scientifique pour lui donner une force explicative irréductible aux données de l'expérience et capable de briser le cercle philosophique. L'invention de cette pensée «unifiée» est exigée par l'objet lui-même, une connaissance (de) l'Etranger en son nouveau sens, plus universelle encore que la philosophie, valant pour tout homme et traitant l'«homme» et le «sujet» des philosophes comme encore particuliers ou effectués sous certaines conditions restrictives. Encore faut-il renoncer à une vision unilatéralement sociologique, ethnologique, etc. de l'homme, des «peuples» ou des «nations». Pourquoi l'Etranger, qui devait désigner «les peuples» dans l'universalité de leur multiplicité, a-t-il fini par désigner l'Autre, l'autre peuple, l'autre couleur, l'autre ethnie ? Peut-on engendrer un «concept» universel de l'Etranger, valant pour tout-un-chacun, indépendamment des clivages d'ethnies et de cultures ? en quelque sorte une imparité universelle plutôt que particulière, telle que ce soit l'homme qui soit maintenant impair par rapport non à lui-même ou à l'autre homme mais au Monde où il existe aussi.

Qui est l'Identité ?

Au-delà de la donation «civile», sociale, politique, sexuelle, etc. d'identité, peut-on reconnaître une donation philosophique d'identité ? La philosophie possède des postulats qui portent sur l'identité et la différence, sur leurs combinaisons possibles (le donné et la donation, etc.). L'homme est à l'articulation de deux postulats ou groupes de postulats qui font un système : mi-Moi mi-Autrui, mi-Identité mi-Altérité. C'est la conception unitaire de l'homme dans lequel dès le commencement la division métaphysique a été introduite et le Moi et l'Etranger mélangés dans l'Intersubjectivité. L'Etranger des philosophes vit au voisinage d'Autrui, dans un demi-lieu, un mi-lieu ou un entremondes. Il est divisé, dédoublé, plusieurs fois Etranger, sous plusieurs raisons, et redoublé en Etranger d'Etranger, surdéterminé par plusieurs modèles issus de la tradition philosophico-religieuse et de la multiplicité des sciences humaines. Philosopher c'est osciller entre la plate reconnaissance de l'Etranger, sa recognition conceptuelle, dialectique ou phénoménologique — l'une est méconnaissance, l'autre est destruction de l'Etranger —, et une volonté d'étendre l'identité, de la lui «donner» ou la lui «reconnaître». Soit de la lui retirer pour des raisons de système soit de ne lui en proposer une que de substitution (une forme déguisée, entamée, minorée, etc., du Moi). Reconnaître, c'est donner / retirer : l'identité est supposée objet de reconnaissance, d'intégration, d'accueil.

Deux problèmes affectent cette conception

1. Comment une telle identité «baroque» et insaisissable ne se dissiperait-elle pas en masques, simulacres et fantasmes ? Cette *imbecillitas* de la philosophie devant l'Etranger la conduit au forçage des moyens disponibles, mais ce forçage ne donne pas davantage une consistance d'objet théorique à l'Etranger. La philosophie prétend lui donner son concept, — mais le concept est ce qui retire la pensée à la pensée, le don au don, ou ce qui les ajoute à eux-mêmes sans pouvoir se tenir à l'identité du concept et du don du concept. Elle prétend donner à l'Etranger son identité, mais le don est ce qui retire ou ajoute l'identité à elle-même, trop pauvre ou trop riche, en manque ou en excès, en manque de son superflu, en excès de son manque. Elle prétend donner à l'Etranger sa théorie, mais la « théorie » philosophique soustrait et ajoute le don, le concept, la théorie, l'Etranger à eux-mêmes ou l'identité à soi-même.

2. Donne-t-on l'identité comme on donne l'Etre, le Temps, l'Etre comme Temps ? ou bien est-ce le seul «objet» qui refuse la donation parce qu'il est d'emblée et de part en part rien que du «donné» ? Il n'y a pas de philosophie qui ne fantasme sur ce pouvoir de donner ultime, sur cette donation première et dernière qui donnerait plus que l'Etre, l'Un lui-même et peut-être aussi l'Autre. C'est l'intégration philosophique, son dépli/repli : donner à l'Etranger *de* l'identité en limitant sa puissance de désintégration. Et il est vrai que cette donation d'identité est un pas positif vers la «reconnaissance». Mais l'identité peut-elle se donner, se transférer (un «transfert d'identité») à Autrui, et l'Etranger est-il le thème d'une reconnaissance philosophique ou bien l'objet d'une véritable «théorie» qui suppose son autonomie au moins relative ?

L'identité réelle n'accueille ni ne reconnaît, elle peut tout au plus être-donnée dans l'exacte mesure où elle est elle-même sans donation. Dans tous les cas de figure philosophiques, l'identité est aliénée ; dans le judaïsme elle est identité-otage. Donner l'Etre est possible, mais donner ou recevoir l'identité n'est possible que si elle-même n'est pas l'objet d'une donation et si la donner est seulement la donner comme transcendantale à l'occasion d'autre chose ou la cloner à partir d'autre chose. L'Un ne se donne pas au fil du fleuve Histoire, il ne fait ni histoire ni devenir — c'est le présupposé réel de toute connaissance de l'Etranger. Si bien qu'il est impossible de *donner à l'Etranger* l'identité comme sa cause mais tout au plus de cloner son identité (de) sujet. L'identité réelle n'est pas agie ou active, elle est condition négative du clonage qui produit l'existence du sujet.

L'Etranger ne peut faire éclater le système des axiomes philosophiques — sans le rediviser —, selon un rapport non de division égale ou inégale mais de dualité unilatérale, que si l'expérience de l'Identité et celle de l'Altérité ont été modifiées en profondeur, lorsqu'elles ne sont plus aux mains du philosophe des pions dans le grand jeu du Monde et qu'elles reçoivent des symboles non-conceptuels, plutôt qu'elles ne se donnent leur concept ou ne procèdent à une autonomination. L'Etranger reçoit une identité de sujet elle-même-sans-donation, plutôt qu'il ne produit l'auto-donation d'une identité. Il est l'objet d'une théorie avec laquelle il se confond ou qu'il performe, mais seulement en-dernière-instance plutôt qu'il ne prend le masque de la philosophie. Enfin il manifeste un univers plutôt qu'un monde particulier, c'est un être d'utopie plutôt qu'un être de voisinage. Tout ce qu'il peut faire lui-même comme Etranger non-philosophe, ce n'est pas de combattre l'Etranger-philosophe, c'est d'user de celui-ci (qui n'est jamais seulement un homme mais un mixte d'humanité et de chose, un humanoïde) pour se constituer sur la base de sa cause réelle, y puiser son nom d'Etranger plutôt que d'Autrui ; y trouver l'occasion qui lui permet d'exister comme sujet plutôt que sa cause supposée réelle ; se penser enfin comme sujet à inventer *pour* les sciences humaines-trop humaines.

L'Identité en chair et en os

Quel malentendu traverse la philosophie et l'organise ? C'est l'Etranger comme... étranger... à l'Identité. Un doublet et une mauvaise cible, un mauvais rapport, voilà l'opération de la philosophie, qui n'aime pas plus l'Etranger que l'Identité, qui ne fait à l'un et à l'autre qu'une demi-place, qui leur dispute la pensée. Elle ne peut penser l'Identité elle-même, — penser «Identité» — et pas davantage l'Etranger qu'elle ne peut mettre à sa juste place, tantôt en excès sur Autrui, tantôt en manque d'identité, qu'elle réduit à Autrui dont elle fait un mode excessif, dangereux et menaçant. Manquant d'identité, l'Etranger est voué à exister sur le mode de la violence, de l'affect, de la dangerosité. Finalement l'Identité comprise comme «Même», se dissout en fantasmes et simulacres, tandis que l'Etranger est rejeté en marginalités.

Notre hypothèse principale, c'est que l'Identité n'est pas seulement une propriété ou un attribut, mais qu'elle existe «en chair et en os» indépendamment de son usage d'attribut. Ce n'est pas seulement ce qui se dit «civilement» d'un individu, ce qui s'attribue ou ce qui se reconnaît, c'est ce dont l'homme est constitué comme individu. Par définition, si l'Identité existe de manière radicalement autonome, elle n'existe qu'en elle-même, dans sa propre immanence, elle n'a pas besoin d'un éléments tiers, universel et transcendant, de lieu d'inscription — le Réel est utopique.

La découverte qu'il reste à faire après celle de l'Etre et celle de l'Autre, c'est donc celle de l'Un. Découverte qui n'est ni orientale (l'Un-tout indifférencié, le Même), ni occidentale (l'Un-différence, la Différence), l'Un n'étant ni Tout ni Différence. Avec l'Un-en-Un, il n'y a plus, sinon dans le Monde, ni être ni non-être, ni totalité ni singularité, ni principe oriental ni principe occidental. C'est notre expérience «globale» de la pensée qu'il faut changer en l'enrichissant d'une pensée selon le Réel. La philosophie l'a utilisé ou exploité sans le thématiser, refoulant plutôt, jusqu'à la forclusion — l'Identité qui n'est ni le Soi ni le Même. Principe plus irreprésentable encore que l'Inconscient ou que l'Altérité des pensées contemporaines. Depuis la plus ancienne tradition grecque de la philosophie —

c'est même ce qui fait tradition —, l'Identité a été traitée sur un mode que l'on dira *logico-réel*.. Elle est bien le réel, mais au sens où elle est *le plus réel* parce qu'elle est imprégnée de pensée et définie par elle : l'Identité doit pouvoir accompagner le Logos mais le Logos doit pouvoir penser l'Identité

L'Identité paraît acquise une fois pour toutes parce que la philosophie et les sciences humaines précisément en font un seul usage, au lieu de poser la dualité d'une identité sans «valeur d'usage» et d'une identité à valeur d'usage. L'Un philosophique n'est qu'une interprétation, par définition particulière, qui forclôt celle qui ne tolère pas l'interprétation : c'est son usage logico-réel où l'Identité logique est intériorisée au Réel, à l'Un, pour «donner» l'Etre ou l'Identité comme «principe». Supposons maintenant une Identité qui soit seulement réelle, dépourvue de mélange avec la pensée, qui échappe ainsi à l'autorité du Logos et de l'horizon cosmopolitique. C'est une telle Identité «radicale» et purement immanente que l'on pose à la base de l'Etranger comme l'homme même.

Une Identité qui n'est qu'elle-même ne veut pas dire fermée sur soi comme une intériorité close ou un point. Il ne faut pas confondre l'autonomie de l'Identité, de l'Un par rapport à l'Etre, à l'Autre, au Même, avec une clôture sur soi qui suppose toujours l'élément de l'Etre Il y a en quelque sorte un contenu spécifique de l'Identité, on l'a analysé au chapitre précedent, même lorsqu'elle est vide de Monde, de cité, de peuples et de nations, de culture et d'histoire. Ce contenu propre de l'Identité comprend trois aspects intrinsèques ou essentiels.

1. L'Identité est donnée indépendamment d'une causalité temporelle, non seulement avant plutôt qu'après une donation, mais indépendamment de toute opération de donation constituant une sorte d'arrière-monde. On ne produit pas de l'identité avec des normes ou des habitudes, l'Identité se présuppose toujours elle-même, elle est *le* présupposé réel par excellence.

2. L'Identité est radicalement indépendante ou séparée des causalités sociales, psychologiques, culturelles, etc., sans être fermée à celles-ci. Elle n'est fermée ou forclose qu'à leur action supposée. Autre manière de dire qu'elle est donnée-sans-

donation ou Monde et se définit par une uni-latéralité immanente.

3. L'Identité, quoique séparée ou forclose à l'action du Monde, peut recevoir celui-ci ou, plus exactement, le donner, le manifester à son tour sans avoir à le recevoir, tout en suspendant par conséquent son action. Cette uni-versalité de l'Identité reste immanente et ne s'étend pas, ne transcende pas jusqu'au Monde.

L'Identité est inaliénable, irreprésentable, on ne peut l'objectiver, la survoler — elle nous constitue — mais c'est à partir d'elle que nous pouvons nous manifester le Monde (culturel ou social, psychologique, etc.).

La donation de l'Etranger

L'Etranger n'est pas la limitation de l'Identité, mais sa conséquence, son témoin, on dira son clone. Cette hypothèse suppose de changer son concept, car il y en a peut-être plusieurs usages dont un, justement, qui consiste à renoncer à en faire usage.Il suffit de montrer que, si l'Identité qui n'est qu'identité peut déterminer quelque instance autre qu'elle-même, c'est celle de l'Etranger.

Nous soutenons à propos de l'Identité une réforme radicale de l'entendement phénoménologique, du donné et de la donation, et par conséquent ethnologique et autre. Une refonte de leurs principes, pas un replâtrage ou un ravalement, une extension ou une modification des plans. Cette hypothèse de travail est apparemment inverse de celle de la philosophie et de ses procédés car on ne *donne* pas l'Identité qui, étant donnée-sans-donation, peut en revanche se donner-à... ou cloner un X' à partir d'un donné X transcendant.

Contre la philosophie et sa pulsion logique, l'Identité n'est certes pas pensable et il faut renoncer à *vouloir* la penser. En revanche elle peut être présupposée comme simplement réelle si, tout impensable qu'elle soit, il est possible de la faire déterminer en-dernière-instance des jeux d'écriture ou de langage d'un nouveau genre. L'un des critères qui distinguent la non-philosophie de son objet, c'est que l'Un ne «se» pense pas mais s'écrit de manière quasi-automatique dans son régime de cause, et s'écrit dans des formules premières axiomatiques du type *X-sans-le-mixte-de-X*. Etendue au problème de l'Etranger, cette possibilité signifie que s'il n'y a pas de donation de l'Identité, il y a une donation de l'Etranger *selon* l'Identité. Lorsqu'elle est correctement comprise, non réduite à autre chose, à l'Etre, au Monde, à la Cité, etc., elle est ce qui détermine l'Etranger radical, le plus étranger mais en même temps le plus ordinaire puisque c'est l'homme même comme sujet. L'Etranger n'est pas l'autre du sujet, il est le sujet par excellence. Ainsi la théorie du sujet se réalise comme théorie de l'Etranger.

L'Identité n'est pas un produit de synthèse (de l'industrie culturelle ou sociale) ni elle-même un facteur de synthèse. C'est dire que s'il y a *identité de l'Etranger*, cette formule ne doit pas se comprendre sur le modèle de l'attribution ou de l'appropriation. Le (de) ne peut être que suspendu dans ses deux sens possibles. Identité *pour* l'Etranger, peut-être, au sens où celui-ci reçoit une identité suffisante dans son ordre et qu'il n'a pas constituée. Ni l'Identité ne s'aliène dans l'Etranger, ni celui-ci ne s'approprie celle-là. On dira que l'identité (de) l'Etranger est «en-dernière-instance». Concrètement elle implique à peine une relation asymétrique ; plutôt une dualité unilatérale, elle détermine l'Etranger sans en avoir besoin elle-même, et seulement si une occasion s'en présente, mais l'Etranger, qui a besoin de l'Identité, ne peut déterminer en retour celle-ci. Dans la philosophie, que l'identité soit entamée, brisée par l'étranger et que celui-ci manque d'identité, que l'une soit menacée d'un trop plein d'altérité et l'autre d'un manque d'identité, n'empêche nullement, au contraire, une certaine convertibilité de l'identité et de l'étranger, du Moi et de l'Autre. Convertibilité interdite justement ici par une non-réciprocité qui toutefois n'est pas un manque absolu de relation. Dans la philosophie, à la limite, un étranger représente une identité pour un autre étranger, et une identité représente un étranger pour une autre identité. C'est dire que ces croisements, chiasmes et métissages ne font droit ni à l'une ni à l'autre.

S'il faut une causalité «occasionnelle» pour que l'Identité devienne cause à son tour, elle n'est donc pas ce que la philosophie appelle une cause première et positive. Ce n'est qu'une cause «négative», étant donné sa non-suffisance et le dual qu'elle implique (sans le présupposer...). S'agit-il alors d'une nouvelle forme de «manque» agissant comme cause ? La non-suffisance de l'Un n'est pas l'Un-comme-manque, l'Un radical ne manque de rien, surtout pas de l'Etre, de la pensée et du Monde ; ni n'est tissé d'un manque quasiment antérieur à lui. Il n'est qu'in-suffisant dès qu'il s'agit de penser, et précisément parce qu'il est de lui-même forclos à la pensée. Autrement dit, le Réel n'acquiert le statut de cause que par la donation ou l'apport d'une occasion, qui lui permet d'agir mais en-dernière-instance.

Par conséquent nous n'ajoutons rien à la philosophie elle-même, sans lui soustraire davantage un postulat. Nous modifions plutôt le style théorique des postulats. Si nous soustrayons quelque chose à la philosophie en vue de formaliser et d'universaliser la pensée, c'est la forme-système des postulats. Notre manière d'être «non-euclidien» est transcendantale et porte sur la conception des axiomes plutôt que sur leur nombre. Nous maintenons des axiomes relatifs au donné et d'autres relatifs à la donation, mais sans reconstituer un système soit philosophique du donné et de la donation, soit logico-formel. Il faut toujours deux termes pour penser (le Réel et la pensée et donc l'expérience) mais il n'est pas nécessaire d'enfermer le Réel dans le cercle d'un Même. Ce que nous appellerons volontiers une réforme de l'entendement philosophique, suppose un changement d'axiomes et surtout du style axiomatique. Il faut donc l'Un-en-Un et son pouvoir axiomatisant pour que l'émergence (de) l'Etranger soit possible, en excès sur l'Etre ou sur la Cité. Il y a de l'Etranger à cause (de) l'Un plutôt que seulement le tourniquet de l'ego et de l'alter ego, du Moi et de l'Autrui. L'Etranger est sans pourquoi mais non sans cause et d'avoir une cause-sans-raison explique qu'il n'a de raisons dans le Monde que multiples et contingentes.

Clonage du sujet-Etranger

Dans la philosophie aussi, il y a des immigrés mais à la fois internes et externes, des vagues semi-étrangères. La première vague est celle des philosophes eux-mêmes qui, venus d'Orient, déposèrent le germe de la philosophie dans le sein grec. La seconde grande vague est marquée du nom de Kant, qui apporta un instant à la philosophie, mais toujours finalement de l'intérieur de celle-ci où il le ramena, le sens du réel comme Autre irréductible à la pensée et à ses lois. La troisième vague fut celle que marquent les noms de Freud, de la psychanalyse et de l'ethnologie, puis des penseurs contemporains post-modernes pris dans le «tournant judaïque» inauguré par Freud ; elle apporta l'expérience d'une extra-territorialité de l'Autre, un Etranger plus définitivement externe qu'interne. Ces pulsions qui structurent l'immigration des concepts ne sont peut-être pas terminées. Mais c'est encore une autre solution, qui ne prend pas la suite de celle-ci, même si elle semble en accentuer le sens, que l'on propose. Si la philosophie fut apportée par un premier Etranger qui n'a cessé d'accentuer sa pression et de prendre des masques de plus en plus menaçants mais toujours particuliers, seul un second Etranger réellement universel peut apporter ce pouvoir indifférenciant et salvateur que donne la formule de Saint-Paul : «il n'y a plus ni grecs ni juifs, ni libres ni esclaves, ni hommes ni femmes» et l'on ajoutera : «ni autochtones ni étrangers». Ce second Etranger, venant historiquement après le philosophe et son «homme» toujours second et ordonné à l'Etre, peut seul vaincre ce théâtre de masques comi-tragiques et ce syndrome de menace auquel la philosophie s'acharne à parer, et défaire les illusions nécessaires du premier Etranger. Le premier Etranger est un destin — la philosophie de Platon à Nietzsche —, le second est une utopie non-philosophique.

L'homme comme Etranger est une idée neuve qui nous oblige non pas tant à «remanier» le champ théorique de la philosophie, de la politique et de l'éthique, qu'à faire émerger un nouveau champ théorique et pragmatique prenant celui-là pour objet ou matériau et produisant des énoncés excessifs et utopiques comme l'Etranger lui-même. Enoncés qui ne sont pas seulement insaisissables et indéterminés comme une altérité peut l'être mais aussi, identiquement, intelligibles et déterminés comme une explication hétérogène à ce qu'elle doit expliquer peut l'être. L'Etranger retourne son platonisme le plus irréductible vers le Monde.

C'est une nouvelle économie du Réel ou de la cause, du sujet ou du savoir, de l'expérience ou de la philosophie elle-même. Economie qui échappe au cercle de l'imaginaire philosophique ainsi qu'à ce qu'il reste de ce cercle dans le «symbolique» ou le «signifiant». La voie classique de la philosophie va en effet de l'expérience imaginaire au symbolique puis au Réel — c'est la voie que suit encore Lacan. Nous partons en revanche de la dualité de ce qui est donné, la matrice de tout savoir : du Réel de l'Identité et de l'imaginaire de la philosophie. Dans celle-ci les rapports entre Moi, Autrui et l'Etranger sont complexes. Non seulement Autrui mais d'abord le Moi sont des tentatives de rationaliser l'étranger, l'autre homme tel qu'il est donné dans l'horizon culturel et social, c'est une forme imaginaire du Moi à partir de l'individu que l'on rencontre empiriquement comme «différent». Mais à son tour l'étranger, cette fois-ci comme concept culturel et para-philosophique, est projeté à partir d'Autrui et dans son voisinage. Ce circuit est celui du clonage *imaginaire* dont vit la philosophie, un cercle vicieux où rien n'est posé en premier ou bien, si quelque chose l'est, il ne peut rien expliquer. D'ailleurs il n'y a rien à expliquer, c'est seulement l'identité divisée à la recherche d'elle-même — la philosophie est cette chasse à l'identité impossible. Or cette situation «imaginaire», nous allons la traiter maintenant comme notre objet. Avec quelle pensée ?

Une pensée sans cercle vicieux, qui ne reproduit pas la situation empirique dans son explication. Pour cela il fallait commencer par fixer une notion de l'Identité réelle — nous l'avons fait — qui fasse de l'Etranger un sujet pour cette pensée, mais inaliénable à un matériau de philosophie et de science avec lequel pourtant il va se constituer comme sujet pour ces disciplines, mais au prix de leur suffisance, capable de lever la forclusion qu'elles font subir à l'Etranger. Le sujet se constitue comme Étranger depuis le Réel, sur la base de l'Identité déjà donnée. En revanche pour être sujet existant il lui faut le concours du Monde, par exemple d'Autrui. En ce sens l'Etranger c'est ce que devient Autrui lorsqu'il est donné-en-identité. Alors Autrui saute hors du cercle de l'Ego et de l'alter ego et change de statut. Bref l'Etranger radical n'est pas une duplication d'Autrui mais ce dont Autrui n'est plus maintenant qu'une forme de symptôme. Cette opération n'est plus de redoublement plus ou moins mimétique, mais d'un clonage d'un type nouveau ; non plus de reproduction à l'identique mais de production qui reste dans les limites de l'identité ou d'émergence selon l'Identité à partir d'un matériel donné. La production de l'Etranger est son clonage à partir du matériel d'Autrui mais sous identité radicale. Seul ce clonage produit un être émergent par rapport à la transcendance elle-même, parce que ce n'est pas un clonage imaginaire, le produit d'une division interne, d'une sorte de scissiparité ou dédoublement par division. C'est un clonage-de-dernière-instance, «externe» ou dual justement parce que sa cause est l'immanence radicale.

La seule manière alors d'ouvrir l'Etranger, ce n'est pas de l'ouvrir sur un *plus* de la même altérité, sur un supplément de la même extériorité, c'est d'ouvrir ou de désaturer son concept ou sa constitution interne. Mieux encore : de ne plus le réduire à un concept de type philosophique. Un concept qui n'est plus fermé philosophiquement par la logique de l'attribution, mais désaturé précisément comme concept, c'est le concept qui soit tel identiquement qu'une *fonction*. Un pas essentiel vers l'Etranger universel du point de vue syntaxique, c'est de lui faire prendre la forme d'une fonction. Mais une telle fonction est-elle compatible avec l'Identité radicale ? En réalité nous avons maintenant tous les éléments pour faire de l'Etranger une fonction, et ainsi honorer une démarche scientifique essentielle, mais une *fonction transcendantale* et non pas mathématique. Nous avons la constante, à savoir l'Identité réelle, inaliénable et inamovible. Nous avons l'argument variable, à savoir les concepts philosophiques d'Autrui. Enfin nous avons la structure interne de la fonction, la dépendance qualitativement et fonctionnellement inégale de la variable par rapport à la constante et à l'argument. L'Etranger radical est donc fonction d'Autrui sous la constante de l'Identité réelle. Il n'est pas une partie impaire, complément ou supplément, du Moi dans un système — une marge plus ou moins excentrée —, c'est une fonction transcendantale d'Autrui, radicale ou émergente par rapport à celui-ci en vertu de sa constante spéciale, évidemment ni philosophique ni arithmétique. Cette constante n'étant que réelle, la fonction qui lie l'argument empirique à la constante est elle-même transcendantale ou détermine la pensée. L'Etranger use de l'empirique pour se constituer tel que transcendantal et apriorique sur la base de l'en-Réel. Il émerge, hétérogène à Autrui, existant-Etranger ne trouvant dans le Monde que son occasion.

Si Autrui est un concept saturé — à la manière non d'un objet mais d'un système philosophique malgré tout —, l'Etranger est désaturé par rapport au système philosophique lui-même : ce n'est pas un principe substitué à de plus anciens. Désaturer l'Etranger n'est pas davantage le déconstruire dans ses sédiments onto-logiques ou le déclôturer : on ne déclôture que ce qui est de droit philosophiquement saturé.

Toutefois introduire la structure de la fonction dans l'existence et, qui plus est, dans celle qu'est l'Etranger, n'est-ce pas ré-introduire d'un autre biais le style logico-réel de la philosophie ? Celui-ci est logico-réel parce que le logico-prédicatif est mélangé au Réel et le Réel ainsi enchaîné avec l'objet dans un mixte. Mais si la fonction est substituée à la prédication, si elle est de plus et surtout ordonnée au Réel, greffée sur lui sans le co-déterminer, si lui-même est forclos à la forme-fonction comme à la forme-prédication, si donc la fonction n'est pas ici une relation interne et/ou externe, alors le logique suit du Réel et vaut sans doute comme syntaxe de la seule pensée ou de l'Etranger mais nullement de sa cause.

L'Etranger-existant-pour-le-Monde

L'Etranger présente une hétérogénéité qualitative au Monde qui excède le voisinage et même l'altérité. L'Etranger n'est pas un voisin sauf à le rêver intégré. Plus on accentue son altérité, jusqu'à l'unilatéralité qui est en réalité autre chose qu'une altérité, plus on doit lui supposer une identité propre. Tout ceci, cependant, ne fait pas une dialectique de la reconnaissance, il n'est pas sûr que l'Etranger soit une conscience ou un objet de celle-ci. Même dans la philosophie où il représente une altérité qui se donne dans un affect voire une effraction, une « affraction », il délimite déjà reconnaissance et intégration. Nous ne pouvons plus imaginer l'Etranger, définition de l'homme, sur le modèle d'une dialectique ou d'une phénoménologie d'Autrui, comme un voisin encore un peu plus lointain.

L'Identité radicale, loin d'être refermée sur soi ou inversement d'être dispersée ou disséminée, a le pouvoir de faire émerger l'homme-Etranger sur un mode qui n'est plus celui de la transcendance, mais dans un rapport à la Cité irréductible à un au-delà de type philosophique Nous n'identifions l'Etranger ni dans la philosophie, comme un mode du moi ou du sujet transcendant, ni hors d'elle comme un Autrui excessif et en excédent, voire un tout autre ou un Autrement que moi (Levinas), ni dans ses marges ou frontières comme le fait le sens commun de la philosophie contemporaine. Nous l'identifions dans un rapport de dualité unilatérale à la philosophie et aux sciences humaines : depuis l'être-donné de son identité, tel que séparé de la philosophieelle mais toutefois avec son aide pragmatique.. Cette émergence spéciale, cette hétérogénéité possède sans doute des caractères du type transcendance (extériorité, distance, mais non-autopositionnelles), mais elle se définit plus essentiellement par un être-séparé autonome, séparé (du) Monde d'une manière telle qu'il n'exclut ni n'absorbe le Monde mais est *pour* lui — son uni-versalité.

L'excès spécifique de l'Etranger n'est donc pas celui de l'Autrui intersubjectif, d'un Autre tel que la philosophie peut le poser en rapport de transcendance idéelle ou réelle-ontique à un Moi. Cet excès est une irréductibilité à la transcendance elle-même. Comme si la transcendance d'Autrui n'était que le symptôme d'une irréductibilité plus ancienne et plus secrète. On sait que la philosophie contemporaine a parfois excédé l'altérité plus ou moins spéculaire d'Autrui vers une altérité plus irréductible encore. Mais elle l'a excédée à nouveau d'un excès premier de transcendance (excès du visage, du mal, de la différance, etc.), tandis que nous enracinons cet excès dans l'immanence la plus radicale. Ce n'est pas le Réel qui est «impossible» ou irréductible au symbolique, c'est l'Etranger, le Réel n'étant que le Réel et pas spécialement l'im-possible.

Lorsque le Principe d'identité est ainsi transformé en fonction de l'Identité réelle, le Principe de contradiction devient à son tour «non-contradiction» en un sens nouveau : celui du dual de l'Identité et de X, de la dualité unilatérale de Moi et de l'Etranger, de l'Etranger et du Monde. Moi et l'Etranger sommes en-dernière-instance «non-contradictoires» ce qui ne veut plus dire ici logiquement identiques, mais formant une dualité dont l'identité est en-dernière-instance. De même qu'il y a une identité mineure ou minoritaire, non-suffisante, il y a une contradiction minoritaire ou unilatérale, réelle plutôt que logico-réelle, une «non-contradiction».

L'Identité sur laquelle la philosophie exerce sa critique ou son auto-vindicte, c'est la «mauvaise» identité suffisante — celle qui a deux côtés, justement un bon et un mauvais côté, un gauche et un droit ou encore un repli et un dépli, toutes ces déterminations faisant échange et cercle politiques. Repli identitaire contre l'Etranger sur des identités de synthèse historiques, massives et transcendantes. Dépli identitaire vers l'Etranger, division, expansion et distribution d'identités partielles. Une politique et une éthique, une héno-politologie et une héno-éthologie, elles-mêmes partagées entre une logique frileuse et une logique aventureuse.Si l'Etranger radical est celui qui reçoit l'identité de celle-ci même, de par son propre être-donné, alors nous sommes, tout un chacun, un Etranger, et il n'y a plus de droite ni de gauche, de politique divisée mais — c'est tout autre chose, leur confusion fut la ruine dialectique de la théorie marxiste — une politique duale ou unilatérale. En revanche, on peut appeler «Monde» toute structure où il y a de la gauche et de la droite, des jeux politiques ou cosmopolitiques. Seule l'Identité radicale permet de «sortir» du tourniquet ou de la permanente volte-face de l'identité refendue, et ceci même si elle est «non-suffisante» ou exige hors d'elle une dualité, la donation d'un X qu'elle ne peut produire par auto-division.

L'Etranger n'est pas une demi-humanité ni ce qu'il faudrait appeler un tiers-homme (comme on dit tiers-monde), une partie adverse de l'humanité. La logique du tout, des touts et des parties ne peut s'adapter à l'homme, qui n'est justement ni tout ni partie, ni grand ou petit cosmos, ni simple objet dans le cosmos. Il y a bien imparité, une inégalité uni-latérale, mais elle est entre l'Identité de tout homme comme Etranger et l'horizon cosmopolitique, culturel et social auquel il est voué La solution proposée renonce ainsi à replier le Cosmos, la Polis, la Cité, l'Etre, Logos ou Raison, sur l'Identité, à assigner à l'Etranger les modes d'identité culturels, sociaux, qui structurent le «Moi». Les modèles philosophiques de l'Etranger étant tirés de l'Intersubjectivité pour l'essentiel, il ne s'agit donc pas de substituer l'Etranger au sujet philosophique, si critiqué par ailleurs, au couple du Moi-Autrui, mais de réformer ce concept pour en faire le point de départ ou le sujet d'une pensée nouvelle.

Ni soi-même comme un Autre — version herméneutique.

Ni l'Autre par lui-même — version post-moderne.

Mais Moi tel qu'un Etranger en-dernière-instance. Moi et l'Etranger je suis / nous sommes identiques en-dernière-instance.

On résumera tout ce qui vient d'être esquissé simplement : 1. Le concept universel, identiquement philosophique et scientifique de l'homme, c'est la dualité uni-latérale, enfin sans confusion, d'un Ego radical et d'un sujet, d'une Identité et d'un Etranger, selon des rapports de détermination-en-dernière-instance. 2. Un tel homme, défini uni-versellement comme Etranger plutôt que comme créature, animal rationnel, religieux, langagier, etc., ne tombe pas directement sous les prises par exemple des sciences humaines parce qu'il est le sujet d'un savoir à inventer qui prend celles-ci pour objet.

Section II : Pour introduire l'Etranger (II)

Pour introduire l'Etranger dans la pensée, pour introduire la pensée à l'Etranger, constituer celui-ci en sujet de celle-la, il faut remplir quatre objectifs.

Donner à l'Etranger son concept

Aux deux labyrinthes de la Raison, le continu et la liberté, s'en sont ajoutés quelques autres depuis Leibniz. Autrui, à plus forte raison l'Etranger, sont notre labyrinthe, mais celui-ci pourrait bien ébranler la philosophie elle-même et pas seulement la raison.

Déjà, la pensée d'Autrui est traversée par une anti-thétique gréco-judaïque ; par le conflit de deux postures : la posture judaïque que l'on rassemblera schématiquement sous le titre de l'Autre-que-le-même, ou de l'exception par l'élection ; la posture grecque à rassembler dans la formule de l'Autre-selon-le-même ou de l'exception par la hiérarchie. L'Etranger est-il l'une de ces exceptions, voire l'essai de leur synthèse ?

Or si Autrui est une question, l'Etranger en est à peine une pour l'instant. C'est un donné historico-culturel, ou bien un slogan, un mot d'ordre politique. On le confond avec l'ensemble de ses effets d'altérité, de rupture du consensus, de dangerosité sans pouvoir le saisir théoriquement comme problème spécifique et comme concept. Si ce n'est de Platon, qui en fait le messager de la philosophie elle-même, l'Etranger est l'Inconnu de la philosophie — cela expliquant peut-être ceci. Elle a préféré croire régler le problème dans l'horizon cosmopolitique antique de la citoyenneté et, plus tard, dans l'horizon moderne de la question d'Autrui et de l'Intersubjectivité.

Le style unitaire de la philosophie définit l'Etranger au voisinage d'Autrui, sur les marges de la Cité, lui pose les questions de sa différence, de son intégration, le mesure aux normes de la Cité et, dans le meilleur des cas, lui assigne pour rôle plutôt secondaire, d'ouvrir celle-ci. Il est en manque de son concept, et l'on ne croira pas que d'être au labyrinthe ou de lui offrir un «principe d'hospitalité» — un principe de plus — fasse office de concept.

Dans le labyrinthe et ses jeux de miroir, l'Etranger perd son identité à chaque bifurcation et dissout sa consistance en ces fantasmes que sont le Moi et Autrui. Il vacille entre un Moi interdit, une identité impossible, et un Autrui aliénant et dangereux. Ou bien il se terre au point exact de la bifurcation, au risque de faire symptôme, de n'exister plus que comme symptôme.

La philosophie peut-elle accéder à l'Etranger lorsqu'elle le décalque d'Autrui et qu'elle demande à quelles conditions le Moi est-il un Autrui, et l'Autrui un Moi ? Dans le meilleur des cas, celui de Fichte et de Husserl, elle envisage les deux hypothèses du Moi se mirant en Autrui, de l'Autrui se mirant dans le Moi. C'est rester dans l'action réciproque et plus généralement dans l'amphibologie de l'ego et de l'alter ego. De là leur incessante redistribution au sein de leur spécularité, un manque d'altérité et un narcissisme du Moi, un manque d'identité et une dangerosité de l'Autrui.

Mais si la philosophie ne parvient pas à donner un statut théorique cohérent et définitif à l'Autrui et à plus forte raison à l'Etranger, c'est qu'elle n'y parvient pas d'abord pour l'Ego. Et si elle n'y parvient pas pour l'Ego, c'est qu'elle a décalqué celui-ci et l'homme en général, à quelques nuances près justement de l'«étranger» mais au sens de l'autre homme trouvé perceptivement et spéculairement en face de moi dans l'élément social homogène. Elle a voulu constituer le Moi mimétiquement à partir de l'Autrui empirique, par un clonage de type imaginaire. Elle tourne dans le cercle de l'Intersubjectivité sans pouvoir le briser et décider de l'identité de l'Autrui et d'abord de l'identité du Moi. Apparemment elle a de quoi expliquer l'Etranger mais c'est une explication qui noie son être ou efface son identité.

En revanche, l'excès de l'Etranger sur l'Intersubjectivité et la Cité philosophique, voilà l'un des apports spécifiques du judaïsme. Mais celui-ci — par exemple Levinas — le traite comme affect-sans-présence et ne peut en proposer une théorie. Il se donne cet excès, le répète sans pouvoir en expliquer la cause ultime, étant lui-même considéré comme infini, c'est-à-dire définitif comme le Réel.

Précisons davantage cette antithétique. Le côté grec : l'Etranger n'a pas seulement des aspects d'affect, il relève d'une intelligibilité ultime, d'une cause intelligible plus ancienne que lui, la philosophie qu'il a lui-même apportée. Le côté juif : l'Etranger est un affect inintelligible, c'est à sa manière un donné-sans-donation, une facticité-sans-factualité, une signifiance mais infinie ou donnée de manière quasi-ontique. Levinas se passe ainsi des services de la philosophie comme Logos, et n'y recourt que comme à un langage tenant la place de sa théorie absente ou impossible. Cette situation montre un Etranger à la théorie, un affect à la pensée, une éthique à la morale—impossibles

Mis ensemble, ces aspects forment un conflit où Platon

et Levinas se dénoncent l'un l'autre à l'intérieur même de leur intrication et de leur commun souci éthique. Partons justement de Levinas et de Platon, c'est-à-dire de l'Autre(-Un) et de l'Un (-Autre), les extrêmes entre lesquels se joue le problème de l'Etranger. En décelant l'Autre homme, l'affect de la plus grande altérité au-delà de l'essence, comme vrai contenu du Bien platonicien, Levinas montre *pour nous* de fait que l'Un grec est *au mieux* l'Autre plutôt que l'Un authentique. C'était un Un encore par rapport à l'Etre ou transcendant l'Etre, mais pas ce que l'on appellera l'Un tel quel ou l'Un-en-Un lui-même. Par ailleurs et *au pire* il fait chuter cet Un ontologique à l'état de Moi. Cette inversion judaïque absolue de la hiérarchie platonicienne fait de l'Un grec l'otage de l'Autre juif et montre que la philosophie n'a pu sauver l'Un ni de l'Autre ni de l'Etre — a fortiori du Même. Il y a plusieurs manières de faire mourir le dieu grec de l'Un : le nihilisme, l'hypothèse de l'Etre comme multiple radical, ce sont des voies internes à la philosophie ; mais aussi le judaïsme. Laissons toutefois les morts enterrer pleusement les morts, c'est-à-dire l'Un grec, et cherchons l'Un capable d'expliquer l'Etranger ailleurs que dans le *Parménide* et les textes. Platon et Levinas sont des symptômes mutuels de leur impuissance à penser l'identité de l'Etranger, symptômes dont toutefois nous avons évidemment besoin.

L'alternative que nous recevons ainsi en héritage est celle-ci : ou bien la philosophie tente de comprendre voire d'expliquer l'Etranger mais c'est au prix de sa soumission au Principe de Raison, de sa réduction à l'alter ego ; ou bien le judaïsme se donne l'Etranger mais en reste à l'affect, traite Autrui comme une exigence sans raison, si l'on peut dire, une signifiance inintelligible, transformant ainsi l'exigence en explication c'est-à-dire en éthique première plutôt qu'en philosophie première.

Une théorie de l'Etranger telle que nous l'exigeons ne signifie pas nécessairement son objectivation «théorique» au sens philosophique de ce mot ou bien au sens quasi-scientifique, surtout si la matrice de celui-ci se révélait être une performation transcendantale. L'Etranger doit être lui-même le sujet performant sa propre théorie, se confondre avec elle mais au sens d'une performativité où messager et message sont identiques en-dernière-instance. Il faut évidemment opposer soigneusement cette performation radicale déterminée par une non-suffisance du Réel-de-dernière-instance à l'autoposition ou à une performation absolue et auto-suffisante. De son côté, Levinas se prive heureusement d'une théorie objectivante d'Autrui mais le problème est alors qu'il se prive en général et définitivement de théorie, même éthique, à quoi il substitue une *ontique* infinie d'Autrui, qui est alors moins le sujet performant sa propre théorie qu'il n'*est*, mais ontiquement, celle-ci. L'éthique y est un affect absolu, un signifiance sans horizon que l'on pourrait confondre à tort avec une performation radicale dont Levinas ignore le concept.

L'insuffisance de l'élaboration théorique de l'Etranger n'est pas sans effet sur deux questions centrales de la philosophie : celle de la démocratie et celle du sujet.

Si la philosophie politique ne cesse de rebattre les apories de la citoyenneté et de la contractualité, si elle ne parvient pas à poser le problème de la démocratie au-delà de ce cadre oscillant et trop étroit, c'est qu'il lui manque un concept rigoureux et consistant de l'Etranger qui aurait rendu possible l'émergence d'un nouveau champ théorique autour de cet objet et modifié les bases théoriques de la pensée politique, en les réorganisant en fonction de l'Etranger. Plus profondément encore, s'il manque en général une théorie plutôt qu'une philosophie du sujet, cette plainte ne peut excéder l'horizon philosophique que si l'on remarque que la théorie de l'Etranger, loin de s'opposer à celle du sujet — dont seule la psychanalyse a apporté quelques éléments — pourrait bien la recouvrir. Que le sujet ne devienne universel que comme l'Etranger, que l'Etranger soit l'authentique concept du sujet hors de sa limitation gréco-philosophique, sans être pour cela une subjectivité classique, voire une altérité redoublant la transcendance, cela n'est évidemment possible que par le suspens de l'autorité exclusive de la philosophie mais aussi de ce qui l'interroge et la sollicite, l'affect juif de l'altérité. Dans l'idée alternative en effet, celle de l' «Autre homme», particulière elle aussi et qui n'a d'universel que sa prétention à l'universel, on saisit une précipitation certes distincte de la philosophique et de ses amphibologies, mais qui identifie l'homme à Autrui. Qu'Autrui soit aussi un homme c'est apparemment évident, encore que la philosophie y regarde à deux fois. Mais que l'homme soit par excellence dans la forme d'Autrui, c'est encore moins évident car c'est là une amphibologie, un affect qui tient lieu de pensée et dont on verra qu'il ne vaut au mieux que comme symptôme du Réel ou du donné-sans-donation.

Comment poser en effet dans leur radicalité ces deux problèmes du sujet et de l'Etranger de telle sorte qu'ils reçoivent la même solution par delà l'aporie du Moi et d'Autrui dont ils ne recouvriraient plus le couple ? Suffit-il de constater que l'Etranger frappe à la porte de la philosophie comme un nouveau point d'interrogation, ou qu'il la frappe pour entrer par effraction ? Si nous ne pouvons le concevoir que comme violence ou bien que comme hauteur du «Très-Hautre», ne peut-on changer globalement d'hypothèse et, au lieu de le faire tourner autour de la philosophie, fût-elle distendue entre les pôles grec et juif, faire tourner la philosophie — si c'est encore «tourner» — autour de l'Etranger ? Ne peut-on modifier notre raison, oscillant entre l'auto - et l'hétéro-signifiance, entre le grec et le juif, et cesser de le soumettre à l'Etre autant qu'à Autrui, à l'«animal politique» autant qu'à l'«Autre homme» ? Lui donner son concept, voilà une tâche théorique qui suppose que l'on emprunte à la théorie de l'Intersubjectivité et à celle de l'«Autre homme» sans l'aliéner dans l'une et l'autre. C'est à résoudre ce problème qui n'est plus de synthèse mais d'identité-de-dernière-instance que nous nous consacrons.

Donner à l'Etranger son identité

La question adéquate à l'Etranger n'est pas : à quelles conditions y a-t-il de l'étranger plutôt que seulement de l'autochtone ? mais qui est l'Etranger *tel quel plutôt que comme tel*, quelle est son identité ?

Un grand malentendu traverse la philosophie de ce qui fut le 20e siècle et sa politique, il porte sur l'identité. Elles croient que pour faire sa place à l'Etranger, à commencer par une place dans la pensée, il faut limiter l'identité ou l'ordonner à la différence. La critique universelle de l'identité est notre malentendu, notre illusion plus que transcendantale. En réalité la philosophie, toute la philosophie, ne critique, n'autocritique ou n'hétérocritique que l'identité « grecque » ou prise dans l'Etre et ancillaire du Tout. C'est bien la philosophie et elle seule qui suppose l'Un-Tout et le Tout-identité et qui doit donc le limiter, le différer, le déconstruire, etc. mais aussi en avoir la nostalgie et le fétichisme complémentaires. De là son double et unique désir : désir de l'Un, qu'elle s'interdit en se le donnant sous les conditions de l'Etre ; désir de l'Etranger qu'elle s'interdit en se le donnant sous les conditions d'Autrui ; désir du Bien qu'elle s'interdit en se le donnant sous les conditions de la transgression, de l'au-delà... de l'essence.

La peur et l'impossibilité de l'Un radical, de l'Etranger comme identité inaliénable au sein du Monde, tout cela fait système et c'est le système de la forclusion de l'Identité radicale, sans-être, c'est-à-dire du Réel. La philosophie ne connaît pas l'Identité qui n'est qu'elle-même, *l'Un qui n'est pas*, non pas parce qu'il ne serait pas mais parce qu'il est donné-en-Un ou sans consistance. Cette Identité, radicale plutôt qu'absolue, n'est justement pas le Tout-identité, elle ne peut être qu'un Réel hors-Tout, non-suffisant, qui appelle donc par ailleurs la donation du Monde, de la Cité, d'Autrui afin que, précisément, il puisse déterminer à partir d'eux l'Etranger. C'est une telle identité qui permet, comme cause, de faire émerger l'ordre universel de l'Etranger, du sujet, *au devant* de l'ordre cosmopolitique ou *pour* lui.

Cette cause-sans-raison ou sans-être, nous l'appelons indifféremment, par liberté axiomatique, l'Un comme Un-en-Un ou vision-en-Un (en mémoire de Platon), ou encore le Réel (en mémoire de Marx et de Lacan), ou encore l'Ego réel ou radical (en mémoire de Descartes et de Husserl) — évidemment tout cela en simple mémoire symptômale. Or avec ces termes premiers, il y a enfin ce que la philosophie et sa politique se sont interdit par une nécessité plus vieille qu'elles parce que c'est la nécessité de l'*auto-suffisance* d'une pensée se supposant réelle. Il y a certes un Autre qui limite ou déconstruit l'identité métaphysique — l'Un-en-Etre — mais il y a aussi une Identité non-métaphysique, l'Un-en-Un, qui n'a jamais été Autre et qui détermine-en-dernière-instance l'Autre lui-même tel qu'un Etranger, qui donne à l'Etranger une identité-de-dernière-instance seulement. *Seulement* parce que l'Un est une cause non-suffisante, une cause-sans-raison ou sans logos.

L'Etranger est alors ce qui affecte si peu l'identité — sauf celle qui est prise dans l'Etre — qu'il est plutôt ce qui témoigne, aux yeux révulsés du Monde, de l'Identité radicale et de sa causalité non pas à l'intérieur du Monde mais *pour* le Monde lui-même. Seule l'Identité qui n'est ni n'existe mais qui est donnée comme immanente (à) soi plutôt qu'à l'Etre et à ses grands voisins, peut réduire la pensée-monde elle-même

Par quel mécanisme ou opération, toutefois, l'Identité privée d'être pourrait-elle agir ? Rappelons-nous la philosophie : elle ne parvient pas à penser l'Etranger parce qu'elle le met au voisinage ou dans le prolongement de l'Autrui et le constitue avec de l'Intersubjectivité. Plus profondément parce qu'elle décalque le Moi de tout homme d'un «étranger» trouvé dans la transcendance et qui s'objecte à «moi». Appelons ce procédé de toute façon un clonage, mais clonage empirique ou de premier degré, du Moi à partir de l'autre homme trouvé « en face » comme un objet. Ce clonage empirique se prolonge ou se redouble en un clonage imaginaire de l'Autrui à partir du Moi et de l'Etranger à partir d'Autrui.

Supposons plutôt une solution non pas inverse de la philosophique, mais réelle plutôt qu'imaginaire. Supposons que l'Etranger résulte bien d'un clonage à partir de l'Autrui élaboré et donné dans la philosophie, mais d'un clonage cette fois-ci réel sous la condition de l'Un radical. Autrui n'est plus alors le modèle duquel l'Etranger doit être décalqué, ce n'est plus que le matériau et l'occasion desquels l'Etranger se constitue comme étant, lui, sans-modèle, puisque sa cause l'arrache à la philosophie et au Monde. L'Etranger, le clone réel, à la différence du clone imaginaire, n'a pas d'original ou de modèle, l'homme a fortiori n'a pas de forme excellente dans Autrui, pas plus que dans le Moi imaginaire.

Il faut alors nuancer. Autrui peut être dit effectivement un «modèle» de l'Etranger mais au sens axiomatique du terme, c'est-à-dire une interprétation restrictive, particulière, de l'Etranger uni-versel sous les conditions de validité supposée de la philosophie. Mais c'est seulement comme Etranger, pas comme Ego réel ou comme Un que nous sommes à l'état de clones excédant Autrui de leur uni-versalité.Si nous ne nous faisons plus de l'homme une image unitaire, de type humaniste et philosophique, si nous ne cherchons pas davantage à briser ou interrompre cette image par une transcendance infinie comme Levinas, ou un manque radical comme Lacan, alors nous pouvons poser l'Identité de l'homme comme du type «dernière-instance», sans confusion avec ce qu'elle détermine, à savoir le sujet-Etranger.

Une théorie du sujet ne définira plus l'humanité de manière globale et par les généralités narcissiques et imaginaires de l'humanisme et de la philosophie, mais par l'instance même du Réel ou d'une cause-par-immanence. Et pas davantage par une fraternité transcendante qui risque toujours d'être amputée du Moi réduit à l'état d'otage. Mais par un exister-Etranger hétéronome au Monde, et justement d'autant plus hétéronome que sa cause procède par une réelle immanence.Si nous sommes frères, ce n'est pas par la transcendance ou la hauteur infinie hors du Moi, mais par l'immanence radicale d'un Moi réel et non imaginaire. Avant d'être frères devant la transcendance et par elle, nous le sommes en tant que clones produits sous les conditions-de-dernière-instance du Réel. Avant l'incestualité (l'incestuosité) de l'imaginaire philosophique, nous sommes clones en-Réel mais sans confusion, d'une unique souche uni-verselle, mais d'une souche de-dernière-instance.

Cette solution atténue apparemment la radicalité de l'« Autre homme » que Levinas avait substitué à l'alter ego, puisque nous lui assignons un Ego comme cause. Mais ce n'est plus l'Ego grec de la philosophie, celui qui est aussi alter ego ou intersubjectivité et soumis à l'ordre cosmopolitique. Et surtout Levinas n'a pu sauver l'homme qu'en le transformant, si l'on peut dire, en homme de paille de Dieu. Or l'homme n'est pas seulement et simplement un homme, c'est-à-dire un Ego ; ni un Autre homme, mais un Ego en-dernière-instance et par conséquent aussi un Etranger, de telle sorte que si l'Ego réel ne suppose pas le sujet-Etranger, celui-ci en revanche suppose celui-là. C'est ce que l'on appelle leur dualité uni-latérale.

L'Etranger et le Prochain 275

Donner à l'Etranger sa théorie unifiée en fonction des apports grec et juif

Comment articuler cette chaîne qui va de l'Ego le plus réel au sujet-existant, l'Etranger, chaîne que nous appelons l'«homme» ? Comment les termes extrêmes du Réel et du Monde se combinent-ils dans l'Etranger ? ou encore, sans contradiction, l'Un et la donation d'Autrui tel que les postures grecque et judaïque le comprennent ? Nous ne demandons pas pourquoi il y a- de l'Etranger et pas seulement du Moi et de l'Autrui, ce serait revenir à l'ordre de la philosophie et se replacer au voisinage du Principe de Raison. Mais comment, avec le matériel dont nous disposons, celui de l'Autre grec et juif, penser l'Etranger en le rapportant à une cause, qui ne soit pas une raison, qui ainsi ne puisse être demandée, le Réel ne pouvant être exigé mais seulement donné-sans-donation. Penser «non-philosophiquement» consiste à penser *selon* le Réel, à postuler en quelque sorte ce qui n'est jamais dans son essence postulé mais donné-tel-que-sans-essence — c'est exercer la Raison sans le Principe de Raison. Mais par quel procédé ?

La forme interne de cette combinaison, c'est une *fonction* au sens quasi mathématique du terme mais une fonction transcendantale. L'Etranger est une fonction d'Autrui sous la constante de l'Un.

La constante de la fonction est ce qui, par définition, reste identique (à) soi : c'est évidemment ici par excellence l'Ego réel. La vision-en-Un donne en effet non seulement l'Un mais aussi le Monde et Autrui sur le mode radical du sans-donation, sans avoir à se tourner vers le Monde, donc de manière immanente — une universalité qui ne passe pas par la transcendance—c'est l'occasion. Mais il ne les donne que s'il y en a, c'est le clonage. Condition «universelle» mais «négative» ou non-suffisante, la constante est en même temps la «dernière instance» et n'excède pas son pouvoir..

L'argument de la fonction est ce qui, par excellence, n'est plus ici que d'un ordre contingent et variable, la philosophie d'Autrui en général avec la diversité de ses conceptions, par exemple Husserl et Levinas.

La structure de la relation, la fonction proprement dite, implique que l'Etranger dépende et du Réel et de l'expérience mais ne se confonde nullement avec eux. Il suppose — c'est son autonomie relative — que l'on ajoute au Réel l'apport comme argument de la donation d'Autrui et de sa philosophie — il est *fonction* d'Autrui. L'Etranger est par conséquent la *relation* fonctionnelle qui s'établit du Réel aux data d'Autrui et à toute la sphère cosmopolitique. On dira que la théorie de l'Etranger, opérée sous la détermination-en-dernière-instance du Réel, est une théorie unifiée plutot qu' unitaire, elle emprunte au grec et au juif — on entend par là des régimes de discours ou, mieux encore, des postures hétérogènes de pensée —, et elle y emprunte sans s'y résoudre.

En effet, une théorie unifiée s'exprime extérieurement par une équation qui met en rapport d'égalité les opposés, donc l'Autrui grec et l'Autrui juif. Equation philosophiquement absurde, évidemment, mais dont la solution réside dans une structure inconnue qui va la rendre possible sans en faire une synthèse du grec et du juif. Cette structure fonctionnelle est par l'un de ses aspects, ici par sa cause, «inconnue». Il faut la rendre présente mais telle qu'inconnue ou lui laisser son trait d'être-forclos, c'est le Réel ou la vision-en-Un. Seule une Identité qui se dit également ou uni voquement de l'une et de l'autre posture sans s'aliéner circulairement en elle, peut les accorder intimement sans synthèse. Non seulement le Réel précède le conflit du philosophe et du juif, mais il le détermine en le transformant en la personne de l'Etranger. Il use des doctrines comme simples *apports* parce que leur autorité spontanée et leur suffisance (intra-mondaines) sont immédiatement et doublement réduites : fonctionnellement en étant réduites à l'état de simple variable ou argument, et transcendantalement en étant privées de leur suffisance qui est celle de la pensée-monde..

L'antithétique peut donc être levée par une fonction transcendantale. La vision-en-Un est par excellence le donné-sans-donation qui entérine le côté juif de l'Etranger mais en le transformant, on peut l'imaginer. Elle lui donne le statut de la constante, avec cette différence que le donné-sans-donation n'est plus l'Autrui, le Visage, mais l'Un radicalement immanent. Si bien que l'Etranger lui aussi est de l'ordre du donné-sans-donation mais il ne l'est plus qu'en-dernière-instance, non ontiquement ou judaïquement. Par ailleurs la vision-en-Un exige une occasion, suppose une donation d'Autrui de quelque type que ce soit, mais qui serve d'argument dans la fonction «Etranger». Or cette donation transcendante d'Autrui est finalement elle-même donnée-sans-donation, ou renvoie à une cause de dernière-instance en-deçà d'elle-même. L'Etranger c'est l'Autrui radical mais en tant qu'il a une cause qui le rend intelligible, non plus à la manière grecque mais transformée elle aussi, réelle ou en-dernière-instance. Ainsi le grec et le juif ne sont plus que des apports ou des occasions pour la constitution de l'Etranger dont la cause principale n'est ni grecque ni juive. L'Etranger conserve de l'affect infini son trait de donné-sans-donation mais transformé, il conserve du gréco-philosophique un pouvoir d'explication et d'usage de la pensée-monde que l'on peut dire transcendantal mais en un sens transformé. Bien entendu, ce n'est pas une fonction mathématique mais transcendantale parce qu'elle met en relation du donné, du réel, du philosophique. Voilà la formule de l'Etranger, celle qui permet de l'identifier et de le distinguer de l'Intersubjectivité, du Moi et d'Autrui mais sans être une simple formule de reconnaissance. L'identification de l'Etranger n'est pas ici sa recognition sociale, politique, culturelle ou bien sa reconnaissance phénoménologique, elle est la loi de sa constitution et de sa manifestation. Seule l'Identité, elle-même non constituée, est cause de constitution d'une Emergence *au-devant* de tout horizon ou pouvoir ontologique.

L'Etranger n'est plus ici partagé ou déconstruit, grecjuif ou juifgrec (Derrida), sans être pour cela une synthèse, l'Un étant trop insuffisant pour réaliser une synthèse. De l'être-séparé à Autrui, du Réel à la philosophie, se constitue le sujet par un processus spécial. De celui-ci, on dira qu'il est simplement ce que l'être-séparé de l'Un *donne*, comme donné-sans-donation, du Monde ; ce que la vision-en-Un donne d'Autrui en-dernière-instance. Ou encore que le sujet-Etranger est le résultat d'un clonage opéré à partir d'Autrui sous la condition d'identité de l'Un. Cette fonction de l'Etranger tire une ligne entre l'Un non-platonicien et l'ordre cosmo-politique le plus général. L'Un «rattrape» l'Etranger avant sa chute dans le non-être absolu ou la contingence culturelle ; et celui-ci présuppose celui-là avant son évanouissement dans la transcendance et l'ineffable de «l'au-delà».

Ce processus, nous venons de le décrire schématiquement en termes de fonction transcendantale incluant un clonage. Le mécanisme du clonage réel peut être compris ainsi par rapport à Levinas : seul un Moi déjà transcendant peut être affecté, comme le veut Levinas, par la transcendance infinie d'Autrui ; mais dans notre hypothèse où le Moi est radicalement immanent, alors c'est lui, malgré sa non-suffisance, qui doit affecter la transcendance, même infinie, sans être affecté par elle. Toutefois affecter l'Autrui radical ne peut pas signifier le limiter, lui opposer une volonté, tenter sur lui une synthèse. Le clonage est précisément cette quasi-opération du donné-sans-donation, opération sans synthèse, issue du seul pouvoir de l'Identité-sans-être. Elle produit avec le matériau d'Autrui, non pas une *image* ou un *double*, une représentation — tout serait perdu —, mais un clone. Or le clone ici n'est certainement pas ce double de l'identité que la pensée moutonnière ne peut pas ne pas imaginer pour s'en moquer ou s'en inquiéter, mais bien au contraire l'identité du double philosophique. De ce point de vue l'Etranger est l'Identité simple ou encore le phénomène radical (de) ce double philosophique qu'est l'Autrui intersubjectif. Ainsi l'Etranger, qui n'est que l'effectuation de cette uni-versalité immanente par l'argument de l'Autrui antithétique, grec et juif, est de droit universel, il vaut *pour* le Monde. Et pourtant il ne transcende pas vers lui—vers quoi transcenderait-il si le Bien, l'Au-delà de l'essence est encore, pour lui, et pour lui seulement sans doute, dans le Monde et ne fait qu'élargir ses dimensions sans réellement l'excéder ?

Le risque est alors de confondre le Moi réel et l'Etranger. Nous avons déjà prévenu ce risque. En voici la raison. L'Un comme Réel entretient avec le Monde des «rapports» de forclusion complexes. C'est le donné mais impensé et destiné à le rester, n'ayant de toute façon pas besoin d'être pensé, séparé sans être abstrait L'Etranger, en tant que Réel, reste lui aussi forclos au Monde, qui n'est qu'un argument dans sa structure, mais forclos seulement en-dernière-instance.

La solution à nos problèmes est ainsi contenue dans la formule : Moi tel qu'un Etranger (et non soi-même comme un autre) ; ou encore dans le théorème suivant : *Moi et l'Etranger sommes identiques en-dernière-instance*. Contre la convertibilité du Moi et de l'Autrui à une opération philosophique près, on fera valoir le non-partage du Moi-tel-qu'un-Etranger, son existence indivise mais séparée. Toutefois on ne dira pas trop simplement : l'Etranger est un Moi, mais l'Etranger est un Moi radical en-dernière-instance et donc séparé (du) Monde. L'Etranger ne participe pas faiblement, latéralement à l'Identité, il l'est pleinement mais seulement en-dernière-instance. Et le Moi n'est pas un Etranger mais il détermine en-dernière-instance un sujet-existant-Etranger. L'amphibologie de l'alter ego est évitée, mais aussi la plate identité analytique, la confusion des extrêmes.

La structure de la fonction libère l'Etranger plus généralement de la logique du sujet et de l'objet, des schèmes de l'attribution de la prédication, dont on sait que l'Intersubjectivité est la torsion, la subtilisation au nom de l'alter ego. L'Autrui comme argument ou variable n'est contenu analytiquement ou synthétiquement ou de toute autre manière philosophique dans l'Etranger ; ni l'Etranger lui-même, encore moins, n'est contenu de ces manières dans la vision-en-Un. L'Autrui n'est qu'une variable transcendantalement et fonctionnellement réduite, pas une donnée qui co-déterminerait l'Etranger. Celui-ci est une pure force, critique par immanence, vide de représentations, d'entités, d'essences et de factualités plus ou moins idéalisées. En particulier, comme fonction transcendantale du Monde mais hétérogène au Monde, déterminé d'ailleurs que du Monde et de la Raison, il ne peut en aucun cas être encore une quelconque image d'Autrui. Enfin si l'Etranger est une fonction transcendantale du Monde, de l'Autrui, il n'est jamais saturé comme un objet peut l'être, mais ouvert de droit dans sa formule ou sa matrice. C'est un uni-versel non saturé. On l'opposera une nouvelle fois à l'Autrui philosophique qui est un objet subjectif, qui a la saturation non certes de l'objet inerte mais celle du cercle ou du système philosophique. De là vient la puissance antifétichiste et critique de l'Etranger.

La théorie du sujet souffre en général d'une confusion positive et affirmée dans la philosophie, simplement refusée dans la psychanalyse qui ne peut positivement l'invalider, entre l'Ego et le sujet. L'Ego n'est pas le sujet, n'en a pas besoin, mais le sujet en revanche trouve dans l'Ego son *présupposé réel*, radicalement autonome. Seule la logique de la détermination réelle ou en-dernière-instance peut nous faire sortir de celle de la convertibilité de l'Ego et du sujet. Quant à la maxime judaïque : «sois le gardien de l'autre homme comme de ton frère», elle ne prend sa véritable dimension que si on l'oppose à la grecque : «prends en souci l'étant en son entier». Elle s'oppose à l'amphibologie du Moi et d'Autrui au sein du tout de l'étant. Mais elle tend à exclure le Moi de l'humanité, ou à ne lui accorder celle-ci que comme un effet ou un affect. Elle rejette donc l'amphibologie au-delà de la responsabilité du moi pour Autrui, sous la forme de la définition de l'humanité par la fraternité.

Le choix que nous recevons ainsi en héritage entre un Moi qui tend à effacer Autrui, à en faire l'un de ses modes, et un Autrui qui fait du Moi un otage et tend à l'effacer — ce choix est impossible sauf à renoncer à l'universalité humaine et à sombrer dans la particularité grecque ou juive. Il ne peut être refusé que par une théorie capable de rendre inséparables ou indivis le Moi, mais comme radical et non narcissique, réel et non imaginaire, et l'Autrui transcendant mais comme déterminé par une identité-de-dernière-instance.

La non-suffisance du Réel et l'existence du sujet

Toutes les caractéristiques du Réel peuvent se dire de l'Etranger — tous les traits de l'Ego, du sujet — mais seulement en-dernière-instance. L'Etranger de son côté n'annule pas ces caractéristiques en les effectuant sur son mode de sujet.

1. Il est nécessaire en tant que sa cause est le Réel ; par ailleurs il relève de la contingence de l'occasion (la forme-monde ou philosophie), contingence qui lui est nécessaire pour exister mais qui ne l'est pas au Réel même.

2. Le Réel est radicalement autonome, suffisant quant à lui-même mais non-suffisant du point de vue de la pensée ou de l'existence. Il lui faut une donation pour devenir cause. La non-suffisance du Réel est son être-séparé et se substitue à la «finitude» subjective. Le Réel est radical et non-suffisant, il n'est ni absolu ni fini ni un absolu de finitude.

L'Etranger et le Prochain 281

3. L'Etranger n'est donc pas un être relatif, ni un être absolu, ni un mixte relatif-absolu. L'existence est nécessaire, et contingente par le biais de sa non-suffisance. Non seulement le Réel est non-suffisant du point de vue de l'Etranger et de l'existence, mais l'Etranger conserve en lui cette non-suffisance de fond sans la supprimer réellement. Autrui est nécessaire pour qu'il y ait de l'Etranger mais ne supprime pas la non-suffisance du Réel. L'Etranger n'achève pas cette non-suffisance, sous peine de reformer un total unitaire et systématique, mais en participe.

L'Etranger ou l'existence ne repose donc pas sur un néant — aucun néant ou transcendance dans le Réel — mais sur une non-suffisance du Réel qui implique définitivement qu'il n'a pas besoin de la plénitude auto-suffisante d'une essence. L'Etranger est sans essence car même s'il effectue d'une donation l'uni-versalité du Réel, celle-ci n'est pas véritablement une essence. L'Etranger est sans-consistance, c'est aussi pourquoi il existe-pour-le-Monde

4. Seul l'Etranger peut être le sujet énonciateur de la théorie de l'Etranger sans être ventriloque comme le sujet philosophique. Il n'y a pas un double langage mais un unique langage, unitaire ou auto-englobant, celui de la philosophie ou d'«Autrui». La non-suffisance de l'Etranger se mesure à son recours au Monde, auquel il ne se substitue pas mais dont il est le clone. Quant au Réel, il n'a pas à parler mais il rend possible un autre usage du même langage. Cet autre usage est la langue, l'idiome «théorique» et «pragmatique» de l'Etranger.

5. L'Un est par excellence, plus encore que l'Autrui de Levinas, donné sans cause ontologique derrière lui, il est donné comme transcendance mais en-immanence. L'Etranger n'a donc pas de raison, de pourquoi (le Monde), mais il a une cause spéciale qui le fait émerger ou surgir non pas au-Monde mais au-devant du Monde et qui, sans le précipiter dans l'être-au-Monde, le dispose *pour* le Monde.

6. Exister-Etranger, ce n'est pas devenir étranger, s'engager dans une métamorphose, et pas davantage devenir pour soi ce que l'on est en soi. C'est *performer l'Etranger tel que je le*

suis. C'est simplement effectuer la fonction-Etranger — sans aliéner ou remplir téléologiquement l'uni-versalité de la vision-en-Un, constante de la fonction — et l'effectuer par l'actualisation de la variable.

7. L'Etranger n'est pas possible mais émergent. Non la possibilisation d'une possibilité prétracée mais l'émergence d'un Réel. Nous ne devons pas nous le donner comme un fait et en chercher les conditions, mais le constituer à partir d'une part des *data* que sont les expériences hétérogènes d'Autrui, d'autre part et surtout à partir de ce qui fait l'uni-versalité de l'homme.

Ainsi exister n'est pas actualiser un virtuel, réaliser un possible, prolonger et mimer une essence, c'est effectuer mondainement l'uni-versalité de la vision-en-Un sans la remplir, la transformer, l'annuler. Parce qu'exister est un clone d'Autrui et de sa transcendance mais qui suit du Réel, exister n'est jamais la duplication ou l'actualisation, l'accomplissement d'une essence mais participe de la non-suffisance de l'Un et de sa non-consistance.

La distinction du Réel de-dernière-instance et de l'Etranger comme fonction de l'occasion se substitue à celle de l'essence et de l'existence. L'existence a une cause mais pas de raison, on l'a dit, c'est une cause spéciale, sans essence ou signification structurante, sans même être *causa sui*..

Donner à l'Etranger son objet : l'Uni-vers. L'Etranger comme Uni-face

Soit quelques axiomes. Appelons «Monde» non pas la somme des étants ou l'une de ses élaborations philosophiques, mais la forme philosophique elle-même la plus universelle et la plus invariante de l'Etant. Autrement dit appelons «pensée-monde» le système des neufs hypothèses du *Parménide*, y compris leurs avatars ou leurs modalités historico-philosophiques. La philosophie comme système total est *le* Monde, sa forme universelle. Appelons «Autrui-monde», Autrui tel qu'il est posé et compris en modes multiples par la philosophie, par exemple comme alter ego, intersubjectivité, non-Moi, etc. Appelons «Etranger-univers» non pas l'Etranger décalqué du modèle d'Autrui ou cloné imaginairement de lui, mais l'Etranger en identité-de-dernière-instance, tel qu'il est l'Identité (de) l'universel. Cet «uni-vers» se constitue en prenant le Monde et l'Autrui-monde comme simple occasion. Autour d'Autrui s'ouvre un Monde possible. Mais l'Etranger se déploie tel qu'un uni-vers *pour t*ous les Mondes possibles.

Ces axiomes permettent de poser de manière plus précise les rapports de l'Etranger et du Monde. L'Etranger philosophique est une machine à deux faces convergentes (Moi *et* l'Autre) ou divergentes (Moi-comme-Autre, l'Autre-comme-Moi), c'est un dernier sens commun, un mode écrasé et resserré de la dyade philosophique plutôt qu'un sujet-Un. Seul l'Etranger cloné d'Autrui selon le Réel est unifacial : comme Ego-en-dernière-instance, il n'a pas de face ; comme être-au-devant-du-Monde il est l'unique face qu'il ne peut lui-même survoler, telle qu'il ne peut que se vivre ainsi. L'uni-face ne peut être objectivé, mais seulement subjectivement vécu. La non-suffisance du Réel interdit toute auto-position de l'Etranger, toute volonté de domination. L'existence la plus radicale, la moins absolue, est uni-latérale, l'*ex* - doit être compris comme uni-latéralité ou jet-sans-retour.

La structure de l'Etranger n'est donc pas unitaire ou synthétique, c'est une dualité de l'Ego, donnant sans transcendance le Monde, et du sujet cloné effectuant cette immanence. Cette dualité possède une identité mais qui ne lui est plus supérieure, une simple Identité-de-dernière-instance qui fait dire : Moi et l'Etranger sommes identiques-en-dernière-instance. L'Etranger est donc simple, ce n'est pas un doublet empirico-transcendantal ou un bifrons. L'Ego n'est pas une face ou un côté, étant radicalement immanent et bien qu'uni-versel ; seul le sujet s'offre comme un côté précisément parce qu'il est non seulement donnant le Monde mais tourné au Monde parce qu' effectué par lui. Ainsi l'Etranger, humain de part en part en sa cause quoique non en son existence, échappe aux entités bi-faces ou aux humanoïdes philosophiques, molaires ou moléculaires. C'est un uni-face, un clone qui ne peut se regarder, se survoler et entrer dans l'ordre d'un sens commun. Ce que la philosophie offre comme Etranger, c'est un être biface, un mixte plus ou moins impossible de Moi *et* d'Altérité, d'où elle tire un pathétique facile.

L'Etranger comme Un est une radicale Extériorité qui ne s'ouvre pas sur un Monde qui le fermerait à nouveau, mais qui s'ouvre sur un objet spécial qui ne se ferme jamais : le sens (d') identité du Monde plutôt que le Monde lui-même. Si un Dehors est possible, qui ne soit pas le faux dehors de bordure des philosophies contemporaines (Derrida, Deleuze, Blanchot, Foucault), c'est l'Etranger qui l'*est*, c'est par son essence même et non seulement par une transcendance (qu'il est aussi) qu'il *est* Extériorité.

Si l'Etranger reçoit son concept comme uniface ou universel, il ne cède pas sur son uni-versalité. Même si le Monde s'efforce par définition de tourner et retourner l'homme sous toutes ses coutures et ses faces, l'Etranger ne se présente au Monde que par sa face de sujet, pas comme Ego invisible dans le Monde. Sa dualité est sans couture, d'où son entêtement, son refus de se laisser saisir, ce front-sans-frontalité irréductible, ce côté sans envers, peut-être ce revers radical, *une fois* mais *chaque fois*, cette version sans reversion.

2. L'identité de l'Etranger implique qu'il n'y a réellement pas d'Autre de l'Autre, pas un doublet, un anneau de l'altérité. Toutefois par son uni-latéralité, il est par définition Autre-que-le-Monde (y compris l'Autre que celui-ci contient). Et par conséquent l'Autre, n'étant pas dans son essence pour un Autre, est *pour* le Monde.

L'Etranger n'a pas le Réel pour objet mais seulement pour cause et qui, n'étant que donnée, n'a pas besoin d'être pensée contrairement à ce que croient les philosophes qui redoublent le donné par la pensée du donné. En revanche l'Etranger a pour «objet» le Monde en sa structure philosophique. Il est jeté non pas par et pour l'horizon, mais au-devant de l'horizon lui-même globalement, dont il suspend la pertinence.

Il est tout au plus trompé par l'apparence réelle du Monde, ensorcelé par la philosophie, mais il n'y devient pas objet. L'Etranger détruit le fétichisme spontané de la philosophie qui pense par objet, essence, entité, idée — c'est une pure force de pensée, agissante et performative— l'Etranger est une pulsion non-autopositionnelle qui se constitue grâce au Monde, «contre» c'est-à-dire *pour* le Monde. A la différence de l'Autrui judaïque dont Hegel dirait — peu importe Hegel, c'est une question de symptôme — que c'est un sujet objectivé ou chosifié, un étant qui ne se présente plus dans un horizon mais encore comme un objet, l'Etranger est une face uni-latérale qui n'inhibe pas le Moi mais qui est d'autant plus inhibitrice du Monde qu'il tient de l'Un sa rigueur d'uni-face. L'Etranger infini «perce» le moi restreint de sa hauteur, mais l'Etranger radical se jette au-devant du Moi généralisé par la philosophie, au-devant aussi d'Autrui. Ni la nature de l'Etranger, ni son mode d'agir ou son effet ne sont les mêmes : affection irrévocable et irrécusable dans un cas, clonage dans l'autre par l'être-forclos du Réel qui sauve cet irrécusable de l'inintelligibilité de la transcendance.

CHAPITRE III

L'IDENTITÉ DU PROCHAIN

L'éthique, principe de finalité hyperbolique de la philosophie

Une théorie unifiée de l'éthique, une non-éthique n'a pas seulement pour objet l'établissement par ultimation de sa base réelle, le malheur radical, ni l'induction et la déduction du sujet-Etranger en fonction de la forme-monde de la philosophie et de la forme-philosophie du Monde *en général, ou dans leur structure moyenne*. Il faut dans tous les objets de la philosophie compter avec la détermination spécifiquement éthique, qui est sa dimension concrète et supérieure à la fois. La Décision philosophique est la structure invariante générale d'une opération mais, par rapport au concret philosophique, qui y introduit toujours aux extrêmes une région empirique et une dimension hypertranscendante, c'est une abstraction provisoire. Le concret, c'est ici l'éthico-philosophique comme référence à la «morale» sans doute mais, de plus, à une dimension interne / externe de la Décision elle-même. L'analyse plus fine de sa structure fait apparaître qu'au-delà de sa formalisation et de son Un transcendantal et auto-positionnel, une dimension de transcender réel anime d'une manière originale le geste philosophique. La philosophie contient, dans son concept complet, non pas une seule mais deux expériences hétérogènes quoique associées, du réel (sans parler de l'empirique) : celle de l'Etre comme auto-position / donation, celle de l'Un comme réel sur-transcendantal, celle-ci enveloppée ou supportée par celle-là mais l'excédant et la tirant hors d'elle-même. Autrement dit la «métaphysique des mœurs» est une double amphibologie. Par sa base et son ouverture, elle mélange les structures de la métaphysique avec la matière des opinions morales de toute provenance possible. Par son sommet et son ouverture théo-logique, plus éthico-philosophique qu'éthico-morale, elle mélange ces structures avec une dimension éthique supérieure ou de dépassement, de style *epekeina*. C'est ce qu'implique l'axiome pleinement déployé : toute éthique est structurée comme une métaphysique des mœurs. Le mixte éthico-philosophique n'est donc pas simple dyade de base, ni même triade (dyade + Un transcendantal) mais touche au 4 autant qu'au 3. C'est le philosophique pleinement déployé comme Un incluant l'Autre exclu, devenu limitrophique, ou encore comme moitié impaire ajoutée par la philosophie postmoderne ou post-métaphysique à la structure standard de la Décision. Plus qu'une simple région, c'est une dimension de la philosophie ainsi que Platon, Kant et sur un registre plus radical encore Levinas, l'ont fait valoir.

Comme métaphysique, elle est la double et unique science de l'Un et de l'Etre. Par sa base elle touche donc à la matière «morale» des «mœurs». Par son sommet elle touche à l'objet le plus haut de la métaphysique, l'Un, soit apparemment seul, soit combiné plutôt aux extrêmes avec l'Etre ou bien avec l'Autre. On appellera éthique *cette dimension supérieure de toute métaphysique, des mœurs ou non, par laquelle celle-ci s'excède ou fait excès sur ses objets et ses structures ontologiques universelles, un excès ambigu, lui-même ontologique autant qu'éthique*. Une fois décomptée la matière «morale» qui remplit sa structure, l'éthique est analysable comme un mode de la métaphysique standard sans doute, mais plus profondément comme sa dimension d'extériorité, dont l'Un témoigne tantôt comme Bien au-delà de l'essence, tantôt comme Loi au-delà de la connaissance, tantôt comme Visage ou Autrui au-delà de la présence, etc. Si la morale est toujours quelque peu infra-fondamentale comme une spécification régionale de la philosophie, l'éthique est toujours quelque peu supra- ou hyper-fondamentale mais sans rompre toute relation à la métaphysique et à sa structure.

Pour faire droit à la spécificité de l'éthique, il faut donc compléter la description de la Décision philosophique, ajouter à la base de la dyade mais aussi à l'Un transcendantal, divisé et auto-positionnel qui la ferme en système, un Un d'emblée réel, étroitement imbriqué avec l'Un transcendantal mais qui apporte à la Décision philosophique sa dimension éthique ou éthico-religieuse. La métaphysique structure l'éthique sans l'épuiser, celle-ci étant plutôt comme un repli ou un ressaut hétérogène ultime de la philosophie. Les rapports de l'Un transcendantal et de l'Un réel sont ambigus, indécidables — on les décrira ainsi — mais il n'y a d'éthique spécifique que si à la transcendance idéelle de l'Etre et à son Unité transcendantale s'ajoute une transcendance d'un nouveau type, Un réel ou indivis qui dépasse la structure de base de la métaphysique en empruntant d'abord les moyens de celle-ci. De droit, comme en témoignent des régimes de discours aussi différents que ceux de Platon, Kant, Levinas, l'éthique commande de l'intérieur et de l'extérieur la métaphysique par un «étant» plus haut que l'Etre, un Autre au-delà de l'essence, une Loi morale supérieure à la connaissance, etc., dimension semi-idéelle semi-réelle, selon des proportions et des combinaisons diverses.

L'éthico-philosophique est donc une structure de mixte, dans sa dimension horizontale ou générale, mais aussi dans sa dimension proprement «verticale» et de «hauteur» où elle combine le *meta-* de la transcendance idéelle (par exemple dans la dyade de l'Etre et de l'étant) et l'*epekeina* de la transcendance réelle — le «trans-» et l' «au-dela». Celle-ci n'est pas un *meta-* mais prend appui sur lui. Le *meta-* s'accomplit comme auto-position sous la forme d'un Un transcendantal, l'*epekeina* s'accomplit comme transgression, dépassement supplémentaire au *meta-* lui-même sous la forme d'un Un transcendant. L'Un transcendantal, peut-on dire, tend à l'Un transcendant, l'annonce, l'exige ou s'y dépasse, c'est selon. L'Un transcendantal et auto-positionnel est fondamentalement ambigu. Il ne peut être transcendantal sans prétendre abriter une instance réelle dans le repli de son auto-position Lorsque l'éthique s'exhausse comme telle de celle-ci, c'est que l'Un réel prend de l'autonomie par rapport à son berceau transcendantal. Ces distinctions importent car si la dyade est la première et apriorique forme de la transcendance (du *meta-*), le transcendantal peut lui-même apparaître comme étant déjà l'au-delà ou le surpassement propre à l'Un, réel en soi mais saisi du côté de la dyade, de l'*a priori* ou de la séparation. En toute rigueur le transcendantal est inséparable du réel ou d'un Un indivisible.

Si par exemple l'auto-dépassement de la transcendance par elle-même peut se dire en «sur» — comme chez Nietzsche —, c'est que l'au-delà réel, irréductible à l'immanence auto-positionnelle, se fait *sur-positionnel* et rabat la dimension de la hauteur sur celle de l'horizontalité et du plan d'immanence, mettant le surpassement au cœur du dépassement. L'éthique n'est pas absente de la Volonté de puissance, même si le *meta-* semble dévorer tout le pouvoir de la transcendance. Toutefois elle ne se laisse clairement apercevoir que lorsqu'elle s'appuie sur le *meta-* comme sur un support et qu'elle refuse de s'immerger dans le flux idéel du devenir pour conserver l'*identité quasi-ontique d'un émergent hyper-essentiel au-delà du Monde*. A l'autre extrême, l'*epekeina* peut être dépourvue de tout *meta-* de base, comme chez Levinas où l'éthique ne se soutient pas d'une métaphysique et se substitue à elle, non à sa place mais par disparition de celle-ci. Le cas le plus ordinaire ou le plus grec est celui du mixte du *meta-* et de l'*epekeina*, mixte lui-même plus ou moins écrasé sur soi ou «fondu».

L'éthique n'est donc que partiellement constituée ou constituable par la métaphysique, sa moitié spécifique étant précisément réelle ou inconstituable par le *meta-*. Les déconstructions (Heidegger, Derrida) articulent le *meta-* de la présence logocentrique transcendante et l'*epekeina* du dépassement comme altérité, elles sont intrinsèquement éthiques, ce pourquoi elles ne proposent pas spécialement d'éthique. Toutefois la situation heideggerienne est moins claire : le *Dasein* «transcende» au-delà de l'essence et s'exclut donc partiellement du *meta-* ; mais le «Tournant», affirmant la primauté de l'Etre sur le *Dasein*, évite tout recours à une éthique explicite sans toutefois en éliminer complètement la trace qui prend la forme du primat de la réponse sur la question ou de l'inversion de la causalité (de l'Etre sur le sujet, pour abréger). Il faut évidemment la transcendance à rebours, peut-être la *descendance*, de Levinas pour atteindre un agir réel de l'Autre sur le métaphysique comme Même ou Etre. Mais c'est changer de régime éthique, passer de la posture éthico-métaphysique grecque à la posture éthico-première juive qui brise le mixte non toutefois sans opérer encore avec ses pièces.

Par son côté réel, l'Un est indivisible et par conséquent c'est un transcendant en excès sur la transcendance mais, comme associé à la division et à l'altérité de l'*a priori,* il donne lieu à un Un également transcendantal qui surpasse la transcendance elle-même ou constitue le transcender par excellence. Entre l'idéel et le réel d'une part, le *meta-* et l'*epekeina* d'autre part, un chiasme complique le mixte du point de vue de leur séparabilité et de leur inséparabilité, et témoigne du manque d'autonomie de l'éthique pur. L'*epekeina* ne peut agir sur le *meta-*, la hauteur sur le projet, l'Un transcendant sur l'Un transcendantal, que dans une certaine réciprocité que tolère la transcendance à rebours ou la descendance, et qui est caractéristique des limites de l'éthique comme limite elle-même à la métaphysique. L'éthique ne connaît que l'excès, l'hyperbolicité, toujours ambiguë, plutôt que l'immanence et que l'autonomie radicale. La «hauteur» en particulier fait symptôme de son association avec la transcendance. Elle est l'identité de l'*epekeina*, mais celle-ci prend appui sur le *meta-* au risque de le redoubler, voire de s'autonomiser judaïquement par rapport à lui, mais elle ne renonce jamais entièrement à cette réciprocité et fait du *meta-* son otage. La hauteur ou la verticalité éthique n'est donc pas ce qui épuise l'angularité de la transcendance ontologique, c'est le moteur interne et externe de celle-ci, le supplément d'ouverture qui ouvre l'espace métaphysique sinon menacé d'affaissement sur soi.

La hauteur du Bien ou de l'Autrui incommensurable à l'essence, reste donc un simple excès, l'hyperbolicité dont la transcendance est capable. Cette transcendance quasi-ontique n'est plus pensable dans la simplicité de l'horizon ontologique et par définition elle est difficile à élucider et même à décrire. Le plus significatif pour la conception de l'homme aux limites de la métaphysique, c'est qu'elle se marque surtout par ses effets sur la transcendance idéelle ou ontologique. Décrits par Platon, Kant, Fichte, Levinas, etc. ils oscillent entre l'exigence catégorique ou le commandement, la hauteur désarmante ou la défaillance, mais aussi la donation de la vie, du temps, de la signifiance, de la loi. Une telle transcendance fonde de toute façon la causalité éthique comme irréductible à ses quatre formes métaphysiques, mais la rend de ce fait même impensable ou la disperse en affects multiples. C'est d'une théorie unifiée de ces deux régimes éthiques, grec et juif-et-grec, dont nous aurons à nous préoccuper, loin de toute préoccupation «morale» interne à la philosophie et à la sociologie réunies.

Théorie unifiée de la philosophie et de l'éthique (IV)

La dissolution immédiate de ces mixtes au profit d'un seul de leur côté aboutirait à l'écrasement de la structure métaphysique dans l'éthique et conserverait en pointillé la forme de l'ensemble mais sans le savoir. On ne peut supposer une distinction réelle entre l'étant (les mœurs) et leur être-moral commun, la connexion du métaphysique, du moral et de l'éthique étant indéchirable et devant être prise sur la totalité de ses dimensions pour en extraire son identité. Si la vision-en-Un est immanence non transcendantale, le matériau d'une théorie unifiée est donné sans pouvoir être réellement différencié par l'Un, ou objet dans l'une de ses parties d'une négation même immédiate. La dualyse par la non-consistance du Réel n'est pas une forme transformée d'analyse mais sauvegarde la consistance de son matériau.

Soit par exemple la distinction kantienne d'un *a priori* moral ou d'un être-moral commun et des étants-mœurs, induisant celle de la forme et de la matière, le primat de la détermination sur le déterminé, enfin le formalisme confondu avec la véritable uni-versalité, et l'auto-position d'une loi confondue avec le Réel. C'est de toute façon un effet spéculaire, effet du miroir de la Raison qui ne reconnaît comme réel que l'être-moral *a priori* qu'elle a fourni et projeté dans l'étant. La Raison ne voit qu'elle-même au travers de la différence près de l'expérience, c'est une identité mixte ou de type philosophiquer. La spécularité métaphysique de la forme est pratiquement inefficace et ne transforme que des mœurs ou des opinions philosophiques sans transformer le rapport aux mœurs et à la philosophie. Le formalisme kantien ne fait que révéler sans la créer la stérilité de la métaphysique des mœurs dont la seule effectivité est d'assujettir l'homme à l'éthique. Kant découvre le concept (l'*a priori*) qui témoigne d'une volonté d'émergence et d'altérité par rapport à l'expérience, mais aussi d'un échec final de cette altérité dans la conception divisée de l'*a priori*. Que l'*a priori* soit distinct de l'expérience n'est pas ici un problème. Le problème est du type et du moyen de cette distinction — la forme et sa dualité métaphysique avec la matière— que le transcendantal ne fait qu'intérioriser. Au contraire dans la non-éthique, l'identité de la Raison et de l'*a priori* (dans ce que l'on appellera l'organon de la «force (de) loi») est en-dernière-instance seulement. C'est donc une dualité uni-latérale, sans cercle, l'être-moral étant matériel aussi bien que formel comme le veut la «force» éthique de l'Etranger. Seule la force éthique appartenant à l'Etranger et donc à la vision-en-Un, peut identifier forme et matière, *a priori* et expérience *mais en-dernière-instance* ; extraire par conséquent les *a priori* non-éthiques pour l'éthique-monde.

La non-éthique est donc l'identité *a priori* de la philosophie et de l'éthique, mais déterminée désormais sous les conditions réelles du malheur, qui signifie leur unification hors de leur mélange, identité performée maintenant comme celle de l'*«autre-Etranger», qui est le mode spécifiquement éthique de l'Etranger.* L'éthique y est prise dans un concept plus large que l'être-moral commun et se déploie jusqu'à la métaphysique comprise. Elle est donnée non comme fait rationnel à analyser, mais comme un phénomène à forme philosophique qu'il faut expliquer rigoureusement hors du cercle vicieux de l'autoréflexion ou de l'analyse mais précisément avec l'aide empirique de *ce* cercle. Au lieu de procéder de manière philosophique, en dépassant les mœurs vers leur être-moral *a priori* ou commun, puis vers ses conditions d'autonomie, au lieu de se donner la corrélation fondamentale de la «métaphysique des mœurs», puis de chercher l'unité de synthèse ou de différence de cette corrélation, sombrant à la fois dans l'empirisme et l'apriorisme, dans le concret et l'idéalité séparés, la non-éthique infère, à partir d'une cause (non plus première mais de dernière-instance, le malheur radical absolument non-empirique), et sur le matériau de cette corrélation propre à l'éthique, un *a priori* universel pour l'éthique, plutôt que le « jugement moral commun » qui, pour être sans doute *a priori*, ne l'est que philosophiquement, comme une universalité abstraite co-déterminée empiriquement. Une théorie unifiée de l'éthique et de la philosophie ne suppose donc pas celles-ci comme données en soi et séparément, elle se les donne toujours mêlées (toute éthique est structurée comme une métaphysique des mœurs) et ordonnées à leur mixte. De plus elle ne les considère que dans la mesure où leur unité peut être traitée phénoménalement sous les conditions d'immanence qui sont celles du malheur radical. Autrement dit elle ne fait pas d'hypothèse philosophique sur ces deux disciplines, sur leur essence «en soi», mais elle les requiert uniquement comme *apports* (la conjoncture, qui est déjà un phénomène plutôt qu'un «en soi») à une non-éthique qu'il s'agit de constituer. *Il y a de l'éthique, qu'est-il possible d'en faire du point de vue humain le plus radical ?*

Ethique et métaphysique, métaphysique et science sont intriquées et connectées dans le concept de «métaphysique des mœurs» mais peuvent être pensées dans leur identité (identité non *de* l'éthique ou *de* la science supposées séparées mais *pour* chacune d'elles dans sa connexion aux autres). Une théorie unifiée de l'éthique prend ce complexe pour objet : métaphysique des mœurs, moralité commune, fondement métaphysique ou forme philosophique de celle-ci, enfin science (en tant qu'elle participe implicitement à la métaphysique). Autrement dit ce n'est ni une *science de la métaphysique des mœurs*, ni une *science des mœurs*, ni une *éthique de la science*, qui restent des concepts antinomiques issus d'une scission philosophique et ne peuvent remplir le concept d'une théorie unifiée de l'éthique. Une science de la moralité ou une éthique pour la science existent déjà et ne cessent d'exister comme sociologie ou bien comme bioéthique, etc., mais relèvent ensemble du style amphibologique de la philosophie auquel s'oppose le style uni-latéral de la théorie unifiée.

La constitution onto-anthropo-logique de l'éthique.

Cette structure complexe n'a pas seulement un sens métaphysique, il y va de l'homme dans le mixte de *meta-* et d'*epekeina*. *L'éthique est l'interface de la métaphysique et d'un X qu'il faut identifier comme l'homme, explicitement ou non, ou comme la place de l'homme autant que, par une autre face, celle de Dieu — voilà la structure invariante de l'éthique.* Elle articule la métaphysique des mœurs à un Réel qui, de quelque manière qu'il soit décrit, comme quasi-ontique, comme supra-essentiel ou supra-ontologique, comme Loi morale et volonté rationnelle, indique et dissimule un retour de l'homme par-delà la transcendance idéelle de l'Etre, l'homme comme supplément de transcendance *réelle*. La signification de l'éthique comme dimension supérieure de la métaphysique (des mœurs) est claire : c'est *un principe destiné à régler de manière immanente la finalité de la métaphysique inhumaine en fonction et en faveur de l'homme.*

Que l'homme soit défini de manière largement invariante par la métaphysique, malgré ses concepts hétérogènes, n'empêche nullement, au contraire, le fonctionnement de la structure éthico-métaphysique qui, presque du même geste, anéantit l'homme dans le Cosmos, la Nature, l'Etre, le Monde, et l'élève ou le projette au-delà (souvent dans son unité avec Dieu) comme un principe de régulation et d'usage de ceux-ci. La définition la plus complète de la métaphysique n'est pas «onto-théo-logie», mais «onto-anthropo-théo-logie». L'homme supra-métaphysique n'est pas un étant quelconque mais l'étant par excellence, soit Autrui, soit sujet moral, soit Dieu. Autant que la place de Dieu, la place de l'homme est indiquée aux limites de la métaphysique avec et malgré les thèmes «ontologiques» et «transcendantaux» de l'Un, du Bien, de l'Autre, de la Loi, du Réel, et elle ne peut être marquée que par un recours plus ou moins dissimulé à l'«étant» et plus généralement à un Un réel ou indivisible.

Qu'est-ce alors que l'éthique s'il y va de l'homme, sinon la division ou la bifurcation de la transcendance non pas entre l'Etre et l'étant quelconque mais entre l'Etre et l'étant-homme — une transcendance ontique propre à l'homme et/ou à Dieu ? Mais si l'étant divise la transcendance, réciproquement la transcendance, la philosophie autrement dit, partage l'étant entre chose et homme, homme et Dieu. L'homme, interface entre la chose et Dieu, voilà ce à quoi le primat de la transcendance le condamne. Une telle interface est le champ de bataille du conflit éthico-philosophique des deux transcendances. L'homme de l'éthique est un être biface, comme toute entité métaphysique, mais spécifiquement agencé. Son côté d'Un supposé réel se manifeste en effet par sa non-manifestation, son invisibilité, son être-donné brut et affectant. L'éthique relève ainsi des structures anonymes de la métaphysique, mais plus profondément d'un transcender spécifique dépourvu de pouvoir phénoménalisant, affectant plutôt la phénoménalité existante d'une non-phénoménalité, d'une opacité qui témoigne de la violence éthique, de son agir tout en affect, en interdit, en contrainte et obligation. Lorsque l'éthique veut sortir de l'apparence de l'Un ontologique irréel, elle ne peut se donner de la réalité que par la postulation d'un réel sans essence, inconscient, non manifeste, d'un réel compris comme Autre de l'Etre. C'est pourquoi le pouvoir de l'éthique est un pouvoir d'inhibition par transgression qui dissimule sa violence sous le masque de l'homme et au nom de l'homme. Le judaïsme accentue cette non-présence, ce transcender réel comme être-donné affectant. Certes il a conquis une sorte de concept du donné-sans-donation, mais pour l'abandonner à la plus extrême transcendance, achevant de perdre l'homme au moment où il l'identifiait contre les mirages de la philosophie.

C'est de le transformer ainsii en champ de bataille que l'éthique-monde peut assujettir l'homme. La défense éthique de l'homme est donc ambiguë. D'une part elle le pose comme transcendance au-delà des mouvements et des flux de l'Etre. Mais par ailleurs en transformant ceux-ci, elle postule la transformation de l'homme. Sa violence contre la métaphysique dans l'homme (la nature, le mal, etc.) est destinée à le «sauver» ou le «protéger» (Kant). C'est une sotériologie affaiblie, laïcisée, une défense tantôt du faible tantôt du fort mais qui postule régulièrement une essence aliénée de l'homme. Avec cette postulation, l'éthique montre qu'elle n'est qu'un détachement avancé de la métaphysique auprès de l'homme et un moyen plus subtil que la métaphysique de le circonvenir.

Par exemple elle transforme l'homme en mode d'un hyper-objet (Loi, Bien, Désir, Autrui), en un étant qu'elle croit honorer en lui attribuant une transcendance proche de la théologique. Ce quasi-étant humain tel qu'il transcende sous ces masques reste marqué d'un certain anonymat. Même comme Autrui ou Visage, il est affecté de la généralité de la Loi ou de la particularité de l'Autre. La subjectivité ne lui est pas refusée mais elle lui advient de la philosophie ; en revanche l'identité lui est refusée puisqu'il la partage avec le Monde et Dieu à travers l'économie philosophique. D'une part cet homme, cet étant-Un dont la transcendance anime celle de l'Etre, n'a rien de toute façon — c'est évident — d'un Ego transcendantal, d'une conscience ou d'une subjectivité. L'éthique ne connaît en propre qu'un «Ego» transcendant indivisible et par là-même excessif — tout autre caractère appartenant à la philosophie —, l'unicité ne lui est pas reconnue par cette voie-là qui est celle de la «généralité» de l'éthique, du Bien, de la Loi, du Désir, d'Autrui, du Devoir. Mais pas davantage, d'autre part, l'identité véritable qui serait plutôt d'immanence. L'hétérologie, l'ontologie de l'Autre manque d'identité radicale et, de ce fait même, est condamnée à se dépasser à son tour dans la recherche d'une unicité non-éthique que doit lui accorder un excès de transcendance d'un type plus religieux. Ainsi réduire l'éthique à sa substructure métaphysique, c'est à coup sûr rester dans le mauvais universel, voire le général, et ne pas atteindre la dimension de l'individu(al). L'individuation éthique, fût-elle par un Autre infini, échoue *in extremis*, l'Un réel restant une entité anonyme, de l'ordre d'un quasi-étant, n'atteignant pas l'homme tel quel ou sans-consistance. Cet échec de l'éthique devant l'individu radical ou uni-latéral, l'humain de part en part, témoigne d'une dernière emprise de la métaphysique qu'il n'appartient pas à l'éthique de vaincre.

Finalement le spécifique de l'éthique, c'est d'être un principe hyperbolique d'usage de la métaphysique en faveur de l'homme mais ce principe est inséparable de sa réciproque, assujettissant l'homme à la philosophie et donc à certaines puissances plus obscures qui hantent celle-ci. De là l'ambiguïté de l'éthique. Que reste-t-il à l'obligation de respect, à l'exigence du Bien et de la vertu, une fois épurées de la transcendance onto-théo-logique, sinon sans doute la défense de l'homme, mais de quelle défense et de quel homme, sinon de celui que la philosophie programme et «protège» ? Peut-être que l'authentique défense, défense *a priori,* n'est pas de l'«humanité» mais du sujet-Etranger, donc de l'éthique contre elle-même, contre son obsession de l'homme non-humain. Peut-être participe-t-elle malgré tout, malgré sa révérence, au mensonge philosophique sur l'essence de l'homme.

L'éthique, symptôme de l'identité humaine. Inceste et clonage

Que signifie l'ambiguïté éthique de l'homme, pour l'éthique maintenant plutôt que pour l'homme ? En faisant de l'homme un problème, elle montre qu'elle est elle-même un problème et fait symptôme, mais de quoi ? Le malaise est dans la philosophie et dans l'éthique autant que dans la civilisation, et peut-être pour la même raison, à condition d'en identifier la vraie portée de *malaise devant l'homme*. Il consiste à vouloir connaître l'homme et à échouer nécessairement dans cette volonté sans en connaître la raison ; à vouloir le rendre intelligible et à le manquer à cause de ce vouloir même ; à en faire une question de la pensée là où il doit résoudre les problèmes de la théorie. La philosophie s'est approprié le «connais-toi toi-même» sans en apercevoir le caractère mythique et trompeur, et a cru pouvoir résoudre ce problème avec ses moyens qui lui paraissaient par excellence adaptés à cette injonction. Si la philosophie, avec l'éthique qui lui donne son plus haut sens, est la réponse à cette injonction égarante, elle est condamnée à vouloir dominer et s'approprier l'homme tout en éprouvant l'étrange résistance de cet «objet». Elle est traversée d'un affect vague, d'une contradiction mal identifiée, entre *l'expérience de l'homme comme inconnu et qui doit le rester en vertu de son essence de donné-sans-donation ou sans-consistance* et la volonté de le connaître comme un objet ou comme une partie du Monde. Elle ne veut pas savoir que l'homme est en-dernière-instance un Inconnu radical forclos au connaissable et à l'inconnaissable — elle ne peut le savoir mais elle en éprouve les effets et l'affect. La philosophie ne sait pas encore, et ne saura jamais que l'homme n'est pas un problème, mais la solution au seul problème soluble qui est : «connais le Monde».

De cette crainte devant l'homme, de ce sentiment de commettre une transgression majeure ou de tomber dans une hallucination sans issue, la pensée commune et sa morale, comme la philosophie et son éthique, portent témoignage : c'est le refus de l'inceste et du clonage en tant que tous deux postulent que l'identité, plutôt que la différence (sexuelle ou autre), pourrait être l'essence de l'homme. L'éthique pourrait bien avoir trouvé, comme la culture dans la prohibition de l'inceste, sa loi fondamentale dans l'interdiction du clonage de l'homme «lui-même» (non de ses organes). Dans les deux cas la philosophie ne peut que refuser l'identité radicale de l'homme pour le poser divisé d'avec lui-même dans la différence non seulement sexuelle mais générale que lui impose la structure de la Décision éthico-philosophique. Sa dignité et sa liberté seraient dans son être-partagé entre plans hétérogènes de réalité qui permettent un jeu avec le possible et le hasard. L'éthique avec le clonage, la culture avec l'inceste, la philosophie plus généralement avec l'Un ou l'Identité, auraient trouvé leur ennemi le plus intime. Toutefois cette structure doit être compliquée à l'intérieur même de la philosophie avant de l'être une seconde fois mais hors de la philosophie.

Si les interdictions de l'inceste et du clonage doivent être pensées ensemble comme le refus du danger à traiter l'homme comme une identité, on ne peut voir là un simple refus de l'identité au nom de la différence sexuelle dont le hasard protégerait paradoxalement la liberté et donc la dignité de l'homme. Mais plus profondément cette interdiction témoigne tout autant d'un désir d'identité. Tel qu'il est donné par et dans l'éthico-philosophie, l'homme est un être barré une première fois, donné-comme-divisé par le plan de l'Etre et ses attributs, par le *meta-* ; et barré une seconde fois comme Un réel indivis dès qu'il est affecté aussi de l'Un transcendantal. D'une part la Décision éthico-philosophique produit l'homme comme refoulé / désiré sur le mode et à l'intérieur de la philosophie. Celle-ci est une volonté-de-penser plutôt qu'une pensée effective ou une connaissance, et comme telle elle refoule/désire son objet. Ce désir de l'identité interdite, nous pouvons essayer d'autre part de l'interpréter dans le cadre plus large, non-philosophique, d'une pensée selon l'Identité réelle. Celle-ci étant par définition forclose à la pensée, cet être-forclos détermine la structure de refoulement de l'identité comme étant à son tour une forclusion hallucinatoire de l'Identité réelle, l'identité changeant de nature et de rapport à la pensée dans son passage de l'état d'objet impossible de la philosophie à l'état d'Identité réelle donnée en elle-même. C'est pourquoi le refoulement de l'identité — de l'inceste et du clonage — doit être interprété aussi comme forclusion de ceux-ci, mais comme une forclusion qui «se souvient» de l'essence réelle de l'Identité et ne peut l'ignorer complètement. Le refoulement / désir de l'identité de type philosophique ou associée à l'Etre est comme un lointain symptôme d'un nouvel être-forclos portant sur l'Identité véritable.

La crainte répulsive de l'inceste et du clonage sont ainsi autant de manières de reconnaître le primat de l'Identité, pour une pensée commune-et-philosophique qui ne peut entretenir à l'homme que des relations ambivalentes dont témoignent l'éthique et ses interdits. Mais si l'Identité est l'essence ultime de l'homme, alors c'est la philosophie et l'éthique qui sont un problème, une posture contradictoire qui veut étendre jusqu'à l'homme sa volonté faite pour le Monde et qui se condamne à échouer. Non sans en avoir une certaine appréhension, de là son ressentiment contre le Réel, sa haine de l'Identité, sa thèse fondamentale de la convertibilité de l'Un et de l'Etre, l'exaltation de son pouvoir, dans la Différence après la Contradiction, etc. Si l'Identité réelle est forclose au savoir, celui-ci, sous la forme de l'*hybris* philosophique, ne peut pas entièrement l'ignorer, elle entreprend de rejeter cet être-forclos et, non sans malaise, de connaître l'homme. La philosophie éprouve si fort ce sentiment qu'elle préfère, dans l'impossibilité où elle est de droit de connaître l'homme, soit vouloir un surhomme, soit procurer aux sciences humaines un infra-homme, un anthropoïde transcendantal.

La philosophie doit être ainsi plus ambiguë à l'égard du clonage que les réactions spontanées du sens moral commun. Ce qu'elle interdit par le biais de l'éthique, ce sont les formes inférieures, matérielles, du clonage humain intégral mais elle se permet un double jeu quant à elle-même dans ses plus hautes opérations, condamnant l'identité «simple» au nom de la différence, mais dépassant celle-ci dans une identité «supérieure». Si la structure de la philosophie intériorise et relève le principe d'identité dans une identité transcendantale (l'«Un»), elle ne peut pas ne pas croiser le clonage de l'homme comme une tentation dont elle se dédouane par un sentiment éthique d'horreur. Ce projet de *penser l'homme*, de le connaître dans son intimité la plus reculée, pourrait bien témoigner d'un désir de reproduction, non pas à l'identique, à la manière du clonage scientifique à quoi la philosophie ne peut ni ne veut satisfaire, mais à une différence près. La différence est parfois éthiquement dressée contre l'identité mais philosophiquement la différence est encore une approximation de l'identité, un clonage en attente et simplement différé. Le style des doublets et des doublures, des mixtes et des dyades, n'est-ce pas le style philosophique du clonage, à quoi elle oppose le clonage scientifique strictement identitaire dont la critique lui est facile ? La philosophie plus largement a sa manière de cloner l'homme à partir du Monde, ou de Dieu créateur de l'homme à son image, et de s'autoriser un clonage imaginaire et mimétique.

En refusant d'ailleurs l'identité radicale, la philosophie commet une confusion : elle la refuse comme *appliquée à l'hom-*

me, comme reproduction de l'homme à l'identique. C'est donc qu'elle pense à une identité en réalité complexe, ontique et / ou ontologique, mélangée à une matière philosophique. Mais l'Identité n'est peut-être pas cet objet en proie à la philosophie, elle n'est peut-être que l'homme même en son intimité et n'a pas à être mélangée ou appliquée à lui plutôt qu'à être le garde-fou des débordements de la philosophie. Précisément le clonage est un faux problème, un problème créateur de consensus, lorsqu'il est interprété philosophiquement comme s'il s'agissait de produire de l'identité, ce qui est strictement impossible, de la différence seule pouvant être produite, mais non le Réel ou la vision-en-Un.

Le clonage de-dernière-instance

Inceste et clonage, les interdits fondateurs de l'éthique plutôt que des prescriptions et des interdictions intra-éthiques, sont notre objet comme précédemment l'était la dimension éthique supérieure de la philosophie plutôt que le contenu moral de la métaphysique des mœurs. Que faire en particulier du clonage ? Peut-on l'intégrer à la pensée la plus universelle ? doit-on le laisser à la bio-éthique et de là au jugement de l'éthique philosophique ?

Le clonage change de sens et de visage lorsque change l'économie de l'homme, lorsque la ligne de démarcation ne passe plus entre ces généralités unitaires, simplement différenciées, de l'animal et de l'homme, c'est-à-dire entre ses attributs (pouvoir, désir, religion, politique, etc.), mais entre l'homme comme identité et l'homme comme animal métaphysique, entre cette identité non-consistante de l'homme et son existence de sujet-Etranger. Comme technique scientifique, son application à l'homme métaphysique crée immédiatement des apories éthiques. La philosophie comme forme-monde confond amphibologiquement le Réel et l'existence (le sujet) dans la généralité unitaire de l' «homme» et tombe immédiatement, avec le clonage comme avec le reste, dans les apories habituelles au style unitaire. De là une interdiction apeurée et massive (au nom de quoi ?) du clonage (lequel ?) de l'homme (lequel ?). Après le crime contre l'humanité, le clonage est certes un problème à résoudre mais qui implique une refonte radicale du champ théorique de la pensée et son import dans un autre cadre de pensée, dans une problématique plus universelle que celle de la philosophie. La non-philosophie s'effectue là comme théorie unifiée de l'éthico-philosophique et de la biotechnologie. Une telle théorie, nous le savons déjà, use pragmatiquement des techniques scientifiques mais dans un contexte qui n'est plus celui de l'autorité et de l'exploitation philosophiques des sciences, mais celui de l'identification — en-dernière-instance seulement — de la philosophie et de la biotechnologie (sur le cas du clonage). Il n'y a pas encore de théorie à proprement parler du clonage, de théorie et de pragmatique de type philosophique, seulement les fascinations et les craintes habituelles de son application à l'homme. Le clonage peut ouvrir une voie «non-éthique», c'est-à-dire non contraire à l'éthique mais d'uni-versalisation de celle-ci. Au lieu qu'il soit une contradiction portée à l'éthique, un danger et une tentation, nous en usons ici comme d'un moyen d'instaurer une uni-versalisation humaine en-dernière-instance de l'éthique, préférant une humanisation uni-verselle à une surhumanisation. Le clonage ne peut être utilisé en vue d'une production du Réel — par définition improductible ou inconstitué — mais il peut l'être en vue d'une transformation de la pensée elle-même et du rapport de l'homme au Monde. Du clonage comme procédé biotechnologique au clonage comme organon de connaissance et d'usage de l'éthique.

On a dit que l'éthique n'est que le symptôme indiquant, sans continuité autre que symbolique, les instances du sujet qui sont clonées à partir des instances de l'éthique. Celle-ci n'apprend que de la non-éthique, son sens comme forclusion de l'homme-Un par l'homme divisé. Si le clonage est tel ici que son envers est un symptôme, la non-éthique ne prend pas la place de l'éthique pour résoudre ses problèmes. Les rapports conflictuels de la philosophie au mal par exemple ne sont pas une motivation suffisante pour une non-éthique, qui est selon le malheur, mais tout au plus le champ de phénomènes dont elle a besoin.

Prise dans le déploiement de son concept, en effet, l'éthique est désir / refoulement du Bien et du Mal. Comme désir du mal, elle parvient tout au plus au mal radical, s'interdisant de le poser dans la plénitude de son concept, le divisant et le rejetant aux limites de sa sphère. La non-éthique cesse de désirer /

refouler le Bien et le Mal, d'échouer à les penser. Elle renonce positivement à les «penser» c'est à dire à les connaître, se donnant sur le mode d'une simple pensée faite d'axiomes le malheur comme donné-sans-donation et comme séparé-sans-séparation. Il acquiert une positivité non-ontologique, une non-suffisance de «condition négative» quant à la pensée comme connaissance. Si la non-éthique paraît se placer dans le mal même et en postuler la jouissance que l'éthique s'interdisait, c'est donc là une apparence. Le malheur n'est pas la jouissance du mal mais le mal-tel-que-joui-sans-jouissance. Il est suffisamment hétérogène pour rendre possible une explication *a priori* de l'éthique. Si bien que la connexion insondable de l'éthique et du mal radical reçoit un sens ou une explication, sens d'une forclusion de l'homme. Ainsi la non-éthique ne se place pas exactement là où l'éthique interdit de se placer, mais dans le Réel et son être-forclos à l'éthique. Ultimation plutôt que transgression supplémentaire, que répétition à l'identique de l'*epekeina* platonicienne, elle ne réalise pas ce que l'éthique visait sans l'atteindre. C'est que, face au refus ambigu du clonage et de l'identité en général, la posture du malheur radical détermine une stratégie, un usage plutôt, qui consiste à dégager le sens humain en-dernière-instance de cette ambiguïté. Comme présupposé réel, l'immanence et la solitude humaines n'impliquent pas une transgression des interdits fondateurs de l'éthique, mais une donation d'identité (occasionnalité et clonage). La non-éthique est si peu le simple contraire du discours de maîtrise philosophique, si peu une transgression et un passage à l'acte de l'inceste ou du clonage, qu'elle ne semble se replacer dans l'Un ou l'homme même, dans l'objet du désir philosophique, que par apparence simplement philosophique. L'ultimation première ne prétend pas nous replacer au cœur, en soi non barré, de l'homme barré de la philosophie, mais tout à fait ailleurs, dans l'homme en tant qu'il n'a jamais été un objet philosophique ou éthique. Et c'est de penser *selon* cet Inconnu qu'il deviendra possible de faire apparaître le sens humain du refoulement philosophique, de la forclusion de l'homme réel.

La continuité avec l'éthique est plus que brisée d'un décalage, le présupposé réel n'étant pas l'Autre mais l'Un, et donc l'Autre que l'Un clone à partir du Même du Monde. L'identité humaine n'est pas «au-delà» de l'homme de la division éthique, ce serait redoubler stérilement celle-ci. Autrement dit l'éthique la plus humaine ne consiste pas à «tourner» ou «renverser» ce que la mondaine a de plus inhumain et anonyme, mais à pouvoir user de celle-ci en vue de l'expliquer de plus loin que d'elle-même. Il s'agit moins de tourner l'interdit que de le connaître sans le nier ; d'agresser l'identité humaine que de se replacer en elle et de la faire juge et mesure de ce qui l'agresse peut-être réellement, la croyance éthico-philosophique à l'homme, tissée d'hallucination et de fantasme.

D'une certaine manière c'est même la non-éthique qui affirme sans ambiguïté l'interdit du clonage ou en manifeste sans réserve le sens c'est-à-dire l'identité. L'interdiction et le désir du clonage n'ont de possibilité que dans le milieu de l'homme-comme-différence. Il suffit de penser l'homme comme Identité, du moins dans son Ego, pour les exclure et rendre hors de propos. En revanche si l'homme-Un ou le malheur n'a pas à être cloné, il peut être la mesure et la cause déterminante de tout clonage, *non pas hors de lui mais hors de son essence*, et seulement pour son existence de sujet. Ce déplacement radical du problème du clonage, *de* l'homme à *selon* l'homme, son uni-latéralisation et son changement d'objet et de direction, postulent évidemment une *mutation* dans la problématique de l'homme qui doit passer du terrain de la métaphysique au terrain qu'il est lui-même de par sa propre immanence. Le clonage doit cesser d'être mi-cause mi-effet de l'être supposé circulaire de l'homme, pour ne plus être que l'effet de l'homme et la cause de sa seule existence tel qu'un sujet. Il cesse d'être une question aporétique et angoissante dans laquelle il y va de l'essence de l'homme, pour devenir un problème soluble où l'homme a la responsabilité de cloner son existence. Il est tout à fait licite quant à l'homme s'il ne concerne que le sujet plutôt que son essence d'Ego radical, si donc l'on cesse de parler de l'homme en général, de faire de lui et du clonage des généralités conceptuelles éminemment «grégaires» ou unitaires malgré leur auto-différenciation dans l'horizon gréco-judaïque. Cette solution est celle du *clonage-de-dernière-instance*.

Penser-selon-l'identité, c'est renoncer une fois pour toutes à vouloir penser et donc cloner l'«essence» de l'homme, son Ego inconsistant, les cloner au sens métaphysique et par conséquent bio-éthique ou bio-techno-logique. Mais c'est aussi la possibilité d'un clonage par l'homme de sa propre existence. C'est donner par conséquent au clonage son véritable agent (l'essence d'identité de l'homme), son véritable objet (le sujet-existant-Etranger), sa véritable matière (le Monde). Il est urgent de sortir des présuppositions métaphysiques-et-humanistes qui constituent le cadre ordinaire des discussions éthiques sur les limites des bio-technologies et de profiter de ce problème crucial pour réformer notre vieux concept de l'homme. De là des rectifications essentielles : 1. On ne clone pas ici l'»homme en général» de toute façon, mais seulement parce qu'il est impossible de cloner — de produire — l'identité qui est son essence. 2. Il y a donc un «inclonable» et c'est précisément *selon* celui-ci, ou en-dernière-instance, que le clonage est possible plutôt que par ou sous une identité transcendante supposée, de type biologique ou technologique. 3. On ne clone pas davantage le Monde en sa forme philosophique. Le Monde n'est pas un double de l'homme, il exige donc, au-delà de son martyre technologique le respect qui est dû à sa fonction de matériau du clonage, matériau qui en tant que tel n'est pas intrinsèquement transformé mais sert hors de lui à cette opération. 4. Seul est possible le clonage du sujet-Etranger, de son existence en rapport au Monde (mais non «dans-le-monde») plutôt que de son essence.

Les quatre pôles traditionnels de l'éthique lorsque celle-ci est déployée, philosophiquement généralisée, sont : le devenir-authentique soi-même du sujet ; comme sujet d'une instance de forme transcendante ; l'événement, le *kairos* et la matière à l'occasion desquels ce devenir-sujet est engagé et dont il fait son matériau ; enfin la finalité de son agir éthique. Ce déploiement phénoménal donne lieu à une histoire, c'est-à-dire aux « positions » philosophiques antagonistes. L'une d'elles est assez symptomatique de ce que la philosophie peut atteindre par ses propres moyens dans la lutte contre l'idéalisme et la métaphysique, la position matérialiste. Mais la formule de l'exclusion matérialiste du sujet et de la finalité (processus-sans-sujet et sans-fin) reste d'une part trop partielle, n'exclut pas ce qui devrait aussi l'être, à savoir la forme et la matière autant que le sujet comme cause efficiente et la fin. Dans l'homme c'est-à-dire selon le Réel, il n'y a ni sujet ni fin ni forme ni matière — c'est le présupposé réel en deçà de tout matérialisme. Elle reste d'autre part interprétée métaphysiquement, comme une décision philosophique, au lieu de l'être axiomatiquement et de faire du «sans» une abstraction seulement axiomatique. De ce point de vue, une non-éthique sera «sans-sujet» dans sa conception de l'homme, mais de l'essence réelle de l'homme, et sera «avec-sujet» dans sa conception de l'existence, à condition de modifier son concept du sujet, de le tirer de sa position philosophique de primauté pour le réduire à l'état de clone produit «en»-identité. De même elle sera «sans-fin», «sans-matière», «sans-forme» dans son expérience du Réel humain mais «avec-fin», «avec-matière» et «avec-forme» dans son expérience du sujet, existence ou clone, ce «sans» et cet «avec» ayant le premier un sens axiomatique, le second celui d'une identité de-dernière-instance. La non-éthique se réduira à cloner selon la solitude et le malheur humains l'ensemble de l'éthique, ses valeurs, fins, actes et situations, afin de produire le sujet tel qu'existant-Etranger *pour* le Monde.

L'autre-Etranger comme Prochain

Si toute éthique est structurée comme une métaphysique, mais si toute métaphysique est l'objet d'un usage ou d'une finalité éthique, ce cercle donne sa vraie dimension à la philosophie et ne doit pas être démembré. Par conséquent la non-philosophie «générale», celle de l'Etranger, est aussi d'une certaine manière une abstraction (différente de celle de la philosophie), malgré son uni-versalité, par rapport à la situation concrète qui impose de passer de l'Etranger, éthiquement neutre, à l'Autrui ou à l'Etranger comme non-éthique — par définition on l'appellera l'autre-Etranger ou le Prochain en un sens nouveau.

Que devient alors, dans la vision-en-Un, cette moitié impaire, cette expérience post-moderne de l'Altérité dont on a parlé ? Que va saisir la vision-en-Un de cet excès éthique, de ce second «réel» ou «Un» ontique, limitrophique de la métaphysique ? Le processus de l'occasionnalité et du clonage peut-il s'appliquer à la pointe par où la philosophie s'excède elle-même ? La plus-que-substitution du Réel à l'éthico-réel, de l'Un-en-Un à l'Un quasi-ontique, implique-t-elle une modification spéciale de celui-ci ? Sous quelle forme modalise-t-il le sujet, celui-ci acquiert-il, comme Etranger, une dimension supplémentaire ? et selon quels rapports qui ne peuvent plus être de mixte ? *La détermination-en-dernière-instance est effectuée non-éthiquement sur un mode plus complexe que celui de la forme classique de la Décision philosophique, comme donation de l'epekeina ou d'un transcender réel.* L'occasionnalité et le clonage ne valent pas seulement de la forme standard moyenne de la philosophie, mais de sa pointe d'*epekeina*, de l'Au-delà éthique de la philosophie, dans ses formes grecques encore soumises à l'ontologie comme dans ses formes juives libres d'ontologie. La vision-en-Un *donne* enfin, *sous une forme maintenant adéquate à l'homme,* et comme autre-Etranger, ce qui était simple prétention ultime de la philosophie. Ce que saisit la vision-en-Un de l'excès éthique ? D'une part elle affecte d'occasionnalité et de clonage les structures empirico-idéelles de la Décision philosophique. C'est ainsi que l'occasionnalité est universelle et ne peut être différenciée par la différence des matériaux, mais que celle-ci doit être prise en compte pour différencier les *effets* de l'occasionnalité. L'éthique est toutefois un effet de Réel spécifique, distinct comme son énergie de la simple auto-positionnalité, et qui doit subir une occasionnalité particulière. Celle-ci en général rend inutile sa substructure métaphysique, mais sa différence spécifique appelle un traitement «occasionnel» original : l'occasionnalisation de l'*epekeina* est *aussi* exclusion de son effet de Réel absolu. Le malheur radical réalise plus que superlativement ou plus qu'hyperboliquement l'excès éthique lui-même dans son effet de Réel qui n'est pas obtenu par auto-position ou auto-donation mais par transcender réel, et le rend inutile. Comme il s'agit de la dimension non pas idéelle mais proprement réelle de la philosophie en tant qu'elle met en jeu un certain Un, il y a concurrence des points de vue, le malheur radical se «substituant» hors de tout échange à ce prétendu *Réel*. L'occasionnalité, exercée sur la seule auto-position philosophique, n'avait pas encore à exclure un affect de Réel. Mais exercée sur l'Un réel éthique, elle exclut cet effet de Réel et occasionnalise pour le reste cet Un réel prétendu. Si bien que le transcender réel, l'*epekeina*, ne peut plus apparaître comme le Réel au sens radical du mot, d'autant que, comme réel philosophique, il est par ailleurs cloné sous la forme de l'Etranger. Ne subsiste plus qu'*une fonction éthique de transcender ontique dépourvu de ses anciennes prétentions mais conservé comme un invariant.. Le transcender ontico-réel ne peut plus valoir pour le*

308   Ethique de l'Etranger

Réel mais aura encore une validité pour l'Etranger.

Quant à ce noyau ontique et à ses formes de transcendance (*epekeina*), le problème est évidemment de savoir ce qu'ils deviennent. Précisément son effet de Réel c'est-à-dire d'Un lui étant soustrait, il est définitivement réduit à l'état de noyau d'*Un-ontique-sans-Réel*.. Qu'est-ce qu'un étant dépourvu de l'horizon de l'Etre pour le manifester, et dépourvu également de l'Un réel véritable ? A cet étant il ne reste que d'être un «Un» ni idéel-transcendantal ni réel-immanent. Cet étant est le *phénomène résiduel* de l'Autrui non-éthique, le simple «autre-homme-que-voici». Il faut maintenant en effet le comprendre comme l'autre-Etranger ou le Prochain en tant que, s'il n'est plus cerné par l'horizon de l'Etre et s'il n'est pas davantage un étant infini, c'est qu'il est déterminé-en-dernière-instance par la non-consistance du malheur ou de la solitude. On appellera ce noyau supposé isolé une *dimension d'altérité ontique*, distincte donc de l'altérité intra-ontique, de l'altérité intra-ontologique et de l'altérité supra-ontologique, les trois formes d'altérité dont parlent les philosophes. C'est le spécifiquement éthique, mai déjà réduit à son identité, de celui que nous avons désigné comme *cet-homme-que-voici* et qui se confondra encore moins que ce noyau avec ses apparences mondaines. Plus précisément l'Autrui ontique, l'autre homme, est mesuré maintenant par le cadre dans lequel il s'inscrit, celui du malheur et de l'Etranger, auquel il est articulé. Il ne peut s'agir d'une altérité intra-ontique, entre étants à l'intérieur de l'Etre, donc infra-ontologique. Pas davantage d'une altérité intra-ontologique de l'étant à l'Etre qui devrait le recevoir comme une «chose en soi», puisque les conditions de l'Etre ne sont pas réunies. Ni d'une altérité de l'étant infini «obligeant» le «moi» et «perçant» l'Etre et le Même. Mais d'*une altérité — sans meta — altérité de l'étant-sans-être (à) l'Etranger lui-même, altérité qui a la forme de l'epekeina mais telle qu'elle se dit maintenant de l'autre homme le plus ontique plutôt que de Dieu. Ainsi est «fondée», déterminée plutôt l'existence non-éthique de l'étant-homme-que-voici, de la multitude des Etrangers comme Prochains en leur transcendance radicale*

Le clonage de l'Un ontico(-réel), du transcender spécifiquement humain ou de l'altérité ontique pose un problème spécial. Si l'Autre éthique donne lieu en effet à un clone dont il est le matériel, ce clone est *à sa manière* lui aussi un Autre *mais à structure d' uni-latéralité*, un *Un-autre que* (de l'Autre éthique). Et c'est lui, non seulement l'Autre éthique donné — sauf interprétation cynique — qui est l'autre-Etranger. Le noyau de l'éthique est ainsi à son tour le matériau d'un clonage par un Un-autre non-éthique et qui est *autre que de...* l'Autre éthique par sa nature originale, l'uni-latéralité plutôt que l'altérité. Il y a déjà par définition de l'altérité dans l'expérience éthique sous la forme d'un transcender au-delà de l'ontologique, mais elle est le matériel pour le clonage d'une nouvelle forme apparente d'altérité, d'un Un-autre *que...*, par exemple, de l'Autre judaïque. Le clonage, en tant qu'il suppose l'Un-autre ou l'uni-latéralisation de cet Autre, fait plus que multiplier par elle-même cette puissance du judaïsme, la libère en un sens de sa limitation grecque par le *meta-* et la transcendance immanente du Même, la porte à l'état si l'on peut dire d'archi-altérité ou d'archi-séparation (du) Prochain. L'occasionnalisation de l'Autre éthique l'affecte d'uni-identité, d'uni-latéralité (de l'être-séparé-sans-séparation (de) soi, qui affecte donc son auto-séparation supposée) et d'uni-versalité. Si bien que l'autre-Etranger, sous la forme du Prochain, clone du gréco-judaïque, recueille toutes les formes possibles de l'hyperbolicité éthique mais en les affectant d'une identité humaine-de-dernière-instance.

Il abandonne en particulier les relations de chiasme qui structuraient le mixte *meta-/epekeina* et se place sous la seule loi de la dernière-instance. Avec l'Etranger, le Prochain a ainsi perdu sa base ontologique de *meta-* et en a reçu une autre, la *Distance non-auto-positionnelle* ou l'Extériorité radicale, et n'a donc plus pour seule réalité de subir / recevoir l'effet d'Autrui, d'être otage sans action possible autre qu'une totale responsabilité pour Autrui. Sa base est maintenant l'Etranger, le sujet-existence, sur l'essence duquel il ne peut agir, cette essence étant l'Un dépourvu de la consistance de l'horizon ontologique ou du Même. Comme autre-Etranger, il est réduit à l'état d'Un ontique, sans transcendance de type ontologique ou phénoménologique, avec un certain caractère de donné-sans-donation mais distinct de celui de l'Un-en-Un ou du malheur. Cet Un-étant-sans-être est associé à la structure de l'Etranger qui supporte ainsi à sa manière une altérité qui l'excède en mode de transcender réel ou d'*epekeina*.. C'est un transcender adapté, si l'on peut dire, à son statut d'Etranger parce qu'il est privé de ses prétentions au Réel, prétention du «Visage d'Autrui» ou de «Dieu». Cet Autrui-là ne transcende plus de l'intérieur et de l'extérieur de l'homme (philosophique), mais il est *identique en-dernière-instance à l'Etranger.*

Cet Autrui non-éthique ne perce ni ne désarme *l'Etranger c'est à dire le sujet* mais le «modalise» sur le mode de l'unification en-dernière-instance. L'Etranger ne peut plus être son antagoniste, l'un et l'autre étant privés en tant que tels, comme sujets, du Réel auquel ils ne peuvent prétendre. L'Autre homme juif trouve son ultime mesure dans l'Etranger mais conserve son agir spécifique, sa transcendance ontique de prochain. C'est un non-judaïsme, un judaïsme privé de sa particularité et devenu uni-versel. Il est obtenu en étant privé de son antagoniste grec, de ses conditions ontologiques, qui lui sont soustraites, et inséré dans la nouvelle problématique de l'Etranger. L'affect judaïque, détaché de ses anciens contextes, peut retrouver ainsi un nouvel usage. Mais c'est aussi l'affect platonicien pur de l'*epekeina* qui est détaché de sa substructure métaphysique et greffé sur l'Etranger, comme, pareillement l'affect kantien de la légalité et de la formalité morales pures de l'universalité, qui est associé à l'Etranger et vient en élargir la définition.

Du point de vue de leur articulation, l'Etranger uni-versel et le Prochain sont identiques-en-dernière-instance. Ils ne sont plus en mixte, fût-il unilatéral, comme c'est le cas dans la philosophie. L'Etranger uni-versel en-dernière-instance transcende maintenant de manière ontique, comme Prochain, par rapport «à soi» et donc aux «autres». Un Etranger est, pour un Etranger, c'est-à-dire aussi bien pour lui-même, un Prochain. Ce n'est pas un Etranger qui est un Autrui *pour* un (autre) Etranger, lui-même Autrui pour un autre, etc. Mais tout Etranger est affecté d'une dimension d'Un ontique et indivis, de Prochain, et le Prochain existe-en-multitudes.

L'Etranger et le Prochain 311

L'identité du Prochain ou Cet-homme-que-voici :

1. On peut avoir l'impression que l'excès éthique, aussi bien grec que juif, est dejà un donné-sans-donation, symétrique du donné radical (par immanence), mais projeté par-delà la transcendance ontologique et qu'ainsi l'éthique, comme dimension supérieure de la philosophie, est simplement l'immanence radicale de l'Un, le Réel, mais ordonné à l'Etre, l'Etre étant pris pour base et point de départ. Dans ce cas la remise en ordre de la pensée en fonction du Réel plutôt que de l'Etre par le malheur radical rendrait justice à l'éthique tout en rendant inutile de la prendre comme ici en compte, ses fonctions ou sa «téléologie» étant remplies au-delà de ses espérances. Toutefois la non-éthique ne peut signifier que la destitution de l'autorité ultime de l'éthique sur la pensée et sa réduction à l'état de modalité de l'existence-Etranger, non sa suppression ou son inutilité totale mais sa réduction à l'état de fonction ou de mode de l'Etranger. C'est cette réduction de l'excès du Bien et du Mal par le malheur qui s'y substitue mais certainement pas à sa place, qu'il faut penser tout en se souvenant que le transcender éthico-ontique est une abstraction provisoire et fait couple avec la Décision philosophique et sa transcendance idéelle. La prétention *réelle* de l'éthique est «réalisée» par le malheur lui-même ou l'essence de l'homme, et donc rendue inutile, mais le fait qu'il y ait un autre quasi donné-sans-donation, de type ontique cette fois-ci, doit être articulé aux structures transcendantale et apriorique de l'Etranger. Cette articulation se substituera à celle qui règle le mixte éthico-philosophique et qui est de support et d'attraction, de matériau et de contrainte, d'exigence et de réponse, de hauteur et de passivité, etc.

2. D'une manière générale si, dans la philosophie, l'éthique se manifeste par une hyperbolicité (Platon, Kant, Levinas) qui vient brouiller le jeu plus classique de la primauté et de la priorité, dans la non-philosophie elle cesse d'avoir le primat, assuré maintenant par le malheur radical, et la priorité, assurée par l'Etranger, mais elle conserve son style hyperbolique tout en étant insérée dans la structure générale du sujet qui organise ainsi autrement les rapports de la primauté et de la priorité. La Détermination-en-dernière-instance structure intrinsèquement cette hyperbolicité sans la supprimer totalement, ou déga-

ge, pour le dire autrement, *l'identité de l'hyperbolicité éthique*. L'excès éthique n'est pas détruit, noyé dans une nouvelle généralité, il est en revanche uni-versalisé, ce qui veut dire aussi qu'il est privé de sa propre surenchère.

3. De cette manière un vieux problème est résolu. L'Autrui éthique devait chercher le complément ou le supplément d'une unicité ou d'une singularité en guise de l'individualité qu'il n'avait pas. Désormais non seulement l'Etranger mais le Prochain clonés ont l'Un pour cause réelle de-dernière-instance et l'Identité rend inutile la surenchère hyperbolique de l'unicité et de l'exception. L'Autrui non-éthique ne spécifie pas l'universalité de l'homme — qui n'a pas besoin d'être individué — au point de la restreindre, de la déterminer et donc de la nier partiellement, mais spécifie son existence d'Etranger. L'uni-versel de la vision-en-Un n'est pas restreint par la non-éthique, seul le sujet est spécifié d'ailleurs plutôt que restreint et trouve dans le Prochain l'organon nécessaire à son action.

4. Le clonage de l'Autre, judaïque en particulier, signifie que le contenu réel ou phénoménal de-dernière-instance du Dieu infini comme séparation, est un contenu humain, et que plus généralement l'homme est bien l'essence du judaïsme et du christianisme mais-en-dernière-instance seulement, concept qui manquait tout à fait à la réduction feuerbachienne. Toutes les formes d'*epekeina*, Bien, Devoir, Réel impossible, Autrui, etc. sont les symptômes d'un Autrui non-éthique—les *symptômes du Prochain*— qu'elles peuvent servir à nommer et à indiquer mais qui s'enracine lui-même dans la vision-en-Un. Il y a une humanisation de l'éthique et de la religion qui n'est pas leur ré-appropriation dialectique, mais leur connaissance et leur usage en fonction de l'homme-de-dernière-instance. Il s'agit, comme pour l'Etranger, de «rendre» l'Autrui philosophico-judaïque *humain-en-dernière-instance plutôt que sur-humain*, sans l'infinité divine et sans non plus l'anonymat du Bien ou du Devoir ou encore du Visage malgré tout.

5. Peut-il y avoir une non-politique, comme il y a une non-éthique, de l'Etranger ? Sur des modes différents, l'une et l'autre ont pour objet l'usage du Monde, non pas seulement sous sa forme-philosophie la plus générale, l'Etranger ne contenant

encore aucune détermination éthique ou politique, non par défaut mais par excès, mais sous sa forme d'homme-monde. L'Etranger est par définition *pour* le Monde et le devenir-monde, la mondialisation — tourné non vers tel étant ou événement mais vers la forme ou le style «monde» de chaque événement. Mais cet usage n'est pas encore de responsabilité. Il suppose l'Etranger sous sa modalité de Prochain, lui seul a pour objet l'homme-monde (et non seulement dans- ou au-monde). La responsabilité de l'homme ne va pas de toute façon jusqu'à sa cause réelle mais ne met en jeu que son existence de sujet comme Etranger-pour-le-Monde. Mais dans son existence non-éthique, elle fait usage de l'homme-monde contre les préjugés de l'éthique, en faveur de l'Etranger comme Autrui et par celui-ci comme organon. Il faut une restriction à l'homme-monde et à sa forme éthique, à l'homme en tant que pointe de la métaphysique «au-delà» du Monde, pour que l'Etranger se constitue comme Prochain. La non-éthique n'est rien d'autre que la constitution de l'Etranger comme Prochain.

6. Non seulement tu traiteras chacun, «toi ou autrui», comme une fin autant que comme un moyen — cela l'éthique le fait pour toi — mais tu le cloneras aussi non-éthiquement, sans fin ni moyen, tel que Cet-homme-que-voici ou que l'Etranger-et-Prochain que tu dois exister.

Ce «tu» est celui que l'Etranger ou le sujet que Je (suis) en-dernière-instance adresse à l'homme que je *suis* selon le Monde. C'est un tu dont la performation est radicalement subjective mais en-dernière-instance seulement. En ce sens le clonage du Prochain, de l'identité non-éthique, est une chance pour l'hérésie, l'hérésie une chance pour le clonage, et leur identité une chance contre l'éthique-monde.

L'autre-Etranger et la non-éthique

Etant donné le malheur radical, et *si* il y a de l'éthique-monde, alors il y a nécessairement un Prochain, c'est le théorème transcendantal qui fonde la non-éthique La solution immanente au problème d'une non-éthique réside ici encore dans la détermination-en-dernière-instance rigoureusement et pleinement comprise. La détermination-en-dernière-instance est la possibilité intrinsèque de l'agir de l'immanence sur la transcendance, sans que l'une soit juxtaposée simplement à l'autre et les deux réunies extérieurement ou justement par transcendance. La théorie du sujet non-éthique a comme présupposé réel cet agir immanent qui transforme le donné (éthique) en occasion. Une théorie matérialiste ou finaliste reste unitaire et pose ces relations en extériorité sans donner la raison interne d'une causalité non-éthique. Le malheur radical a le pouvoir suffisant, si de l'éthique est donnée, de la déterminer sans le concours de celle-ci autre que celui d'une occasion. Le malheur ne donne pas, au sens où il les produirait, l'Etranger et le Prochain, mais il les donne-en-dernière-instance à partir de l'autonomie relative de l'éthique-monde. Faute d'une élaboration de la détermination-en-dernière-instance, de l'immanence humaine comme malheur ou non-consistance, enfin d'une description complète de la structure éthico-philosophique de l'éthique-monde, les éthiques philosophiques n'ont jamais fait l'objet d'une théorie véritable. Encore moins y a-t-il eu, à cause de la confusion de l'Ego réel avec le sujet transcendantal, une théorie du sujet non-éthique qui ne peut être ainsi constituée que sur le refus et la critique du «sujet moral». C'est dans l'éthique-monde qu'il peut y avoir une éthique-sans-sujet, ou bien une éthique du sujet-otage d'Autrui. Le sujet y est soit un mode d'un processus d'éthique-monde où il est noyé, soit un otage de l'Autrui et dépouillé de toute autonomie. L'éthique-monde ne connaît sous ses deux régimes principaux que des sujets évanescents ou bien des otages disparaissant dans une responsabilité qui les excède de les créer, qui les choisit ou les élit. Ce transcender réel au-delà de l'essence, ce retour d'un quasi-étant aux limites de l'horizon de l'Etre, que devient-il sous les conditions universelles du malheur et de l'Etranger ? On l'a dit, il se conserve à côté du transcender de l'Etranger tel qu'il est cloné de la transcendance idéelle de l'Etre, et fait lui-même l'objet d'un clonage. L'excès éthique devient le Prochain lorsque son support de transcendance ontologique est suspendu

    Les moyens fondamentaux proposés par l'éthico-philosophique, le *meta-* et surtout l'*epekeina*, ont donc changé de fonction. Il faut établir la formule quasi-mathématique (cf. Kant) de la non-éthique en la personne de l'autre-Etranger ou du Prochain. Cette formule a l'allure d'une fonction transcendanta-

L'Etranger et le Prochain 315

le, celle de l'Etranger, mais modulée d'un argument éthique. Loin d'être un mixte de concept et de représentation mathématique comme chez Kant, elle lie des notions réelles et empiriques par une relation intrinsèquement mathématique et transcendantale sans distinction ni mélange, par la seule logique de la détermination-en-dernière-instance. Si FL = la force (de) loi ou l'autre-Etranger, si MR = le malheur radical, si X = l'argument philosophique platonicien (l'*epekeina*) et juif (l'Autrui), alors FL = MR (de) X. Même l'Autrui judaïque, l'exacerbation hyperbolique de l'*epekeina*, est ici réduit à l'état d'argument d'une fonction dont la constante reste le malheur radical. Argument occasionnalisé, entre autres choses uni-latéralisé, un-identifié, c'est un mode de l'Etranger mais sans modification de celui-ci, et définitivement arraché à son hypertranscendance divine.

Ce n'est pas la formule du devoir ou de l'impératif catégorique mais de la sorte d'agir non-éthique sur toute éthique possible, et de la constitution parallèle du sujet non-éthique, tels qu'ils ne sont plus fétichisés dans des normes, des valeurs ou des fins — tout ce qui fait la métaphysique des mœurs. La constante du malheur radical et son être-forclos assurent l'irréductibilité du Prochain à l'éthique-monde, et suspend toute causalité intra-éthique. C'est plus qu'une hétérogénéité puisqu'il est lui-même cet Autre qui présuppose sans s'y annuler une cause réelle. C'est libérer l'agir du sujet non-éthique du formalisme, du matérialisme, de l'idéalisme, du technologique, qui sont les quatre formes de la causalité métaphysique de l'éthique. Comment s'organisent ces rapports ?

L'Etranger n'est ni mode ou accident du malheur ou bien du Monde, ni relation externe à ceux-ci. Le malheur, l'Etranger et le Prochain ne sont jamais en face à face, se mirant l'un dans l'autre. L'Un est pure immanence «utopique» du Réel sans être existence, l'Etranger est pure existence mais celle-ci n'est jamais image ou représentation de celui-ci, tout au plus est-il le clone dans lequel existe le malheur en fonction du Monde. Il n'y a donc jamais deux principes en rapport de dualité, ni le malheur ni l'éthique-monde ne sont de tels principes ; mais un clone, le Prochain, qui hante le Monde depuis ce qui n'a jamais été l'au-delà du Monde ou son «fondement». Du malheur radical au Prochain par conséquent, aucune interface ou structure commune, le clonage en est la condamnation et impose l'absence, qu'est en chair et en os le Prochain comme hérétique, d'un tel sens commun. L'identité est pourtant uni-verselle mais elle en témoigne par la détermination-en-dernière-instance (occasion et clonage), nullement par la synthèse et l'analyse. Le malheur, comme séparé-sans-séparation, ne se communique que par clonage plutôt que par forme / matière / efficience / fin, et se communique à l'éthique-monde dont il fait une simple variable, un argument occasionnal, à partir duquel le Prochain se constitue. Le Prochain est la condition d'existence la plus concrète du malheur radical. Il témoigne de sa non-existence et de la solitude de l'homme *pour* le Monde, sans que ce témoignage n'annule sa cause ou supprime sa non-suffisance. Le Prochain est encore moins «au» Monde que l'Etranger, et ceci par son occasion (l'Autre judaïque, l'Altérité chrétienne de la Loi pourtant faite pour l'homme) et par sa cause, le malheur, qui le tourne d'une uni-version pour le Monde sans le laisser être-déterminé directement par celui-ci. L'Etranger n'est pas un rapport, il n'y a pas de rapport non-éthique à l'éthico-philosophique mais un apport de celui-ci comme occasionnalité unilatéralisée. La force éthique ou le Prochain est 1. dans son essence, une cause par immanence, 2. dans son contenu occasionnal, l'Autre judaïque par exemple ; 3. dans sa forme-clone un Autre que (de l'Autre éthique), ce que nous appelons un affect judaïque uni-versel ou non-judaïque ; 4. dans son unité, l'identité-en-dernière-instance de la forme-Etranger et de la forme-Prochain. Plusieurs concepts de l'Altérité, de l'Autre, doivent donc être ici distingués.

Le Prochain répond aux traits classiques de l'éthique mais sur son mode à lui qu'il faudra explorer : catégoricité de la contrainte, force de la légalité, irréductibilité et altérité de la valeur. Il y répond à sa cause immanente et non-suffisante près, et à une hétérogénéité nouvelle près, qui affectent toutes deux son économie interne et arrachent ces propriétés à leur sens religieux ancien. Qu'il y ait réduction occasionnale, en particulier uni-latéralisation, de l'Autrui judaïque, voire simplement de la Loi elle aussi hyperbolique du Devoir, ne signifie pas qu'il n'y aura pas une certaine catégoricité de l'autre-Etranger, mais précisément *radicale* comme malheur en-dernière-instance, non relative-absolue comme l'est la *forme* du devoir chez Kant. Le problème, ici comme ailleurs, est de ne pas laisser la catégoricité à l'auto-position de la forme du Devoir, mais de la relier à une cause immanente *uni-verselle* par définition. Pour moitié, la catégoricité non-éthique provient de celle de l'éthique mais c'est une moitié sans l'illusion transcendantale qui la fait prendre pour le Tout, ni une moitié impaire mais absolue ou infinie comme l'Autrui judaïque, car par une autre moitié, un autre aspect, elle plonge dans l'uni-versalité du malheur. Celle-ci évite et l'auto-position de la forme et la transcendance hyperobjective d'Autrui, c'est-à-dire d'un étant religieux. La non-éthique ne se réduira ainsi, étant donné sa complexité *intrinsèque*, ni à l'obéissance de la volonté (Kant), ni au projet (Fichte), ni à la responsabilité involontaire (Lévinas), même si elle va s'inventer à partir de tous ces aspects. *C'est la force éthique de l'autre-Etranger* qui n'est pas l'agent d'une éthique extérieure faite de lois, de valeurs, de normes et de fins mais le simple Prochain. La force éthique est immanente et non-suffisante, libre de toute détermination éthique mais non libre d'une donation de l'éthique. Manifestez l'Etranger et le Prochain que vous pouvez être et agissez en conséquence. Soyez l'Etranger-et-Prochain et, pour le reste, faites ce que vous voulez.

Changement de fonction de l'éthique

Le problème de l'éthique serait rendu inutile dans la non-philosophie si le malheur radical était le répondant exact de l'excès du Bien et du Mal, l'identité absolue *de* cet excès et si l'Etranger prochain épuisait toute l'éthique possible. Mais l'ultimation du malheur est tellement distincte du Bien et du Mal que l'éthique elle-même apparaît plutôt comme une restriction et une spécification de son uni- versalité. «Après» le malheur radical, le contenu réel de l'éthique ne peut plus être un Dieu infini ou une Raison humaine finie / infinie, mais un étant «simplement» humain, ce qui ne veut pas dire «empirique» au sens métaphysique mais un type d'«étant» déterminé par la non-consistance du malheur.

De là un *changement de statut de l'éthique* lorsqu'elle passe dans, la configuration de la non-philosophie. La valeur plus modeste et plus concrète de l'*epekeina* maintenant déterminée à son tour implique qu'elle soit une spécification de l'uni-versalité de l'Etranger, comme un mode de celui-ci mais qui ne le modifie pas comme le ferait un accident d'une substance. L'éthique étant la dimension supérieure de la Décision philosophique, qu'elle sépare de l'intérieur d'elle-même, elle n'est pas complètement épuisée par le clonage de l'Etranger. Dans la philosophie elle est une dimension supplémentaire et première, une humanité sur-métaphysique et par conséquent aussi sous-métaphysique. Mais dans la non-philosophie, qui part de la radicalité humaine uni-verselle, c'est plutôt un mode de l'Etranger, mais nécessaire (malgré l'autonomie qu'il tient de sa cause réelle mais qui n'est qu'en-dernière-instance) pour en compléter le concept *étant donné la structure du concept déployé de la philosophie.* Pas une restriction de l'Etranger mais l'achèvement, comme Prochain, de son objet, de son rapport à soi, de sa constitution comme organon ou posture non-éthique. Dans une théorie unifiée — distincte de toute articulation spontanée ou unitaire — l'unification n'est pas une extension mais une effectuation régionale et extra-philosophique de l'uni-versalité de-dernière-instance. Si bien que le sujet non-éthique, étant donné sa constitution à partir de trois sources (par ailleurs un-identifiées, uni-latéralisées, uni-versalisées intrinsèquement), est indéfinissable et indémontrable dans les termes de Platon, Kant, Levinas. Ce qui veut dire très précisément qu'il est utopique comme malheur radical, hérétique comme Etranger, en-dernière-instance interdit de meurtre et interdit au meurtre comme le Prochain.

Pour cette triple et un-ique raison, que résume *l'interdit du crime contre l'humanité c'est à dire contre le Prochain*, celui-ci est capable d'expliquer *a priori* l'éthique-monde et de «résoudre» pour son compte les antinomies qui affectent le sujet intra-philosophique sans prétendre les supprimer. L'éthique-monde perd non pas toute nécessité d'existence, mais toute nécessité omni-déterminante et forme un champ de phénomènes dont le Prochain est comme l'explication et l'usage non-éthiques.

La transcendance non-autopositionnelle du Prochain

Nous avons supposé qu'il y a un coefficient éthique d'*epekeina.* propre à la métaphysique, au *meta-*, et qu'il est inséparable, quoique distinct, de ce dernier. Ce coefficient reçoit dans la non-éthique un statut nouveau et n'est pas simplement éliminé. La non-éthique a ses propres *a priori* sous une modalité nouvelle irréductible aux *a priori* ontologiques. Il y a donc de l'uni-versalité indivise en-dernière-instance dans la force (de) pensée et dans l'organon ou le Prochain non-éthique, de même une extériorité et une subjectivité indivises, mais une occasionnalité du matériau sous deux espèces. Dans la philosophie, on le sait, il y a une équivoque dans la «transcendance» entre l'Extériorité et la Verticalité ou la Hauteur, et cette équivoque est transformée dans la non-éthique et dissipée puisque la Transcendance non-autopositionnelle (T-NAP) propre à l'éthique se greffe toujours sur la Distance (D-NAP) mais ne s'y greffe qu'en-dernière-instance. On ne peut vouloir isoler la T-NAP ou l'autre-Etranger, les penser comme essence absorbant la philosophie elle-même sans donner lieu à une interprétation excessive qui risque de reconstituer une *vision non-morale du Monde*. Sauf à verser abstraitement dans le seul schéma judaïque et à vouloir l'autonomiser comme seule occasion, donc de renoncer à une véritable théorie unifiée du grec et du juif, il est nécessaire de conserver l'autre-Etranger comme un mode spécifiant de l'Etranger. Justement l'Un n'est pas Différence et / ou synthèse, il ne peut donc imposer l'Etre à l'Etranger et au Prochain, et réciproquement.. Cette distinction prend trois aspects qui permettent de préciser la transcendance non-éthique :

1. Tandis que la philosophie *mélange* ou fait *circuler* l'une dans l'autre l'essence de l'Etre comme ouverture et l'altérité ontique de l'éthique, les brassant dans un mixte qui porte en lui toutes les amphibologies, l'Un-de-dernière-instance uni-latéralise en-dernière-instance d'une part l'essence de l'Etranger comme pure et simple *Distance* ou *Extériorité non-horizontale* (D-NAP), et d'autre part en un mode de hauteur qui s'ajoute à cette essence, *altérité quasi ontique ou transcendance de la Hauteur proprement dite* (T-NAP) et spécifique du Prochain.

2. Si l'éthique philosophique commençait avec un privilège inélucidé de l'Altérité sur l'Extériorité ou de l'»Extériorité» (Lévinas) sur l'Ouverture, la non-éthique elle aussi procède en privilégiant l'Altérité ontique et ce qu'elle est devenue; donc à l'intérieur de sa problématique. *De simple dimension a priori de l'Etranger, car elle y était déjà présente, mais qui n'était pas l'essence de celui-ci, elle est prise à son tour pour essence main-*

tenant de la pensée non-éthique, comme autre-Etranger. Elle ne cesse pas d'être un *a priori* essentiel de l'Etranger, mais ce mode «fonctionne» ou vaut comme organon déterminant pour définir l'ordre de la pratique non-éthique et «enfouit» l'Etranger en tant que tel comme une condition «négative» d'exercice de son fonctionnement. Plus que jamais la non-éthique se libère de l'ontologie autant que le tolère une pensée «rigoureuse» et «réelle» qui refuse de perdre l'Identité et l'autonomie (de) l'éthique dans les flux et les tourbillons amphibologiques de la philosophie ou bien de les assurer judaïquement par l'interruption violente et inintelligible de l'ontologie.

3. L'Altérité quasi ontique subit (comme d'ailleurs l'essence de l'Etre et toutes ses dimensions) une transformation radicale par rapport à sa forme éthico-philosophique. Dans la philosophie, les dimensions relevées plus haut sont toujours, à cause de leur circularité et de leur mélange, divisées et redoublées les unes par les autres (dans le meilleur des cas) ou par elles-mêmes (dans le cas de la philosophie la plus métaphysique et la plus réifiée). Ce sont des *doublets* ou des *mixtes* de transcendance et d'immanence, d'altérité et d'ouverture, d'objet et d'objectivation, de nom et de verbe, de sujet et de prédicat, etc. La philosophie comme processus d'*auto-position*, de *survol* ou de rapport à soi se prend elle-même pour objet ou telos, se divise, se double, se plie, se redouble, circule à l'intérieur d'elle-même, etc. C'est précisément cet aspect d'auto-position, comme trait caractéristique des objets philosophiques, qui disparaît lorsque la philosophie est utilisée et traitée *depuis et sur la base de l'immanence radicale* qui exclut toute position et donc toute auto-position. Comment décrire alors l'Altérité non-éthique, le Prochain en tant qu'organon directement enraciné dans l'immanence du malheur ?

La T-NAP, quasi ontique, spécifique du Prochain, se présente donc comme l'identité de ce qui était un *concentré* de transcendance, de hauteur et d'altérité. Son identité interdit d'abord qu'elle soit divisée et répartie en objet et objectivation, autre et altération, acte et chose ; qu'elle soit étalée sur elle-même en même temps que sur un objet donné comme transcendant. Elle cesse d'être secrètement divisée comme Autre-de-l'Autre ou comme Altérité-de-l'Autre. Sa simplicité ensuite en fait un condensé phénoménal, le vécu immanent d'une *identité* de-dernière-instance (de) cette Altérité. Vécue ainsi en-Un elle est l'expérience (de) l'identité qui d'une part la simplifie, lui retire sa forme «doublet», d'autre part lui retire sa forme d'objet ontique infini. Ce que la philosophie connaissait comme affect pur du respect pour la Loi, du «choc» du non-Moi ou de l'Autre conscience sur le Moi, de l'Appel de la Conscience ou de plus haut que la Conscience (du Héros, du Surhomme, de Dieu), tout cela supposait deux confusions : 1) de l'Altérité en général avec la division comme brisure, affect extérieur ou trauma, avec le refus complémentaire de penser le type d'*identité de l'Autre* ; 2) de l'essence de l'Altérité avec un agir immédiat par brisure de / dans / sur l'Identité (le Moi, le Même, etc) : choc du non-Moi *sur* le Moi, Autre *de* l'Etre, affect *du* moi ou du logos, etc. Cette double confusion, de l'Autre avec un type exacerbé de division et avec un agir immédiat ou un certain type de technologie et qui interdisait d'accéder à l'identité de l'Autre, c'est précisément ce que la non-éthique exclut pour son compte. L'en-malheur manifeste *l'identité sans reste de l'Autre*. Non pas tant l'identité du trauma, choc ou brisure, pli, coupure ou différence, que l'identité spécifique de l'Autre *dans* le choc, l'affect ou la brisure, etc

Il s'agit de *découvrir en tant que telle* la richesse phénoménale, sinon phénoménologique, que l'éthique philosophique dissimulait ; de manifester l'*a priori* réel de la T-NAP en général en deçà de la division et de l'opposition des *a priori* formels (Kant) et des *a priori* matériels (Scheler). La manifestation de cette identité phénoménale (de) l'autre-Etanger n'interdit pas la pratique effective mais interdit seulement que ce sujet s'épuise corps et âme dans un agir violent et blessant, conçu par le ressentiment philosophique et limité pour toute activité à la seule haine du Réel. Même les deux concepts extrêmes de l'Autre comme simplement «étranger» ou «différent», et comme «Très-Haut» et «obligeant» judaïquement l'homme jusqu'à l'otage, sont identifiés mais en deçà de leur disjonction, sans être fondus dans l'expérience transcendante de leur identification. Le Prochain n'affecte pas l'Un avec l'altérité ontique qu'exige pourtant une «éthique» radicale et première contre la fausse identité d'auto-position par exemple de la Loi kantienne ; mais il préserve aussi une intelligibilité humaine ultime de la transcendance sous la forme de son être(-reçu-) donné dans l'immanence de la solitude, évitant de rendre la transcendance éthique et sans doute le Prochain lui-même à l'inintelligibilité.

Du judaïsme à l'hérésie uni-verselle

Toute la non-éthique se rassemble dans l'investissement «éthique» du *principe d'hérésie ou d'uni-latéralité* qui tient à la vision-en-Un comme être-forclos ou séparé. La non-éthique est non-décisionnelle (de) soi au sens où elle est Identité séparée-sans-séparation non pas de soi mais de sa forme mixte — identité hérétique. L'hérésie fut toujours abominée comme unilatérale et abstraite du Tout, mais précisément mal comprise comme *di-airesis*, comme division. Si l'éthique est toujours une décision plus ou moins indécidable mais finalement bilatérale, la non-éthique est une séparation une *hairesis, une hérésie séparant l'Un sans le diviser en lui-même*. Etant uni-latéralité, essence positive du Sans-essence, qui n'est pas abstraite du Tout ni son démembrement, l'hérésie est principe plus ancien encore que tous les principes, ou plus intempestif, d'être sans-consistance, que les causes premières et dernières.

Le carrefour est ici : allons-nous continuer à inscrire le choix et la décision dans un *éthos*, médiatisé de techno-logos, comme l'Un dans le Même selon la philosophie, ou bien réveillera-t-on dans le choix l'essence uni-latérale ou séparée du Prochain comme Etranger (à) l'éthique ? Soustraire l'éthique à l'éthologos philosophique n'est possible que sous la forme d'une non-éthique. L'abstraction judaïque, telle qu'elle fonctionne chez Levinas, est trop particulière, trop peu uni-verselle, pour donner son sens plein à l'axiome : «l'essence (réelle) de l'éthique n'est pas éthique (éthico-philosophique, étho-techno-logique)». Cette abstraction est une inversion éthique de l'Ethologos. L'illusion est ici d'élever l'éthique à un absolu de séparaton, primat et priorité, sous le prétexte d'ailleurs pertinent de la libérer de l'ontologie. C'est pousser l'Autrui à être sa propre légitimation, sa propre assistance et ainsi le constituer en un étant supérieur comme l'a d'ailleurs de son côté mais sur un autre mode toujours voulu la philosophie et ceci dès Platon. Mais au lieu de reposer, comme transcendance absolue, sur la tradition grecque du *meta-*, elle repose seulement sur une autre, une seconde tradition de pensée et ne parvient pas à excéder sa particularité. Cette *rébellion de l'éthique* prépare l'hérésie mais seulement comme on prépare une Terre promise.

Dans le judaïsme, je suis choisi comme celui précisément auquel le choix est refusé. Dans l'hérésie positive, je suis celui qui, en-dernière-instance, choisit de n'avoir pas eu besoin de choisir ; celui pour qui en-dernière-instance le problème du choix ne se pose pas et qui trouve plus que la limite— la détermination de son volontarisme. Le choix uni-latéralisé, non-réciproque, est choix séparé mais non divisé. La non-éthique réconcilie intrinsèquement, en-dernière-instance, l'élection absolue par l'Autrui (le Prochain) et l'immanence de l'«essence» qu'il abandonne comme esence. Cette imbrication de l'Etranger et du Prochain se fait hors des conditions ontologiques déterminantes, hors des voies de la transcendance laissée à elle-même. Contre les divisions de l'Unité, faisons valoir les séparations de l'Identité. Contre les mélanges d'éto-techno-logos, faisons valoir ce qui sépare l'Autrui non pas de lui-même mais de ses formes mixtes. L'*hairesis* est le choix, l'élection devenus immanents, non-suffisants plutôt qu'absolus ou qu'obtenus par identification / division. La non-éthique ré-active les hérésies contre les traditions des décisions, les donnés contre les donations. Levinas était proche de l'être-donné-sans-donation de l'Autrui, mais ne l'approchait que dans le manque d'essence, simplement rejetée comme ontologique. La non-éthique redonne au choix radical, à l'Autrui que Je suis sans réciprocité, une essence mais une essence hérétique, ni grecque ni juive, qui ne noie pas l'Autrui dans une généralité mais lui accorde la seule uni-versalité non-ontologique. Levinas a débarrassé l'éthique de son carcan ontologique de légitimation rationnelle, du principe d'éthique suffisante, mais il restait, après cette particularité judaïque, à lui trouver la forme de Réel susceptible de ne pas l'annuler dans un processus de conscience ou d'être. Le choix est en-Un-en-dernière-instance, c'est l'*identité de l'élection* s'exerçant sur le mode d'existence du Prochain. L'identité de-dernière-instance d'Autrui libère celui-ci d'avoir à se fonder lui-même comme Dieu; *causa sui* ou même Infini d'une hauteur, mais ne fait pas que détruire la transcendance. La transcendance ne se libère qu'en s'auto-détruisant en-dernière-instance si l'on peut dire. Au lieu que l'immanence du malheur soit un effet-otage de la transcendance ou de l'Autrui, la non-éthique inverse le principe judaïque sans revenir à l'ontologie. Il suffisait pour cela de concevoir une immanence réelle qui ne soit pas de l'Etre.

Les trois sources de la non-éthique

Le clonage de la dimension supérieure de l'éthique, nous l'avons en réalité opéré plus largement à partir d'un matériel invariant dégagé de trois expériences fondamentales de l'éthique comme *au-delà* de la philosophie : la grecque (Platon), la chrétienne moderne (Kant), la juive (Lévinas). Ethique et philosophie sont déjà unifiées mais unitairement. Il s'agit de les libérer de ce joug autoritaire. Le spécifique de l'éthique, dans son concept gréco-philosophique, l'*epekeina réel*, pouvant recevoir une forme plus pure et plus libre de philosophie dans le judaïsme, cette théorie unifiée de l'éthique est finalement en-dernière-instance celle du grec et du juif, de la transcendance spéciale de l'Etranger et de la hauteur judaïque de l'Autrui.

Les trois sources de la non-éthique, ses trois matériaux plutôt sont donc le grec, le juif et le chrétien. Le régime grec de la pensée nous a appris la donation et la manifestation de l'identité, l'éthique comme Monde. Le régime juif nous a appris non pas la donation mais la séparation de l'identité comme Autre, l'éthique comme séparation. Le régime chrétien nous a appris l'universalité de l'identité, l'éthique universelle. Or ces trois aspects se retrouvent, en quelque sorte concentrés et intrinsèquement unis dans la vision-en-malheur comme un-identité, uni-latéralité et uni-versalité. C'est pourquoi elle est la matrice qui unifie en-dernière-instance ces trois sources dans une non-éthique, c'est-à-dire une pensée non-grecque, un non-judaïsme, enfin un non-christianisme.

Comment penser l'identité-en-dernière-instance de la transcendance ontologique (clonée en l'Etranger) et de la transcendance ontico-éthique sous ses deux régimes du Bien (grec) et de l'Autrui (juif) ? Il n'y a de théorie unifiée du grec et du juif que par suspens lui-même hétéronome et plus qu'hétéronome, immanent en-dernière-instance, de leur antinomie au sein de l'Au-delà éthique (l'*epekeina)* telle qu'elle se déploie entre l'Etre et l'Autre, voire entre le Même et l'Autre infini, la «Totalité» et l'«Infini». Ce suspens suppose de revenir au présupposé réel, à la vision-en-Un qui n'est ni grecque ni juive et qui inaugure une pensée valant pour le conflit gréco-judaïque, capable de l'expliquer *a priori* (non historiquement, perspective ici dépourvue de toute sens), de le transformer en problème et de lui donner une solution réelle, qui ne soit pas de commentaire et d'interprétation infinie.

Une telle théorie unifiée des régimes éthiques les combine non pas en extériorité ou en synthèse mais en identité-de-dernière-instance. La vision-en-Un permet en effet, comme cause-par-immanence, d'arracher l'altérité éthique, l'*epekeina* non seulement comme dans le judaïsme à son support de *meta-* ou de transcendance grecque, mais de l'arracher à son judaïsme lui-même et d'uni- versaliser ainsi celui-ci en un non-judaïsme grâce à ce pouvoir d'uni-latéralisation. Par ailleurs l'autonomie relative du Monde dans la détermination-en-dernière-instance, l'une des origines du clonage, permet de faire droit au sens pratique de l'éthique, illustré par le fait de la donation d'un objet autant que par celui de la volonté rationnelle agissant sur le Monde. Et ainsi de faire de l'*epekeina*, de sa hauteur sans appui dans le Monde ou l'Etre ainsi que le veut le judaïsme, une force pratique sur ceux-ci, ainsi que le veut toute éthique gréco-chrétienne. La non-éthique inclut, à leur clonage près, le souci grec pour le Monde, sans livrer l'homme à celui-ci, et la responsabilité juive pour l'Autrui, sans livrer celui-ci à la transcendance infinie de Dieu. Elle unifie sans synthèse la hauteur de l'«Hautre» et l' homme ordinaire dans un Prochain-sans-humanisme.

Trois sources mais un sujet uni-versel, trois asprcts en un un-ique Prochain. Plus aucune norme, valeur, fin ou loi, plus aucune éthique particulière ne peut encore diviser l'identité du Prochain, affecter l'Ego réel de-dernière-instance, le solliciter pour une identification. Quant à être otage, nous le sommes, mais de part en part, de notre solitude avant de l'être d'Autrui. Notre identité est en-Un avant d'être en-l'Autre, et elle est Autre en chair et en os c'est-à-dire en-clone. Que nous soyons, comme sujets non-éthiques, la chair et les os d'un clone plutôt qu'un Autre qui serait Autre plutôt qu'Un, cela est uni-versel, ni grec ni juif ni chrétien. La solitude est notre libératrice et notre faculté de non-législation. Elle est capable de nous libérer de la violence éthico-mondaine ancienne, comme aussi de la violence judaïque de l'Autre, de *suspendre leurs particularités antagonistes*. Une multiplicité d'aspects éthiques dé-particularisés dans une non-éthique nuni-verselle.

Les éthiques philosophiques se combattent, s'entr'empêchent et ne peuvent éviter ces conflits mi-doctrinaux mi-idéologiques mais qui font de toute façon le cours de l'éthique-monde. La non-éthique est uni-verselle de droit, enracinée dans le malheur comme vision-en-Un plutôt que dans le Monde, suffisamment uni-verselle plutôt que générale pour valoir de l'éthico-philosophique et le réduire à l'état à la fois de matériau, de champ d'expériences et de modèle. Une théorie régionale ou bien particulière (grecque ou juive) prétend toujours être aussi une *éthique universelle*. L'«éthique universelle» est un contresens qui fait consensus, comme toute illusion philo-centrique et mondaine. Elle est fondée sur la double ignorance de la particularité de la philosophie et de l'être-universel spécifique de l'homme-tel-que-sans-consitance. Elle n'est que générale et ne véhicule que les platitudes de la généralité éthique et du sens commun. L'éthique est générale-et-totale par transcendance à la fois idéelle et réelle — par l'Etre et par le supplément de la grâce et de l'Amour — elle n'est pas uni-verselle par immanence. La non-éthique est d'emblée uni-verselle, don et grâce — l'homme comme celui qui donne-sans-donation.

CHAPITRE IV

L'ORGANON DE LA FORCE (DE) LOI

L'uni-versalisation non-kantienne de l'éthique

Nous reprenons le problème précédent de la constitution du Prochain en le transposant dans le problème non-kantien de la *force (de) loi,* qui ont même structure, le premier désignant son côté-sujet, la seconde son côté-pratique ou organon Notre matériau est maintenant kantien.

Nous avons déjà utilisé et examiné les modèles juif et grec dans la théorie de l'autre-Etranger et du Prochain. Un modèle *plutôt* chrétien étant représenté par Kant et la Loi comme Devoir plutôt que comme technique ou que comme Visage ou Autre homme, il faut d'abord imaginer ici comme ailleurs une uni-versalisation non-euclidienne du kantisme, mais soumise en-dernière-instance à l'uni-versalité du malheur radical.

La non-éthique est une pensée pratique pour laquelle le *postulat de bi-univocité* ou de *bi-latéralité* est inutile. Il stipule en général qu'à tout événement dans le Monde correspond une interprétation éthique et une seule, une décision éthique et une seule. Il suppose donc que l'événement est co-déterminant de l'éthique au travers de la médiation technologique réversible, le milieu de validité de ce postulat étant la relation de la philosophie et du Monde en sa contingence et en sa particularité. Il suffit de substituer, comme déterminant, le malheur de l'homme sans-monde à la pensée-monde, de lever ce postulat pour rendre universelle l'éthique, universelle en-dernière-instance et pas seulement par soustraction d'un postulat inutile. L'essence de l'homme détermine en-dernière-instance, à l'occasion d'un événement, une multitude d'interprétations éthiques possibles, ou les indifférencie et rend impossible une détermination de ce comportement par telle norme particulière. C'est dire qu'il détermine le Monde même comme ensemble des interprétations éthiques, soit l'éthique-monde.

Appelons ce style non pas tant non-euclidien que non-kantien. Le kantisme reste euclidien en éthique comme en géométrie et plus généralement en philosophie. Toute philosophie définit même une façon «euclidienne» de penser ou du moins la non-philosophie définit une préparation non-euclidienne de sa propre uni-versalité. Kant postule la bi-univocité dans l'Idée même de «jugement moral commun» dont il part comme d'un fait de la Raison. Dans sa forme, ce jugement moral d'une part vaut de tous les êtres raisonnables, l'essence de l'homme étant définie comme Tout et comme Raison par l'identité de ces deux prédicats. Dans son contenu, il stipule que seule est bonne la «volonté bonne». Il y a d'une part une bi-univocité de l'agent (moral) et du jugement ; à l'humanité correspond un et un seul jugement moral. D'autre part il postule la bi-univocité du jugement moral et de l'étant à juger (évaluer) ; il y a un et un seul étant, la volonté bonne, qui soit susceptible d'une évaluation comme bonne. La suppression de ce postulat ne rend pas impossible une éthique mais en change le statut et l'objet, la limite en l'ordonnant au seul malheur et lui donne un nouvel objet, l'éthique-monde elle-même. On ne peut dire évidemment : seul le malheur radical est bon, seule la solitude est morale, car précisément l'un et l'autre tombent hors de l'éthique ou de la philosophie. C'est sur leur base indifférente à l'éthique, mais structurante en-dernière-instance de celle-ci (*selon...*) que peut être formulé un postulat non-kantien.

La seule «loi» est d'effectuer le malheur radical dans l'éthique-monde sous la forme du Prochain. «*Exister tel qu'un autre-Etranger*» *est le seul impératif réellement uni-versel ou uni-voque pour toutes les prescriptions éthiques dans leur diversité doctrinale*. Le caractère d'«impératif catégorique» que l'éthique la plus radicale a mis à jour (Kant), doit être dualysé à son tour lorsqu'il se dit de l'exister-Etranger. Radicalement nécessaire par sa cause, il est tout autant uni-versel par elle, mais sur un mode de non-suffisance qui exclut son auto-position telle qu'elle a lieu dans la «loi morale» ou dans le mixte de la Raison avec la Volonté. Le malheur et l'Etranger ne sont pas formellement vides, et l'Etranger invalide le formalisme comme l'empirisme. Leur uni-versalité et leur nécessité ne possèdent aucun contenu ontique ni même ontologique, qui «empiriciserait» et surtout «mondaniserait» l'exigence d'être un Prochain. Cette uni-versalité non formelle, précisément non catégorique ou absolue comme le Devoir, *reste pourtant sans contenu lorsqu'elle est effectuée par le Monde*. La non-éthique est vide de Monde sans être formelle, expérimentale sans être empiriste — c'est le «principe» de la non-suffisance du Réel comme cause uni-verselle. Elle n'est pas impuissante à légiférer, telle une «éthique négative», ni pressée de légiférer dans le Monde et d'ajouter sa pierre à l'édifice ruineux de l'éthique. Bien entendu une apparence résiduelle d'impératif éthique subsiste autour d'elle, comme une aura liée à son matériau et au langage de son occasion, mais elle est manifestée par l'Etranger comme une simple apparence limitée à sa cause occasionnelle et, sinon, comme une hallucination.

Du point de vue non-éthique, il n'y a pas que la «volonté bonne» qui soit objet évaluable, tout événement de l'éthique-monde l'est, toute théorie ou comportement éthique ou encore : n'importe quel comportement pourvu qu'il soit, et il l'est toujours, éthico-philosophique, est passible d'une identité, c'est-à-dire d'une «évaluation» de type non-éthique mais à leur résistance près. La non-éthique, étant définie de manière radicalement uni-verselle, à la différence de la généralité des normes rationnelles ou non, peut valoir pour celles-ci quelles qu'elles soient. A la non-essence de l'homme, ni homme singulier ni humanité comme ensemble des hommes définis par la Raison, mais comme autres-Etrangers ou Prochains, correspond une multitude de jugements non-éthiques.

Ce n'est évidemment pas un relativisme, sociologique ou historique toujours, sur la variété des mœurs, relativisme qui est la petite monnaie et la déchéance de l'homme rationnel en son déclin. L'essence réelle de l'en-homme détermine en-dernière-instance une multiplicité de jugements non-éthiques à propos de l'éthique-monde au gré des conjonctures occasionnelles. C'en est fini de la recherche du consensus rationnel et de sa forme sociologisante. Consensus et communication sont les postulats de clôture philosophiques du kantisme et pas seulement du kantisme— toute philosophie est close par un horizon cosmo-éthique. Avec la suppression de ce postulat, on libère une sphère éthique au-delà des fétiches de la Raison, Jugement moral, Humanité, Devoir, etc. Cette ouverture non-kantienne vaut de toute éthique, qu'elle soit formaliste, matériale et phénoménologique, ou judaïque — pour prendre quelques exemples — dans la mesure où celles-ci sont toutes à des degrés divers structurées comme une métaphysique (des mœurs) et refoulent ou tronquent celle-ci sans en éradiquer dans le principe la prétention à validité pour l'homme

De la Loi à la force (de) loi (FL)

Les analyses précédentes exigent l'uni-latéralisation ou la dualyse du concept mixte d'*autorité,* d'auteur de la Loi ou de sujet, et le retour à l'identité radicale que nous avons trouvée sous plusieurs formes : 1. l'identité réelle (du) malheur ; 2. l'identité non-éthique du sujet-Prochain ou autre-Etranger ; 3. la théorie unifiée de l'éthique et de la philosophie, soit concrètement du grec, du juif et du chrétien, théorie destinée à se substituer aux apories de leurs rapports hiérarchiques ou unitaires. La solution est sans doute prescrite par la position du problème mais sa présentation par l'abord critique de l éthique-monde postulait en réalité cette solution déjà acquise *a priori.* C'est qu'il s'agit de découvrir et d'inventer ensemble le concept émergent, théoriquement neuf, qui contiendra la solution du problème et qui motivait déjà la critique de l'éthique philosophique. Ce concept destiné à tenir, mais ailleurs, avec une autre signification théorique— symptômale— la place centrale de la Loi, Devoir ou Volonté rationnelle (Kant), du Visage ou de l'Autrui (Levinas), de l'Appel (Bergson et Heidegger), de l'Autorité en général, est celui de *force (de) loi* (FL), autre formulation du Prochain.

La FL doit changer *radicalement* le dispositif éthico-philosophique. Avant de manifester ce concept, on doit le distinguer de la *force de loi,* qui suppose soit que celle-ci est déjà donnée et qu'on évalue sa force propre; soit que la force (politique ou autre) et la loi se déterminent et se constituent réciproquement selon des rapports ou des dialectiques dont la philosophie politique et juridique donnent les formules et les exemples. Une brève «phénoménologie» de la FL montre qu'il s'agit d'un bloc d'identité phénoménale plutôt que d'une dyade philosophique; que le suspens de l'intentionnalité («de») signifie non pas la suppression de toute intentionnalité mais de sa forme-doublet ou de son redoublement, force de loi... *de* la loi, ainsi que la philosophie le sous-entendrait, postulant l'existence préalable d'une loi déjà constituée pour l'essentiel et mise ensuite en rapport de dualité avec la force. La FL ne suppose pas la loi déjà donnée et déterminante de l'essence de l'homme mais suppose qu'elle soit plutôt elle-même à constituer et à déterminer. Elle n'est jamais, comme la Loi, aperçue au loin comme commandement, foyer, *factum*, comme *fait* idéel — elle se confond avec l'autre-Etranger concret tel qu'il se constitue. A la suite de Fichte on pourrait l'appeler, mais non la penser, comme une pulsion ou une tendance originaire. Mais l'on préférera la formule «force (de) loi».Ce n'est pas la force qui dérive de la Loi mais la force transcendantale qui, la précédant, peut la déterminer comme identité (non-) éthique *pour* la Loi (*si* la Loi est donnée par ailleurs). Elle exclut évidemment la dialectique pascalienne par exemple de la force et du droit comme elle a le primat sur la forme de la Loi et son auto-position kantienne.

Au sens philosophique, sans parler de son sens juridique, la «Loi» est une généralité grégaire, un mixte qui doit être sinon décomposé, du moins dualysé comme force (de) pensée en général, Etranger ou Distance non-autopositionnelle, *et* Prochain comme mode de l'Etranger. La FL se constitue comme fonction clonale de cet argument qu'est la Loi philosophique. Elle est l'*identité-de-dernière-instance* de la Loi. Elle exclut aussi bien le formalisme en éthique (Kant) que l'éthique matériale des valeurs qui lui est trop simplement opposée (Scheler). Ramenée de cette manière à son contenu phénoménal, la «Loi» ne se fonde plus elle-même mais relève en-dernière-instance de la vision-en-Un. Ce n'est plus un sujet supérieur prétendant au Réel, intériorisant alors malgré lui un contenu de légalité empirique fût-ce à travers sa négation. C'est l'organon de l'Extériorité, sans autre contenu qu'elle-même (cette Extériorité quoique *a priori* n'est pas une *forme)* mais avec son mode de transcendance «verticale» comme Prochain. Elle apporte ce supplément-là de transcendance ontique à la force (de) pensée. Elle est en-dernière-instance un Performé, elle-même une performation plutôt qu'une volonté, ou le noyau réel de la volonté plutôt qu'une *faculté* de désirer. Il suffit d'agir sous les conditions du malheur, c'est à dire *pratiquement ou uni-latéralement* pour que la volonté rationnelle, la Loi, soit rejetée hors de celui-ci, mais pour que l'autre-Etranger se constitue à partir d'elle.

La FL comme dualité uni-latérale

La FL n'est donc pas un concept du type de «l'esprit des lois» ou de la force qui s'attribue à la loi faite ou en devenir (force nécessitante, inclinante, inspirante, conspirante, etc.). Sa structure n'est plus celle d'une dyade philosophique c'est-à-dire d'une machine à 2/3 ou 3/2 termes, mais d'une dualité uni-latérale à 2(1) termes. Sans doute l'ensemble du processus paraît contenir encore trois termes: a) le donné-sans-essence ou sans-loi, sans donation morale ou juridique (à la manière par exemple de Kant et de Fichte) et qui jouit d'une autonomie radicale; b) le donné éthico-philosophique, toutes les formes philosophiques de l'Autorité dont la prétention constitutive quant à l'essence du Réel est suspendue ou invalidée, la conservant en revanche au titre de *datum* dont le statut théorique est celui d'une autonomie relative; c) la FL elle-même comme médiation non-auto-médiatrice, organon non-éthique de détermination, non pas de la loi comme donnée dans le datum, mais des actions produites à l'occasion des *data* éthico-philosophiques.

«Dualité uni-latérale» signifie alors 1) que le réel-Homme, non-consistant, est absolument indifférent à toute éthique ou non-éthique, au point de ne pas s'en distinguer activement, ce qui ne veut surtout pas dire *s'y identifier* ; 2) que la FL comme transcendance non-éthique n'est pas elle-même réelle mais seulement transcendantale et à contenu ontique, ou n'ajoute ni ne retranche rien au Réel de malheur; 3) qu'elle est suffisamment donnée ou manifeste par son enracinement ultime dans cette immanence. En un sens la FL est non pas la forme de... mais l'essence réelle *pour* la Loi en tant que celle-ci, cessant de faire l'objet d'une auto-position par où elle se prétendrait le Réel ou déterminante, est d'une part enracinée sans médiation dans le vécu le plus immanent, d'autre part extérieure à lui ou non-constituante; d'une transcendance uni-latéralisée ou séparée (de) son auto-position. L'homme *existe*, dans son rapport à l'éthique, comme FL mais l'existence est une uni-lation transcendantale plutôt qu'une relation et qui s'ajoute à sa cause sans rien ajouter de réel à celle-ci. Il n'y a plus de définition éthique possible de l'homme, de «vision morale du monde», qui n'est qu'une entreprise philosophique d'autorité. Complémentairement une pratique dite «non-éthique» devient possible sur le matériau de l'éthique elle-même.

Plus précisément la FL est une identité séparée plutôt que divisée, séparation exigée par la conservation de l'Identité, à la différence de la division qui la transforme et prétend affecter le Réel. C'est donc le noyau uni-versel de la Raison, celle-ci ne fournissant qu'un universel d'abstraction ou un *a priori* co-déterminé empiriquement. On rappellera que la FL, si elle est identique à l'autre-Etranger, est l'identité (d') un *Autre que* la Loi philosophique, séparée en-dernière-instance de l'état mixte de celle-ci. L'altérité à la Loi ne suffit pas à déterminer la FL, si elle n'est pas spécifiée dans sa radicalité à la fois, s'il faut le dire ainsi, comme *Autre que de...*(la Loi) et non seulement comme *Autre de* (la Loi), et comme identité ou Un (de) cet Autre, Un qui lui apporte justement la détermination de l'être-forclos. La simple altérité de *l'Autre de...* retournerait au doublet philosophique. Mais comme *Autre que de...*, supposant ne pas réaliser encore le clonage, elle ne ferait que compliquer le cercle philosophique sans lui imposer cette «réduction hérétique» qu'est la non-philosophie.

Pour résumer cette description, on posera deux axiomes et le théorème qui s'en déduit :

Ax. 1. L'homme comme Réel est en-homme et n'est donc pas déterminable par la Loi ou l'Autorité (cet axiome pose l'essence de l'humain comme sans-consistance ou indépendant de toute violence autoritaire, même de celle d'un axiome philosophique).

Ax. 2. L'en-homme détermine cependant la Loi inhumaine comme humaine (cet axiome pose la transformation humaine de la Loi originellement donnée comme consistante ou non humaine).

Théorème : L'en-homme est l'identité-de-dernière-instance de l'homme et de la Loi et cette identité est la FL. *Parce qu*'il est en-homme, l'homme peut (rien ne l'en empêche, au contraire) déterminer la Loi comme humaine par un organon qui est cette identité-de-dernière-instance, cette dualité uni-latérale de l'homme et de la Loi.

La FL, organon non-technologique

Comment l'homme peut-il agir sur l'éthique s'il ne le fait pas de manière autoritaire et technologique ? L'«homme»— pour employer encore cette généralité que nos avons dualysée— peut agir, mais sur la résistance de l'éthico-philosophique par le moyen de cet organon qu'il est en tant que sujet et réaliser l'identité de-dernière-instance, non des positions éthiques adverses mais d'abord de chacune d'elles, et supprimer de cette manière leur conflit. La FL use en effet de transcendance et d'exigence de type éthique mais sans les formes redoublées ou repliées sur soi qui sont celles de la Loi lorsqu'elle s'annonce comme deux fois transcendante, une première fois comme exigence par son effet ou son opération, une seconde fois par sa nature et son essence.

La FL est suffisamment en affinité avec la technologie éthico-philosophique et suffisamment distincte de cell-ci pour pouvoir la transformer. En effet cet organon est apparemment à «deux» faces ou deux têtes non continues ou non indiscernables. Il est humain, c'est-à-dire immanent ou indivisible, donc non-technique et non-éthique, mais humain seulement-en-dernière-instance, «en»-l'homme sans constituer en cela ni même épuiser sa dualité, sans cesser cependant d'être étranger à l'éthique. Il faut rappeler la description précédente de la FL. Comme la décision éthique elle-même, il comprend de toute façon en effet un noyau de décision, d'extériorité ou de distance non-horizontale (l'*Etranger*) mais aussi de transcendance et d'altérité qui est un mode mais non «modalisant» de la distance (*l'autre-Etranger ou le Prochain*). Il peut agir ainsi sur les décisions éthico-philosophiques. Mais, à la différence de celles-ci, ce noyau n'a plus la forme philosophique qui combine toujours dans une auto-position la division et le redoublement. C'est bien encore une extériorité et d'abord une altérité, mais indivisibles maintenant dans leur unification. Qu'est-ce qui distingue ces deux agir ?

N'étant pas de struture technologiques, elles peuvent

agir décisions techno-éthiques sans passer par la technique. Pour agir par exemple les décisions bio-techno-éthiques, la philosophie, qui reste une technique, est impuissante ou vicieuse. L'organon de la FL n'est pas un supplément de technologie comme aide à la décision éthique. Au contraire il représente le minimum de moyen uni-latéral nécessaire à l'agir sur l'éthique. Si l'agir éthique sur les événements du Monde suppose une médiation technologique qui ne fait que se révéler dans la parousie étho-techno-logique, l'agir non-éthique requiert un simple organon sans le redoublement propre à l'outil dans l'«outil d'outil» spécifique du circuit ustensile et de la technologie en général. La FL épuise son agir *en une fois chaque fois* mais de manière *suffisante* sans exiger un supplément de technologie comme c'est le cas dans l'Etho-techno-logos. Ce statut d'organon signifie que la FL est l'identité (de) l'outil du malheur et que l'Etranger est cet organon sans contexte technologique. Une telle *pulsion d'identité* échappe à l'antinomie du droit et de la force, et aux autres, car l'Etranger est *en-dernière-instance plutôt qu'en face-à-face avec le Monde*. C'est une force qui n'intervient pas tout-technologiquement en prétendant le faire directement sur tel événement éthique. L'Etranger et son mode, le Prochain, est une force transcendantale émergente, une force uni-faciale qui fait émerger un nouveau sens, de nouvelle fonctions de l'éthique du fait même qu'il en fait usage. Il n'a rien d'une entité méta-éthique, n'ayant même pas la suffisance éthique. L'Etranger n'est pas un ouvrier ou un travailleur de l'éthique, encore moins l'un de ses intellectuels ou philosophes et s'il transforme un matériau, ce n'est pas par des procédés technologiques ou bien d'abstraction continue mais par son insigne solitude.

Aussi est-ce le seul moyen de limiter réellement ou de transformer, sans la relancer, la biotechnologie par exemple. L'autorité de l'éthique, son pouvoir technologique, ne peut être réellement combattue que par le suspens de son cadre techno-métaphysique et par le dégagement corrélatif du sujet-Etranger se manifestant comme altérité quasi ontique mais uni-latéralisée. Cette transformation est encore un autre phénomène que le *déclin* de l'éthique, qui est de droit et nécessaire. L'éthique rationnelle par exemple, déterminant des buts, des valeurs, des fins, peut être sauvée localement mais s'auto-immerge et implose en elle-même. Or ce déclin de / dans l'éthique-monde peut être objet d'une nouvelle force qui n'est plus exactement un projet ou une activité, mais *une pratique, donc uni-latérale, et performative, donc immanente.* L'«utopie» non-éthique interrompt mais pour son seul compte, il est vrai, ce long processus de déclin dans lequel l'éthique rationnelle recommence son cycle, couplages fonctionnels homme-machine après couplages souverain-sujet, raison-volonté, etc. Aucune place n'est libérée pour une «nouvelle éthique»— sauf illusion nécessaire qui fait espérer les hommes. On ne restaurera pas l'éthique perdue, même en déconstruisant la Raison pratique, même par une nouvelle critique de la Raison.

L'organon de la non-éthique

Le problème de Kant : élaborer une éthique est lui-même un devoir, est sans doute toujours le nôtre dans sa généralité mais il ne peut plus signifier, on l'a vu, l'autorité de l'éthique sur elle-même, finalement son autoposition et l'autorité de la philosophie sur l'éthique. Rien en un sens ne commande encore l'éthique, qui est la sphère de tout commandement même méta-éthique. Mais le Réel peut en revanche *la déterminer sous des conditions de rigueur et de réalité pratiques.* Il y a donc une exigence non-éthique qui n'a rien d'une norme, d'une loi ou d'une valeur ou, plus exactement qui a la forme seulement axiomatisée et donc non métaphysique d'une «non-loi» ou d'une «non-valeur» au sens uni-latéral où nous entendons ce «non», c'est-à-dire d'un *a priori pour* la Loi mais dont l'essence n'est pas une duplication ou un doublet de la loi et qui jouit ainsi d'une uni-versalité radicale.

Résultat apparent de la critique de la philosophie et de «son» éthique mais cause de cette critique réelle, la FL est l'organon d'une détermination de la philosophie en vue de son nouvel usage. N'étant pas le Réel lui-même, encore en deçà d'elle, elle est la vie cachée d'un nouveau rapport à ce qui, dans les sociétés et l'histoire, s'est présenté comme morale spontanée et comme élaboration éthique de cette morale — comme technologie éthico-philosophique. La FL est l'envergure d'une sphère qui représente l'*uni-versalisation* de l'éthique-monde sous la condition toutefois du suspens de ses prétentions à déterminer le Réel de l'homme. Pour le Monde et ce qui est hors du Monde, pour la philosophie et ce qui est hors de la philosophie, pour les êtres raisonnables comme pour les êtres dépourvus de raison —*sauf pour les hommes tels qu'en leur essence de non-consistance* —, la seule chose *uni-versellement bonne* est la FL ou l'action déterminée en-dernière-instance par elle. Les autres critères de l'Autorité morale (la Loi ou le Devoir, le Consensus, le Bonheur et la Vertu, le Bien, Autrui, l'Appel, etc.) sont compromis avec l'expérience mondaine sur laquelle ils sont simplement prélevés, qu'ils prolongent à quelque différence près, inefficaces à mesure de leur nature spéculaire. Mieux que la «métaphysique des mœurs» ou «la raison *pure* comme pratique», elle réalise l'autonomie et l'identité d'une pratique ayant l'éthique pour objet. Mais plus que l'auto-position philosophique lointaine de la Loi ou que le Visage ou Autrui comme Interdit, elle se donne les moyens d'une pratique effective que ni la pureté rationnelle qui exacerbe la volonté pour elle-même ni la transcendance absolue d'Autrui qui l'annule et la fait otage, ne peuvent atteindre. L'éthique ne peut donner lieu à une exigence radicale (et non plus «absolue») que si le sujet cesse d'être donné dans la forme d'une auto-position rationnelle et si la Loi cède la place à un sujet de performation immanente, l'*autre-Etranger* ou mieux encore *le Prochain*. Le philosophe législateur se donne la Loi et la repose une seconde fois, la manipule comme force *de* la Loi, tandis que le Prochain se confond avec une FL simple, non-dédoublée, dont il n'est plus le *législateur ex machina*.

On ne peut décrire déjà ici son mode d'agir et de transformation de ces mélanges et comment concrètement elle les rapporte à l'homme. Elle *clone* les décisions éthico-philosophiques non pour les relancer, les redoubler ou réactiver, y intervenir, mais pour changer leur usage global ou leur signification par rapport à l'homme tel qu'un Prochain. Elle *peut* cette transformation parce qu'en même temps qu'elle est en rapport d'affinité avec ces décisions, elle est en-Un ou en-malheur et excède irréductiblement leur circuit interminable, danse des normes ou «valse des éthiques». En particulier comme organon transcendantal qui suspend toutes les amphibologies, la FL est la seule causalité pratique qui ne soit ni efficiente ni formelle, ni finale ni matérielle. Elle déclasse ou démobilise d'un coup les fins ou les mobiles du Bonheur, de la Vertu, de la Connaissance, mais tout autant le formalisme de la Loi ou la phénoménologie des valeurs, celle aussi de l'Appel. Elle se présente à l'éthique comme un organon exigeant non pas le respect de la Loi, l'obéissance ou bien le projet de la liberté, mais *l'explication pratique a priori de la Loi telle qu'elle se donne*. Ce n'est cependant pas une nouvelle éthique de la connaissance, elle est intrinsèquement pratique c'est à dire uni-latérale et, loin de confronter la connaissance existante et les valeurs données, exige ou impose cette connaissance pratique des valeurs existantes. La portée de la non-éthique est simplement d'apporter le *phénomène* (de) l'éthique, de le performer à l'occasion de l'éthique-monde dans les limites de l'identité hérétique de l'Etranger-Prochain. Au principe d'éthique suffisante, nous n'opposons donc pas un principe d'insuffisance éthique, mais plutôt la positivité révélée du mensonge transcendantal constitutif de l'éthique. L'éthique n'a pas besoin d'être corrigée ou amendée — elle ne le peut pas même du côté de ses fondements —, ni relayée par une nouvelle discipline destinée à pallier une éventuelle «mort» ou «défaillance de l'éthique». C'est le sujet moral comme Etranger-Prochain se manifestant par une radicale transcendance et altérité de sujet ontique qui exige, qui donne-en-l'exigeant, une explication mais pratique de l'éthique telle qu'elle existe.

Finalement la non-éthique n'est pas une norme supérieure pour l'éthique, qui n'en a pas besoin, qui produit d'elle-même des normes toujours supérieures, des lois toujours plus «universelles». Nous avons dû plutôt limiter la Loi pour faire place à la force (de) loi, l'éthique pour faire place à la non-éthique, refuser par exemple de faire droit vicieusement à la demande éthique et d'entrer dans son «marché». La non-éthique est un acte lui-même non-éthique pour montrer que l'homme peut se dessaisir performatiquement de l'éthique, ce n'est pas une négation de celle-ci mais *son usage au nom de l'homme-en-dernière-instance...* Négativement c'est une libération, positivement c'est à la fois une théorie et une pragmatique de ces mélanges éthico-philosophiques qui sont notre embarras ordinaire.

CHAPITRE V

L'INVENTION NON-ETHIQUE

Du Monde au Prochain

L'éthique, parmi ses présuppositions philosophiques, contient une triple présupposition sur l'homme à laquelle nous opposerons celle du malheur et de la solitude réelle. Il y a éthique lorsque 1. la philosophie veut dépasser par l'*epekeina* l'anonymat de l'Etre, voire de Dieu vers l'homme en tant qu'Un indivis, c'est *l'Altérité ontique* ou super-ontologique; 2. il s'agit cependant de l'homme transcendant, de l'*homme-qui-est* et qui devra donc être défendu de l'investissement de cette altérité par l'Etre; 3. il s'agit de l'homme-qui-est comme une singularité ou une unicité en cours, nullement comme une identité.

A ces trois déterminations philosophiques, la non-éthique oppose l'homme-Un-en-Un à l'homme-qui-est ; l'homme-Un à l'homme singulier ou unique ; l'identité-de-dernière-instance, c'est-à-dire l'Etranger, à la singularité et à l'unicité.

De même que la philosophie n'a jamais été et ne sera jamais une science rigoureuse, elle n'a jamais été et ne sera jamais une éthique rigoureuse, à la fois théorique et adéquate (*selon*) à l'homme. Soupçonner sans plus l'éthique, comme Marx, Nietzsche et quelques autres l'ont fait à leur manière, qu'elle ne dit pas ce qu'elle fait ni surtout ne fait pas ce qu'elle dit, est un argument bien faible et de ressentiment. Par principe et fonctionnement, cette éthique vise trop haut et rate sa cible, elle est au mieux absolue plutôt que radicale, désirante et cherchée plutôt que «performative», et résout sans le résoudre le problème de son existence dans la recherche passionnée de la singularité et de l'exception plutôt que de l'identité, de manière nullement démocratique.

La non-éthique exclut à la fois 1. l'éthique dans le cadre

de la philosophie commune de style «grec» car alors son autonomie n'est qu'apparente, au mieux est-elle *epekeina*, pour le reste elle se dissout dans la philosophie ou le Monde; 2. l'immanence radicale posée comme une nouvelle thèse, celle de la réalité de l'homme et de son corps, pas comme une nouvelle hypothèse sur le Réel du sujet-Etranger humain ; elle exclut alors aussi bien la science que l'éthique et vire à l'ontologie phénoménologique; 3. la solution judaïque, trop absolue dans l'hétéronomie de l'éthique pour tolérer l'autonomie de la pratique éthique.

La non-éthique, hors de toute «vision morale du monde», suppose 1) un *a priori de type* éthique tel qu'il ne se fonde pas lui-même et ne donne pas lieu à auto-position — c'est le sujet comme autre-Etranger ou Prochain plutôt que comme jugement moral commun; 2) un *a priori* de la défense de l'homme, plutôt qu'une condition *a posteriori* de cette défense comme dans l'éthique-monde; donc déterminé comme organon du malheur radical et de défense *a priori* du Prochain.

Encore moins que dans la force (de) pensée, l'Etranger transcende de la philosophie ou de l'éthique vers le Prochain. Celui-ci se constitue en fonction de l'occasion, il se constitue plutôt de l'Un vers le Monde, affectant l'expérience c'est-à-dire la croyance en une aliénation et les moyens qu'elle se donne pour parvenir à être efficace. Non-éthique, c'est la sorte de décision pour devenir un autre-Etranger. Etranger, nous le devenons sans raisons spécialement éthiques, plutôt hérétiquement par un choix déterminé-en-dernière-instance par le Sans-choix (du) malheur. Autre-Etranger nous ne pouvons le devenir qu'avec d'autres moyens nécessaires pour nous libérer de l'éthique-monde et pas seulement de la pensée-monde. Nous sommes alors «dans» l'éthique-monde sans «en être», refusant non pas de s'engager éthiquement mais refusant de croire que cet engagement fasse autre chose que nous cacher notre condition de solitude. La non-éthique n'est ni une éthique de la réception forcée d'Autrui (Levinas) puisqu'elle le suppose donné (-sans-donation) ; ni une éthique de la production intersubjective d'Autrui, puisqu'elle le suppose (donné-) sans-donation. Elle ne constitue même pas, c'est l'Etranger qui se constitue *tel qu'un Prochain*, telle qu'une *force (d') Autrui* (si on la mesure à un Autrui déjà constitué, ce qui est le cas gréco-judaïque le plus général).

Que peut l'autre-Etranger ? Sa non-suffisance *suffit* à porter à la manifestation l'apparence philosophico-mondaine avec ses espèces (éthique-monde, etc.) et ses types (apparences réelle, transcendantale, apriorique), et à dés-ensorceler l'homme ignorant de son essence inaliénable. Dans la non-éthique, qui ne prétend pas faire d'hypothèses morales sur le Monde et l' «Existence», il n'y a pas de prescriptions ontiques (normes, valeurs) ou ontologiques (Bien, Devoir, Loi, Désir, etc.), d'interdits ou de limitations, d'obéissance ou de projet, mais d'une part une manifestation d'apparence, d'illusion et de suffisance qui affectent la foi, le sujet, enfin la pratique ou l'organon (la transcendance) éthiques ; et d'autre part un usage de l'éthique-monde en vue de la constitution de l'homme comme sujet-Etranger. Le suspens de sa suffisance la libère en même temps pour la pragmatique qu'*est* l'Etranger. Elle reçoit le sens d'une occasion ou d'un «argument». N'importe quelle prescription ou quel impératif, inscrit dans une foi éthique, dans une croyance d'essence philosophique, passe de l'état d'horizon à l'état de simple support inerte. Le Prochain l'arrache à son *sens* éthique et lui assure un usage non-éthique dans sa propre constitution

Théorie unifiée de la philosophie et de l'éthique (V)

La non-éthique n'est pas la négation de l'éthique ni même celle de sa forme philosophique, mais leur autre usage qui contient la réduction de la prétention philosophique qui s'exerce en elles. L'éthique philosophique ou philosophable subit un double traitement qui change son statut théorique et sa fonction :

1. La FL lui imprime le suspens uni-latéralisant de son autorité ou de sa suffisance de croyance éthico-philosophique. La philosophie rentre, avec l'expérience éthique elle-même (à supposer qu'elle existe en soi) non pas dans ou sous l'éthique, abandonnant de cette manière soumise son exception, mais dans une sphère élargie ou universelle dite de «non-éthique». C'est l'idée d'une identité-de-dernière-instance des mixtes éthico-philosophiques, une théorie unifiée et non plus unitaire de la philosophie et de l'expérience morale. La non-éthique reste philosophique mais sans plus exercer sa législation et sa domination sur-

éthiques, et l'expérience morale cesse d'être dominée et décidée philosophiquement dans son sens comme d'être une menace permanente de rébellion de la singularité et/ou de la généralité contre la philosophie. C'est l'introduction d'un rapport démocratique dans les relations de la philosophie et de l'éthique.

2. Sous quelle forme positive cette identité = X de la philosophie et de l'éthique se constitue-t-elle ? Cette identité est l'objet interne, l'objet réel du processus non-éthique et doit être déterminée, manifestée et connue, sous la forme d'actions produites par la FL et conformément à celle-ci. Mais avant d'être ainsi déterminée, elle est donnée d'abord sous la forme d'un champ objectif de phénomènes de type globalement éthiques (plutôt que scientifiques ou esthétiques, etc.) ; de «propriétés» indissolublement éthico-philosophiques et qui forment les *data* d'occasion dont a besoin la FL pour s'exercer. Ces mixtes perdent les privilèges revendiqués par la philosophie mais celle-ci, en même temps qu'elle est ainsi «réduite», est uni-versalisée sur un mode nouveau comme simple *a priori* de l'expérience éthique et comme conditionnant la donation occasionnelle de ses phénomènes.

D'une part la non-éthique ne peut pas se rapporter à des mixtes éthico-philosophiques qui seraient supposés formés et donnés seulement de manière contingente au gré de leurs manifestations empiriques — ce serait encore une thèse philosophique —, mais doit supposer que son ingrédient philosophique se rapporte *nécessairement et objectivement* aux phénomènes éthiques comme leur élément de donation occasionnelle. Seule la FL peut exiger ainsi que la philosophie vaille de manière aussi radicalement universelle et nécessaire de l'éthique, qu'elle y étende sa forme-décision ou mixte ; seule elle peut légitimer l'axiome «tout est virtuellement philosophable», en lui retirant évidemment son auto-justification philosophique qui, en réalité, le fait justement toujours inégal à l'expérience (éthique) ou partiel et limité du fait même de son ambition de totalité. La non-éthique énonce seulement que *si* des phénomènes éthiques lui sont donnés et *si* elle doit les prendre en compte, ils le seront nécessairement dans la forme a priori de la FL qui inclut la philosophie transformée.

D'autre part, en étant forcée d'abandonner ses prétentions classiques sur le Réel, la philosophie est également condamnée à cesser de forger des hypothèses dogmatiques et métaphysiques sur l'essence des phénomènes éthiques, sur leur supposée réalité ou irréalité. Elle entre maintenant dans une simple «forme» conditionnante ou un *a priori*, d'ailleurs autant matériel que formel puisqu'il ne donne pas seulement les phénomènes comme le ferait une forme mais les donne dans leur contenu ou leur matière avec laquelle, en tant que mixte, cette forme était déjà de toute façon mélangée. Cette réelle extension de sa signification comme uni-verselle et nécessaire en un sens radical non pas pour *tous* mais simplement pour *les* ou *des* phénomènes, a pour envers la fin de sa prétention *à décider seule* de la réalité des phénomènes («tous»...). Les concepts du dogmatisme et du scepticisme reçoivent un élargissement supplémentaire. Ils ne sont pas seulement le propre de la philosophie pré-kantienne mais bien de toute philosophie, même kantienne, en tant qu'elle prétend finalement (en particulier par l'éthique) pénétrer dans le Réel et légiférer sur cet «en soi» des phénomènes. Cette réduction uni-latéralisante de la philosophie à l'état d'*a priori* de la donation des phénomènes comme indissolublement éthico-philosophiques est une nouvelle manière, plus radicale, de comprendre l'axiome nietzschéen : «il n'y a pas de phénomènes moraux mais une interprétation morale des phénomènes». L'«interprétation», opération de la philosophie, est *uni-versalisée et radicalisée*, elle cesse donc d'être ce qu'elle est encore chez Nietzsche, une dernière décision philosophique ou hypothèse sur le réel des phénomènes moraux. Elle est exigée par la FL elle-même qui, en tant que transcendantale, détermine ici la signification de l'*a priori* et ne se rapporte pas à n'importe quelle expérience ou phénomène au risque d'un cercle empirico-transcendantal qui ferait sombrer l'éthique dans l'expérience c'est-à-dire l'arbitraire des décisions philosophiques, mais exige de se rapporter à la forme-philosophie elle-même et à la philosophie comme simple forme qui vaut universellement et nécessairement des *data*. La philosophie est bien un matériau, mais matériau de la forme uni-verselle des phénomènes. Ainsi la non-éthique est produite par la FL parce que celle-ci se limite «naturellement» à l'expérience au nouveau sens «occasionnel» du mot, aux décisions éthiques telles qu'elles sont *données* comme simples phénomènes par la forme-mixte et que toute supposition sur leur essence est abandonnée.. Le Réel n'est pas connaissable — ni même pensable — philosophiquement. En revanche la philosophie en ses diverses décisions, positions et figures maintenant neutralisées est, mieux encore qu'une «perspective» ou une «interprétation», un ingrédient de l'a priori «intuitif» ou donateur auquel doit se référer la non-éthique et en général la non-philosophie. C'est précisément lorsque la pensée abandonne toute *décision* éthique toujours trop-particulière et trop-mondaine, c'est-à-dire philosophique-trop-philosophique, lorsqu'elle cesse de se confier à une morale qu'elle tente d'universaliser par la violence, c'est à ce moment-là que la philosophie lui est rendue dans son uni-versalité (de-dernière-instance) comme ce qui lui sert de *forme de l'intuition*, de condition de l'appréhension de la morale— en quelque sorte une «esthét(h)ique transcendantale universelle» pour l'éthique.

La théorie et l'éthique unifiées-en-pratique

Le sujet *de* la non-éthique — l'autre-Etranger ou le Prochain — est sujet *pour* l'éthique, en vue de l'usage de celle-ci. Puisqu'il est déterminé en-Un et résulte du clonage de l'éthico-philosophique, il échappe aux antinomies du sujet et / ou de l'Ego, du sujet théorique et / ou pratique. De cette manière l'éthico-philosophique est constitué en un champ non seulement théorique, en «continent unifié», mais en un champ d'objets pour une *pratique* exercée par l'autre-Etranger. Le style reste ici théorique même s'il devient pratique nécessairement par sa cause-de-dernière-instance— performé en-dernière-instance, agir (-en-) pensant et réciproquement (au langage-support près)— *c'est à dire par sa structure d'uni-latéralité qui est le noyau réel de la «pratique»*. La dualité uni-latérale est la logique peu philosophique des identités en tant qu'identités immanentes, ayant cependant un contenu ou un divers, c'est-à-dire d'autres identités. C'est l'ordre du Réel et de la pratique tandis que la Différence, avec ses modes, est l'ordre de la philosophie et par conséquent de l'apparence, si objective dans son ordre soit-elle. Aux yeux du philosophe, le paradoxe est que cette logique non-unitaire des identités puisse rendre possible *une pratique effective de transformation* non pas tant interne au Monde — on l'a déjà dit — que de ce qui nous est effectivement donné, au titre de phénomènes, de l'expérience déterminée *a priori* comme philosophique ou mondaine et *mondialisée*. Elle réconcilie l'autonomie de l'ordre non-éthique (de la FL comme cause réelle) et la pratique effective comme transformation d'origine réelle ou pratique et de moyen idéel des décisions éthico-philosophiques. Mais elle les réconcilie par leur distinction uni-latérale

Du malheur, on distingue donc l'agir non-éthique qui exige que la force (de) pensée soit performationnelle sur le mode du Prochain. Il devient alors possible de «réconcilier» à ce niveau, d'identifier l'exigence éthique kantienne de performation (de là l'Etranger) et l'exigence éthique levinassienne de non-performation et d'inauthenticité (de là l'autre-Etranger). Le performé-de-dernière-instance est le contenu réel, phénoménal, dont la Raison pratique, le pouvoir de déterminer par soi seule la volonté est un modèle particulier. La découverte de l'Evangile, de Rousseau puis de Kant, à savoir que la Raison était pratique autant que théorique, nous ne pouvons que l'arracher à l'éthique et la déplacer vers le Réel (de) l'Un. Ce fut une demi-découverte, seule la vision-en-Un est pratique mais en-dernière-instance, une pratique non-suffisante qui appelle l'autonomie relative de l'éthique. Kant restreint l'usage et le sens de cette découverte en la remettant au service de la morale et de l'auto-position philosophique. L'idée de la théorie unifiée du philosophique et de l'éthique, loin de leur continuité grecque et dans le respect de l'autonomie relative de l'éthique que Kant a découverte, ne peut être possible que par ce déplacement de la pratique arrachée à l'éthique et à l'ontologie de l'activité en général et la déterminant d'autant plus mais seulement en-dernière-instance. Puisqu'elle renvoie par sa cause à la seule immanence, la pratique exige aussi une autre expérience, plus hétéronome, de la transcendance. La pratique en son uni-versalité n'est pas une transcendance ou une hétérogénéité hyperbolique comme l'éthique, mais cause uni-latérale *pour* la transcendance éthique elle-même. L'Etranger se constitue comme transcendance théorique (clonée du *meta*), mais elle est maintenant *éthiquement surdéterminée* par une transcendance (clonée de l'*epekeina*) irréductible à la transcendance théorique malgré les ambiguïtés que les Grecs maintenaient sur ce point, et que Levinas a contribué à dissiper.

La non-éthique appartient au genre «théorie unifiée». La

première forme possible de celle-ci est la théorie unifiée de la pensée (de la science et de la philosophie) qui pose l'organon de la force (de) pensée comme Distance simple ou extériorité non-autopositionnelle, structure uni-verselle de l'Etranger. Il importe toutefois de ne pas reconstituer un théoricisme nouveau sur la base non-philosophique, théoricisme qui est celui de toute éthique philosophique, même lorsqu'elle découvre une certaine essence spécifique de la Raison pratique (Kant) et la distingue de la «spéculation». Sans doute la première théorie possible est celle de la pensée et de la connaissance, c'est-à-dire de la science et de la philosophie, et il ne peut être question de lui opposer une pratique ou une exigence «brutes» ou «primaires». Mais la sphère éthique possède sa différence spécifique que précisément le malheur nous permet de penser dans sa *radicalité* d'altérité ou de transcendance hors de tout théoricisme d'origine métaphysique et qui fonctionnerait comme normalisation de l'éthique. Cet organon est de transcendance ontique et pas seulement d'extériorité (la radicalité de la non-philosophie permet de dissocier les dimensions de la Distance et de la Transcendance que la philosophie confond dans un mixte). Dans la non-éthique, afin d'éviter tout théoricisme ou réduction de la pratique à la théorie, cette transcendance passe à l'état de détermination principale et doit être décrite comme la radicalisation de cette dimension d'exigence et d'altérité que Kant d'une part et Levinas d'autre part ont tenté d'introduire. L'Etranger doit être ainsi dépassé vers l'autre-Etranger — être lui-même un devoir non-éthique —, parce que le champ des phénomènes inclut cette exigence universelle d'un dépassement de l'ontologique vers l'éthique.

Elaborer une non-éthique est «lui-même» un devoir, sans doute, mais l'essence de l'homme n'épuise pas cette tâche, il y faut sa causalité occasionnelle ou tel qu'il y va de lui dans le Monde. La non-éthique s'exprime en des injonctions uni-verselles en-dernière-instance, qui se confondent avec l'existence du Prochain et qui s'adressent à l'homme-selon-le-monde. Ce n'est pas une axiomatique seulement théorique portant sur des objets éthiques. Déjà dans la théorie unifiée de la science et de la philosophie comme formes majeures de la pensée, la distinction réciproque du théorique et du pratique n'était pas possible pour la vision-en-Un qui était praxis ou être-performé non-performationnel (de) soi. Au-delà de cette praxis, la distinction de la théorie et de la pragmatique tonbait déjà dans la détermination-en-dernière-instance c'est à dire dans la structure de l'uni-latéralité. Il en va de même de celle de la théorie et de l'éthique. C'est finalement, hors de toute synthèse «totale», *la praxis qui détermine une pratique unifiée ou qui unifie-en-dernière-instance le théorique, le pragmatique et, ici, l'éthique.* L'expression de théorie unifiée de l'éthique et de la philosophie doit se comprendre avec toutes ces déterminations comme une pratique unifiée (pratique se déduit de praxis et non d'éthique), sans être limitée par elle, et nullement comme une entreprise de coalition, d'interférence ou de combinaison «complexe» à la manière moderne. Ni d'ailleurs comme une unification de la philosophie et de la pratique, mais comme une unification de la philosophie et de l'éthique par la pratique-de-dernière-instance.

Pour une pratique éthique effective

L'éthique ainsi enlevée à elle-même, en réalité à l'auto-position philosophique, peut être rendue effectivement aux humains et donner lieu à une pratique non-éthique. D'une part en effet une nécessité «éthique» réellement inconditionnée est assurée, indépendamment de tout conditionnement philosophique, puisque la FL *détermine* par elle seule de manière réelle suffisante l'obéissance, le consentement, etc. qui affectent les vécus pratiques. D'autre part une pratique effective est également assurée puisque la FL se rapporte nécessairement à des phénomènes et n'a de sens que dans les limites de la nouvelle expérience (éthico-philosphique). Le matériau dispose sans doute d'une autonomie relative contingente mais elle lui est reconnue transcendantalement et confirmée par la FL qui, de cette manière, trouve toujours ou de droit un matériau «devant» elle. Elle peut ainsi être enfin *effectivement* pratique et cesser d'être ce vœu à quoi aboutit l'éthico-philosophique qui est trop pur par auto-position ou bien par excès de la transcendance sur elle-même, dans les deux cas par autonomie absolue de la transcendance, pour avoir un quelconque effet soit dans l'expérience la plus singulière soit dans l'expérience telle que nous venons de la définir comme mixte (non pas dans «le Monde» en général, qui est encore l'objet d'une décision philosophique et un concept transcendant, mais dans la pensée-monde qu'*est* ce mixte).

Ce problème importe. L'essence de l'homme suffit à déterminer-en-dernière-instance *seulement* — et *si* donc des *data* éthico-philosophiques se présentent d'eux-mêmes ou *si* il y a un tel donné — un organon non-éthique. Mais celui-ci suffit-il, dira-t-on, par son côté de transcendance ou d'altérité radicale, à déterminer une pratique effective sur ces *data* ou à les déterminer d'une manière non-éthique ? On reconnaît la forme nouvelle que prend le problème kantien d'une suffisance de la raison *pure* à être «pratique par elle-même», sans l'intervention de mobiles toujours plus ou moins empiriques. Cette forme nouvelle est celle-ci : la FL suffit-elle, malgré ou à cause de sa «pureté» transcendantale, à déterminer une action comme non-éthique sans l'aide *supposée constituante* des *data* éthico-philosophiques ? La réponse se dispose tout autrement que dans le kantisme. Celui-ci *décide* entre raison pure et mobiles pathologiques, cette décision implique la suffisance morale de la raison pure et le rejet des mobiles et de la sensibilité dans la sphère extérieure de l'«application anthropologique». C'est la solution — qui appelle d'ailleurs chez Kant une stratégie théorique plus nuancée que nous ne semblons le suggérer ici— du *purisme* rationnel. La non-éthique distribue autrement que selon un cercle d'exclusion et / ou d'inclusion variées, l'essence (la cause réelle) et ce qui est de l'ordre d'une cause (*occasionnelle*). D'une part la FL représente la cause réelle des actions non-éthiques ; elle introduit *par clonage* l'identité radicale dans le commandement et l'obéissance, la nécessité et le consentement, etc. sans plus passer par la médiation ou la synthèse encore extérieure du respect. La FL suffit donc — par définition — à affecter et à déterminer de manière immanente les *data* éthico-philosophiques et les vécus humains transcendants qui les accompagnent (dont les vécus rationnels), détermination qui se fait sans passer par la causalité *supposée essentielle* de ces *data*, par le redoublement de leur intervention (comme *data* et comme causalité). Par ailleurs, ce qui se tient hors du Réel (mais en-lui), ces *data* comme équivalent de l'empirique au sens philosophique (l'«application anthropologique» de la «métaphysique des mœurs», par exemple), intervient dans la pratique effective comme cause occasionnelle seulement plutôt que cause co-essentielle. Enfin les dimensions *a priori* qui accompagnent la non-éthique dans les actions où elle s'investit comme FL, entretiennent à celle-ci un rapport que l'on a précédemment distingué

L'Etranger et le Prochain   349

du quasi cercle philosophique de l'essence et de l'empirique et/ou de l'*a priori*.

Lorsque l'homme n'est plus conçu de manière moniste et/ou dualiste — aucune philosophie n'échappe à ce schéma unitaire et à ses possibilités —, lorsqu'il cesse d'être une entité métaphysique pour être éprouvé uni-latéralement ou indivi-dualement comme en-homme, la FL suffit par elle-même à être pratique sans le secours de mobiles extérieurs (les *data* éthico-philosophiques ne sont plus de tels mobiles). En réalité ce sont en général la forme, la cause efficiente et la matière qui sont exclues par la FL et pas seulement les mobiles empiriques comme dans le formalisme. L'Appel du Héros ou de la Conscience, le Devoir et la Bonne volonté comme volonté rationnelle, le Surhomme, le Bonheur, la Vertu, etc. sont des fétiches découpés dans une transcendance auto-positionnelle et qui refoulent la causalité non-éthique, toute d'immanence même lorsqu'elle use de la transcendance et la détermine. Même l'impératif catégorique apparaît du coup comme encore conditionné sinon par des fins empiriques, du moins par les fins ontologiques de la philosophie. Comme le commandement absolu qu'est le Visage ou Autrui reste ordonné aux fins de la religion, l'impératif catégorique reste techniquement ordonné aux buts propres à la Décision philosophique. Le Prochain n'y trouve plus que des modèles ou des symptômes.

Contre la foi éthique hallucinatoire

On a précédemment établi ici, contre Kant et Levinas, la réalité d'une éthique *effective,* c'est-à-dire apriorico-expérimentale plutôt que simplement formelle et méta-physique; ordonnée dans tous ses éléments (cause et organon) *au Réel,* sans doute en-dernière-instance, plutôt qu'au formel ou à l'Autre homme — en général à l'Autre. Mais on doit maintenant refuser l'idée hallucinatoire d'une intervention *proprement éthique* ou *purement éthique* dans les événements du Monde. Ne se rapportant pas directement au Monde et à l'expérience dans le Monde telle que l'imagine la philosophie, la non-éthique pourrait paraître en effet stérile aux yeux de la croyance éthico-philosophique. Peut-être trouvera-t-on que l'insertion des *data* éthico-philosophiques donnés *a priori,* dans un processus immanent, ne peut équivaloir à une véritable pratique transformatrice et que celle-ci devrait être plutôt une *synthèse* (Kant) qu'une *identité*. Mais c'est précisément l'identité en-dernière-instance «de» la transcendance, dans la FL, et elle seule *comme immanente*, qui peut libérer la charge d'hétérogénéité et l'autonomie relative de l'expérience, tandis que les procédés philosophiques (l'analyse, la synthèse, la dialectique, la différence), sont d'intériorisation de la transcendance dans l'immanence, d'absorption herméneutique, et dissolvent la résistance du matériau dans les simulacres et les apparences de l'auto-position. Cette identité — en-dernière-instance-seulement — du matériau préserve en quelque sorte son autonomie et la libère de la maîtrise philosophique. La philosophie paraît au premier abord plus positive et plus pratique que la non-philosophie ou la non-éthique, parce qu'elle divise et redouble, parce qu'elle plie, déplie, tord et coupe, etc. et qu'elle est opératoire de cette manière. Mais qu'est-ce qu'un travail *dans* l'apparence ou l'hallucination philosophique du Réel, sinon une hallucination de pratique ? L'identité-de-dernière-instance, quant à elle, ne fait pas que simplement se soustraire aux *data*, dans un retrait massif, exclusif, métaphysique encore, à la manière d'une identité transcendante. Il faut distinguer l'identité transcendante de la philosophie et l'identité immanente (*de*) la transcendance et qui la détermine. C'est une autre distribution qu'elle dispose, un autre rapport à l'empirique qu'elle manifeste en «se retirant», — en affirmant plutôt son immanence — une dispersion des ordres ou des instances définitivement hétérogènes, et que leur identité immanente rend à jamais in-analysables et non-synthétisables.

Il convient donc d'analyser le mécanisme réel de la pratique en régime philosophique et la croyance à une législation prétendûment éthique, de montrer l'apparence qui la soutient comme législation en réalité philosophique ou sur-éthique.

La foi éthique est structurée comme une foi méta- et epekeina-physique, c'est la croyance qu'une détermination éthique pure des événements est possible et nécessaire. Apparence objective chevillée au corps de la philosophie et qui fonde l'*appel* à l'intervention éthique, par ailleurs (qui se pressent) *vaine*, dans le Monde. Or il n'y a que des mixtes d'idéalité éthique et d'autres phénomènes qui tentent de se réfléchir, de se poser

L'Etranger et le Prochain 351

absolument, par analyse et synthèse, différence et dialectique, des identités techno-éthiques, politico-éthiques, etc., c'est l'élément où pousse la croyance à une action purement éthique. Tandis que la foi éthico-philosophique croit pouvoir intervenir directement dans les connexions du Monde et par là même — dans quelque mesure du moins — dans le Réel en personne, et suppose donc sur cette base un Réel non-encore-éthique et une loi éthique séparés et continus — comme des termes relativement autonomes ou des *termes en soi parce qu'en-dyade* —, la non-éthique affirme que les mixtes éthico-philosophiques sont des ensembles plus qu'indissolubles : des identités à traiter globalement comme de simples *data*. Elle ne peut donc plus prétendre y inter-venir et limiter son pouvoir éthique à cette activité mixte de législation et de technologie, à cette *techno-éthique*, mais doit se rapporter à l'*identité* du mixte et découvrir chaque fois le rapport que la FL doit entretenir à ce donné «global» qui n'est que symptôme.

D'une part l'exception philosophique à la supposée éthique, la transcendance de la philosophie, postule la distinction relative, la séparabilité d'un objet à normer («nature», «décisions biotechnologiques», «affects», etc.) et d'une règle ou norme qui a toujours au moins un tel aspect de transcendance absolue. Mais d'autre part cette supposition est aussi bien un effet de la philosophie elle-même qui pose également la continuité (d'ailleurs diversement comprise) de l'objet et de la loi, quand ce ne serait qu'une continuité technologique. La prétendue législation éthique se résout en une *technologie transcendantale de déplacement et de transformation des frontières*. Cette pratique suppose la croyance à la possibilité d'une intervention éthique *en soi* dans le réel empirique *en soi*. Par «en soi» nous entendons maintenant ce que du réel-Un et de sa connaissance postule la philosophie sur le mode de la forclusion par ses divers concepts d'«en soi», et nous lui opposons la simple donation occasionnelle, *a priori,* des phénomènes. Or cette croyance qui sous-tend toute éthique, spontanée ou élaborée, dès qu'elle ne se reconnaît plus pour une simple adaptation aux mœurs de l'époque et du milieu, est fondée sur l'apparence transcendantale qui est celle de toute philosophie en tant qu'elle prétend atteindre le Réel.

L'éthique philosophique postule ainsi illusoirement une intervention éthique pure dans les événements intérieurs au Monde, ce que ne permettent pas réellement les couples forme / matière, loi / pathologique, etc... Seule une supposition technologique de «boîte noire» ou d'identité inélucidée peut assurer la suture de l'expérience et du jugement moral commun ou de la volonté rationnelle. La technologie éthico-sociale, partie essentielle de l'éthique-monde, peut assurer la soudure supposée, à condition qu'elle soit reconnue comme telle (Comités d'éthique, etc.). Mais c'est la philosophie, en tant que structure de l'éthique, qui est cette technique de jointure qui crée l'apparence objective d'une action éthique possible sur la singularité des événements. C'est elle qui est en réalité cette technique transcendantale qui a pour objet le réel comme Tout ou Etre. La législation éthique une fois de plus n'est pas réellement éthique mais éthico-technologique et échoue dans une gestion ou une sur-gestion des mixtes, dans des procédés de mise en mouvement des frontières par déplacement et inversion. Autrement dit la demande éthique n'est pas seulement éthique mais tout autant politique, financière, économique, psychologique, sécuritaire, etc. La critique de la prétendue législation éthique sur le concret des situations — en réalité déjà idéalisées —, signifie ou que l'éthique n'agit que si elle cesse d'être purement éthique, ou que l'éthique philosophique pure ne peut agir sur les situations sauf à les platoniser involontairement.

L'apparence transcendantale et la croyance éthico-philosophiques étant ainsi mises à jour, il reste à décrire ce rapport nouveau aux mixtes qui, renonçant à les conserver et les reproduire dans le déplacement des frontières, doit défaire leur suffisance, la détruire tout en les conservant comme matériau. Seule la FL plutôt que l'autorité de la Loi supposée déjà donnée (comme faite ou à faire et en devenir, peu importe ici) peut ne pas se résoudre en une activité de déplacement et d'inversion techno-philosophique des frontières de l'éthique et du non-encore-éthique. Tandis que l'éthico-philosophique livré à sa suffisance prend pour objet ces frontières et croit avoir beaucoup fait en les déplaçant, les brouillant, les entamant, etc. — en légiférant —, la non-éthique réalise les vraies fins de l'éthique en renonçant à être déterminée par une pareille technologie et en prenant pour objet ce qui est donné dans l'expérience telle que décrite plus haut, c'est-à-dire l'identité (du) mixte (frontières comprises). L'autorité philosophique n'est plus là pour le poser (l'auto-poser) et le déposer (le soustraire) à sa guise, mais il est maintenant intégralement donné comme matériau de la FL..

La non-éthique ne produit plus de normes nouvelles «à la demande» — toujours le cercle. C'est un ensemble de rapports non-technologiques des normes-*data* au Réel-homme en tant que FL. Ce ne sont donc plus des «décisions», des «interventions», des «créations» éthiques. Quelle est cette architecture interne de la non-éthique après l'abandon de la suffisance ? Si celle-ci est pour l'essentiel l'unité de deux transcendances, le quasi-cercle d'une hiérarchie avec les opérations qu'elle tolère et qui l'accompagnent (déplacement, inversion, convertibilité, convergence et divergence, différence, tournant, etc.), la forme non-éthique est au contraire un chaos de déterminations sous forme d'identités radicales, sans hiérarchie mais chaque fois à «dualité uni-latérale» dont aucune déformation topologique, aucune torsion sur soi ou altération ne peut rendre compte à partir du mixte. Ce chaos, réglé par la «syntaxe» de la dualité uni-latérale, rend possible *une véritable pratique transformatrice qui échappe aux apparences topologiques*. Pour qu'il y ait un travail éthique effectif, pas seulement un rêve métaphysique des mœurs, une utopie d'Autrui, une topologie du vil et du noble ou une éthique du singulier et du remarquable, il faut que le matériau soit relativement autonome par rapport à la FL qui représente le côté de la cause et de l'essence ; que sa contingence d'origine empirique ne se résorbe pas dans son assomption transcendantale et que celle-ci achève de lui assurer une hétérogénéité irréductible par rapport à la FL. La non-éthique détermine en extériorité, parce que de manière immanente, le matériau, elle abandonne les doublets ou redoublements, les doublures tautologiques que sont encore non seulement le respect de la Loi (Kant) mais la réaffirmation et la création des valeurs (Nietzsche et la phénoménologie) — et elle manifeste des identités transcendantales uni-verselles au triple aspect (un-identité, uni-latéralité, uni-versalité)-en quelque sorte un *chaos d'uni-vers*.

Une théorie pure et expérimentale. Ethique absolue et éthique radicale

Ou bien la pratique éthique est réellement éthique et plus inefficace qu'elle ne le croit, ou bien elle est efficace mais autant théorique et politique qu'éthique, c'est-à-dire technologique dans son traitement d'Autrui. Dans ce contexte gréco-judaïque une action purement éthique, comme celle à laquelle pense Levinas, est justement sans-monde ou inefficace. Une action sur le Monde au contraire, comme celle à laquelle pense Kant, n'est pas assurée par définition d'être éthique. Seule la non-éthique réconcilie, mais justement en-dernière-instance seulement, le Monde nécessaire à un agir éthique et l'agir *non*-éthique qui est celui de l'Etranger, tout en court-circuitant la médiation technologique. C'est la performativité du Réel qui identifie sans synthèse le dire et le faire, l'énonciation et l'énoncé dans l'autre-Etranger. Une éthique pure ou première est possible mais à condition d'abandonner la voie gréco-juive sous ses deux volets. Elle sera «pure» au sens radical qui exclut le mélange dans l'essence et l'exige dans le matériau, pas au sens formel-absolu de Kant. Autrement dit, il s'agit d'une *théorie pure de* la non-éthique *pour* l'éthique, plutôt que du concept monstrueux d'«éthique pure». La théorie pure de la non-éthique a un rapport nécessaire à l'expérience que la philosophie n'a qu'en tant que technologie, pas en tant qu'éthique. Un purisme auto-positionnel n'a de sens (kantien) qu'à l'intérieur de la philosophie et d'abord de la métaphysique des mœurs. Mais l'auto-position n'est pas l'authentique performativité (du) Réel. L'autoposition est le purisme du formel-pur, que peuvent les termes supposés libres et isolés à l'intérieur du mixte, donc des fausses identités. Ce purisme est conditionné par le mixte et doit être distingué de l'autonomie de l'identité de-dernière-instance, sans-mixte donc sans exception onto-théo-logique.

Tout ce qui distingue une éthique philosophique d'une non-éthique peut se résumer ainsi : l'une est une éthique absolue, l'autre n'est qu'une éthique radicale. Seule une non-éthique peut d'une part ne pas se résorber dans les mœurs et les correctifs empiriques de l'étho-techno-logie, et disposer d'une réalité vécue et d'une possibilité irréductibles à son objet. Ainsi sont évités le naturalisme, l'empirisme et maintenant le biologisme qui menacent une simple éthique. Et d'autre part ne pas succomber au purisme de la Raison pure, à l'auto-position rationnelle de la Loi, et pas davantage à l'extrémisme de l'Altérité et à une éthique se limitant à l'interdit et uniquement désarmante. Elle a ceci de très particulier qu'elle est sans doute transcendantale pure, sans concession à l'empirisme et au naturalisme, mais identiquement quasi-expérimentale, opérante et inférante nécessairement sur un objet d'expérience. Les éthiques philosophique ou judaïque, chacune à leur manière, sont menacées d'une antinomie : d'être trop pures, sans objet ou sans réalisation de fait, trop transcendantes en mode rationnel ou trop infinies et sans pouvoir affecter réellement l'expérience et la vie ; ou bien d'être trop empiristes et co-déterminées par l'expérience, de virer en une casuistique ou de légiférer pour le détail le plus particulier de la vie, sans atteindre une vraie universalité de législation. Elles n'échappent à cette antinomie que comme théorie pratique *unifiée* de l'éthique, articulée sur une cause-identité radicale et prenant pour objet non pas les *data* de la matière infra-éthique des actes, ni ces actes sans matière et réduits à l'intention, mais la corrélation de ces *data* et des *actes* éthico-philosophiques, des mœurs données et des décisions éthiques plus générales.

L'autre-Etranger est une entité transcendantale seulement, un véhicule des effets du Réel. L'Etranger n'est pas l'*auteur* de la Loi en même temps que la Loi, mais son agent et son véhicule. Véracité et solitude sont encore plus anciennes que la Loi elle-même, que l'essence spécifiquement éthique. Levinas fait une éthique ontique de substitution à la philosophie, une éthique encore spontanée et qui est l'expression immédiate d'un certain réel, de la transcendance et non son expression en-dernière-instance seulement. Si l'Etranger n'est que l'organon, un organon d'ailleurs spécifique, il n'est que le moyen, pas le Réel même. Est-ce à dire que la non-éthique est technologique et un impératif technique ? *Non* : la catégoricité de l'éthique (l'universalité du commandement), est par la philosophie confondue avec l'*absolu* ou l'auto-positionnel. Il faut dissocier l'absoluité (illusoire) et la contrainte éthique, qui est seulement radicale, et ne pas confondre l'impératif éthique avec l'ipération ultime de la pensée. D'être radical de cette manière ne lui enlève rien de sa force. Mais c'est une force humaine, non-philosophique. Ainsi pas d'éthique première comme absolue, c'est une philosophie programmant une auto-position de la Loi. De là l'impossibilité de la connaissance pure de la Loi autant que d'une pratique éthique. Si en effet le jugement moral et la bonne volonté incluent toutes les conditions de l'agir en tant du moins que voulues, une pratique effective ne peut être que d'application et fait système avec un idéalisme et un purisme de l'action morale. L'éthique-monde oscille entre une inclusion et une exclusion de l'expérience aux conditions morales, sans trouver le juste rapport de transformation éthique à l'expérience : éthique impossible par excès ou par défaut, n'étant que l'organisation philosophique et technologique de l'expérience. Le philosophe est l'être moral et / ou l'être im-moral et contamine l'éthique de son ambiguïté. Comment constituer un ordre éthique relativement autonome, permettant une pratique réelle, sinon en autonomisant absolument et radicalement dès le départ les *data* éthico-mondains ? Il est donc nécessaire que le rapport de la Loi à ses conditions d'existence ne soient ni d'inclusion ni d'exclusion, ni de paresse ni de scepticisme, ni de réalité ni d'impossibilité. Il faut réduire leur auto-position, qui est une opération d'identité simultanée, afin que l' éthique soit première et radicale et ne perde pas sur les deux tableaux de la théorie et de la pragmatique.

De la non-éthique comme hypothèse ou par provision

La non-éthique, par sa constitution intime, a le statut d'une «simple» hypothèse et doit le rester. D'une part elle ne peut être une thèse philosophique, elle assume un style axiomatique plutôt que le style dogmatique classique de la philosophie. Toutefois elle n'est pas une «simple hypothèse de travail» ou bien une hypothèse au sens scientifique positif et à effet théorique. «Scientifique», elle l'est mais au titre d'un *aspect*, ou comme Théorie unifiée. Réduite non à un contenu de connaissance mais au seul Un de-dernière-instance, qui n'a aucun contenu, ou qui n'a pour contenu que son être-forclos ou séparé, elle reste définitivement une hypothèse inassimilable par définition à et par l'expérience, à la différence de la thèse philosophique rapidement vérifiée et/ou falsifiée par ses résultats. D'autre part elle reste une hypothèse non seulement parce qu'elle a besoin de diriger la FL sur une expérience, une donation, mais parce qu'elle ne se modifie que relativement, pas dans son essence d'hypothèse, mais *en fonction* de la contingence de cette expérience. Ce n'est plus une hypothèse locale, régionale, simplement inductive, elle est uni-verselle ou vaut du fondamental, de l'éthico-philosophique et de sa constitution clonale. Conséquences :

1. La pratique non-éthique est celle d'une production d'énoncés et d'actes éthiquement inintelligibles, d'énoncés et d'actes indécidables par telle valeur, telle fin, telle intention. Ceci contre le tout-philosophie de l'auto-position mais aussi de l'Autrui soutenu par l'auto-position, de l'*epekeina* comme métadonation, contre aussi le théoricisme qui ignore la pratique et l'agir éthique. L'idée que l'éthique puisse constituer une sphère autonome a un sens relatif dans la non-éthique, mais aucun sens réel dans la philosophie qui la réduit par l'auto-position, ou bien par la technologie. L'autonomie radicale du Réel libère l'autonomie relative des sphères, tandis que la philosophie clôture l'expérience éthique, loin de la libérer, ce qu'elle ne fait croire que par une ultime ruse. Avoir besoin d'une théorie non-éthique doit rester une hypothèse non-éthique, que son caractère non-éthique ne fait pas abandonner comme hypothèse. C'est sortir de la sphère corrompue du «besoin éthique», qui n'est qu'un en soi étho-logique.

2. Que veut dire alors pour la non-éthique «ne plus prescrire» ? Cette maxime, elle-même trop évidemment prise dans la suffisance de l'éthique-monde, doit être uni-versalisée et veut dire ici : ne plus construire d'éthique philosophique, c'est devenu une chose facile où s'exprime le ressentiment ; ne plus faire d'hypothèses sur le Monde en soi, sur le Bien et le Mal en soi, leur substituer des usages nouveaux de l'éthique existante devenue pour nous un milieu d'existence, d'opinions, d'objets comme les autres — une éthique-monde justement. Le véritable refus n'est pas de la prescription mais de la satisfaction de la suffisance et de la vanité de la prescription. Le malheur et la solitude les plus humains révèlent l'illusion transcendantale, voire l'hallucination dont souffre toute prescription. Prescription comme interdiction (de prescrire) sont de toute façon impuissantes à lever la foi éthique, grecque et juive, sous ses aspects les plus naïfs et pointent vers d'autres moyens qui touchent au Réel. Le Réel est forclos à la prescription comme à l'interdiction, il est d'une non-suffisance qui n'a pas besoin de celles-ci. S'il y a un

retour possible de la prescription et de l'interdiction, il se fera sur le fond de cette forclusion radicale. On pourrait multiplier les interdits ou les prescrits sous la forme de «jeux» éthiques, mais c'est encore donner à la non-éthique, une finalité qui n'excède pas le cercle vicieux (ou «malin»). Ce qu'elle peut opérer, c'est l'identité-de-dernière-instance de la prescription et de l'invention d'une part, celle de la critique et de l'interdiction d'autre part, plutôt qu'une nouvelle auto-prescription de lois déjà données par ailleurs ou qu'une nouvelle auto-interdiction déjà contenue dans l'éthique-monde.

L'agir non-éthique évite les prescriptions rationnelles et mondaines et formule des prescriptions transcendantales prenant les premières pour objet. Il combine un aspect théorique général d'explication de l'éthique mondaine, un aspect pragmatique général d'usage de cette éthique, et un aspect plus spécifique dans lequel ces deux activités sont vécues comme une exigence radicale apportée par l'Etranger. Renoncer à prescrire est encore plus absurde que prescrire et relève de la même foi éthique. Ce dont il s'agit plutôt, c'est de ne pas ajouter par suffisance aux prescriptions rationnelles-mondaines. Ce traité-ci est un agir performatif qui manifeste l'essence (de) malheur ou de solitude forclose de l'homme comme sujet-existant-Etranger. Pour caractériser un premier contenu de cette exigence non-éthique, si elle ne consiste pas à ajouter aux éthiques philosophiques et à intervenir *dans* le Monde en fonction de la pensée-monde, à quoi se résume-t-elle ? De quoi y a-t-il exigence ? La non-éthique est en priorité une pratique de l'invention et de la création dans l'esprit de la «découverte» ou *selon la dernière-instance*, et finalement de l'utopie. Elle articule, plutôt qu'elle ne combine dans un système

    a. L'utopie, propre au Réel, le Réel n'étant pas l'impossible mais le séparé-sans-séparation ou le non-suffisant de l'homme ; l'utopie en ce sens réel, non imaginaire ou transcendantal, n'est qu'en-dernière-instance, mais elle impose que l'éthique renonce aux utopies imaginaires qui structurent la pensée-monde.

    b. La «découverte», propre à l'essence de la pensée, la pensée n'étant pas le possible mais le commencement transcendantal ou l'émergence de ce qui est premier ; la pensée première lorsqu'elle est déterminée-en-dernière-instance par l'utopie (du) Réel, mais orientée déjà par principe vers la pensée-monde, peut être dite «découverte» plutôt que possible ou que virtuelle, émergence plutôt qu'actualisation.

c. L'invention, propre à la pensée non plus dans son essence mais dans son opération, en tant qu'organon ; l'invention suppose plus que l'imagination philosophique (transcendantale) comme synthèse des contraires : elle invente des dualités nouvelles, uni-latérales plutôt que des dyades ; et qui sont des ensembles unifiés plutôt qu'unitaires.

La non-éthique est une pratique articulée, sur un mode nouveau, d'aspects d'utopie (sans être une utopie), de découverte (sans être une science positive), d'invention (sans être une technologie) s'exerçant sur l'éthique-monde. Elle oppose cet ensemble au cercle de la répétition philosophique, à son utopie mondaine et imaginaire, à sa pensée première mais interminable et toujours retardée, à sa technologie limitée à l'imagination — globalement au système d'une pensée-monde articulée sur une logique de l'échange et de la convertibilité universelle des concepts, en particulier des éthiques-marchandises en cours de dissolution dans le marché mondial de la *doxa*. La non-éthique (de) l'Etranger n'est pas une utopie au sens vulgaire ou dans le Monde, c'est une posture utopique *pour* la pensée-monde. Utopie-sans-Monde mais pour le Monde et qui refuse ainsi d'assumer l'éthique-monde telle qu'elle est enserrée entre les deux extrêmes de la mondanisation et de la mondialisation. Les formulations positives importent beaucoup ici pour saisir l'identité de la prescription, du commandement ou de la contrainte / exigence, et de l'invention. L'obéissance (Kant), le projet (Fichte), l'otage responsable (Lévinas) ne sont pas éliminés pour autant mais changent de fonction et de statut, ce sont des objets pour un nouvel usage qui se propose de dégager leur identité-de-dernière-instance, par où ils sont «égaux». En particulier l'identité de l'impératif catégorique et de son invention est telle que d'une certaine manière elle est pour l'Etranger cet impératif et cette invention à la fois.

3. Nous n'admettons la «demande éthique» que comme

le symptôme acceptable d'une autonomie relative enfin, de la non-éthique. L'éthique «nouvelle» n'est pas convertible avec le Réel avec lequel elle ne se confond pas (vision morale du Monde, Kant et Levinas). Ni différence bilatérale ni identité unilatérale mais dualité uni-latérale, elle est relative au Réel, mais autonome relativement par l'autonomie du matériau qu'elle se donne ou prend pour objet. Celui qui demandera de l'éthique ne recevra que de la morale ou de l'étho-logie, celui qui n'en demande pas recevra l'image non-éthique de l'éthique. A quoi sert-il de se plaindre d'un manque d'éthique alors qu'il y en a un trop plein, ou de ce trop plein alors qu'il y en a un manque ? Il serait déjà beau de savoir se servir de ce qui existe et de ne pas confondre la chose et son usage.

4. On se demandera si la dimension d'*epekeina* de l'éthique ne condamne pas celle-ci, à la différence de la métaphysique, à être toujours par provision. Morale provisoire, toute morale l'est nécessairement dans la mesure où elle est périphérique à la Décision philosophique et ouvre celle-ci à une expérience qui reste ici indéterminée, qui ne parvient pas à donner à l'*epekeina* son véritable objet et qui remplit cette dimension avec l'expérience la plus plate, celle de la «morale», traditionnelle par définition. La non-éthique, en s'enracinant dans le malheur et la solitude de l'homme, *les laisse indéterminés ou non-consistants philosophiquement ou éthiquement*, et ne les détermine qu'en les supposant déjà «déterminés» de cette manière philosophique. La non-éthique participe en ce sens très limité d'une éthique par provision qui refuse de se confondre justement avec une «morale».

«Ne plus prescrire»? Ne pas tuer, ne pas mentir, etc.

Pourquoi l'interdiction prime-t-elle sur la prescription ? Déjà dans la forme la plus épurée de l'éthique-monde, la dimension éthique s'annonce comme l'appel de l'homme à l'homme (plutôt que de Dieu à l'homme, qui en est la face positive). Négative ou plutôt d'interdiction, l'éthique tient ce trait de sa structure même. Ce trait ne peut qu'être reçu par la non-éthique, à une transformation près. Elle est le clonage et l'uni-versalisation de l'étant *réel*, de l'Autre ontique, homme supérieur ou quasi-divin, en un-homme sans prétentions sur le Réel. Or dans l'éthique la prescription ne peut recevoir qu'une formulation négative, elle est la face négative de la transcendance en *epekeina*. Lorsque l'abstraction devient éthico-axiomatique comme c'est le cas ici, elle ne cesse pas d'avoir une forme négative, mais qui a, nous le savons, une tout autre signification que la précédente, la non-éthique ne pouvant se dire que selon le malheur et l'Etranger, affectés de non-suffisance et interdisant toute énonciation positive, factuelle et empirique. Mais l'abstraction de la non-suffisance axiomatique est positive et n'aboutit à aucune «éthique négative». «Ne pas mentir», «ne pas tuer», etc. ne peuvent avoir le sens immédiat de l'éthique-monde, mais celui que peut leur donner l'autre-Etranger. Il faut passer à propos des formulations négatives (tu n'useras pas de l'éthique-monde pour tuer, pour assujettir, etc.), de leur caractère négatif au caractère de leur non-suffisance. Un non-mentir est impératif comme le malheur et muet comme lui, c'est une non-suffisance de l'homme qui n'a pas à dire la vérité comme objet d'une prescription positive, mais ses énonciations ne peuvent *dire* la vérité du malheur que comme un non-mentir, la consistance du Réel-homme en général que comme un non-assassinable, etc... «Tu ne tueras point» n'a de sens ici que s'il est toujours possible de tuer mais s'il y a aussi un In-assassinable de-dernière-instance, une limite non-éthique radicale, opposée à l'éthique et à son pouvoir dans l'homme même. Le meurtre peut toujours être philosophé au nom des intérêts supérieurs de l'onto-théo-logie (de Dieu), et par conséquent il est philosophable comme exceptionnel. Pour être réellement uni-verselle, l'interdiction de tuer doit venir non de Dieu ni de l'homme éthique, mais de l'humain dernier dans l'homme. Le crime comme volonté du crime commence et s'achève plus généralement avec la philosophie et l'éthique-monde parce qu'elles se donnent le droit d'attenter à l'essence de l'homme pourtant inaliénable. L'interdiction de tuer ou de mentir n'est philosophiquement indéfinissable et indémontrable, du moins dans son uni-versalité, que rapportée au malheur. L'anti-humanisme, théorique-et-pratique, est la loi, la Loi, le Monde même. Que la philosophie cède la place devant l'éthique est une ruse et le moindre des défauts d'une pensée qui est le système de l'exception et de l'élection.

L'éthique-monde tue donc autant qu'elle interdit de tuer, mais l'auto-position de la Loi est au service exceptionnel du philosophe et de sa décision qui tue donc, en un sens supérieur, son commandement de ne pas tuer ; qui vole, en un sens supérieur, son commandement de ne pas voler. Par exemple la maxime «Tu ne dois pas mentir». Le problème est qu'elle vaut pour tous les êtres raisonnables, donc pour le philosophe qui, toutefois, est le seul être qui légifère sur la Raison elle-même. L'auto-législation philosophique ou bien fait de la philosophie une propriété raisonnable quelconque, ou bien exhausse la philosophie et l'éthique au-dessus du mensonge et de la véracité. L'éthique-monde est la synthèse hiérarchique de la condamnation du mensonge et de l'excuse qui fait de celui-ci une exception, de la non-performativité de l'interdit et de l'interdicteur, du prescrit et du prescripteur. Quel sens donner à cette maxime au moment où je l'énonce ? Quelle énonciation peut être elle-même un non-mentir, quelle énonciation qui ne soit pas un arrière-monde, une arrière-loi, une arrière-éthique et qui ne fasse pas de l'éthique une nouvelle ruse philosophique ? On ne résout pas ce problème en changeant d'objets, comme on le croit si facilement, en donnant à cette maxime des objets plus nobles ou plus élevés— rien ne distingue le philosophe le plus pur et le menteur le plus fieffé. «Ne pas mentir» ou «ne pas tuer» n'est pas plus exigible que «ne pas jouer» — c'est la source contingente, une cause empirique et morale, tirée des mœurs. Ce qui l'est, c'est cette interdiction. L'interdiction n'est pas seulement une forme *a priori* de l'énonciation mais la disjonction du sujet de l'énonciation et du sujet, c'est-à-dire de l'objet, de l'énoncé. Non seulement la forme mais l'objet de l'interdiction sont tous deux nécessaires ou inconditionnés comme dans le formalisme, mais ils sont identiques-en-dernière-instance plutôt que simultanés. L'auto-position éthique, qui semble universaliser le *ne pas mentir* qu'elle énonce, se contredit et tombe dans la généralité et son envers d'exception à la vérité. Seul l'Etranger est suffisamment uni-versel pour uni-versaliser l'éthique sans contradiction, pour ne pas tolérer le mensonge comme «simple exception» ou «vœu pieux». L'éthico-philosophe se pose sans doute comme inconvertible avec le sujet de sa législation, mais il place trop bas cette inconvertibilité, pas au rang — impossible — du malheur, et se contente ainsi d'en faire exception ou élection. Kant, on le sait, admet la convertibilité supérieure de la Loi et du Réel, mais c'est qu'il admet la convertibilité inférieure de la Loi et de l'empirique ainsi que Hegel l'a dénoncé.

L'éthique-monde n'est plus un objet remplissant une forme, une «matière» de mœurs, mais un matériau objet de connaissance et de pratique éthiques, jouissant d'une séparation, d'une distinction tout à fait différentes de celles de l'empirisme et du formalisme, de celle d'une application de la «métaphysique des mœurs». La non-éthique est une explication et un usage plutôt qu'une application, de la bio-éthique par exemple. Ni fondation ou auto-fondation de l'éthique-monde, ni application à celle-ci, le rapport n'est justement pas lui-même éthique et ce n'est pas la forme de la Loi qui est dégagée ici dans cette confrontation mais bien la personne subjective de l'autre-Etranger. Autrement dit, il importe quand même de changer d'objets, mais de l'intra-éthique à l'éthique, de l'éthique au Monde plutôt que du vil au noble, de l'esclave au maître, de l'*a priori* de connaissance à la forme de la Loi, ou encore de l'homme à l'Autre homme. Autrement dit, si la maxime éthique du non-mentir est énonçable, c'est sous un postulat secret qui ne dit pas son nom impossible, puisque c'est celui de l'identité en-dernière-instance du législateur et de la maxime, c'est-à-dire le nom de l'Etranger qui, seul, peut ne pas mentir et le dire, ou le prescrire et y satisfaire — mais en-dernière-instance seulement.

La «réduction» des antinomies

L'éthique peut être ordonnée à diverses antinomies, à la disjonction du Bien et du Mal, à l'homme victimaire autant qu'à l'homme vertueux et s'identifiant au Bien, à l'homme faillible s'identifiant au mal radical. C'est rester dans l'ordre des avatars de l'éthique-monde, en oscillant de sa pointe métaphysique extrême à son altérité dans le mal radical. L'antinomie métaphysique est écartelée en passant à l'éthique mais reste une antinomie des extrêmes dont Platon, Kant, Levinas ne sont pas sortis, pas plus que de l'auto-position.

La gestion des contradictions et des antinomies de l'éthique peut donner lieu à l'espoir vain d'une éthique supérieure et destinée à relayer ces contradictions actuelles. Une telle gestion synthétique et unitaire des antinomies ne permet pas d'y échapper. Encore faut-il plus que leur *généralisation*: soit une uni-versalisation non-éthique sous des conditions d'identité radicale, de toute façon non fournies par la philosophie ou par le

Monde. Si l'éthique a toujours été un art d'éviter les contradictions par leur surpassement, par la transcendance originale de l'*epekeina*, si Kant cherche par exemple une certaine performativité de la Raison pratique, à plus forte raison la non-éthique, donnant le malheur radical comme présupposé réel, se met-elle en posture d'uni-versaliser les antinomies. Il faut que l'identité de celles-ci soit *a priori* non-positionnelle (de) soi pour des raisons qui tiennent au malheur plutôt qu'à la conscience, par exemple, qu'elle soit par conséquent une performativité qui dérive elle-même d'un Performé-de-dernière-instance. Il ne s'agit pas d'en finir avec les apories spéculaires de l'Intersubjectivité et de l'alter ego, mais de renoncer à les reproduire en guise d'explication. Ces apories sont le matériau, rien de plus, avec lequel l'Etranger se constitue comme explication de ces apories, explication qui ne les détruit pas, bien entendu, pas plus qu'aucune explication en général ne détruit son objet, détruisant seulement son apparence. Il exige d'autres instruments et catégories et peut-être autre chose que des catégories.

L'Etranger défait la pertinence d'un certain nombre de concepts opératoires de la philosophie, pas seulement contemporaine, dont, comme émergence d'un Réel-de-dernière-instance, il fait apparaître le caractère amphibologique : les couples de l'interne et de l'externe, avec la frontière ; du moi et de l'autrui, avec l'intersubjectivité ; du contingent et du nécessaire, avec le doublet empirico-transcendantal ; du complément et du supplément, avec la différe(a)nce ; de l'individu et du tout, avec la relation etc. A plus forte raison il devrait invalider la même logique investie dans la théorie politique. Si bien que, loin de supposer une métaphilosophie ou une métapolitique, il ne légifère pas sur ces sphères mondaines mais les explique chaque fois de manière à la fois immanente, sans les déconstruire ou y intervenir ; de manière hétéronome, sans les reproduire ou les redoubler philosophiquement. L'Etranger d'une part peut agir concrètement, à la différence de l'Autrui lévinassien, mais il n'agit pas en intervenant *dans* les logiques du Monde mais sur le pouvoir même de ces logiques, par exemple sur les limites du politique, mais non dans la politique elle-même.

Le refus du choix intra-mondain, de l'action pratique intra-mondaine ou de la décision première, n'est radical et ne fonde une non-éthique que si le seul agir possible prend la forme d'un être-séparé d'identités plutôt que d'une division d'identités comme est la philosophie. Il s'agit de sortir des antinomies ou des décisions opposées — par exemple celles, on va le voir, qui mettent en jeu le corps humain — par l'être-séparé plutôt que par la division, par la dualyse plutôt que par l'analyse. La dualyse rend impossible de confondre la non-éthique avec une posture éthique, une confusion de déterminations empirico-morales provenant des mœurs et de positions philosophiques comme est le Bien et son antinomie avec le Mal. Le passage de l'Autrui éthique, de la foi éthique articulée sur l'*epekeina*, à l'état d'occasion relativement autonome, puis de clone, achève de l'arracher à la forme philosophique de la foi. Plutôt que de réduire ou supprimer la foi éthique, le malheur ne l'affecte de solitude radicale ou d'uni-latéralité, mais aussi d'un-identité (l'autonomie relative) que de manière positive, en la rendant *Autre* qu'elle et en donnant à cet Autre une identité radicale.

Le problème n'est pas de réduire, diminuer, opérer par soustraction sur la foi éthico-philosophique, il est de lui communiquer le triple caractère de la vision-en-Un sans affecter simplement son «en soi» spontané. Cette croyance n'est pas modifiée dans sa matérialité, l'Un ne se prive pas de l'«en-soi» comme occasion, et pourtant, si elle reste exactement ce qu'elle est, elle n'est pas vécue de la même manière. L'effet du malheur radical n'est pas de *réduire transcendantalement* X à l'état d'occasion, ce qui ne veut rien dire ici, mais de l'affecter des trois caractères intrinsèques qui en font une occasion, qu'elle soit transcendantale ou non, peu importe. Le Réel est décidément plus qu'une possibilisation transcendantale et ne peut plus être pensé dans le prolongement de la phénoménologie.

La «performativité» en général du malheur et de son organon, l'Etranger, signifie qu'il est plus-que-non-contradictoire de ne pas obéir à la Loi ; qu'elle n'est donc pas du même ordre que la «désobéissance», le «mal» et la «contradiction» dans les maximes traditionnelles. L'être-Performé de l'Un (du) malheur est plus qu'une exigence de non-contradiction formelle, elle-même éthique, c'est le Réel qui ne se mesure pas à la non-contradiction, et toute détermination se fait par le Donné plutôt que par la forme. Le Réel ne peut être qu'halluciné, plus qu'oublié et même que refoulé, il n'a pas de critère si l'éthique, elle, en a un. Il n'y a donc pas d'algorithme unique de l'Etranger et du Prochain comme il y en a du devoir absolu comme auto-position de la Loi. Ni méta-physique des mœurs, ni *epekeina* transcendantale au-delà de l'*a priori* méta-physique de la moralité, mais théorie et pragmatique identiquement de l'éthique-monde, et qui évitent le purisme méta-physique et l'application anthropologique.

L'antinomie de la biotechnologie et de l'immanence radicale. Séparation hérétique et division bio-technologique

Le corps humain ne peut simplement faire l'objet d'une réduction transcendantale ou d'une soustraction laissant le phénomène de la «vie pure», sous peine d'être réputé subjectif, alors qu'il n'est subjectif qu'en-dernière-instance, le point d'application de la force (de) loi. De là l'antinomie spéciale de la bio-technologie et de la «vie» immanente, affective et transcendantale. L'homme y est tantôt divisible tantôt indivisible. Sans que ces termes aient été élucidés dans leur possibilité réelle, ce sont des sortes de transcendantaux, refaisant de l'immanence une transcendance secrète, l'empêchant d'être simplement l'*en-dernier-donné*. Cette dernière hypothèse sur le Réel rejette la plupart des pensées de l'immanence dans la philosophie et la transcendance. L'indivisible n'est pas un nouvel objet, c'est *selon* lui comme non-objet, comme Un, qu'il faut aborder ce qui est toujours à l'état de mixte, l'indivisible et le divisible, si un troisième terme vient à manquer, *l'immanence conçue de manière immanente, selon elle par conséquent ou telle quelle plutôt que comme telle*, et ensuite telle que force (de) loi ou autre-Etranger.

L'indivision de l'homme ne doit pas être conçue de manière abstraite et métaphysique, comme une indivision ou une immanence «radicale» mais *donnée dans la pensée de manière en réalité transcendante et quasi intuitive,* succédant à la structure du vieux sujet philosophique. Si elle est conçue de cette manière, si donc l'homme en général est seulement immanence unitaire magré son dualisme : ou bien il est impossible de jamais le diviser, ou bien cette division de lui est techno-science et tombe hors de son essence ou, pire encore, contredit et entame cette essence. Cette antinomie, dressée contre la biotechnologie, est inévitable tant que l'identité humaine, indivisible, n'est pas conçue comme *dualité uni-latérale ou dernière-instance* seulement et qui «prolonge» son indivision, mais non sa séparation, dans le sujet-Etranger lui-même par clonage, et dans l'éthique-monde autant que dans la bioéthique. La dissolution de cette amphibologie du «corps radicalement subjectif» opposé au « corps objet » reste abstraite et inachevée lorsque c'est l'immanence radicale *en général* qui est traitée phénoménologiquement et le problème du corps projeté sur le plan cynique du corps humain perçu. De nouveau, t*ant qu'elle n'est pas conçue de manière elle-même immanente comme vision-en-Un, comme immanence de solitude et d'être-forclos,* elle revient à la *dyade* première sous la forme du dualisme, l'immanence faisant couple avec la transcendance.

Si le corps humain est dit intégralement et simplement «subjectif», il devient impossible de le diviser. Il faut qu'il ne soit ni un pur objet sans âme, un corps-objet, ni un corps radicalement humain de part en part, pour éviter l'antinomie de la biotechnologie et du purisme transcendantal (éthique). Dans les deux cas incriminés l'éthique est impossible et rien n'empêche ni n'interdit vraiment une division de l'homme qui n'est pas ordonnée aux fins de sa séparation ou de son uni-latéralisation. La différence philosophique bilatérale, oscillant entre une immanence finalement en soi et indivisible pour tout le corps, et un matérialisme postulant des corps humains indéfiniment divisibles, ne prépare que des choix antinomiques. De nouveau la causalité non-éthique de l'autre-Etranger est impossible, sinon comme limite à déplacer, ligne de démarcation à retracer. Chaque terme du mixte s'autonomise et intériorise son contraire, l'éthique est impossible et n'est possible que comme technologie, mais il faut une nouvelle éthique pour limiter celle-ci. Les jeux bio-technologiques interminables sont des jeux philosophiques.

Il serait intéressant de concevoir que le travail bio-technologique sur l'homme, précisément à cause du clonage, n'est pas une *technologie de division* mais une *pratique de séparation hérétique* exercée sur un objet à l'autonomie relative. Si la conception techno-philosophique du corps permet des divisions antinomiques insolubles éthiquement, des identités en soi ou des différences opposées, la conception non-éthique autorise des activités de séparation, des activités *(her)éthiques* qui respectent les identités-de-dernière-instance. L'homme peut et doit être séparé, autant qu'il ne peut être divisé dans son identité, voilà une interprétation plus libre, à vrai dire une « uni-lation » complète du champ de la biotechnologie. S'agit-il encore, par exemple avec le clonage, d'un simple moyen au service de la séparation hérétique, ou bien est-il en lui-même une conception du Monde, une bio-technologie *première* ou *transcendantale* ? L'être-séparé exercé par la non-éthique empêche le mixte biotechnologique de se poser lui-même comme suffisant et d'aboutir à une antinomie. Au lieu de refuser purement et simplement la biotechnologie au nom d'une conception métaphysique unitaire de la vie et du «radicalement subjectif», il faut ordonner ce mixte à l'être-séparé de l'Etranger ; à une nouvelle conception de l'identité qui exclut, sans arrière-synthèse et l'objet et le sujet purs. Lorsque l'immanence radicale n'est plus une nouvelle entité métaphysique et phénoménologique mais une hypothèse de style axiomatique expliquant l'éthique-monde, lorsqu'elle cesse toute opposition et division de l'identité au profit de son être-séparé, elle peut connaître, expliquer l'éthique et cloner l'Etranger à partir de celle-ci sans lui faire violence sinon de sa croyance hallucinatoire au Réel.

La défense a priori de l'Etranger

L'auto-position est une opération philosophique qui prétend capturer ou de toute façon supporter l'essence de l'homme qu'elle confond avec l'*epekeina* dans les meilleurs des cas. L'éthique philosophique est un usage réactif du Réel, une défense de l'homme unitaire par la Loi et au nom de la Loi, et nullement une défense par soi de l'homme contre l'éthique. La Loi aurait dû servir de matériau pour l'organon humain de la force (de) loi, donc sans rapport direct à l'homme même en sa non-consistance, et assurer ainsi sa défense *a priori*. L'éthique philosophique, constituée pour des raisons transcendantes étrangères à l'homme-comme-malheur, ne défend l'homme qu'après coup, *a posteriori,* de manière toujours réactive et vicieuse. La non-éthique est une *défense a priori* de l'homme-comme-Etranger. Une défense *a priori* n'est pas nécessairement stérile, sauf à comprendre métaphysiquement l'*a priori*. La non-éthique infère des *a priori réels en-dernière-instance*, donc purement transcendantaux, *identiquement formels et matériels* qui sont la critique positive et réelle de l'éthique philosophique. Elle se borne à user de l'éthique de manière adéquate à l'homme, elle ne légifère pas à son tour entre les actes ou les intentions, entre la forme et la matière, la légalité et la moralité. Elle n'interdit pas ou n'inhibe pas l'éthique et ses prescriptions pour lui en opposer une autre ou une nouvelle positivité : elle use pragmatiquement de tout cela mais en l'affectant d'un *non-* universel supplémentaire, elle rend tout cela adéquat à l'homme et donc «conforme» à son être-forclos ou son malheur.

Comme l'Autrui infini, l'Etranger séparé est une tentative de défense de l'«homme» non-unitaire, auquel le Réel a été assigné. Mais dans le premier cas, il y a encore un reste de convertibilité de l'homme ou du Réel avec l'Autrui le plus transcendant — convertibilité judaïque faudrait-il dire ? Cet ultime postulat, certes non gréco-philosophique, nous tentons de le lever en posant que l'identité de l'homme et de l'Etranger est en-dernière-instance et que c'est là une uni-vertibilité plutôt qu'une convertibilité. L'Etranger pourrait être dit «non-lévinassien» au sens d'un essai d'uni-versalisation de l'«Autre homme». A l'Etranger infini on peut donc opposer l'Etranger radical ou séparé. A Dieu on opposera somme toute l'homme tel qu'un hérétique, la forme d'altérité la plus radicale qui puisse atteindre l'homme sans donner dans la philosophie et la théologie. Ce n'est pas Dieu qui est séparé. Si l'homme a projeté hors de lui sa propriété essentielle, ce n'est pas son essence philosophique, c'est son essence réelle, son identité séparée ou l'être-séparé de son identité. On distinguera l'Etranger infini et l'Etranger radical comme le Visage et l'Uni-face, comme la face de Dieu et la face de l'homme ; comme le Très-Hautre et l'Egal ; comme effraction du Moi et Moi-en-dernière-instance ; comme transcendance quasi-matérielle opaque et identité-de-dernière-instance de la transcendance ; comme particulier dont l'universalité est transcendante et comme uni-versalité immanente.

La solitude fonde une fraternité non grégaire, une fraternité première mais seulement première — pas aussi dernière ou ultime. L'homme n'est pas d'abord un frère, c'est une solitude mais cette solitude nous octroie une certaine fraternité. La fraternité ne lève pas notre solitude, au contraire elle l'exprime et en témoigne, c'est la fraternité des orphelins — orphelins du Monde et de la philosophie réunis. Si une éthique se déduit de cette conception, elle n'implique pas que l'Etranger garde l'homme que nous sommes en-dernière-instance, car cet homme immanent est inaliénable et n'a pas à être gardé. L'homme est un être anté-éthique, c'est la raison pour laquelle il suffit à déterminer le Bien et le Mal, la vertu et le mal radical. Nous avons donc plutôt à nous déterminer à *exister tels-que-des-Etrangers c'est à dire pratiquement*. Cela ne peut vouloir dire : sauver l'Etranger ou le garder, car justement l'Etranger tel que nous avons à l'exister, ou le Prochain, n'est pas donné factuellement dans la culture ou la langue. Ce qui est donné de cette manière factuelle, ce sont «les étrangers», voire les «autrui», mais c'est à leur occasion qu'il est exigé de nous d'exister-tel-qu'un Prochain puisque l'Etranger est celui qui donne de droit, au moins sans-donation, le Monde lui-même, qui existe aussi par ailleurs en fonction de lui mais de plus loin que de lui. Que l'Etranger soit donné factuellement, c'est une croyance amphibologique que la philosophie — toujours trop empiriste — partage avec des idéologies plus explicitement racistes qu'elle. Justement ce que nous voulons opposer à cette croyance unitaire, c'est la nécessité de sa «dualysation». L'exister-Etranger qu'est tout homme venant en ce Monde doit être distingué des étrangers, qui y participent évidemment, et son mode d'être-donné-sans-donation distingué de leur être-donné qui, lui, suppose une donation (culturelle, linguistique). Cessant d'être au rouet de l'Autrui, rouet de la politique philosophique, exister-Prochain est une tâche éthique à l'égard de la philosophie et de la politique — du Monde —, mais qui n'est elle-même ni philosophique ni politique.

Ce que le malheur radical, la non-suffisance, nous interdit, ce sont par exemple les postulats auxquels Kant se tient sur le Bien et peut-être sur le Mal (le mal radical), qui doivent être remplacés par les axiomes du malheur radical. Si la non-éthique «légifère» à travers les comportements de l'Etranger, c'est sur le matériau éthico-philosophique global. Il n'y a pas de valeur absolue — donc exceptionnelle, le malheur n'est pas une valeur — en dehors du couple mixte de la valeur et de l'évaluation éthico-philosophique. La non-éthique ne sera plus une surveillance, une régulation, une législation exercée sur les autres

L'Etranger et le Prochain   371

phénomènes, politiques ou autres, elle n'est pas au service de cette activité subalterne de défense de l'homme constitué onto-théo-logiquement, et qui n'empêche nullement le crime, mais une discipline qui poursuit les buts (de) l'homme plutôt que d'en recevoir de la philosophie comme l'éthique-monde.

La non-éthique et le Monde, une fin-sans-finalité

L'autonomie relative de l'éthique-monde suppose une nouvelle distribution des sphères de réalité et en particulier de l'expérience, donc un autre point de vue que l'expérience elle-même. Si l'éthique-monde est objet, c'est en-dernière-instance pour l'«homme ordinaire» qu'elle l'est. Les transcendantaux du bonheur et du malheur valent sans doute par principe de tous les objets. Mais il y a une illusion de la totalité. Elle s'achève dans l'exception, l'élection, la singularité, c'est une totalisation empirique ou ontologique impossible, ce n'est pas le Réel en tant qu'il ne fait pas nombre dans une totalité. La non-éthique est le vecteur qui va du Réel (de) l'homme au Monde, homme compris. L'aspect pragmatique de cet usage de l'éthique ne relève donc plus d'une défense humaniste de l'homme. Par son essence du moins, celui-ci est hors-éthique mais existe comme non-éthique *pour* celle-ci et en vue de sa transformation. La non-éthique n'est que *par* ou *selon* l'homme, «en-homme», elle confond son existence avec la force (de) loi, au service du sujet existant-Etranger plutôt qu'au service de l'homme en général, qu'il s'agisse du Moi au du Toi, de l'humanisme ou de l'Autre humanisme, qui ne sont qu'occasions et qu'arguments. Le règne de la Loi n'a de sens que dans un règne plus émergent, sinon plus élevé, de l'homme. Un nouveau «Règne» de la grâce ou des fins, non pas à la manière classique, voire aux postulats à quoi Kant le réduit, voilà de quoi éviter, mieux que Kant lui-même, l'illusion transcendantale. Un ensemble ouvert d'*éthiques-univers*, plutôt que des éthiques hypothétiques sur l'en soi du Monde moral, un non-rousseauisme plutôt que mille Rousseau, voilà qui n'interdit pas et à l'éthique de décliner dans le Monde, ni de prendre le Monde éthique pour constituer un ordre non-éthique à découvrir.

L'Etranger use du Monde plutôt que de s'en éloigner, il

en use dans une immanence plutôt que dans une distance. C'est pourquoi si «lointain» et «éloigné» puisse-t-il paraître aux yeux du philosophe qui ne peut renoncer à voir, qui préfère ne rien voir plutôt que de ne pas voir, il est en réalité *pour* le Monde. La non-éthique, n'étant pas une méta-éthique supplémentaire, n'est pas une éthique pour les philosophes et les intellectuels malgré l'apparence que crée son objet. Elle vaut de l'homme ordinaire, de l'Etranger plutôt que de l'homme quotidien pour lequel vaut l'éthique-monde. Toute situation concrète est découpée et surdéterminée d'idéalités philosophiques, elle est d'emblée éthique et auto-factualisée, elle forme conjoncture et exige une non-éthique, un point de vue éthique uni-versel que la philosophie ne peut par définition pas fournir. Pour l'instant, l'éthique est mise au service de savoirs biotechnologiques et en bute à la philosophie qu'ils véhiculent, au service par conséquent de la Différence étho-logique, dans l'oubli total et l'hallucination de son *identité*. C'est une aide honteuse, de moins en moins honteuse, à la Décision bio-technologique.

L'identité de l'Etranger, qui n'est évidemment plus un trait cosmopolitique, interdit le repli identitaire.Tout homme est uni-versel ou l'effectuation d'une uni-versalité qui le voue uni-voquement au grec et au juif, ou à quelque autre clivage que ce soit. Nous sommes radicalement responsables du Monde lui-même, de la transcendance comme le voulait Levinas, et d'une transcendance élargie (aussi bien à l'étant qu'à «Autrui»), mais responsables sans être le moins du monde otage de cette transcendance. Nous sommes des Moi autonomes et en-dernière-instance des clones selon ce Moi. C'est une responsabilité «envers» — envers le Monde lui-même plutôt que pour tel étant, envers la foi éthique plutôt que pour telle norme ou valeur — une responsabilité sans finalité qui trouve ses racines dans l'universalité du malheur, de droit tourné-vers... le Monde en tant qu'il peut toujours le donner ou le manifester en-dernière-instance. Pour l'Etranger et sa cause réelle — une cause sans raison (finale, efficiente, matérielle, formelle) — le Monde et ses Autorités n'ont jamais été qu'occasion plutôt qu'objet ou que but. Et la tâche qui revient à l'Etranger est de manifester cet être-réduit (uni-latéralisé) aux yeux même du Monde, d'entraîner l'homme à se déprendre du Monde.

Une telle déprise, toutefois, ne peut être de l'ordre d'un retrait, d'un pas-arrière, voire d'un être-otage. L'Etranger est une force toute d'insurrection ou d'uni-face — c'est la même chose —, de rébellion. Ce rebelle ne se dresse pas comme une force-chose contre d'autres choses qui sont autant de forces — on ne confondra pas le Rebelle et le Guerrier. L'Etranger comme uni-face est le contenu réel, phénoménal, du concept souvent philosophique et religieux du Rebelle. Le Rebelle doit être conçu comme Etranger sous peine de véhiculer d'ultimes finalités religieuses et transcendantes, d'être inséré dans une dyade avec le Monde ou le Maître, enfin d'être survolé par un dernier philosophe qui veut pouvoir regarder cette situation. L'Etranger est radicalement subjectif, un simple clone manifesté par le malheur en-dernière-instance. Il ne s'autorise même pas de lui-même (s'autoriser-de-soi : la dernière auto-position, le sujet comme *causa sui*), sa non-suffisance le lui interdit, mais — c'est justement sa subjectivité radicale — il ne s'autorise que de cette non-suffisance qui le fait malgré lui rebelle (au) Monde. *La Rébellion, toujours radicalement subjective, ne s'autorise pourtant pas directement et positivement d'elle-même.*

Concrètement que signifie cette responsabilité universelle et «performative»? Elle a des aspects théorique et pragmatique. L'Etranger ne sort pas de la problématique de l'Intersubjectivité, pas plus qu'il n'y rentre. En revanche il «sort» de cette thématique de la sortie et de la rentrée, en entretenant à l'horizon cosmopolitique et philosophique un rapport de fonction et d'uni-latéralisation (sa «réduction»). Autrement dit, à la fois comme fonction et comme transcendantal, il représente un certain pouvoir d'explication théorique de l'Intersubjectivité. Il emprunte à celle-ci, comme on l'a dit, mais sous une «raison» ou un usage qui lui est radicalement hétérogène. Ainsi Autrui peut (et doit, dans ce cadre éthique) recevoir une explication théorique, autre chose qu'une répétition et une compréhension, sous la forme de l'autre-Etranger. L'Autrui philosophique n'est d'une part qu'un argument de l'Etranger dont on sait qu'il est plus uni-versel que lui ; et d'autre part qu'un symptôme de l'Etranger dont on sait que celui-ci lui est irréductible comme une «altérité» radicale ou une uni-latéralité. L'explication est ici la production émergente d'un ordre hétérogène au Monde, ordre d'une Cité humaine uni-verselle des Etrangers. Comment nommer une « cité » hors de l'horizon cosmopolitique sinon «Cité-univers» ?

Quant à l'aspect pragmatique de la non-éthique, il dépend de l'homme, qui est une fin-sans-finalité (sans leur mixte) ou une dernière-instance à pouvoir de détermination. Ainsi l'éthique, lorsqu'elle ne sert plus les fins de la philosophie en faveur de l'homme c'est-à-dire en réalité contre lui, sert l'homme — cette fois-ci le sujet-Etranger — en tant précisément qu'il n'a plus de finalité possible et qu'il est «délivré des buts». L'usage «pour» l'homme est plus particulièrement un usage humain, rien qu'immanent, donc par l'homme. Mais par l'homme ne doit pas être simplement complété d'un *pour l'homme* qui appelle la réciprocité (par... et pour...). En revanche la non-éthique est «pour» la philosophie et l'éthique, au service de l'homme — non de l'humanisme — au sens où elle lutte contre l'aliénation du sujet Etranger dans la foi éthique. Ce «pour» est le résidu de la finalité philosophique, lorsque celle-ci est rapportée à l'expérience et lorsque cette quasi finalité de la non-éthique est combinée et associée avec l'aspect scientifique dans la syntaxe complète de la «Détermination en-dernière-instance». L'orientation de la non-éthique *pour* l'éthique-monde est double, scientifique et philosophique. Cela ne l'empêche nullement de posséder une certaine efficace scientifique prescrite *a priori* par sa cause déterminante, en même temps qu'une orientation de style transcendantal vers l'expérience prescrite *a priori* par l'apport philosophique.

Nous n'avons donc pas un dernier choix «intelligible» entre l'homme comme-animal-métaphysique et l'homme-comme-Etranger. La vision-en-Un est hérésie et l'hérésie n'est pas un choix, une dernière affaire de volonté et d'assentiment, voire de consentement — c'est le nouveau terrain qui rend le choix impossible et la figure métaphysique de l'homme obsolète — mais à exercer sa solitude d'homme et à déterminer l'éthique-monde au lieu de croire être déterminée par elle et avec elle. Rendre l'éthique— qui n'est inhumaine que parce que mondaine, un mélange de l'éthique et du Monde — adéquate à l'homme, voilà la tâche de l'autre-Etranger lorsqu'il doit se déprendre des fins de l'éthique-monde. Apparemment il s'agit de remettre l'Etranger au centre de l'éthique, mais c'est là une pauvre vue elle-même éthique. L'éthique n'est pas au service de l'essence de l'homme, par définition — rien n'est à espérer de ce côté, ce non-espoir est essentiel —, tout au plus au service de l'Etranger ou de l'autre-Etranger.

Principes d'une invention non-éthique concrète

Il faut établir une logique générale de la non-éthique. Celle-ci est diversifiée en fonction de ses matériaux éthiques mais elle imprime à tous certains caractères universels typiques qu'il suffit d'énoncer une fois dans leur invariance. Le travail concret de cet organon à même les matériaux occasionnaux sera laissé de côté ici, *laissé justement. à l'initiative et à l'invention non-éthiques.*

Il n'y a pas de sens à se demander encore si la non-éthique est un impératif catégorique, une obéissance ou un projet, une inhibition ou une prescription, etc. Elle est tout cela à la fois, c'est selon le matériau éthique, et surtout de toute façon elle est chaque fois tout cela sous la forme d'un aspect (d'obéissance, etc.), le matériau étant chaque fois affecté par la triple essence de l'immanence radicale et ensuite cloné par l'Identité, comme identité (d')un Autre que ... de l'obéissance, le projet, l'inhibition, le commandement, l'otage, etc. Aussi bien dans leur contenu «matériel» que dans leur forme, les actions non-éthiques cumulent des aspects d'injonction, d'interdiction, d'obligation, de défense, d'inhibition, de forme ou de matière pures. La même logique doit être appliquée à la «forme» ou au type de la maxime non-éthique.

Chaque fois, pour obtenir l'action non-éthique du sujet, il faut exclure les procédés de division et d'identification, de séparation amphibologique et bilatérale des contraires, et leur substituer ce que peut la FL, à savoir la séparation hérétique, celle de l'Identité séparée-en-dernière-instance, Identité dont on dira qu'elle est *matériale* autant que *formale*. L'Identité-de-dernière-instance de la prescription, de l'interdiction, du commandement, de l'obéissance, du projet, de la découverte de valeur, etc., implique que ces données ne soient plus que des aspects, chacun affecté par le triple contenu de l'immanence et par le clonage. La non-éthique n'a pas de contenu éthique privilégié, mais tout contenu possible n'est qu'un aspect traversé par ces caractères. Contre le formalisme, le matérialisme, le finalisme, le technologisme de l'éthique actuelle, elle conserve pourtant le noyau essentiel cloné de ces doctrines mais réduit ou uni-latéralisé, uni-versalisé, identifié. Ainsi par rapport à cette uni-versalité de la FL, des actes tels que le commandement, l'otage, l'impératif, la filiation, l'assentiment, la création, le dépassement, la position de valeur, etc. ne sont plus des positions éthiques autoritaires et unitaires en guerre de toute façon. De même il n'y a plus d'exception philosophique.

Il s'agit d'une part de ne pas séparer éthique et agir, de ne pas répéter une éthique de la pure responsabilité, de la dette, qui cache une impuissance à l'agir ; d'autre part de ne pas séparer le jugement moral de la non-contradiction, en général manquée, même par Kant, de la maxime. La FL est FL de part en part, un bloc phénoménal, une hauteur indivisible, tandis que l'éthique philosophique est divisée entre moi et autrui, forme et matière, entre facultés, tant d'amphibologies et d'antinomies qui sont son milieu d'existence. L'autre-Etranger, le sujet identique à la FL, est une architecture de clones et d'identités, uni-latéralisées par ailleurs, plutôt qu'un emboîtement philosophique de «boîtes noires».

La FL est immanente *et* hétéronome aux mixtes éthico-mondains. Ces deux caractères doivent être dosés selon le malheur radical, l'occasionalité et le clonage qui affectent les mixtes. «Immanent» signifie sa finitude ou solitude radicale — son triple aspect d'immanence qui se prolonge dans l'occasion telle qu'elle est donnée, en particulier l'être-séparé / forclos / uni-latéralisé, mais qui n'est pas le seul. Finitude qui se substitue au concept chrétien-existential de finitude, fût-elle celle de la volonté rationnelle finie, ou celle dont le mal radical affecte celle-ci. Le mixte chaque fois philosophique d'exception et d'élection est inhibé et expulsé hors de l'obéissance, etc. Le malheur n'agit pas par soustraction, réduction, critique, supplémentation, mais entre autres choses, pas seulement, par uni-latéralisation. Le commandement, l'otage, le projet, etc. y gagnent une Identité mais de-dernière-instance et par conséquent sont unifiés sous la forme d'un *aspect*, par un agir déterminé dont l'essence est la force (de) loi comme organon *a priori,* sans réserve auto-exceptionnelle, sans limitation exceptionnelle (de) soi issue de la philosophie.

L'Etranger est uni-versel par définition mais il est spécifié comme «Autre» (Prochain) dans d'autres rapports qui sont d'identité et non plus de détermination réciproque comme c'est le cas dans l'éthico-philosophique. L'Autre spécifie l'identité de l'Etranger en lui imposant une forme de fonctionnement comme singularité. Si l'éthique ne parvient pas à extraire l'identité de la singularité exceptionnelle, la non-éthique va de l'identité à la singularité et résout même le problème d'une *identité-de-dernière-instance de la singularité,* cessant de les opposer et de les laisser s'entr'empêcher l'une l'autre, de les inhiber l'une par l'autre, de déterminer réciproquement l'Etranger par l'Autre comme le font l'ontologie et l'éthique, le *meta-* et l'*epekeina* dans le mixte éthico-mondain. L'Autre sur-ontologique cesse de transcender de l'intérieur et de l'extérieur de l'Etranger, c'est un mode-en-dernière-instance de celui-ci et qui lui apporte sa puissance propre. Autrement dit, dans la vision-en-Un du moins, l'éthique, l'Autre, peut être de manière libre et contingente «ajoutée» à l'Etranger, car par ailleurs la philosophie l'impose nécessairement. La FL doit être définie entre cette nécessité et cette contingence qui n'ont pas la même origine. Le Prochain non-éthique suppose l'Etranger pour s'identifier en-dernière-instance à lui, mais celui-ci ne suppose pas nécessairement celui-là si ce n'est dans le projet d'une éthique unifiée dont nous avons développé le concept. L'Etranger ne peut donc être un «support», au sens de mixte philosophique, de l'autre-Etranger, il est l'identité (du) support pour cet Autre réel. L'Etranger n'agit sur l'autre-Etranger que pour autant que la dernière-instance en lui a déjà uni-latéralisé par ailleurs cet Autre quasi-ontique infini. L'éthique, qui se prétendait causale, cesse de l'être, elle est déterminée comme un quasi-étant et non plus comme un étant transcendant, comme un Autre ontico-humain plutôt qu'ontico-divin. Il y a une hauteur humaine que peut assumer l'Etranger seul, l'identité d'une hauteur ou d'un «excès», *un Très-Haut parmi les Etrangers.* La restriction éthique est une spécification, une identité qui se fait par une effectuation qui n'annule pas l'uni-versalité de l'Etranger. Cette hauteur humaine, non-divine, n'affecte que la hauteur divine, ontico-métaphysique, mais ne l'affecte pas à la manière dont l'affection se fait sur le mode du mixte. La FL agit pour l'essentiel comme la force (de) pensée, par induction / déduction transcendantales, par occasionnalité et clonalité, même si elle se présente toujours comme spécification de l'Etranger. La seule obligation plus qu'impérative est celle de la performation de la FL contre le matériau réifié de l'éthique, c'est-à-dire l'invention non-éthique fondée sur l'essence réelle de l'homme. Seule est bonne uni-versellement la FL plutôt que la Loi qui n'est bonne que dans l'horizon universel de la philosophie. La FL est l'*a priori* uni-versel de l'éthique par lequel l'homme s'oblige en quelque sorte à agir comme un autre-Etranger. Bien et Mal sont de simples *data*, des transcendantaux éthiques en deçà desquels se tiennent la FL qui se constitue avec leur concours direct ou non. L'autre-Etranger contient des aspects venus de l'agir éthique, aspects *unifiés* plutôt que rassemblés syncrétiquement. Elle agit de chacune de ces manières possibles. Tous ces aspects ne sont plus au service de la prétention *réelle* de l'éthique-monde, mais au service de l'autre-Etranger qui se donne-en-dernière-instance comme un autre-homme, et qui peut être chacun d'entre nous.

Aspects non-éthiques (le grec et le juif)

Les *data* éthiques doivent être d'abord analysés en fonction des structures *a priori* (Position, Unité, Transcendance, méta-) qui en font une Décision philosophique, et ensuite en fonction du type d'*epekeina* qui est le leur. Chacun des matériaux éthico-mondains suppose son analyse ou sa décomposition selon la structure *a priori* générale de la Décision philosophique, puis le traitement de ces dimensions éthiques d'uni-versalité, de commandement, de hauteur et d'exigence, etc.. Dans le rapport symptômal de-dernière-instance, s'unifient le noyau de l'expérience grecque et le noyau de l'expérience juive de l'éthique, et ceci dans les divers traits distinctifs qui font l'invariant de l'*epekeina* (référable comme joug du Bien, comme impératif de la Loi morale, comme Visage ou Autrui, etc.), réalisé plus qu'hyperboliquement par la DDI c'est-à-dire l'*Autrui* comme autre-Etranger ou encore non-judaïque.

Dans la posture judaïque, sont essentiels : 1) la Transcendance, mais à rebours, la descendance ou la filiation ; 2) le Réel, l'étant humain sans être, sans objectivité, non «en-

L'Etranger et le Prochain 379

face» ; 3) l'Opération (sur) le Moi : la responsabilité, l'être-pour-autrui, l'otage. Dans la posture gréco-philosophique sont essentiels : 1) la Transcendance dédoublée (projet, obligation) ; 2) le Réel, le mixte d'Etre et étant, de Raison et sensibilité ; 3) l'Opération (sur) le Moi : obéissance / volonté / agir rationnel. La posture éthique grecque se résume schématiquement dans l'obéissance et le projet par la transcendance de la volonté rationnelle. La posture éthique judaïque se résume tout aussi schématiquement dans l'élection ou la filiation par la descendance, par la hauteur qui désarme et défait mais qui assure élection ou filiation. Dans la première l'obéissance est au service du projet et rend possible la pratique humaine. Dans la seconde la hauteur désarmante et l'inhibition de la volonté sont identiques à la création-filiation de l'homme lui-même dépourvu de pratique.

Les premières déterminations, les plus universelles parce qu'elles appartiennent à la détermination philosophique dans son concept complet et éthique, doivent être réduites par et comme l'Etranger. Les secondes doivent être réduites en autre (-Etranger). Chacun de ces *a priori* éthiques, supporté d'un signifiant philosophique, subit en effet la transformation en autre-Etranger, qui les ne identifie que d'une identité de-dernière-instance, de toute façon des trois aspects spécifiques de cette identité. De là tout un travail de re-formulation et d'invention non-éthiques entre la Transcendance (méta-), la Position et l'Unité universelle, ainsi que la Transcendance ontique de l'Autrui divin, dont les mélanges diversement proportionnés constituent le matériau et la causalité éthiques, en quelque sorte l'équation du matériau éthique. Entre ces *a priori* et leur transformation comme (autre-)Etranger, tout un jeu est possible qui produit chaque fois, si l'on peut dire, l'algorithme de la FL et de son investissement particulier. *La FL est fondamentalement un moyen théorique, pratique-en-dernière-instance, pour élaborer et inventer de nouvelles formulations, qui relèvent de chacun et du matériau qu'il reçoit.* La non-éthique n'est pas une déconstruction de l'éthique par décision et Autre indécidable, c'est sa découverte et l'invention de ce qui l'explique et s'y rend irréductible : la nouvelle logique de l'Un et du clone (de l'Autre) plutôt que celle de l'Autre premier.

Par exemple la hauteur, la verticalité, ne peut être dégagée de sa gangue d'Extériorité et d'abord de *méta*-physique, d'essence ou d'Etre, réduite comme *aspect* du Dieu juif ou de l'hyperobjet inhibiteur de la volonté (Hegel), que comme inhibition propre désormais à l'Etranger. Inhibition de l'éthique du Désir, du Bien, du Devoir, de la Vertu et non seulement de son contenu social-ontique que la philosophie mélange à la hauteur. Le Prochain est un indivis, irréductible en-dernière-instance à la transcendance du Monde même si son étoffe de sujet est prise de celle-ci mais transformée et d'un autre statut. Il est la réduction de l'excès judaïco-platonicien, l'autre-homme comme support ou véhicule ontique de l'Etranger qu'il est aussi, véhicule ni grec ni juif, qui apporte plutôt avec lui un aspect de surprise, d'émergence, de hauteur, mais un aspect non-judaïque. L'autre-Etranger n'est donc pas un simple Etant visible dans l'Etre ou le Monde, il n'est référable ni au Même ni au Dieu infini, il est en-dernière-instance séparé de Dieu lui-même. C'est là tout ce qu'il reste de l'affect proprement judaïque : un aspect de dépendance de l'Autre à l'égard non du Moi philosophique, mais de l'Etranger, débarrassé de sa transcendance ontique-infinie. Comme mode de l'Etranger il fait transgresser celui-ci jusqu'à son état de Prochain, c'est un attracteur à sa manière, il ne peut plus limiter l'essence de l'Etranger mais lui est identique en-dernière-instance et lui communique cet aspect de hauteur, à la fois *aspect* de défaillance et aspect de responsabilité-pour-autrui. Loin d'être un Ego affectant l'Etranger encore de l'extérieur, il attire et porte en-dernière-instance l'Etranger à l'état de force (de) loi. Il s'agit bien du résidu de l'*epekeina*, du transcender réel-ontique irréductible du Monde, mais qui n'affecte plus l'Etranger en le limitant et le diminuant, il affecte plutôt à sa manière l'excès de l'éthique-monde ou sa foi réelle. L'Autrui infini, nous le savons, est le résidu / aspect de l'Un-Dieu, le contenu phénoménal en dernière-instance du Dieu infini tel que l'Etranger est son essence et le tolère, tel que le judaïsme l'isole comme Dieu séparé. Lorsque l'*Autre homme* ou Dieu est privé de sa prétention de Réel de l'éthique par le malheur, il conserve sans doute ses caractères d'*Un indivis, irréductible au Monde*, mais il change de situation et de statut : sans prendre la place de l'Etranger, *c'est un mode de celui-ci et qui l'effectue ontiquement*.

Soit encore, à titre d'exemples esquissés, le travail de dualyse sur un certain nombre d'amphibologies kantiennes, à propos du «jugement moral commun» qui est le fait de raison dont part Kant. L'amphibologie porte d'abord sur «commun». Il ne s'agit pas de dissoudre ce mixte, mais de le prendre comme matériau ; mixte d'essence et d'exemples, de fait évangélique historique et de fait au sens de «populaire». La seconde amphibologie est celle du jugement, une liaison sujet / prédicat de l'acte et de la valeur, de l'étant déterminé et du prédicat. La dualyse de chacun de ces niveaux ne consiste pas à les diviser fût-ce unilatéralement, mais à les effectuer, comme unité-de-mixte, par occasionnalité et clonage. La FL est un *a priori* qui ne projette pas — la projection est transformée comme l'un de ses ingrédient — mais qui dualyse sous ces conditions plutôt qu'elle n'analyse les mixtes terme à terme pour isoler leurs composants : le comportement, sa structure, son objet réel, son objet idéel, etc... Etant donné la variété du matériau, il y a donc un problème de *cas*, de jugement, d'action non-éthique ou de constitution au cas par cas de la FL plutôt qu'une déduction mécanique abstraite de la FL, en même temps qu'une déduction transcendantale de sa validité non-éthique pour toutes les antinomies éthiques. La FL est impérative parce qu'elle commande sans l'exception du Tout lui-même, de la position, fondation, surposition, etc ; et elle commande humainement, ce qui exclut les exceptions et les anonymats. L'autre-Etranger est l'identité d'une subjectivité sans l'auto-exception de la volonté rationnelle. C'est un ensemble d'aspects ou de régimes d'identité qui font la substance de la non-éthique, plutôt qu'un Moi divisé, un Autrui contraignant, un Moi responsable.

TABLE DES MATIÈRES

INTRODUCTION
La question de la victime et la réponse de l'éthique

Les conjonctures du mal	7
Qui est la victime? Sa justice immanente. L'in-crimination de la philosophie	10
Du crime contre l'humanité, une antinomie éthique et philosophique	14
Si c'est un homme? Puisque c'est un homme...	17
Premières définitions indicatives	23

Première partie
LE MALHEUR RADICAL

Chapitre premier
Le mal dans les limites de l'ethique

Le mal radical, le malheur radical, et le mal radical en un sens plus profond	31
Deux modèles philosophiques du mal. 1. Le "mal radical"	36
Deux modèles philosophiques du mal. 2. La "banalité du mal"	43
Le mal comme donation et comme élection	46

Ethique de l'Etranger

Chapitre II
Passage au malheur radical

Changer de terrain. Du mal radical au malheur radical	51
Le statut théorique du malheur radical : comme terme premier	56
Occasions symptômales du malheur, une préparation philosophique	62
L'uni-versalité "négative" du malheur	65

Chapitre III
Axiomes et théorèmes transcendantaux pour la description du malheur radical

Tel qu'un nom premier dans des axiomes transcendantaux	71
Tel que sans-déterminations plutôt que vide de déterminations	75
Tel que l'objet d'une simple apparence objective de connaissance	76
Tel que le Réel non-consistant ou qui n'existe pas	78
Tel que ce qui détermine plutôt qu'il ne précède la conscience malheureuse	79
Tel qu'une cause d'une non-phénoménologie du malheur	83
Tel qu'une identité plutôt qu'une division	86
Tel qu'un affect axiomatisé plutôt qu'un sentiment moral	91
Tel que souffert-sans-souffrance et sans-faute	93
Tel qu'un en-passé non-mémorial et non-refoulé	95
Tel que non-responsable (de) soi	97

Table des matières 385

Chapitre IV
Du malheur à la non-éthique

Le malheur, forclos à la théorie mais cause d'une théorie	99
Expliquer l'éthique, respecter le mal. Contre la technologie éthique	101
La découverte de l'éthique première dans l'esprit du malheur. 1) Comme première	105
La découverte... - 2) Comme universelle	108
Une non-éthique plutôt qu'une éthique négative	109
La critique réelle de l'éthique dans les limites de la simple humanité	110
La réduction des antinomies philosophiques et des dualités gnostiques	114
L'homme comme Seul; comme solitude (de) l'Etranger; comme Autre-pour-le–Monde.	115
Une pensée uni-versielle pour les conjonctures éthiques	117
Procédures non-éthiques, une esquisse	119

Deuxième partie
L'ETHIQUE–MONDE

Chapitre premier
Le cercle malin ou la conjoncture de l'éthique

La conjoncture de l'éthique	125
Misère de l'éthique	126
La double appartenance de l'éthique au mal	129
L'équation éthique = mal	134

Chapitre II
Le mensonge de L'éthique

Le mensonge de l'exception (par-donation et par-élection)	137
Hallucination réelle, mensonge transcendantal	139
Théorie unifiée de la philosophie et de l'éthique (I)	142

Chapitre III
Le déclin etho-techno-logique

La dilution doxique de l'éthique en milieu technologique intense	145
La prothèse éthique et ses effets	148
Le conformisme universel et l'impossible décision	153
Les amphibologies de la causalité éthique, dont l'autorité	155
Les théories unitaires du rapport de l'éthique et de la techno-science	157

Chapitre IV
Critique de la métaphysique des mœurs comme forme de l'éthique-monde

L'Idée de la métaphysique des mœurs (MM)	163
La structure de la MM comme science cherchée	164
Auto-fondation et re-fondation de la MM (les degrés de son élucidation)	167
Les présuppositions de la MM générale	171
Les présuppositions de la MM spéciale	175
Comment toute éthique est structurée comme une métaphysique	177
Une éthique universelle sans métaphysique ?	180
L'identité de l'éthique comme problème non-philosophique	182

Table des matières 387

Chapitre V
Que faire de non-éthique ?

Contre l'enlisement de la décision éthique	185
L'homme, abandonné de la morale	186
La défense a priori de l'homme	187
Contre la dilution du mal et le "révisionnisme supérieur" de l'éthique. L'équivalence transcendantale des malheurs	190
Une théorie unifiée du mal	194
Une éthique-selon-l'homme	195
Rendre morale l'éthique? ou la penser de manière vérace?	197
L'éthique philosophique comme éthique par provision	198

Chapitre VI
Répétition non-éthique de la décision éthique

La répétition uni-latérale: non-platonicienne et non-kantienne	201
La répétition: une science transcendantale	204
Tentatives philosophiques de non (-) éthique (Heidegger)	207
Tentatives philosophiques de non (-) éthique (Derrida, Henry)	211
Théorie unifiée de la philosophie et de l'éthique (II)	214
Théorie unifiée de la philosophie et de l'éthique (III)	216
Vers le concept de force (de) loi comme solution	218

Ethique de l'Etranger

Troisième partie
L'ÉTRANGER ET LE PROCHAIN

Chapitre premier
L'essence du malheur radical

Ultimation première. Le malheur radical comme cause-de-dernière-instance	223
Les aspects intrinsèques du malheur (un-identité, uni-latéralité, uni-versalité)	226
L'uni-versalité du malheur radical	228
La phénoménalité non-phénoménologique de l'immanence	231
La non-suffisance de l'mmanence (du malheur)	235
Véracité, solitude et uni-versalité de l'Etranger	238
"Le malheur ne ment pas". Du Vrai-sans-vérité	239
"La malheur isole". De la solitude uni-verselle	241
La dualité du malheur et de l'éthique-monde	244

Chapitre II
L'Etranger universel

Section I : Pour introduire l'Etranger (I)

Une théorie de l'Etranger	249
Qui est l'Identité ?	252
L'Identité en chair et en os	255
La donation de l'Etranger	257
Clonage du sujet-Etranger	259
L'Etranger-existant-pour-le-Monde	263

Table des matières 389

Section II : Pour introduire l'Etranger (II)

Donner à l'Etranger son concept	266
Donner à l'Etranger son identité	271
Donner à l'Etranger sa théorie unifiée en fonction des apports grec et juif	275
La non-suffisance du Réel et l'existence du sujet	280
Donner à l'Etranger son objet : l'Uni-vers. L'Etranger comme Uni-face	282

Chapitre III
L'identité du Prochain

L'éthique, principe de finalité hyperbolique de la philosophie	287
Théorie unifiée de la philosophie et de l'éthique (IV)	292
La constitution onto-anthropo-logique de l'éthique	294
L'éthique, symptôme de l'identité humaine. Inceste et clonage	297
Le clonage de-dernière-instance	301
L'autre-Etranger comme Prochain	306
L'identité du Prochain ou Cet-homme-que-voici	311
L'autre-Etranger et la non-éthique	313
Changement de fonction de l'éthique	317
La transcendance non-autopositionnelle du Prochain	318
Du judaïsme à l'hérésie uni-verselle	322
Les trois sources de la non-éthique	324

CHAPITRE IV
L'organon de la force (de) loi

L'uni-versalisation non-kantienne de l'éthique	327
De la Loi à la force (de) loi (FL)	330
La FL comme dualité uni-latérale	332
La FL, organon non-technologique	334
L'organon de la non-éthique	336

CHAPITRE V
L'invention non-éthique

Du Monde au Prochain	339
Théorie unifiée de la philosophie et de l'éthique (V)	341
La théorie et l'éthique unifiées-en-pratique	344
Pour une pratique éthique effective	347
Contre la foi éthique hallucinatoire	349
Une théorie pure et expérimentale. Ethique absolue et éthique radicale	354
De la non-éthique comme hypothèse ou par provision	356
"Ne plus prescrire"? Ne pas tuer, ne pas mentir, etc.	360
La "réduction" des antinomies	363
L'antinomie de la biotechnologie et de l'immanence radicale. Séparation hérétique et division bio-technologique	366
La défense a priori de l'Etranger	368
La non-éthique et le Monde, une fin-sans-finalité	371
Principes d'une invention non-éthique concrète	375
Aspects non-éthiques (le grec et le juif)	378

« Bibliothèque de non-philosophie »
dirigée par François Laruelle

La non-philosophie se propose d'introduire la démocratie dans la pensée et remet en jeu les rapports traditionnels de hiérarchie entre la philosophie d'une part, la science, l'éthique, l'art, etc. d'autre part. Elle se réalise sous la forme de leur «théorie unifiée», une combinaison inventive qui suppose une nouvelle expérience du réel comme immanence radicale ou «vision-en-un». Cette nouvelle pratique de la philosophie, loin de la nier, la fait entrer dans un double régime : l'un plus universel, l'autre plus expérimental et «régional» qu'elle ne l'est dans son exercice spontané.

Après mille morts «post-modernes» de la philosophie, le temps est venu du problème de sa nature et de son usage, problème théorique et pragmatique.

Dictionnaire de Non-Philosophie,
sous la direction de François Laruelle
ISBN 2-84174-111-7, 209 p., 1998, 140 F

« Non-philosophie » : doctrine sans système, discipline philosophique et scientifique sans synthèse. Elle se définit par une liste ouverte d'*aspects*. Ontologique : l'homme comme vision-en-Un ou Ego-sans-Etre. Subjectif : le sujet comme Etranger au Monde mais voué à le transformer. Ethique : le malheur radical comme cause d'une non-éthique. Politique : l'Etranger comme solution d'une démocratie réelle. Théorique : le sujet comme force (de) pensée, explication de la philosophie hétérogène à la suffisance philosophique. Pragmatique : comme usage en faveur de l'homme-Etranger des sciences et des philosophies également inhumaines ; etc.
Une seule solution au problème de la pensée-monde et de ses révolutions : l'hérésie pure (comment faire hérésie avec la philosophie ?) Un seul mot d'ordre contre la paresse de la pensée-culture : user de la Grande Inconnue – L'Identité – comme facteur d'émergence (comment faire du clonage une découverte et une invention continues ?). Une seule politique contre la politique-histoire : l'Etranger comme utopie radicale (comment penser *selon* l'utopie sans produire une utopie supplémentaire ?).
Une seule réponse aux objections : faire du bilan des acquis un avancement de la théorie et de la technique (comment faire un dictionnaire de non-philosophie qui soit lui-même non-philosophique ?).

Ont collaboré à cet ouvrage : T. Brachet, G. Kieffer, F. Laruelle, L. Leroy, D. Nicolet, A.-F. Schmid, S. Valdinoci.

De la phénoménologie à la non-philosophie
Lévinas et Laruelle,
Hugues Choplin
ISBN 2-84174-093-5, 1997, 184 p., 135 F

Le grand massif de la phénoménologie ne cesse de travailler et de bouger. Il fallait chercher une loi de consommation et de dispersion de l'héritage husserlien. Hugues Choplin la trouve dans un nouveau réel à défendre : l'homme, fût-ce contre la phénoménologie elle-même. Et dans des moyens phénoménologiques réformés : ceux de la « donation » et du « donné-sans-donation » (Laruelle).
Muni de cet instrument, il part à la recherche des différentes figures de l'homme : l'Ego, la Vie, le Soi et le Visage, l'Ego-en-Ego, ou l'Un-en-Un, ... Toutes les phénoménologies ne sont pas ici convoquées. On ne trouvera que les positions post- et non husserliennes les plus écartées, telles qu'elles peuvent être mises en place par rapport à la transcendance radicale comme « percée » (Lévinas) ou à l'immanence radicale comme « identité » (Laruelle).
C'est donc d'une description et d'une articulation *topologiques* de positions relatives qu'il s'agit ; ce travail de cartographie mesure des écarts et des émergences qui conduisent de la phénoménologie à la « non-philosophie » et à sa mise en œuvre comme « non-phénoménologie ».

Hugues Choplin est ingénieur de l'Ecole Nationale Supérieure des Télécommunications, il travaille actuellement sur le statut du langage chez Lévinas et Laruelle.

Esthétiques non-philosophiques
Gilbert Kieffer
ISBN 2-84174-062-5, 1996, 224 p., 150 F

Les puissances du non- sont diverses, philosophiques ou non-philosophiques. Il faut sortir de la critique artistique de type philosophique, pour entrer dans une autre, de type chaotique, qui admette le paradoxe...
Un premier pas conduit ainsi dans la créativité au plus proche de l'œuvre elle-même, dans ce domaine du « non » stanislavskien, baudelairien ou bachelardien, enfin restitué à eux-mêmes. L'idée d'une généralisation particulière et descriptive, extra-différentielle, hante l'art et ses marges comme elle habite la philosophie. Elle est conduite ici à une certaine limite, dans des exercices de pragmatique combinatoire.
Un des axiomes premiers de non-esthétique est la possibilité de considérer l'œuvre comme un ensemble chaotique recombinable. C'est une liberté nouvelle par rapport à toutes les catégories qui meurent à présent au cœur de l'art lui-même.

Il est possible également, et c'est un autre axiome fondateur, d'envisager un devenir théorique illimité de la pensée de l'art au travers de non-esthétiques générales qui n'obéiront plus au Principe de Philosophie Suffisante ni même au Principe d'Art Suffisant.
Tout peut se dire, ainsi ou autrement, mais jamais définitivement. La non-esthétique générale Laruellienne ou de type non-philosophique, inclut toutes les autres non-esthétiques dans une ouverture plus grande.

Docteur en philosophie, Gilbert Kieffer est actuellement professeur de lettres; il est également peintre et graveur.

Théorie des Etrangers
Science des hommes, démocratie, non-psychanalyse
François Laruelle
ISBN 2-841740-01-3, 1995, 330 p., 185 F

Qui est l'Etranger ? Une idée neuve.
Les contradictions de la philosophie s'exacerbent autour de la science et de l'homme. Cet essai tente d'apporter aux antinomies de la philosophie avec la psychanalyse, avec la démocratie, avec l'Etranger, une solution unique par la fondation d'une « théorie unifiée » — unifiée par l'homme comme instance du Réel. Selon les matériaux qu'elle utilise, elle prend la forme d'une *science des multitudes humaines*, d'une *théorie démocratique*, d'une *non-psychanalyse*.
Au centre du dispositif, il y a l'homme : ni « sujet », ni « individu », ni « conscience », ni « inconscient », mais « Etranger ». L'Etranger est la définition de l'homme, l'objet réel unique de la philosophie et des sciences humaines, la clé de la démocratie. Recevant enfin son concept, l'Etranger se révèle comme le vrai contenu du « sujet ».
Un théorème transcendantal ouvre le champ de la nouvelle discipline : Moi et l'Etranger sommes identiques en-dernière instance. De là une réforme de nos préjugés sur l'Etranger et l'abandon de la pensée par « différence » - sinon de la philosophie du moins de la suffisance philosophique : lui aussi possède une identité radicale, lui aussi peut-être l'objet d'une théorie rigoureuse... Nous sommes tous – tout un chacun – des Etrangers.

François Laruelle est professeur de philosophie et d'histoire de la philosophie contemporaine à l'Université de Paris X–Nanterre. Il a publié une dizaine d'ouvrages dont *Une biographie de l'homme ordinaire* et *Théorie des identités*.

De la psychanalyse à la non-philosophie
Lacan et Laruelle,
Didier Moulinier
ISBN 2-84174-140-0, 1999, 194 p., 135 F

On esquisse dans ce livre une théorie et une pragmatique non-psychanytiques de la psychanalyse. Non pas une étude comparée des théories de Lacan et de Laruelle, mais plutôt une «dualyse» de Lacan et de ses interprétations (philosophiques, puis intra-analytiques) selon un point de vue laruellien (non-psychanalytique et non-philosophique).

Didier Moulinier, docteur de l'Université de Paris X-Nanterre, est professeur de philosophie.

La non-philosophie des contemporains
Althusser, Badiou, Deleuze, Derrida, Fichte, Kojève, Husserl, Russell, Sartre, Wittgenstein.
Non-philosophie, le collectif.
ISBN 2-84174-026-9, 1995, 236 p., 160 F

Ce livre examine les rapports de la non-philosophie avec quelques doctrines contemporaines importantes, ou anciennes mais réactualisées par la philosophie récente. Ces essais sont animés par le souci de préparer une relation plus fondamentale et plus exacte qui devrait être celle de la non-philosophie comme méthode ou organon au « matériau » des philosophies historiquement données.
Dans son concept, la non-philosophie n'est pas une philosophie, sans être la destruction de celle-ci, mais un organon transcendantal pour le traitement de la philosophie elle même et la production de nouveaux énoncés . Ceux-ci sont inintelligibles ou ininterprétables par la philosophie, mais ils ont une pertinence de pensée plus universelle que la sienne.

Le collectif comprend : Tristan Aguilar, Tony Brachet, Maryse Dennes, François Laruelle, Laurent Leroy, Vincent Maclos, Daniel Nicolet, Philippe Petit, Anne-Françoise Schmid, Manuel Sumares, Serge Valdinoci.

Discipline hérétique
Esthétique, psychanalyse, religion
Non-Philosophie, le collectif
Auteurs : D. de Almeida, T. Brachet, G. Grelet, G. Kieffer, F. Laruelle, M. Leboeuf, D. Moulinier, L. Nadot, V. Patoz, L. Salbert.
ISBN : 2-84174-135-4, 1998, 216 p., 145 F

Après avoir publié le *Dictionnaire de la non-philosophie* (Kimé, 1998), et s'être renouvelé avec l'entrée de jeunes chercheurs, ce collectif publie des essais élaborés dans l'esprit de la non-philosophie. Certains sont consacrés à une présentation des enjeux les plus généraux de cette discipline, les autres l'investissent dans des problèmes d'esthétique, de psychanalyse ou de religion. Ils sont tous placés sous le signe de l'hérésie ; elle cesse ici d'être une simple déviance institutionnelle ou dogmatique, et perd son sens religieux ou marginal. La non-philosophie peut se présenter comme *identité de l'hérésie*, et rendre possible de nouveaux usages théoriques de l'art, de l'inconscient ou de la gnose, et avant toute chose de la philosophie. Il faut rappeler qu'elle n'est pas tant un système qu'une théorie, un dogme qu'un organon.

La traversée de l'immanence
L'europanalyse ou la méthode de la phénoménologie,
Serge Valdinoci
ISBN 2-84174-041-2, 1996, 390 p., 210 F

L'ouvrage de serge Valdinoci procède de deux constatations majeures :
— la lente mais indéfectible déchéance du Corpus initialement Grec de la pensée en Europe. Les philosophes du XXe siècle ne font que signer cette déconstruction.
— Le fait que les sciences fortes, au-delà de leur méthodologies ustensilitaires, accomplissent un véritable itinéraire méthodique. Elles procèdent chacune de la mise en abîme de la position philosophique correspondante et se développent jusqu'à ce qui est impensable pour une pensée-Kosmos : la détermination positive du chaos.
Dans ces conditions, l'auteur œuvre :
— dans le projet général de reconstituer un corpus hiérarchique
— dans le souci affirmé de la méthode.
L'europanalyse méthodique commence alors par invalider toute résurrection métaphilosophique de l'anarchie de pensée. Puis elle se propose un cheminement autonome dans l'inconnu. L'itinéraire interne des sciences fortes est aussi réinventé.
Ce livre s'adresse à tous ceux qui s'emploient à la difficile nécessité d'inventer dans l'inconnu : constructeurs de connaissances futures, thérapeutes, décideurs. Il ouvre à la civilisation neuve dans laquelle nous sommes déjà.

Serge Valdinoci a publié : 1) *Les fondements de la phénoménologie husserlienne* (Nijhoff), 2) *Le principe d'existence, un devenir psychiatrique de la phénoménologie de Husserl* (Nijhoff), 3) *Introduction dans l'europanalyse* (Aubier), 4) *Vers une méthode d'europanalyse* (L'Harmattan).

Après avoir publié le *Dictionnaire de la non-philosophie* (Kimé, 1998), et s'être renouvelé avec l'entrée de jeunes chercheurs, ce collectif publie des essais élaborés dans l'esprit de la non-philosophie. Certains sont consacrés à une présentation des enjeux les plus généraux de cette discipline, les autres l'investissent dans des problèmes d'esthétique, de psychanalyse ou de religion. Ils sont tous placés sous le signe de l'hérésie ; elle cesse ici d'être une simple déviance institutionnelle ou dogmatique, et perd son sens religieux ou marginal. La non-philosophie peut se présenter comme *identité de l'hérésie*, et rendre possible de nouveaux usages théoriques de l'art, de l'inconscient ou de la gnose, et avant toute chose de la philosophie. Il faut rappeler qu'elle n'est pas tant un système qu'une théorie, un dogme qu'un organon.

La traversée de l'immanence
L'europanalyse ou la méthode de la phénoménologie,
Serge Valdinoci
ISBN 2-84174-041-2, 1996, 390 p., 210 F

L'ouvrage de serge Valdinoci procède de deux constatations majeures :
— la lente mais indéfectible déchéance du Corpus initialement Grec de la pensée en Europe. Les philosophes du XXe siècle ne font que signer cette déconstruction.
— Le fait que les sciences fortes, au-delà de leur méthodologies ustensilitaires, accomplissent un véritable itinéraire méthodique. Elles procèdent chacune de la mise en abîme de la position philosophique correspondante et se développent jusqu'à ce qui est impensable pour une pensée-Kosmos : la détermination positive du chaos.
Dans ces conditions, l'auteur œuvre :
— dans le projet général de reconstituer un corpus hiérarchique
— dans le souci affirmé de la méthode.
L'europanalyse méthodique commence alors par invalider toute résurrection métaphilosophique de l'anarchie de pensée. Puis elle se propose un cheminement autonome dans l'inconnu. L'itinéraire interne des sciences fortes est aussi réinventé.
Ce livre s'adresse à tous ceux qui s'emploient à la difficile nécessité d'inventer dans l'inconnu : constructeurs de connaissances futures, thérapeutes, décideurs. Il ouvre à la civilisation neuve dans laquelle nous sommes déjà.

Serge Valdinoci a publié : 1) *Les fondements de la phénoménologie husserlienne* (Nijhoff), 2) *Le principe d'existence, un devenir psychiatrique de la phénoménologie de Husserl* (Nijhoff), 3) *Introduction dans l'europanalyse* (Aubier), 4) *Vers une méthode d'europanalyse* (L'Harmattan).

ACHEVÉ D'IMPRIMER
EN JANVIER 2000
DANS LES ATELIERS
DES PRESSES LITTÉRAIRES
À SAINT-ESTEVE - 66240

D. L. : 1er trimestre 2000
N° d'imprimeur : 17752